SECOND EDITION

ADESSO!

SECOND EDITION

ADESSO!

A FUNCTIONAL INTRODUCTION TO ITALIAN

MARCEL DANESI

University of Toronto

THOMSON

HEINLE

Australia Canada Mexico Singapore Spain United Kingdom United States

Adesso! / Second Edition
Danesi

Senior Editor: *Sean Ketchem*
Director of Marketing: *Lisa Kimball*
Marketing Manager: *Jill Garrett*
Manufacturing Manager: *Marcia Locke*

Photo Research Manager: *Sheri Blaney*
Cover/Text Designer: *Sue Gerould / Perspectives*
Printer: *Courier, Kendallville*

For permission to use material from this text or product contact us:
Tel   1-800-730-2214
Fax   1-800-730-2215
Web   www.thomsonrights.com

ISBN: 0-8384-1991-7 (student text)
ISBN: 0-8384-6076-3 (student text with audio CD)

Library of Congress Cataloging-in-Publication Data
    Adesso!: a functional introduction to Italian
    by Marcel Danesi.
    —2nd ed.
    p. cm.
    ISBN 0-8384-1991-7
I. Title.
PC1129.E5D358 1996
458.3'421—dc20
                                96-32017
                                CIP

TABLE OF CONTENTS

1 UN CAFFÈ, PER FAVORE! 7

OBIETTIVI 7	MODI DI DIRE E DI COMUNICARE 10, 19	GRAMMATICA 13, 21	CULTURA 16, 23	NUMERI 24	LETTURA 25
• Order beverages at a café • Greet and introduce friends • Ask someone where he/she is from • Ask someone what his/her name is	• Polite expressions • **Ecco** • **Esserci** • **Ti/vi presento** • **Chiamarsi** • **Tu** vs. **Lei** forms of address	• Regular nouns • Indefinite article • Present indicative of **bere**, **essere**, **prendere**, **stare** • Negative verbs • Subject pronouns	• Coffee in Italy • How Italians greet each other	• 0–20	• *Il barista pignolo!*

2 BUONGIORNO! 30

OBIETTIVI 30	MODI DI DIRE E DI COMUNICARE 32, 41	GRAMMATICA 36, 43	CULTURA 38, 47	NUMERI 50	LETTURA 51
• Use the polite form to introduce people • Use the polite form to ask where someone is from / what his/her name is • Order food at eating places • Say that you are hungry and thirsty	• Taking leave of someone • Excusing oneself • Titles • Polite vs. familiar address • **Allora** and **anche** • Things to eat • Types of pasta • Eating places • Meals • **Al/Alla…**	• Subject personal pronouns • The adjective **altro** • Present indicative of first-conjugation (-are) verbs • Present indicative of **avere**, **venire**	• The importance of titles in Italy • How Italians formally greet each other • Italian meals and eating places	• 21–100	• *Il risotto alla milanese!*

PART I

PART III

▶•PREFACE

When *Adesso!* came out in 1992, the range of reactions with which it was received by university, college, and high-school instructors across the continent was both surprising and satisfying. My sense is that many instructors welcomed the option of choosing an approach to the teaching of Italian that was proficiency-based and task-oriented. Those instructors and program coordinators who decided to try out the textbook and its ancillary materials have become its staunchest supporters and its most constructive critics. The commentaries, critiques, and suggestions passed on to me over the years by the users of *Adesso!* have guided every phase and aspect of my revision of the text. The second edition has undergone modifications in organization, in sequencing of topics, in dialogue content, and in the presentation of grammatical and cultural information that are designed to make the text even more responsive to instructor needs and desires. Several new sections and features have been added as suggested by students. Indeed, I have found the feedback given to me by those students who have learned Italian with *Adesso!* especially valuable and instructive.

The main objective of the second edition, however, remains identical to the first—to provide beginning students of Italian with a functional tool for learning how to use the spoken language in different situations. For this reason, the themes and notions included in each chapter continue to be shaped by functionality and frequency of usage. Nevertheless, there is ample opportunity in each chapter, and in corresponding workbook chapters, to develop more formal skills through exercise and activity material.

Adesso! is the product of over 25 years of teaching beginning Italian to high-school and university students in Canada and the United States. In designing the text, I have made every attempt to incorporate the ideas and activities that I have found consistently to work well with a wide range of student learning styles. *Adesso!* can be used as a year-long text or as a manual in two-semester and three-quarter year courses, as well as a primary text in high-school Italian programs. Its layout and activities are intended to make the learning process practice-oriented and task-based; the broad range of activities it includes will give instructors the choice of disregarding some of its more open-ended sections, if they so wish, without damaging the main sequence of acquisition. *A Workbook/Laboratory Manual,* lab CD program, student cassette tape, and chapter-by-chapter *Testing Manual* provide instructor and learner with supplementary and complementary activities and exercises.

It is my sincere hope that the second edition of *Adesso!* will reflect what its users feel will make it a better book, and thus provide instructors and students everywhere with a source of language, discourse, and cultural topics that will make the learning of Italian as pleasant and meaningful an experience as possible. It is impossible to thank all those who have given me advice and encouragement since 1992. There are simply too many to mention here.

I would like to express my deep gratitude to the expert editorial staff at Heinle and especially to Beth Kramer, Amy Lawler, Angela Castro, Beatrix Biotti, and Kris Swanson, for providing me with valuable insights, suggestions, and, most important of all, encouragement, during the long and laborious development of this book. I would also like to thank the following people who reviewed the manuscript:

Barbara Baraff, City College of San Francisco
Tracy Barrett, Vanderbilt University
Dedda Deangelis, Brown University
Christine Hoppe, University of New Hampshire
Cecilia Mameli, The Pennsylvania State University
Barbara J. Mangione, University of Notre Dame
Annamaria Moneti, Syracuse University
Maria Paynter, Hunter College
Laura Raffo, Boston University
Assunta Violante, West Essex Regional School

Finally, I express my appreciation to the designer, Sue Gerould; my native reader, Amanda Balsamo; the copyeditor, Deborah Bruce; and the proofreaders, Susan Lake and Ann Goodsell.

Marcel Danesi
University of Toronto

PRIMA DI COMINCIARE...

Let's greet each other

▶• SALUTIAMOCI!°

PROFESSORE / PROFESSORESSA:	**Buongiorno, classe!**	*Good morning, class!*
CLASSE:	**Buongiorno, professore / professoressa!**	*Good morning, professor!*
PROFESSORE / PROFESSORESSA:	**Come va?**	*How's it going?*
STUDENTE / STUDENTESSA 1:	**Molto bene!**	*Very well!*
PROFESSORE / PROFESSORESSA:	**E tu come stai?**	*And you, how are you?*
STUDENTE / STUDENTESSA 2:	**Non c'è male, grazie!**	*Not bad, thanks!*
PROFESSORE / PROFESSORESSA:	**Come ti chiami?**	*What's your name?*
STUDENTE / STUDENTESSA 3:	**Mi chiamo <u>Angela</u>.***	*My name is Angela.*
PROFESSORE / PROFESSORESSA:	**E tu, come ti chiami?**	*And you, what's your name?*
STUDENTE / STUDENTESSA 4:	**Mi chiamo Alessandro.**	*My name is Alessandro.*
STUDENTE / STUDENTESSA 5:	**Ciao, Marco, come va?**	*Hi, Marco, how's it going?*
STUDENTE / STUDENTESSA 6:	**Abbastanza bene, e tu?**	*Fairly well, and you?*
STUDENTE / STUDENTESSA 5:	**Non c'è male!**	*Not bad!*

A. Can you supply the appropriate dialogue parts?

1. PROF./A: Buongiorno, classe!
CLASSE: _____!

2. PROF./A: Come stai?
STUD./A: _____

3. PROF./A: _____?
STUD./A: Molto bene!

4. PROF./A: Come ti chiami?
STUD./A: _____

5. PROF./A: _____?
STUD./A: Mi chiamo Daniela.

6. STUD./A 1: _____?
STUD./A 2: Abbastanza bene, e tu?
STUD./A 1: _____

---

*The underline is used in this text to indicate the main stress.

B. Now, you do the following:

> **MODELLO:** Greet the student next to you.
> > TU: *Ciao!*
> > COMPAGNO/A: *Ciao!*

Greet…
1. your instructor.
2. the student next to you.

Ask another student…
3. how it's going.
4. how he/she is.
5. what his/her name is.

▶• CHE COS'È?

una lavagna luminosa

una finestra

una porta

una lavagna

un pezzo di gesso
(a piece of chalk)

una scrivania

un banco

C. Your instructor will point to a specific thing in the classsroom and ask you:

Che cos'è?	*What is it?*

You will then answer in an appropriate fashion with:

È...	*It's...*

> **MODELLO:** [Instructor points to a window.]
> > PROF./A: *Marco, che cos'è?*
> > MARCO: *È una finestra, professore / professoressa.*

▶•CHI SEI?

uno studente   **una studentessa**   **un insegnante** *(m.)* /
                                                        un'insegnante *(f.)*

D. Your instructor will ask a student in the classroom:

Chi sei (tu)?	*Who are you?*

That student will then answer according to gender:

Sono...	*I am...*
d'italiano	*of Italian*

> **MODELLO:** [Instructor asks a student]
> PROF./A: *Marco, chi sei? / Marco, chi sei tu?*
> MARCO: *Sono uno studente d'italiano, professore / professoressa.*

▶•DOV'È UNA MATITA?

un quaderno   un foglio di carta   una penna *(a pen)*   un libro   una matita *(a pencil)*

E. Your instructor will ask first…

Dov'è…?   *Where is…?*

You will answer with…

Ecco…   *Here is…*
[showing the object]

> **MODELLO:** [Instructor asks a student]
> PROF./A: *Marco, dov'è una matita?*
> MARCO: *Ecco una matita, professore / professoressa.*

►• L' ALFABETO ITALIANO!

Letter	Name	Letter	Name	Letter	Name
A	*a*	H	*acca*	Q	*qu*
B	*bi*	I	*i*	R	*erre*
C	*ci*	L	*elle*	S	*esse*
D	*di*	M	*emme*	T	*ti*
E	*e*	N	*enne*	U	*u*
F	*effe*	O	*o*	V	*vi / vu*
G	*gi*	P	*pi*	Z	*zeta*

F. Can you supply the missing letters, naming them as you do so?

1. una finestr_
2. un banc_
3. un'insegnant_
4. una __atita
5. un _ibro
6. un _uaderno
7. una por_a
8. una la_agna
9. un pe_zo di gesso

►• LA LEZIONE D'ITALIANO!

To one person	To the class	Meaning
Ascolta!	**Ascoltate!**	*Listen!*
Ripeti!	**Ripetete!**	*Repeat!*
Guarda!	**Guardate!**	*Look!*
Leggi!	**Leggete!**	*Read!*
Scrivi!	**Scrivete!**	*Write!*
Apri il tuo libro!	**Aprite i vostri libri!**	*Open your book(s)!*
Chiudi il tuo libro!	**Chiudete i vostri libri!**	*Close your book(s)!*
Comincia!	**Cominciate!**	*Begin!*
Continua!	**Continuate!**	*Continue!*
Attenzione!	**Attenzione!**	*Attention!*
Bravo / Brava!	**Bravi!**	*Good!*
Scusa!	**Scusate!**	*Excuse me!*

G. Your instructor will issue instructions to one person or to the class. Respond to what you hear with action or pantomime.

▶• A DOMANI!

PROFESSORE / PROFESSORESSA:	**Arrivederci, classe. A domani!**	*Good-bye, class. See you tomorrow!*
CLASSE:	**Buongiorno, professore / professoressa!**	*Good-bye, professor!*
STUDENTE:	**Ciao, Debbie. A più tardi!**	*Bye, Debbie. See you later!*
STUDENTESSA:	**Ciao!**	*Bye!*

H. Momento creativo! In pairs, role play the following scene.

Two students greet each other, and ask each other how they are. Then one of the two asks the other what certain things in the classroom are, pointing to them. The other student answers. Finally, they take leave of each other, saying good-bye.

Comunicazione

- ordering beverages at a café
- greeting and introducing friends
- asking someone where he/she is from
- asking someone what his/her name is

Cultura

- coffee preparations and ways to have coffee in Italy
- how Italians greet each other

Strutture e vocabolario

- **tu** and **Lei** forms of address
- regular nouns
- the indefinite article
- the verbs **bere, essere, prendere**, and **stare** in the present indicative
- how to make verbs negative
- subject pronouns
- how to count from 0 to 20

See the
Internet
activity in
this chapter.

UN CAFFÈ, PER FAVORE!

DIALOGO 1

and / are / street

Carla, Franco, Gina e° Gianni sono° in un bar* in via° Nazionale a Roma.

Bar server / May I help you?
please
you / something
I'll have
OK / what
you

nothing / thank you

BARISTA°: Prego, signorina. Desidera°?
CARLA: Un espresso, per favore°.
BARISTA: E Lei°, signore, prende qualcosa°?
FRANCO: Sì, io prendo° un cappuccino.
BARISTA: Va bene°. E Lei, cosa° prende?
GINA: Per me un'acqua minerale, per favore. E tu°, Gianni, prendi qualcosa? Un espresso?
GIANNI: No, io non prendo niente°, grazie°.

A. Comprensione: Vero o falso? If the statement is false according to the dialogue, correct it.

MODELLO: Gianni prende *(has)* qualcosa.
Falso. Gianni non prende niente.

1. Carla, Franco, Gina e Gianni sono in un bar.
2. Franco prende un espresso.
3. Gina prende un caffè.
4. Carla prende un'acqua minerale.
5. Il bar è in via Nazionale.

---

*Il bar, lo snack bar,** and **il caffè** are street cafés, often with tables on the sidewalk, serving all kinds of beverages (coffee, tea, soft and alcoholic drinks) as well as pastries, ice cream, grilled sandwiches, and other snacks.

ATTIVITÀ D'ESPANSIONE 1

▶• THINGS TO ORDER IN A CAFÉ

un'aranciata	*orange drink*
un bitter	*bitter soft drink*
una cioccolata calda	*hot chocolate*
una granita di caffè	*coffee-flavored ice cup or dessert*
una limonata	*lemonade*
un succo di frutta	*fruit juice*
un tè	*tea*

▶• IL CAFFÈ

corretto	*with a dash of liqueur*
decaffeinato	*decaffeinated*
doppio	*double*
lungo	*less concentrated / long*
macchiato	*with a drop of milk*
cappuccino	*espresso coffee with steamed milk*
ristretto	*strong / short*
un caffellatte	*coffee and steamed milk in equal portions*

▶• WAYS TO HAVE COFFEE

amaro	*non-sweet, bitter*
caldo	*warm, hot*
dolce	*sweet*
freddo	*cold*
con zucchero	*with sugar*
senza zucchero	*without sugar*

B. Ordiniamo un caffè! With a partner, create short dialogues, following the model.

> MODELLO: a regular coffee
>
> BARISTA: *Prego, signore / signorina. Desidera?*
> **or**
> *Prego, signore / signorina. Cosa prende?*
> CLIENTE (customer): *Un caffè espresso, per favore.*
> BARISTA: *Va bene.*

1. a cappuccino
2. a mineral water
3. a bitter soft drink
4. a caffellatte
5. an espresso
6. a fruit juice
7. a lemonade
8. a tea
9. a hot chocolate
10. nothing, thank you

MODI DI DIRE E DI COMUNICARE 1

Polite expressions

▶• ESPRIMERSI CORTESEMENTE°

Desidera? *(sing.)* **Desiderate?** *(pl., fam.)* **Desiderano?** *(pl., pol.)* }	*May I help you?* (used mainly by service people—waiters, store clerks, etc.). Use of the familiar plural form **desiderate** is increasing, in place of the formal form **desiderano**[*].
grazie	*thank you, thanks*
per favore **per piacere** **per cortesia** }	*please*
prego	*you're welcome*[†]

The verb **desiderare** means *to want*. So, the form **Desidera?** means *Would you like something?*

▶• ECCO

This is an expression used to indicate or point out people and things: *Here is (are)… / There is… (are):*

Ecco il caffè, signore.	*Here's the coffee, sir.*
Ecco Gianni e Gina.	*Here / There are Gianni and Gina.*

▶• TU VS. LEI

The pronoun **Lei** is the polite (formal) form for *you*, and **tu** is the familiar (informal) form.

Tu is used when speaking to family members, close friends, and children. **Lei** is used when speaking to older people, people you don't know well, and people of authority.

Note that in the dialogue, the **barista** uses the **Lei** form, as do his customers when speaking to him; the friends at the bar use the **tu** form among themselves.

Tu	Lei
—Franco, cosa prendi tu? —Io prendo una Coca-Cola. E tu?	—Signor Bianchi, cosa prende Lei? —Io prendo un caffè ristretto. E Lei, Signor Rossi?

---

[*]The polite form **desidera** is in the third-person singular; it is used with the pronoun **Lei**. The familiar form **desiderate** is in the second-person plural, and it is used with the pronoun **voi**. The polite form **desiderano** is in the third-person plural; it is used with the pronoun **Loro.**

[†]As used in the dialogue, **prego** indicates a readiness to carry out an order: *Yes, what can I do for you?* It can be used as well to say *After you!*

APPLICAZIONE

C. Caffè, caffè! In groups, create short dialogues in Italian, following the models.

> **MODELLO 1:** [one customer] Carla wants a strong coffee.
> BARISTA: *Prego, signorina, desidera?*
> CARLA: *Un caffè ristretto, per favore / piacere / cortesia.*
> BARISTA: *Va bene.*

> **MODELLO 2:** [two customers] Gianni wants a decaffeinated coffee and Gina wants a regular coffee.
> BARISTA: *Prego, desiderano / desiderate?*
> GIANNI: *Per me, un caffè decaffeinato, per favore / piacere / cortesia.*
> GINA: *Per me, un caffè normale, grazie.*
> BARISTA: *Va bene.*

At the Bar Roma...
1. Carla wants a coffee with a dash of an alcoholic beverage.
2. Franco wants a tall coffee and Maria wants a sweet coffee.
3. Gina wants a strong coffee.
4. Gianni wants a coffee with milk and Lorenzo wants a double coffee with sugar.
5. Claudia wants a coffee with a drop of milk.
6. Marco wants an espresso and Isabella wants a hot chocolate.
7. Laura wants a cold coffee and Dina wants a tea without sugar.
8. Sandra wants a decaffeinated coffee.

D. Al Bar Venezia... In groups of two to three people, carry out the following dialogues in Italian, as in the models. Take turns being the **barista** and **cliente** with your partners. Be sure to use the **Lei** form. Then ask a partner what he or she would like to drink. Be sure to use the **tu** form.

> **MODELLO 1:** BARISTA: Would you like something, sir?
> CLIENTE: I'll have mineral water, please.
> BARISTA: *Prende qualcosa, signore?*
> CLIENTE: *Io prendo un'acqua minerale, per favore / piacere / cortesia.*

> **MODELLO 2:** ROSSELLA: Marco, please order a tea for me.
> MARCO: Sure / No problem / Gladly.
> ROSSELLA: *Marco, per favore ordina un tè per me.*
> MARCO: *Sì, volentieri.*

1. BARISTA: What would you like, Miss?
   CLIENTE: I'll have an espresso, thanks.

2. BARISTA: May I help you, sir?
   CLIENTE 1: I'll have a short espresso, please.
   BARISTA: And you, Miss, what will you have?
   CLIENTE 2: For me, a double espresso, thank you.
   BARISTA: You're welcome.

3. CARLA: Here's Marco. Marco, do you want something?
   MARCO: No, I don't want anything, thanks.

4. GIANNI: Here are Franco and Gina. Franco, what will you have?

FRANCO: I'll have an orange drink.

GIANNI: And you, Gina?

GINA: For me, a coffee-flavored ice cup instead.

5. BEATRICE: Carlo, do you want a lemonade?

CARLO: Yes, gladly!

E. Prendi qualcosa? Ask a partner if he or she wants to have something to drink. He/She answers, indicating the following beverages. Finally, ask your instructor the same thing. Follow the model.

> **MODELLO:** un espresso
> TU: *Joanne, prendi qualcosa?*
> COMPAGNA: *Sì, va bene, prendo un espresso.*
> TU: *E Lei, professore / professoressa?*
> PROF./A: *No, non prendo niente, grazie.*

1. un caffè ristretto
2. un caffè lungo
3. un espresso decaffeinato
4. un caffè amaro
5. un'acqua minerale

6. un succo di frutta
7. una cioccolata calda
8. un caffè macchiato
9. una granita di caffè

F. Sondaggio! (Survey!) Several students conduct a poll of the class and then report their findings to everyone. Note that one or more responses may be chosen for each question.

1. Come prendi il caffè?
   a. Non bevo caffè.
   b. normale
   c. macchiato
   d. decaffeinato
   e. lungo
   f. doppio
   g. ristretto

2. Come ti piace il caffè? *(How do you like your coffee?)*
   a. Non bevo caffè.
   b. amaro
   c. dolce
   d. con lo zucchero
   e. senza lo zucchero

3. Quanti caffè prendi al giorno? *(How many cups of coffee do you have per day?)*
   a. Non bevo caffè.
   b. da *(from)* uno a tre
   c. più di tre *(more than 3)*

4. Dove *(Where)* prendi il caffè generalmente?
   a. Non bevo caffè.
   b. a casa *(at home)*
   c. al bar

APPUNTI DI GRAMMATICA 1

NOMI

Italian nouns are either masculine **(maschile)** or feminine **(femminile)**.

• If the noun ends in **-o,** it is usually masculine: **cappuccino, zucchero.**

• If the noun ends in **-a,** it is usually feminine: **limonata, cioccolata.**

• You have already encountered exceptions to the above patterns: nouns such as **barista** can be masculine or feminine: **un barista** *(m.)* **una barista** *(f.).*

• In nouns that end in **-e,** the ending will not tell you if the noun is masculine or feminine. The article form indicates the gender of the noun:

un caffellatte *(m.)*   **una madre** *(f.) a mother*
una cliente *(f.) a female client*   **un padre** *(m.) a father*

• The gender of nouns ending in an accented vowel is indicated by the article as well: **un caffè, un tè, una città** *(city).*

L'ARTICOLO INDETERMINATIVO

The forms of the indefinite article, which generally correspond to the English forms *a* and *an,* are as follows:

Masculine Forms	Feminine Forms
• **uno** before a masculine noun beginning with a **z** or with an **s** plus consonant: **uno zabaione** *an eggnog dessert or pudding,* *sometimes prepared as a drink* **uno spumone** *a type of ice cream*	• **una** before a feminine noun beginning with any consonant: **una limonata una granita**
• **un** before a masculine noun beginning with any other consonant or with any vowel: **un cappuccino un espresso**	• **un'** before a feminine noun beginning with any vowel: **un'aranciata un'acqua minerale**

DUE VERBI UTILI: *PRENDERE E BERE*

When ordering beverages at bars and cafés, the verbs **prendere** *(to have; to take)* and **bere** *(to drink)* will come in handy.

Normally, there is no need to use the subject pronouns (**io, tu,** etc.) in simple sentences. The form of the verb makes it clear who or what the subject is:

Tu prendi il tè.	= **Prendi il tè.**
Lei beve un espresso.	= **Beve un espresso.**

PRENDERE

(io)	**prendo**	un caffè	*I'm having coffee.*
(tu)	**prendi**	una limonata	*You're having (sing., fam.) a lemonade.*
(lui)	**prende**	un tè	*He is having tea.*
(lei)	**prende**	un tè	*She is having tea.*
(Lei)	**prende**	un tè	*You (sing., pol.) are having a tea.*
(noi)	**prendiamo**	uno zabaione	*We are having an eggnog.*
(voi)	**prendete**	un bitter	*You (pl.) are having a bitter.*
(loro)	**prendono**	un espresso	*They are having an espresso.*

BERE

(io)	**bevo**	un caffè	*I'm drinking coffee.*
(tu)	**bevi**	una limonata	*You're drinking (sing., fam.) a lemonade.*
(lui)	**beve**	un tè	*He is drinking tea.*
(lei)	**beve**	un tè	*She is drinking tea.*
(Lei)	**beve**	un tè	*You (sing., pol.) are drinking a tea.*
(noi)	**beviamo**	una Coca-cola	*We are drinking a Coke.*
(voi)	**bevete**	un bitter	*You (pl.) are drinking a bitter.*
(loro)	**bevono**	un espresso	*They are drinking an espresso.*

APPLICAZIONE

G. Ordiniamo. Form sentences to order the following café items for yourself and others, using the appropriate verb form of **prendere** and pronouns, including plural forms of pronouns when appropriate.

> **MODELLO:** Mario / cappuccino
> *Mario **prende** un cappuccino. / (Lui) **prende** un cappuccino.*

1. io e tu / limonata
2. tu / tè
3. Marco e Marisa / caffellatte
4. io / granita
5. Gina / cappuccino
6. voi / succo di frutta

H. Cosa bevi? (*What are you drinking?*) Practice using the appropriate verb form of **bere** by making full sentences.

> **MODELLO:** Tu / aranciata
> *Tu bevi un'aranciata.*

1. Marcello / acqua minerale
2. noi / cioccolata calda
3. io / tè freddo
4. il signore e la signora Romagnoli / caffè macchiato
5. voi / espresso
6. Alessandra / caffè ristretto

I. Anch'io...? Ask the person next to you what he or she is drinking. He/She answers as indicated, then asks you what you're having. Say that you are having the same thing.

> **MODELLO:** cappuccino
>> Tu: *Bill, cosa bevi?*
>> COMPAGNO: *Bevo un cappuccino. E tu, cosa prendi?*
>> Tu: *Anch'io* prendo un cappuccino.*

1. caffè ristretto
2. tè
3. espresso
4. acqua minerale
5. granita di caffè
6. succo di frutta
7. aranciata
8. limonata

J. Parliamone! Express the following in Italian.

> **MODELLO 1:** Say that you and Carla are having tea.
>> *Io e Carla prendiamo un tè.*

> **MODELLO 2:** Ask Marco if he too is drinking an espresso.
>> *Marco, anche tu bevi un espresso?*

Say that...
1. Maria is having a decaffeinated cappuccino.
2. Gianni is drinking a coffee with sugar.
3. you, Carla, and Franco are drinking a lemonade.
4. Gina and Gianni are drinking a tea without sugar.
5. you are drinking a cold coffee.
6. Carla and Claudia are drinking a hot chocolate.

Ask...
7. Carla if she'll have a mineral water.
8. Franco if he too is drinking a cappuccino.
9. Carla and Gina if they are having an eggnog dessert.
10. Carla and Claudia what they are drinking.

***Anche** can be shortened to **anch'** before a vowel: **anch'io** *(me, too).*

Coffee, Italian style!

IL CAFFÈ ALL'ITALIANA!°

Caffè. Have you ever had espresso coffee? How did you like it? Have you ever had cappuccino? How did you like it?

Italians often go to a café to get a cup of coffee and something to eat. A **barista** serves the client at the counter (**al banco**); at a table (**al tavolo**), customers are waited on by a **cameriere** or **cameriera**. Generally the price (**il prezzo**) is higher at the table than at the counter. If you prefer to stand at the counter, it is necessary to pay at the cash register (**alla cassa**) first and then give the receipt (**lo scontrino**) to the **barista** for your food or beverage.

When you order coffee in Italy, you will get an **espresso**. The **espresso** is much stronger than American coffee and is served in small coffee cups. It is rarely served "to go" in paper cups!

Cappuccino is made of **espresso** and steamed milk. The word **cappuccino** is derived from the name of the Capuchin order of monks, whose name in turn refers to their cowl or hood (**cappuccio**). The drink is called this because of its "hood" of frothed milk and the resemblance of the coffee's color to the monks' brown robes. Generally, people drink a **cappuccino** during the day, but not after a heavy meal or in the evening.

Sondaggio! Three or four students conduct a survey of the class, asking which type of coffee they prefer: **espresso, cappuccino,** or **caffè americano.** The students will then report their findings to the class.

MOMENTO CREATIVO 1

K. Al bar. Two friends go to a café. In groups of three—the two friends and a bar server / waiter / waitress—act out a dialogue, using the words and phrases that you have learned so far.

DIALOGO 2

Bill e Debbie sono due amici° americani* di Carla. Sono in vacanza° in Italia.   *two friends / on vacation*
Entrano° nel° bar dove° ci sono Carla, Franco, Gina e Gianni.   *they enter / into / where*

CARLA:	Ah, ecco Bill e Debbie. Salve°!	*Hello!*
BILL E DEBBIE:	Ciao a tutti°!	*everyone*
CARLA:	Come state°?	*How are you (all)?*
BILL:	Io sto molto bene°, grazie.	*very well*
DEBBIE:	Anch'io. E tu, Carla, come stai?	
CARLA:	Non c'è male°. Bill, Debbie, vi presento° Gina, Franco e Gianni.	*Not bad. / let me introduce you to*
DEBBIE E BILL:	Piacere°!	*A pleasure!*
CARLA:	Bill e Debbie sono amici americani.	
GIANNI:	Ah sì? Bill, di dove sei°?	*where are you from?*
BILL:	Sono di New York.	
GINA:	E tu, Debbie, di dove sei?	
DEBBIE:	Io, invece, sono di Chicago, ma sono d'origine italiana°. Infatti°, mi chiamo° Debbie *Rossi*.	*of Italian origin / In fact* *my name is*

Gli amici prendono qualcosa da bere insieme°.   *together*

L. Comprensione! Complete each sentence with appropriate words.

1. Bill e Debbie sono due _____ di _____.
2. Sono in _____ in Italia.
3. Carla dice *(says)*: _____.
4. Bill e Debbie dicono *(say)*: _____.
5. Bill sta *(is)* _____.
6. Anche _____ sta molto bene.
7. Carla presenta Bill e Debbie a _____.
8. Bill è di *(is from)* _____.
9. Debbie è di _____.
10. Debbie è d'_____ italiana.

---

*Notice that adjectives referring to nationality are not capitalized (unless, of course, they are the first word in a sentence).

ATTIVITÀ D'ESPANSIONE 2

How are you?

▶• COME STAI?°

bene	*well*	**così così**	*so so*
abbastanza bene	*rather / fairly well*	**male**	*not well (bad)*
molto bene	*very well*	**non c'è male**	*not bad*
benissimo	*very well (with some emphasis)*		

What's your name?

▶• COME TI CHIAMI?°

Mi chiamo Marcello.   *My name is Marcello.*

Where are you from?

▶• DI DOVE SEI?°

Sono di + *city name.*	*I'm from* + city name.
Sono di Pisa.	*I'm from Pisa.*

M. Come stai? Greet the student next to you. He/She responds as indicated, then you answer as indicated, creating complete sentences.

> **MODELLO:** COMPAGNO/A: well
> TU: not well
> TU: *Ciao / Salve, Martha. Come stai?*
> COMPAGNA: *Sto bene, grazie. E tu, come stai?*
> TU: *Male.*

1. Compagno/a: well
   Tu: not bad

2. Compagno/a: very well
   Tu: very well (with some emphasis)

3. Compagno/a: very well
   Tu: fairly well

4. Compagno/a: so-so
   Tu: not bad

N. Ti presento… In groups of two to three, introduce your classmates to each other, following the model.

> **MODELLO:** Gianni presenta Franco (di Roma) a Debbie (di Chicago).
> GIANNI: *Franco, ti presento Debbie.*
> FRANCO: *Piacere, Debbie. Di dove sei?*
> DEBBIE: *Sono di Chicago. E tu, di dove sei?*
> FRANCO: *Io, invece, sono di Roma.*

1. Carla presenta Gianni (di Milano) a Bill (di New York).
2. Alessandro presenta Gina (di Napoli) a Joanne (di Atlanta).
3. Dino presenta Sam (di San Juan) a Claudia (di Venezia).
4. Jane presenta Jennifer (di Dallas) a Giovanni (di Firenze).
5. Daniela presenta Marcello (di Bari) a Jack (di San Francisco).

O. Come ti chiami? With a partner, create a short dialogue, following the model.

MODELLO:
    TU: *Salve! Come ti chiami?*
    COMPAGNO: *Ciao! Mi chiamo George. E tu, come ti chiami?*
    TU: *Mi chiamo Lisa. Di dove sei, George?*
    COMPAGNO: *Sono di Boston. E tu, Lisa, di dove sei?*
    TU: *Anch'io sono di Boston. / Io, invece, sono di Miami.*

MODI DI DIRE E DI COMUNICARE 2

▶• PRESENTARE QUALCUNO°

Introducing Someone

To introduce friends and peers, use the following expressions:
• Introducing someone to one person: **ti presento**
  Gina, ti presento Bill Harvey.   *Gina, let me introduce you to Bill Harvey.*

• Introducing someone to more than one person: **vi presento**
  Gina e Franco, vi presento   *Gina and Franco, let me introduce you to*
  Debbie Rossi.   *Debbie Rossi.*

▶• COME TI CHIAMI?

The expression **Come ti chiami?** means *What is your* (sing.) *name?* It is also in the familiar **tu** form, to be used among friends and peers. The verb **chiamarsi** means literally *to call oneself.* So, **mi chiamo** actually means *I call myself.*

▶• DI DOVE SEI?

The expression **Di dove sei?** means *Where are you* (sing.) *from?* It is in the familiar **tu** form, used among friends and peers. The preposition **di** normally means *of.* In this expression, however, **di** means *from:* **Sono di Roma. / Sono di Napoli.**

▶• ESSERCI

This form of **essere** means *to be here / there:*

esser(e)	ci

SINGULAR

c'è	*here / there is*
C'è Gianni?	*Is Gianni here / there?*
No, non c'è.	*No, he's not here / there.*

PLURAL

ci sono	*here / there are*
Ci sono Armando e Tina?	*Are Armando and Tina here / there?*
No, non ci sono.	*No, they are not here / there.*

▶• Ciao!

This is the familiar form of greeting and of saying good-bye.

Ciao, Marco, come stai?   *Hi, Marco, how are you?*
Ciao, Marco!   *Bye, Marco!*

APPLICAZIONE

P. Salve! Express greetings, statements, or questions in Italian, following the model.

> **MODELLO:** Greet Debbie.
> *Ciao, Debbie! / Salve, Debbie!*

1. Greet Marco.
2. Say hi to everyone.
3. Say good-bye to Nora.
4. Say that Giacomo and Franca are here.
5. Point out Giacomo and Franca.
6. Ask if Maria is here.
7. Ask if Laura and Loredana are here.
8. Ask if your instructor is here.
9. Say that Bruno and Rosella are drinking espresso in a café.

Q. Ciao! In pairs, act out the following dialogues. (You can use your own names.)

1. Greet your partner.
   > TU: *Ciao!*
   > COMPAGNO/A: *Salve! / Ciao!*
2. Ask what his/her name is.
   > TU: *Come ti chiami?*
   > COMPAGNA: *Mi chiamo Jennifer Smith. E tu, come ti chiami?*
   > TU: *Io mi chiamo Tom Watson.*
3. Ask him/her how he/she is.
   > TU: *Come stai?*
   > COMPAGNO/A: *Bene, grazie. E tu?*
   > TU: *Anch'io sto bene.*
4. Ask him/her where he/she is from.
   > TU: *Di dove sei?*
   > COMPAGNO/A: *Sono di Dallas. E tu, di dove sei?*
   > TU: *Io, invece, sono di Buffalo.*
5. Ask him/her if the instructor is here.
   > TU: *C'è il professore / la professoressa?*
   > COMPAGNO/A: *Sì, c'è.*
   > TU: *Dov'è?*
   > COMPAGNO/A: [pointing him/her out] *Ecco il professore / la professoressa.*
6. Now, introduce your partner to another student.
   > TU: *Jane, ti presento Jennifer.*
   > COMPAGNA: *Piacere, Jennifer!*
   > TU: *Piacere anche per me, Jane!*
7. Finally, introduce your partner to the entire class.
   > TU: *Vi presento Jennifer Smith.*
   > COMPAGNA: *Ciao a tutti!*

APPUNTI DI GRAMMATICA 2

ESSERE

You have been using the verb essere *(to be)* in various contexts: **Di dove sei? Sono di Boston.** It is conjugated in the present indicative as follows:

ESSERE			
(io)	**sono**	italiano/a	*I am Italian (m./f.).*
(tu)	**sei**	di Roma	*You (sing., fam.) are from Rome.*
(lui)	**è**	di Seattle	*He is from Seattle.*
(lei)	**è**	di Seattle	*She is from Seattle.*
(Lei)	**è**	di Seattle	*You (sing., pol.) are from Seattle.*
(noi)	**siamo**	amici	*We are friends.*
(voi)	**siete**	americani	*You (pl.) are American(s).*
(loro)	**sono**	due amici	*They are two friends.*

The accent mark on the third-person singular form **è** distinguishes it from the conjunction **e** *(and)*.

Jim e Karen sono americani.	*Jim and Karen are Americans.*
Lui è di New York e lei è di Memphis.	*He is from New York and she is from Memphis.*

VERBI NEGATIVI°

Making Verbs Negative

To make any verb negative, just put **non** before it:

Affirmative	Negative
Io sono di Roma.	Io **non** sono di Roma.
	I am not from Rome.
Maria prende un caffè.	Maria **non** prende niente.
	Mary is not having anything.
Lui è italiano.	Lui **non** è italiano.
	He is not Italian.
C'è il professore.	**Non** c'è il professore.
	The professor is not here.

STARE

The verb **stare** normally means *to stay,* except when it is used to ask how one is. In this and a few other cases, it also means *to be.*

Come stai?	*How are you?*
Sto bene, grazie.	*I'm fine, thanks.*

This verb is conjugated in the present indicative as follows:

STARE			
(io)	**sto**	molto bene	*I'm very well.*
(tu)	**stai**	così così	*You (sing., fam.) are so-so.*
(lui)	**sta**	bene	*He is well.*
(lei)	**sta**	bene	*She is well.*
(Lei)	**sta**	bene	*You (sing., pol.) are well.*
(noi)	**stiamo**	bene	*We are well.*
(voi)	**state**	così così	*You (pl.) are so-so.*
(loro)	**stanno**	male	*They aren't well.*

APPLICAZIONE

R. Essere. Practice the verb **essere**, using the appropriate forms.

1. Marcello _____ un professore.
2. Amy e Sarah _____ studenti.
3. Loro _____ di Boston, mentre Marcello _____ di New York.
4. Sofia: E voi di dove _____, Carlo e Maria?
5. Carlo e Maria: _____ di Bologna. E tu, di dove _____? _____ di Firenze, Sofia?
6. Sofia: No, _____ di Firenze. _____ di Roma.

S. Stare. Practice the verb forms with partners, acting out the following dialogues.

1.   ANNA: Ciao, Giorgio, come _____?
   GIORGIO: _____ molto bene, grazie.
       ANNA: Come _____ Maria?
   GIORGIO: Maria? (Lei) Non _____ molto bene. _____ male.
2. FRANCO e MONICA: Salve, Elvira e Luca! Come _____?
   ELVIRA e LUCA: (Noi) _____ molto bene. E voi?
   FRANCO e MONICA: Anche noi _____ bene, grazie! Come _____ Andrea e Marco?
   ELVIRA e LUCA: (Loro) _____ bene.

T. Essere *o* stare? Complete the following sentences, choosing between **essere** and **stare.**

> **MODELLO 1:** Io _____ bene.
> *Io sto bene.*

> **MODELLO 2:** I due amici _____ italiani.
> *I due amici sono italiani.*

1. Ciao a tutti! Come _____?
2. Jim, di dove _____?
3. Io _____ di Hartford.
4. Voi _____ americani?
5. No, noi _____ d'origine italiana.
6. Come _____, Tom?
7. Io _____ abbastanza bene, grazie.
8. E il professore / la professoressa, come _____?

U. Attività sintetica. Express the following in Italian, using the correct verb, verb form, or expression.

1. Say that your name is Alexander and you are from Rome.
2. Ask if Giuseppe and Vera are here.
3. Point out Giuseppe and Vera.
4. Say that the professor is not well.
5. Introduce Gianni to Francesca.
6. Say that the Bar Italia is on Verdi Street.
7. Say that you are drinking a cappuccino.
8. Say that Bill is American, but that Debbie is of Italian origin.

▶● TACCUINO CULTURALE 2

SALUTARSI ALL'ITALIANA!°

Greeting one another, Italian style!

Salutarsi. Have you ever been greeted by an Italian? Did you notice any differences in the way in which you were greeted?

Italians often greet friends or acquaintances whom they have not seen for a while with a hug, a handshake, a pat on the shoulder, and/or a light kiss on both sides of the face. When some people "kiss," they touch cheeks without lip contact.

For Italians, it is very important to know where a person is from. If asked **di dove sei?** they think about where they were born, not where they are currently living.

Parliamone! Greet classmates in Italian using appropriate body language.

MOMENTO CREATIVO 2

W. Lavoro di gruppo! Act out the following situation with five students playing four friends and one **barista.**

A student runs into an old friend whom he/she hasn't seen for a while at a café . First they greet each other and then they order something to drink. While they are drinking, two other friends of the first student enter. The first student introduces the friend to the two new arrivals.

ASCOLTO

A. Listen carefully to the conversation on the Audio CD and see if you can determine the following:

1. come si chiama ciascuna persona *(the name of each person)*
2. come sta *(how each one is feeling)*
3. di dov'è *(where each one is from)*
4. quello che ordina *(what each one orders)*

B. Now, try to reconstruct the conversation with other students.

I NUMERI

From zero to twenty

DA ZERO A VENTI°

0	zero	7	sette	14	quattordici
1	uno	8	otto	15	quindici
2	due	9	nove	16	sedici
3	tre	10	dieci	17	diciassette
4	quattro	11	undici	18	diciotto
5	cinque	12	dodici	19	diciannove
6	sei	13	tredici	20	venti

Note that the number 1, **uno,** takes on the forms of the indefinite article when it is used before a noun:

un amico *(m.)*	*one friend*	=	*a friend*
un'amica *(f.)*	*one friend*	=	*a friend*
uno zabaione	*one eggnog*	=	*an eggnog*
una limonata	*one lemonade*	=	*a lemonade*

C. Complete each sequence logically.

> **MODELLO:** uno, due, tre,…
> quattro

1. due, quattro, sei,…
2. dieci, nove, otto,…
3. zero, tre, sei,…
4. quattro, sei, otto,…
5. due, quattro, otto,…
6. otto, nove, dieci,…
7. dieci, dodici, quattordici,…
8. venti, diciannove, diciotto,…
9. zero, cinque, dieci,…
10. dieci, undici, dodici,…

PRIMA DI LEGGERE

A. Cos'è…? *(What is…?)* Try to figure out the English equivalents of the following items.

1. un caffè normale
2. un caffè semplice
3. un bicchiere di vino
4. vino locale
5. vino di marca
6. un fiasco di vino
7. una bottiglia di vino

B. Vino e caffè! Which of the adjectives **bianco, rosso, dolce,** or **secco** describe wine or coffee, or both? Can you guess their English equivalents?

C. Prego? What do you think a **barista pignolo** might say or do? After you have read the **Lettura,** you will be able to see if you guessed correctly.

Lettura: Il barista pignolo!
(The picky bar server)

Un signore entra in un caffè.

SIGNORE:	Un bicchiere° di vino, per favore.
BARISTA:	Bianco o rosso°?
SIGNORE:	Rosso!
BARISTA:	Dolce o secco°?
SIGNORE:	Secco!
BARISTA:	Locale o di marca°?
SIGNORE:	Locale!
BARISTA:	Di fiasco° o di bottiglia°?
SIGNORE:	Non importa°! Un caffè, per favore!
BARISTA:	Normale o macchiato?
SIGNORE:	Normale!
BARISTA:	Ristretto o lungo?
SIGNORE:	Ristretto!
BARISTA:	Corretto o semplice?

A questo punto°, il signore scappa disperato°!

(drinking) glass
White or red?

dry

brand name

flask / bottle
It doesn't matter!

At this point / runs away in desperation

(Da: *Divertenti storie italiane* di L. Fabbri)

DOPO LA LETTURA

D. No! Correct each statement, following the model.

> **MODELLO:** Un signore entra in una casa *(house)*.
> *No, non entra in una casa, entra in un bar.*

1. Desidera un bicchiere di vino bianco.
2. Desidera un bicchiere di vino dolce.
3. Desidera un bicchiere di vino di marca.
4. Desidera un caffè macchiato.
5. Desidera un caffè lungo.
6. Il signore rimane *(remains)*.

E. Non importa! Role play with a partner, choosing one of the following beverages and imitating the reading **Il barista pignolo.**

MODELLO: cappuccino
SIGNORE / SIGNORINA: *Un cappuccino, per favore.*
BARISTA: *Caldo o freddo?*
SIGNORE / SIGNORINA: *Caldo.*
BARISTA: *Amaro o dolce?*
SIGNORE / SIGNORINA: *Non importa! Non prendo niente.*

1. bicchiere di vino
2. caffè
3. tè
4. qualsiasi altra bevanda *(any other beverage)*

SINTESI

A. Opinioni! With a partner, discuss what you'd like to order at the café. Indicate whether you like or dislike each item, using the expressions in the box below. Follow the model.

MODELLO: cappuccino
AMICO/A 1: *Desideri un cappuccino?*
AMICO/A 2: *Sì, **mi piace molto.** / No, non **mi piace.***

mi piace (molto)	*I like (very much)*
non mi piace	*I do not like*

1. espresso
2. succo di frutta
3. cioccolata calda
4. tè
5. limonata
6. zabaione
7. aranciata
8. acqua minerale

B. Che cos'è? *(What is it?)* Identify what you see.

1. Dov'è il bar? È in via _____.

2. È una bottiglia di _____.

C. Situazioni! Choose the appropriate response.

1. If you are at a café and do not want anything, you would say…
   a. Non prendo niente, grazie!
   b. Non importa!

2. If you are **al banco,** you would be served by…
   a. un cameriere / una cameriera.
   b. un barista / una barista.

3. How would you ask a group of other students where they are from?
   a. Di dove siete?
   b. Di dove sei?

4. How would you introduce a friend to another friend?
   a. Vi presento…
   b. Ti presento…

5. If you see Alessandro coming, how would you point him out?
   a. C'è Alessandro!
   b. Ecco Alessandro!

6. How would you ask if Bill and Debbie are in the café?
   a. Ecco Bill e Debbie?
   b. Ci sono Bill e Debbie?

7. How would you ask several people if they are having anything?
   a. Prendete qualcosa?
   b. Prendi qualcosa?

8. A **barista** would ask you…
   a. Prego, signore / signorina. Desidera?
   b. Non importa!

D. Verbi! Write sentences with the verbs **prendere, bere, essere,** and **stare,** following the model and using plural forms if necessary.

MODELLO: Giancarlo

a. First, say what the indicated person is having.
Giancarlo prende un caffè / una limonata / ecc.
b. Then say what he or she usually drinks.
Ma Giancarlo beve generalmente un'aranciata / un bitter / ecc.
c. Then say where he or she is from.
Giancarlo è di Venezia / Milano / ecc.
d. Finally, say how he or she feels.
Giancarlo sta abbastanza bene / così così / ecc.

generalmente	*usually, generally*

1. io
2. tu
3. i due americani
4. noi
5. voi
6. Maria
7. Marco

E. Cultura italiana! Indicate whether each statement is true or false (**vero** or **falso**).

1. Gli italiani vanno al bar per prendere un caffè, e anche per prendere qualcosa da mangiare *(to eat)*.
2. Gli italiani si salutano con una stretta di mano *(handshake)*, un abbraccio *(hug)* e probabilmente un bacio *(kiss)*.
3. Un barista / Una barista serve i clienti al tavolo.
4. Gli italiani non sono amichevoli *(friendly)* verso gli sconosciuti *(strangers)*.
5. Per gli italiani è importante sapere *(to know)* di dove è una persona.
6. Il prezzo al tavolo è più alto *(higher)* del prezzo al banco.
7. Prima di ordinare al banco è necessario ottenere *(it is necessary to obtain)* uno scontrino alla cassa.
8. Lo scontrino si dà *(is given)* a un cameriere.

EXPLORE!
For this chapter's activity, go to
http://adesso.heinle.com

LESSICO UTILE

NOMI

un abbraccio *hug*
l'acqua *water*
un amico / un'amica *friend*
un'aranciata *orange drink*
un bacio *kiss*
un bar *café that also serves alcohol and snacks*
un/una barista *bar server*
un bitter *bitter soft drink*
un caffè *coffee*

un caffellatte *coffee with milk*
un cameriere / una cameriera *waiter / waitress*
una cioccolata calda *hot chocolate*
una granita *ice dessert*
una limonata *lemonade*
il prezzo *price*
uno scontrino *receipt*
un signore *gentleman, Mr.*

una signorina *young lady, Ms., Miss*
uno spumone *type of ice cream*
un succo di frutta *fruit juice*
un tè *tea*
una vacanza *vacation*
una via *street, road*
uno zabaione *eggnog dessert*
lo zucchero *sugar*

AGGETTIVI

amaro *bitter*
americano *American*
caldo *warm, hot*
corretto *with a dash of a liqueur*
decaffeinato *decaffeinated*

dolce *sweet*
doppio *double*
freddo *cold*
italiano *Italian*
lungo *long / less concentrated*

macchiato *with a drop of milk*
minerale *mineral*
normale *regular, normal*
ristretto *strong / short*

VERBI

bere *to drink*
chiamarsi *to be called; to be named*
desiderare *to wish (for)*

entrare *to enter (in)*
esserci *to be there*
essere *to be*
prendere *to take; to have (something)*

presentare *to introduce*
stare *to stay; to be (as in* Come stai?*)*

AVVERBI

abbastanza *fairly, rather*
anche *also, too*
bene *well*
così così *so-so*

insieme *together*
male *bad, not well*
molto *very, a lot*
niente *nothing*

spesso *often*
volentieri *gladly*

ALTRI VOCABOLI / ESPRESSIONI

a *to; at*
al banco *at the counter*
alla cassa *at the cashier*
al tavolo *at the table*
Ciao! *Hi! / Bye!*
come *how*
con *with*
con lo zucchero *with sugar*
cosa *what*
dove *where*
e *and*
ecco *here is (are) / there is (are)*
forse *maybe*
grazie *thank you*
in *in, at*

infatti *in fact*
invece *instead*
io *I*
Lei *you (pol.)*
lei *she*
loro *they*
lui *he*
ma *but*
noi *we*
non c'è male *not bad*
o *or*
per favore / piacere / cortesia *please*
per Lei *for you (pol.)*
per me *for me*

perché *because*
Piacere! *A pleasure!*
Prego(?) *May I help you? / Yes? / You're welcome.*
qualcosa *something*
Salve! *Greetings!*
senza *without*
senza lo zucchero *without sugar*
sì *yes*
stretta di mano *handshake*
tu *you (fam.)*
tutti *everyone, everybody*
va bene *OK*
voi *you (pl.)*

Comunicazione

- greeting and introducing people, using the polite form
- asking someone where he/she is from, using the polite form
- ordering food
- taking leave of someone

Cultura

- the importance of titles in Italy
- how Italians greet each other formally
- Italian meals and eating places

Strutture e vocabolario

- **allora** and **ancora**
- the names of various foods, types of pasta, eating places, and meals
- how to use **al** / **alla…** when speaking about food
- the indefinite adjective **altro**
- first-conjugation (**-are**) verbs in the present indicative
- **avere** and **venire** in the present indicative
- how to count from 21 to 100

2

BUONGIORNO!

See the Internet activity in this chapter.

DIALOGO 1

TEMA 1

Greeting and introducing people using the polite form

La signora Bianchi e l'ingegner° Valenti, due colleghi di lavoro°, sono in una trattoria° in corso° Galileo a pranzo°. Arriva° il dottor Tozzi, un altro° collega della° signora Bianchi. Lui vuole conoscere° l'ingegner Valenti.

engineer / work associates
restaurant / avenue / lunch / Arrives / another / of / wants to meet

LA SIG.RA* BIANCHI:	Dottor Tozzi! Buongiorno!
IL DOTT† TOZZI:	Buongiorno, signora!
LA SIG.RA BIANCHI:	Prego, si accomodi° qui°!
IL DOTT. TOZZI:	Grazie! Lei è molto gentile°!
LA SIG.RA BIANCHI:	Dottor Tozzi, Le presento° l'ingegner Valenti.
L'ING** VALENTI:	Molto lieto!°
IL DOTT. TOZZI:	Il piacere è mio°!
LA SIG.RA BIANCHI:	Allora°, prendiamo qualcosa!
L'ING. VALENTI:	Va bene. Cameriere, il menù, per favore.
CAMERIERE:	Ecco a Lei°!

be seated / here
You are very kind!
let me introduce you (to)
Delighted (to meet you)!
The pleasure is mine!
So

Here you are!

A. Comprensione: Vero o falso? If the statement is false, correct it.

1. L'ingegner Tozzi è un collega di Bianchi.
2. La signora Bianchi è una collega di Valenti.
3. Valenti è un collega di Tozzi.
4. Tozzi vuole conoscere l'ingegnere.
5. La trattoria è in via Garibaldi.
6. Bianchi dice *(says)* a Tozzi: «Lei è molto gentile».
7. Bianchi presenta Valenti a Tozzi.
8. Tozzi chiama *(calls)* il cameriere.

---

*Abbreviated form of **signora** used in this book
†Abbreviated form of **dottor(e)** used in this book
Abbreviated form of **ingegner(e) used in this book

ATTIVITÀ D'ESPANSIONE 1

Greeting One Another Using the Polite Form

▶• SALUTARSI FORMALMENTE°

buongiorno	*hello, good day, good morning*
Le presento…	*let me introduce you (to)…*
Molto lieto *(m.)*.	*Delighted to meet you.*
Molto lieta *(f.)*.	*Delighted to meet you.*
Piacere.	*A pleasure.*
Il piacere è mio.	*The pleasure is mine.*

Note that a male speaker would say **Molto lieto**. A female speaker would instead say **Molto lieta**.

B. Buongiorno! While you are having lunch with two work associates—Dr. Rossi and the engineer Bartoli—another work associate of yours, Mrs. Mirri, enters the trattoria.

1. Greet her, using the polite form.
2. Tell her to be seated.
3. How would she say *You're very kind*?
4. Introduce her to Doctor Rossi.
5. Introduce her to Bartoli.
6. How would Bartoli, a male, say *Delighted to meet you*?
7. How would Mirri, a female, say it?
8. How would Rossi say *The pleasure is mine*?
9. Say that all of you should have something (before chatting a bit).
10. Ask the waiter for a menu.

MODI DI DIRE E DI COMUNICARE 1

Polite Greetings and Introductions

▶• SALUTARSI E PRESENTARE QUALCUNO FORMALMENTE°

Here are some other useful expressions to be used in polite greetings and introductions:

buonasera	*good afternoon, good evening*
Come si chiama?	*What's your name?*
Di dov'è (Lei)?	*Where are you from?*
Come sta?	*How are you? (pol.)*
Come va?	*How's it going? (fam.)*
Piacere di fare la Sua conoscenza.	*A pleasure to make your acquaintance. (pol.)*

The words **buongiorno** and **buonasera** can be written as separate words: **buon giorno, buona sera.** They can be used to say *hello or goodbye*. **Buongiorno** is used from morning to early afternoon; **buonasera** from late afternoon onward.

▶• ARRIVEDERCI!°

Familiar	Polite	
Buonanotte. / Buona notte.	Buonanotte. / Buona notte.	*Good night.*
Arrivederci.	ArrivederLa.	*Good-bye.*
A più tardi.	A più tardi.	*See you later.*
A presto.	A presto.	*See you soon.*
A domani.	A domani.	*See you tomorrow.*

▶• SCUSARSI°

Scusa. *(fam.)*	Scusi. *(pol.)*

Scusa, Carlo, hai una penna?	*Excuse me, Carlo, do you have a pen?*
Scusi, professoressa, ha una matita?	*Excuse me, professor (f.), do you have a pencil?*

Permesso. *(fam.* and *pol.)*	*Excuse me. / May I come in?*
Permesso, signora, c'è il professor Verdi?	*Excuse me, ma'am, is Professor Verdi here?*

▶• TITOLI E/O PROFESSIONI°

l'avvocato	*attorney (m. or f.)*
l'avvocatessa	*attorney (optional feminine form)*
il dottore	*doctor (m.)*
la dottoressa	*doctor (f.)*
l'ingegnere	*engineer*
il professore	*professor (m.)*
la professoressa	*professor (f.)*
la signora	*Mrs. / Ms.*
il signore	*Mr. / Sir*
la signorina	*Miss / Ms.*

• When talking about a *profession*, the masculine form is used even if the person is a woman.
Mi chiamo Christine Faro. Sono avvocato.

• Note that the final **-e** of masculine titles is dropped before a name:
il signor Rosati	*Mr. Rosati*
il professor Balboni	*Professor Balboni*

- *But:* This does not apply to masculine titles ending in **-o**:
  l'avvocato Giusti   *attorney Giusti*

- Titles need not be capitalized:
  il professor Verdi *or* **il Professor Verdi**

- When talking to people directly, note that the article is dropped!
  Buongiorno, professore!
  Buonasera, signora.

APPLICAZIONE

C. Buongiorno! Complete each scene with the appropriate words.

1. DINI: Buongiorno, professor Verdi, _____ sta?
  VERDI: Molto _____, grazie, e Lei come _____?
  DINI: Io sto benissimo. ArrivederLa.
  VERDI: _____ presto.

2. MARCO: Ciao, Maria. Come _____?
  MARIA: Abbastanza bene. _____ *(Excuse me)*, Marco, ma dov'è Tina?
  MARCO: È al bar. Arrivederci. _____ più tardi.
  MARIA: Va bene, _____.

3. MARTINI: Buonasera, ingegnere. Come _____?
  SALVI: Non c'è male. _____ *(Excuse me)*, ma Lei conosce *(do you know)* la mia *(my)* collega di lavoro?
  MARTINI: No, come _____ chiama?
  SALVI: Le _____ la dottoressa Vera Speranza.
  MARTINI: _____.
  SPERANZA: Il piacere è _____! Di dov'_____ Lei?
  MARTINI: Io _____ di qui *(here)*. E Lei?
  SPERANZA: Anch'io sono di _____!

D. Presentazioni formali! Greet a partner using the polite form and the first suggested title. Then, introduce him or her to another student, who has the second suggested title.

  MODELLO: avvocato / dottoressa *(in the morning)*
      TU: *Buongiorno, avvocato.*
    COMPAGNO: *Buongiorno.*
      TU: *Le presento la dottoressa Amersbach.*
    COMPAGNO: *Molto lieto.*
    COMPAGNA: *Piacere di fare la Sua conoscenza.*

1. avvocatessa / dottore *(in the morning)*
2. avvocato / dottoressa *(in the evening)*
3. ingegnere / professoressa *(in the early afternoon)*
4. signora / signorina *(in the late afternoon)*
5. signore / professore *(in the evening)*

E. Buongiorno, dottoressa! Express the following in Italian, using the polite or familiar form as appropriate.

> **MODELLO:** Greet **la dottoressa Magli** in the morning.
> *Buongiorno, dottoressa Magli.*

1. Excuse yourself to Nora (a friend).
2. Ask a young person what his/her name is.
3. Excuse yourself to **la professoressa Bellini**.
4. Say good night to Nadia Marchi, an attorney.
5. Excuse yourself to **il professor Baldini**.
6. Ask **il dottor Martini** where he is from.
7. Ask a stranger what his/her name is.

F. Presentazioni! In groups of three, make up brief dialogues, following the model.

> **MODELLO:** Il professor Dini presenta la dottoressa Franchi (di Roma) all'avvocato Mirri (di Genova). *(Prof. Dini introduces Dr. Franchi [from Rome] to attorney Mirri [from Genova].)*
> DINI: *Dottoressa Franchi, Le presento l'avvocato Mirri.*
> FRANCHI: *Molto lieta, avvocato. Di dov'è Lei?*
> MIRRI: *Sono di Roma. E Lei, di dov'è?*
> FRANCHI: *Io, invece, sono di Genova.*

1. La professoressa Giusti presenta il signor Bruni (di Milano) al dottor Nerini (di Padova).
2. L'ingegner Rossini presenta la signora Bartoli (di Napoli) al signor Meli (di Siracusa).
3. La professoressa Bellini presenta il dottor Di Martino (di Bari) all'avvocatessa Bianchi (di Bologna).
4. Il signor Marchi presenta la dottoressa Nanni (di Rimini) alla professoressa Cardinale (di Catanzaro).

G. Come si chiama? With the student next to you, make up a brief dialogue, following the model.

> **MODELLO:** avvocato
> TU: *Buongiorno!*
> COMPAGNO: *Buongiorno!*
> TU: *Come si chiama?*
> COMPAGNO: *Mi chiamo George Smith. E Lei, come si chiama?*
> TU: *Mi chiamo Lisa McBride. Sono avvocato.*
> COMPAGNO: *Piacere di fare la Sua conoscenza.*

1. ingegnere
2. dottore / medico
3. professore

APPUNTI DI GRAMMATICA 1

More About Pronouns

ANCORA SUI PRONOMI°

In these first two chapters, you have been using the Italian subject personal pronouns in different ways.

Pronomi personali in funzione di soggetto			
SINGOLARE		**PLURALE**	
io	*I*	**noi**	*we*
tu	*you (fam.)*	**voi**	*you*
lui	*he*	**loro**	*they*
lei	*she*	**Loro**	*you (pol.)*
Lei	*you (pol.)*		

Note that…

- **io** is not capitalized, unless it is the first word in a sentence.

- **Lei** *(you, pol.)* is capitalized anywhere in a sentence to keep it distinct from **lei** *(she).*

- the verb must agree with the pronoun:
  Tu, **di dove** *sei*?
  Lei, **di dove** *è* **(dov'è)?**
  Noi siamo **di Roma.**

- the **tu** form is used when speaking to friends, family members, and anyone with whom you are on a first-name basis; otherwise the **Lei** form is used.

- the **voi** pronoun is used generally as the plural of both **tu** and **Lei** when addressing a group of people; the polite form **Loro** (capitalized) is restricted to addressing people very formally; it is used mainly by service people (waiters, store clerks, etc.):

Al singolare	
TU	**LEI**
Tu, Maria, cosa *prendi*?	*Lei*, professor Verdi, cosa *prende*?
Marco, e *tu* come *stai*?	Signor Dini, e *Lei* come sta?
E *tu*, come *ti chiami*?	E *Lei*, come *si chiama*?
Tu sei di Roma.	*Lei è* di Roma.

Al plurale	
Voi	**Loro**
Voi, Maria e Paolo, cosa *prendete*?	*Loro*, signore e signora, cosa *prendono*?
Voi, come state?	*Loro* come *stanno*?
Voi siete di Roma.	*Loro* sono di Roma.

- as you learned in the previous chapter, the pronouns are generally optional, but they must be used after structures like **anche, e**, **o**, and **ma,** or if it is unclear who the subject of the verb is:

  Anche voi siete di Milano.
  Marco, *e tu* cosa prendi?
  Debbie e Bill, *anche voi* siete d'origine italiana?
  Lui è di Roma, *ma lei* è di Napoli.

APPLICAZIONE

H. Desidera qualcosa? Complete each conversation with the missing pronouns.

1. CAMERIERE: Signora, anche _____ desidera qualcosa?
   BIANCHI: No, grazie.
   CAMERIERE: *(turning to the two men)* E _____, desiderano qualcosa?
   TOZZI: _____ prendo un cappuccino, grazie.
   VALENTI: Anch'_____, prendo il cappuccino volentieri.
   BIANCHI: Dottore, _____ di dov'è?
   TOZZI: _____ sono di qui.
   BIANCHI E
   VALENTI: Ah sì? Anche _____ siamo di qui.

2. JOSÉ: Tina, di dove sei _____?
   TINA: _____ sono di Milano.
   JOSÉ: Ma _____ non sei d'origine spagnola *(Spanish)*?
   TINA: No, no. _____ sono italiana.

3. CARLA: Ecco Marco e Maria! Anche _____ sono di Palermo?
   PAOLO: No. Marco non è di Palermo. _____ è di Napoli.
   CARLA: E Maria?
   PAOLO: Anche _____ è di Napoli.

4. GIANNI: Ciao, Gina e Mario! Come state _____ due?
   GINA E
   MARIO: _____ stiamo molto bene!
   GIANNI: _____ prendete qualcosa?
   GINA: Sì, _____ prendo un tè freddo. E _____, Gianni, cosa prendi?
   GIANNI: _____ non prendo niente, grazie.

I. Ti presento... Change each sentence into its corresponding polite form.

> **MODELLO:** E tu, come stai?
> *E Lei, come sta?*

1. Ti presento il professor Tozzi.
2. Ciao, e tu come stai?
3. Come ti chiami?
4. Scusa, ma di dove sei, tu?
5. Tu sei molto gentile.

6. Anche voi state bene?
7. E voi, desiderate qualcosa?
8. Anche voi bevete un bitter?
9. E tu, prendi un tè volentieri?
10. Arrivederci!

Greeting one another formally!

SALUTARSI FORMALMENTE!°

Titoli! List all the titles you know in Italian. Explain any differences with English that you know of.

When two Italians meet each other in a formal setting, they always shake hands. Formal greeting also entails the use of a person's surname and title. For example, **Buongiorno, dottoressa Rossini, come sta?**

Italians tend to use more formal titles (referring to professions) when addressing each other formally.

The title of **dottore / dottoressa** is used not only for a medical doctor but also for any person who has a university degree.

The title of **professore/ professoressa** is used not only with university professors, but also with high-school and middle-school teachers.

As a result of the feminist movement, people are beginning to use only the masculine form of certain professional titles such as **avvocato** and **ingegnere**.

Salutarsi formalmente. Greet classmates formally, using invented titles and appropriate body language.

MOMENTO CREATIVO 1

J. Andiamo in trattoria! Divide into groups of three. Role play introducing a friend to another acquaintance. Use polite forms of address and any title that is appropriate. The two will then greet each other formally. Be sure to end each meeting by suggesting to go somewhere, perhaps to a café or a **trattoria**.

Attenzione! When referring to rather than addressing someone, use the definite article.

il signor Smith	*Mr. Smith*
la signorina Smith	*Miss / Ms. Smith*
la signora Smith	*Mrs. / Ms. Smith*
l'avvocato / l'avvocatessa Smith	*Smith (attorney)*
l'ingegner Smith	*Smith (engineer)*
il dottor Smith / la dottoressa Smith	*Dr. Smith*
il professor Smith / la professoressa Smith	*Professor Smith*

DIALOGO 2

TEMA 2

Ordering food at eating places

Mentre° la signora Bianchi, l'ingegner Valenti e il dottor Tozzi pranzano°…

L'ING. VALENTI:	Ho ancora fame°. Cameriere, un altro° piatto° di spaghetti alla carbonara°, per favore.
CAMERIERE:	E Lei, signora, desidera qualcos'altro°?
LA SIG.RA BIANCHI:	Solo° un bicchiere° d'acqua. Ho sete°.

While / are having lunch
I'm still hungry. / another / plate
in the carbonara style*
something else
Only / (drinking) glass / I'm thirsty.

---

*Prepared with bits of bacon, egg and cream sauce

IL DOTT. TOZZI:	Per me, un dolce° qualsiasi.
L'ING. VALENTI:	Chi aspetta°, signora?
LA SIG.RA BIANCHI:	La dottoressa Marchi. Chissà quando viene°?
IL DOTT. TOZZI:	Perché°?
LA SIG.RA BIANCHI:	Perché° lei vuole conoscere° l'ingegner Valenti. Ma, come al solito°, è in ritardo°.
L'ING. VALENTI:	Forse ha un altro appuntamento°?
LA SIG.RA BIANCHI:	No, non è possibile!

K. Comprensione! Answer the following questions with complete sentences.

1. Chi ha ancora fame?
2. Cosa prende *(orders)* l'ingegner Valenti?
3. Cosa prende la signora Bianchi?
4. Cosa prende il dottor Tozzi?
5. Chi dice *(says)*: «Chissà quando viene?»
6. Perché viene la dottoressa Marchi?
7. Chi è in ritardo?
8. Chi ha un altro appuntamento, secondo *(according to)* l'ingegner Valenti?

ATTIVITÀ D'ESPANSIONE 2

▶• ALLORA / ANCORA

allora	*so; then; thus; therefore*
ancora	*still; more*

Allora, quando arriva?	*So, when is he / she arriving?*
Gianni è ancora qui.	*Gianni is still here.*

The translation of **ancora** as *more* is really in the sense of *again*:

Desidero ancora del pane. *I want some more bread.*

L. Allora o ancora? Fill in the blanks with the appropriate word, either **allora** or **ancora**.

1. _____, dov'è la dottoressa Marchi?
2. Lei non è _____ qui.
3. _____, prendiamo qualcos'altro.
4. Va bene. Cameriere, desidero _____ del pane.
5. E io, un altro piatto di spaghetti. Ho _____ fame.
6. Dottor Valenti, Lei ha _____ sete?
7. Sì, ho sete. _____, prendo un bicchiere d'acqua.

MODI DI DIRE E DI COMUNICARE 2

▶• COSE DA MANGIARE!°

Things to eat!

AL/ALLA...°

In the style of…

• Use **al** in front of masculine nouns beginning with a consonant (except **z** or **s** plus consonant):

un panino *al* prosciutto	*ham sandwich*
una pizza *al* formaggio	*cheese pizza*

• Use **alla** in front of feminine nouns beginning with a consonant:

un panino *alla* mortadella	*mortadella sandwich*
spaghetti *alla* bolognese	*spaghetti prepared as in Bologna*
penne all'arrabbiata	*spicy (angry) penne*

▶• AL RISTORANTE!°

At the restaurant!

un fast food	*a fast-food place*
una gelateria	*an ice-cream parlor*
una mensa	*a school or business cafeteria*
una paninoteca	*a sandwich shop*
una pizzeria	*a pizza parlor*
un ristorante	*a formal restaurant*
uno snack bar	*a snack bar*
una tavola calda	
una trattoria	*an informal, family-style restaurant*
un self-service	*a (public) cafeteria*

▶• PASTI°

la colazione	*breakfast*
a colazione	*at breakfast*
il pranzo	*lunch*
a pranzo	*at lunch*
pranzare	*to have lunch*
la cena	*dinner*
a cena	*at dinner*
cenare	*to have dinner*

APPLICAZIONE

M. Ordiniamo! Order the following food, following the model.

> **MODELLO:** un piatto di spaghetti / carbonara
> *Un piatto di spaghetti alla carbonara, per favore / piacere /*
> *cortesia.*

1. la brioche / marmellata
2. gelato / cioccolato
3. panino / prosciutto
4. tramezzino / formaggio
5. un piatto di spaghetti / bolognese
6. un piatto di tortellini / formaggio
7. un piatto di tagliatelle / panna *(cream)*
8. pizza (o pizzetta) / formaggio

N. Parliamone! Imagine that you have gone out to eat. Express the following in Italian, as in the model.

> **MODELLO:** Say that you are at lunch in a sandwich shop.
> a. Order a ham sandwich.
> b. Say that you'll also have a glass of water.
> *Io sono a pranzo in una paninoteca.*
> *Un panino al prosciutto, per favore.*
> *Prendo anche un bicchiere d'acqua.*

1. Say that you are at a restaurant on Garibaldi Street.
   a. Say that you are at lunch.
   b. Order a plate of tagliatelle with cream.

2. Say that you and Maria are at a family-style restaurant.
   a. Say that you are at dinner.
   b. Ask the server for cheese tortellini.

3. Say that you are at a snack bar on Puccini Street.
   a. Say that you are at breakfast.
   b. Order a brioche with marmalade.

4. Say that you are in a café on Verdi Street.
   a. Order a cheese sandwich.
   b. Say that you'll also have a glass of mineral water.

5. Say that you are in a pizza parlor on Boccaccio Street.
   a. Order a pizza with ham.
   b. Ask when Dr. Marchi is coming.

6. Say that you are in a cafeteria.
   a. Say that Marco is late because he has another appointment.
   b. Tell a friend that you will have nothing today

7. Say that you and Maria are in an ice-cream parlor.
   a. Say that you'll gladly have a dessert too.
   b. Order chocolate ice cream.

APPUNTI DI GRAMMATICA 2

ALTRO

Altro *(Other)*—often used with the indefinite article to mean *another*—is an indefinite adjective that agrees with the noun it modifies as follows:

Maschile	Femminile
↓	↓
un altro	**un'altra**
Prendo **un altro** panino.	Prendo **un'altra** brioche.
Desidero **un altro** cornetto.	Desidero **un'altra** cioccolata calda.

IL PRESENTE INDICATIVO: PRIMA CONJUGAZIONE

Note that the following are verbs whose infinitive form—the basic form of a verb given by a dictionary—ends in **-are**; these are known as first-conjugation verbs:

arrivare	*to arrive*	**entrare**	*to enter*
aspettare	*to wait (for)*	**mangiare**	*to eat*
cenare	*to have dinner, dine*	**pranzare**	*to have lunch*
chiacchierare	*to chat*	**presentare**	*to introduce*
desiderare	*to wish (for)*		

To conjugate these verbs in the present indicative, drop the **-are** and add the following endings: **-o, -i, -a, -iamo, -ate,** and **-ano.** *Note:* the present indicative can be translated in different ways. For instance, **io arrivo** can mean *I arrive, I am arriving, I do arrive,* and *I'll arrive.*

ASPETTARE

(io)	**aspetto**	Maria	*I'm waiting for Maria.*
(tu)	**aspetti**	un'amica	*You're waiting for a friend.*
(lui)	**aspetta**	la professoressa	*He is waiting for the professor.*
(lei)	**aspetta**	il dott. Dini	*She is waiting for Dr. Dini.*
(Lei)	**aspetta**	l'ing. Valenti	*You are waiting for engineer Valenti.*
(noi)	**aspettiamo**	Franca	*We are waiting for Franca.*
(voi)	**aspettate**	un amico	*You are waiting for a friend.*
(loro)	**aspettano**	noi	*They are waiting for us.*

MANGIARE				
(io)	non	**mangio**	niente	*I'm not eating anything.*
(tu)	non	**mangi**	molto	*You don't eat a lot.*
(lui)	non	**mangia**	carne	*He doesn't eat meat.*
(lei)	non	**mangia**	dolci	*She doesn't eat sweets.*
(Lei)	non	**mangia**	niente	*You are eating nothing.*
(noi)	non	**mangiamo**	troppo	*We don't eat too much.*
(voi)	non	**mangiate**	pesce	*You don't eat fish.*
(loro)	non	**mangiano**	prosciutto	*They don't eat ham.*

When conjugating verbs like **mangiare**, do not double the **i**.

APPLICAZIONE

O. Tu, invece? Create complete sentences using **invece.** Follow the model.

> **MODELLO 1:** Maria mangia un altro cornetto.
> tu / tramezzino
> *Tu, invece, mangi un altro tramezzino.*

1. io / brioche
2. Marco e Maria / dolce
3. noi / gelato

4. voi / pizzetta
5. l'ingegner Santini / panino

> **MODELLO 2:** Maria aspetta un altro amico.
> io / amica
> *Io, invece, aspetto un'altra amica.*

6. tu / amica
7. Lei / professore
8. noi / avvocato

9. loro / signora
10. tu e Giorgio / cameriere

P. Cosa desiderano? Create new sentences, following each model.

> **MODELLO 1:** Gianni desidera un altro panino al prosciutto.
> la sig.ra Marchi / piatto di tortellini
> *La signora Marchi, invece, desidera un altro piatto di tortellini.*

1. io / piatto di lasagne
2. tu e Dina / pizza
3. i due amici / tramezzino al prosciutto

4. noi / piatto di maccheroni
5. tu / pizzetta

> **MODELLO 2:** Gianni entra in un bar.
> Io e Bruna / trattoria
> *Io e Bruna, invece, entriamo in una trattoria.*

6. tu / paninoteca
7. lui / ristorante
8. lei / self-service

9. voi / snack bar
10. loro / pizzeria

DUE ALTRI VERBI IRREGOLARI

The verbs above are known as *regular* because they are conjugated, as you have seen, in a consistent way. In the previous chapter, you encountered three *irregular* verbs—**bere, essere, stare**—whose conjugations you had instead to memorize.

In this chapter, you have encountered two other irregular verbs, **avere** and **venire**. Here are their present indicative forms:

AVERE

(io)	**ho**[*]	un appuntamento	*I have an appointment.*
(tu)	**hai**	sete	*You are thirsty.*
(lui)	**ha**	una macchina nuova	*He has a new car.*
(lei)	**ha**	un ragazzo fantastico	*She has a great boyfriend.*
(Lei)	**ha**	un amico americano	*You have an American friend.*
(noi)	**abbiamo**	una casa vecchia	*We have an old house.*
(voi)	**avete**	una professoressa in gamba	*You have a nice professor.*
(loro)	**hanno**	molta fame	*They are very hungry.*

VENIRE

(io)	**vengo**	domani	*I'm coming tomorrow.*
(tu)	**vieni**	con Paolo	*You are coming with Paolo.*
(lui)	**viene**	con un amico	*He is coming with a friend.*
(lei)	**viene**	al bar	*She is coming to the bar.*
(Lei)	**viene**	con il dott. Dini	*You are coming with Dr. Dini.*
(noi)	**veniamo**	domani	*We are coming tomorrow.*
(voi)	**venite**	alla trattoria	*You are coming to the trattoria.*
(loro)	**vengono**	al bar	*They are coming to the bar.*

In the dialogue for **Tema 2**, the verb **avere** is used in the expressions **avere fame** and **avere sete**. These literally mean *to have hunger* and *to have thirst*. In English, these physical states are expressed with the verb *to be* plus the adjective:

Carla ha fame.	*Carla is hungry.*
Maria e Paolo hanno fame.	*Maria and Paolo are hungry.*
Il dott. Tozzi ha sete.	*Dr. Tozzi is thirsty.*
Noi non abbiamo sete.	*We are not thirsty.*

---

[*]The **h** is always silent.

APPLICAZIONE

Q. E allora… Create new sentences using **anche** and **e allora,** following the models.

> **MODELLO 1:** Giancarlo ha fame e allora mangia un'altra pasta.
> loro / panino al formaggio
> *Anche loro hanno fame e allora mangiano un altro panino al formaggio.*

1. io / tramezzino al prosciutto
2. tu / pizza
3. i due americani / piatto di spaghetti

4. la dottoressa Trusso / pizzetta
5. noi / gelato

Ecco il gelato!

> **MODELLO 2:** Giancarlo ha sete e allora viene con il professor Barni al bar.
> io
> *Anch'io ho sete, e allora vengo anch'io con il professor Barni al bar.*

6. tu
7. l'avvocato
8. noi

9. voi due
10. la signora Dini e il signor Fausti

R. Informale o formale? Change each question into its corresponding polite or familiar form, as the case may be.

> **MODELLO:** Dove ceni di solito *(usually)*?
> *Dove cena di solito?*

INFORMALE	FORMALE
1. Quando arrivate?	_____
2. _____	Dove pranzano, Loro?
3. Vieni anche tu?	_____
4. _____	Quando vengono, Loro?
5. Con chi hai un appuntamento?	_____
6. _____	Hanno sete, Loro?

· POSTI E PASTI!°

Places and meals!

Al ristorante! Have you ever eaten at an Italian restaurant? What did you eat? How did you like it?

Per mangiare qualcosa velocemente[1], specialmente[2] a pranzo, gli italiani vanno[3] spesso[4] a uno snack bar o a un self-service. I giovani[5] italiani, come[6] i giovani americani, tendono a preferire[7] i locali[8] di fast food, le paninoteche[9], o le pizzerie[10]. Gli italiani che[11] non cenano a casa[12] vanno generalmente a una trattoria o a un ristorante.

La colazione non è come la colazione americana. Consiste[13] generalmente di un dolce (una brioche, un cornetto, una pasta) e un caffè, specialmente il cappuccino o il caffellatte. Generalmente i negozi[14] e gli uffici[15] sono chiusi[16] durante[17] l'ora[18] di pranzo. L'ora di cena comincia[19] verso le otto di sera[20].

Comprensione! True or false? Correct the statements.

MODELLO: Per mangiare qualcosa velocemente, gli italiani vanno spesso a un ristorante.
Falso. Per mangiare qualcosa velocemente, specialmente a pranzo, gli italiani vanno spesso a uno snack bar o a un self-service.

velocemente	*quickly*
specialmente	*especially*
spesso	*often*
generalmente	*usually, generally*
durante	*during*

1. I giovani italiani tendono a preferire le trattorie e i ristoranti.
2. L'ora di cena comincia verso le cinque.
3. Quando non cenano a casa, gli italiani vanno spesso a una trattoria o a un ristorante.
4. Generalmente i negozi e gli uffici sono aperti *(open)* durante l'ora di pranzo.
5. La colazione consiste generalmente di un panino e un bicchiere di vino.

[1]*quickly* [2]*especially* [3]*go* [4]*often* [5]*young people* [6]*like* [7]*tend to prefer* [8]*places*
[9]*sandwich shops* [10]*pizza parlors* [11]*who* [12]*at home* [13]*It consists* [14]*stores* [15]*offices*
[16]*closed* [17]*during* [18]*hour* [19]*starts* [20]*around 8 in the evening*

Ristorante del Pantheon

Roma – Veduta della Piazza della Rotonda

VIA DEL PANTHEON 55 · TEL. 6792788

Gli antipasti

SALMONE AFFUMICATO	L. 18000
CARPACCIO DI SALMONE FRESCO	18000
PROSCIUTTO DI PARMA	10000
ANTIPASTO MISTO	9000
PROSCIUTTO E MELONE	14000
BRESAOLA DI MANZO	12000
SPEK AFFUMICATO	10000

Le asciutte

SPAGHETTI ALLE VONGOLE VERACI FRESCHE	L. 15000
SPAGHETTI AGLIO OLIO E PEPERONCINO	9000
GNOCCHI AL POMODORO	10000
" AL GORGONZOLA	10000
PENNETTE ALLA PRIMAVERA	10000
BUCATINI ALL'AMATRICIANA	10000
PENNE ALL'ARRABBIATA	9000
RISOTTO ALLA MILANESE	10000
" AL LIMONE D'AMALFI	10000

Le verdure

INSALATA VERDE	L. 5000
INSALATA DI AVOCADOS	5000
VERDURE BOLLITE	5000
FAGIOLINI LESSI	6000

I nostri dolci

	7000
LAMPONI	L. 10000
MACEDONIA 6000 CON GELATO	8000
FRUTTA FRESCA 4000	

I gelati

	7000
AFFOGATO WHISKY	L. 10000
CAPPUCCINO	2500
THE CAMOMILLA CAFFE	2000

il servizio e IVA sono inclusi nei prezzi

S. Possiamo mangiare… Choose the appropriate word to complete each sentence.

1. Nei locali di fast food, possiamo *(we can)* mangiare…
   a. velocemente.
   b. sempre.

2. La colazione consiste…di una brioche e un caffè.
   a. ancora
   b. spesso

3. I negozi e gli uffici sono chiusi… l'ora di pranzo.
   a. durante
   b. qui

4. …i giovani tendono a preferire un locale di fast food.
   a. Generalmente
   b. Volentieri

5. Se non cenano a casa, gli italiani vanno…a una trattoria.
   a. solo
   b. spesso

T. Al Ristorante Pantheon. Read the menu of Ristorante del Pantheon with a partner. Pretend you are the **cameriere** and take your partner's order, then switch roles.

MODELLO:

CAMERIERE: *Desidera?*
CLIENTE: *Desidero mangiare l'antipasto misto…*

MOMENTO CREATIVO 2

U. Hai fame? Ask a partner questions. He or she answers in an appropriate way.

> **MODELLO:** …se ha fame
> > TU: *Debbie, hai fame?*
> > COMPAGNA: *Sì, ho fame.*

se	*if*

Chiedi al tuo compagno / alla tua compagna…
1. se ha fame.
2. Se sì *(If yes)*, cosa desidera mangiare?
3. se ha sete.
4. Se sì, cosa desidera bere?
5. se mangia di più *(more)* a colazione, a pranzo o a cena.
6. cosa mangia generalmente *(generally)* a colazione.
7. cosa mangia generalmente a pranzo.
8. cosa mangia generalmente a cena.
9. se chiacchiera spesso con gli amici *(friends)*.

FASE 2: ASCOLTO E I NUMERI

ASCOLTO

A. Listen carefully to the conversation on the program and see if you can determine the following:

1. in che tipo di locale si trovano le persone *(in what type of eating place the people find themselves)*
2. come si chiamano le persone *(what the names of the people are)*
3. che titolo ha ciascuna persona *(what title each person has)*
4. quello che ciascuna persona prende *(what each person orders)*

B. Now, attempt to reconstruct the conversation freely with other students.

I NUMERI

From Twenty-one to One Hundred

DA VENTUNO A CENTO°

20	venti	50	cinquanta	80	ottanta
30	trenta	60	sessanta	90	novanta
40	quaranta	70	settanta	100	cento

To form the numbers from 21 to 99, do the following:

• Add on the numbers 1–9 to 20, 30, 40, and so on:

ventidue = 22   **venticinque** = 25
trentaquattro = 34   **trentasei** = 36

• If the number begins with a vowel (**uno** and **otto**), drop the previous vowel:

ventuno = 21   **ventotto** = 28
quarantuno = 41   **quarantotto** = 48

• If the number ends in **-tre**, add an accent mark:

ventitrè = 23
cinquantatrè = 53

• The number **uno** itself, or any number ending in **-uno**, takes on the same form changes as the indefinite article when followed by a noun:

un libro = *one book*
un'amica = *one friend*
ventun libri = *21 books*
ventun'amiche = *21 friends*

C. Da ventuno...   Spell out in writing the following numbers / phrases.

MODELLO: 24
ventiquattro
21 libri
ventun libri

1. 21 studenti
2. 32
3. 43 amiche
4. 54
5. 65

6. 76
7. 87
8. 91 zii *(uncles)*
9. 98
10. 58

PRIMA DI LEGGERE

A. La ricetta. Match the items in the two columns, anticipating the reading.

1. _____ il riso	**a.**	*broth, soup*
2. _____ lo zafferano	**b.**	*fried onion*
3. _____ il brodo	**c.**	*rice*
4. _____ a fuoco vivo	**d.**	*butter*
5. _____ la cipolla fritta	**e.**	*high heat*
6. _____ il burro	**f.**	*saffron**

Lettura:
Il risotto alla milanese!

Ecco la ricetta° per il famoso risotto alla milanese.
1. Misurare°† il riso°.
2. Friggere° fettine° di cipolla° con un po' di burro°.
3. Aggiungere° mezzo° bicchiere di vino bianco.
4. Far rosolare° il riso per due o tre minuti.
5. Aggiungere un po' di brodo di pollo°.
6. Mescolare° mentre° il riso cuoce° a fuoco vivo°.
7. Aggiungere lo zafferano° e mescolare.

recipe
Measure / rice
Fry / small strips / onion
butter
Add / half
Let it brown
chicken broth
Stir / while / cooks
high heat
saffron

DOPO LA LETTURA

B. Il risotto. Now complete each sentence in a logical way, according to the reading.

1. Il risotto alla milanese consiste di…
   a. riso
   b. tagliatelle
2. È una ricetta…
   a. americana
   b. famosa
3. Consiste anche di…
   a. formaggio
   b. zafferano
4. E di…
   a. prosciutto, crema e zucchero
   b. fettine di cipolla, brodo e burro

---

*A valuable savory spice that gives a yellow tinge to food
†Often in giving instructions, such as in prescriptions or recipes, the verbs specifying procedures are in the infinitive form.

C. Correggi la ricetta! Each instruction is wrong. Correct it.

MODELLO: Far rosolare il riso mentre cuoce a fuoco vivo.
Mescolare mentre il riso cuoce a fuoco vivo.

1. Preparare lo zafferano e friggere.
2. Friggere il riso.
3. Mescolare un po' di brodo.
4. Friggere fettine di prosciutto con un po' di zucchero.
5. Aggiungere un bicchiere di aranciata.
6. Far rosolare il riso per otto o nove minuti.

D. Una ricetta originale! Imagine being a great chef. Invent a recipe for one of the following dishes. You can use the vocabulary listed below. Write down the recipe and then read it in class.

MODELLO: gli spaghetti alla panna

1. *Cuocere (Cook) gli spaghetti.*
2. *Aggiungere un po' di panna.*
3. *Mescolare la panna e gli spaghetti.*

le fettuccine	*pasta shaped in flat strips*
i ravioli	*stuffed pasta shaped like pillows*
le penne	*pasta shaped like quill*
i cannelloni	*large tubular-shaped pasta*
il sugo	*sauce*
il pomodoro	*tomato*
l'olio	*oil*
il sale	*salt*
il pepe	*pepper*

1. le fettuccine all'olio
2. i ravioli al formaggio
3. le lasagne al pomodoro
4. le penne al sugo di pomodoro
5. i cannelloni al formaggio

SINTESI

A. Vuoi? With a partner, say that you want the following dishes, as in the model.

vuoi?	*do you want? / would you like?*
voglio	*I want / would like*

MODELLO: gli spaghetti / carbonara
TU: *Vuoi gli spaghetti?*
COMPAGNO/A: *Sì, voglio gli spaghetti alla carbonara.*

1. le lasagne / formaggio
2. le fettuccine / sugo
3. le tagliatelle / pomodoro
4. il risotto / milanese

5. i tortellini / panna
6. i maccheroni / bolognese
7. i cannelloni / sugo
8. le penne / olio

B. Un altro... Now, order the following things to eat, following the model.

MODELLO: panino / prosciutto
Un altro panino al prosciutto, per favore / piacere / cortesia.

1. pasta / marmellata
2. cornetto / crema
3. gelato / cioccolato
4. panino / mortadella

5. pizza / formaggio
6. tramezzino / prosciutto
7. panino / formaggio

C. Situazioni! Choose the words or phrases to complete a sentence or to make an appropriate response.

1. Il signor Marchi incontra *(meets)* la dottoressa Santini, una collega di lavoro.
   a. Ciao, dottoressa Santini!
   b. Buongiorno, dottoressa Santini!
2. Prego, professore, si accomodi…
   a. volentieri
   b. qui
3. Grazie, Lei è…
   a. in ritardo
   b. molto gentile
4. Professore, Le presento l'avvocato Mirri.
   a. Molto lieto, avvocato!
   b. Molto lieta, avvocato!

5. Cameriere, il menù, per favore!
   a. C'è!
   b. Ecco a Lei!

6. Buonanotte!
   a. ArrivederLa!
   b. Buonanotte!

7. Ciao!
   a. ArrivederLa!
   b. Arrivederci!

8. Scusi, ma…
   a. come ti chiami?
   b. come si chiama?

D. Forme di cortesia! Change each sentence into its corresponding polite form.

1. Come ti chiami?
2. Di dove sei?
3. Ti presento Marco Signori.
4. Scusa, ma hai ancora fame?
5. Maria, tu cosa bevi?
6. E voi, cosa bevete?
7. Prendete qualcos'altro?

Now, put the following sentences into their corresponding familiar forms.

8. Dov'è Lei, in una trattoria o in un bar?
9. Hanno sete anche Loro?
10. Cosa mangia?
11. Dove pranza generalmente?
12. Dove cenano generalmente?
13. Quando viene al bar?
14. Vengono anche Loro?

E. Verbi! Create sentences with the information provided and the verbs **mangiare, avere, venire,** and **aspettare,** following the model and using plural forms if necessary.

MODELLO: Giancarlo

  a. Say that the indicated person is eating something in some food establishment.
  Giancarlo mangia un panino al prosciutto in un bar.

  b. Say that he or she is waiting for someone.
  Giancarlo aspetta la professoressa Marchi.

  c. Say that he or she has an appointment with that person.
  Giancarlo ha un appuntamento con la professoressa Marchi.

  d. Say that he or she is not coming tomorrow.
  Giancarlo non viene domani.

1. io
2. tu
3. loro
4. noi
5. voi
6. l'ingegner Rossi
7. la dottoressa Franceschi

F. Presentazioni! In groups of three students, carry out the following introductions, as in the model.

MODELLO: Il signor Bruni presenta il dottor Valenti alla professoressa Marchi *(in the morning).*
  BRUNI: *Buongiorno, dottor Valenti!*
  VALENTI: *Buongiorno!*
  BRUNI: *Le presento la professoressa Marchi!*
  VALENTI: *Piacere di fare la Sua conoscenza!*

MARCHI: *Il piacere è mio!*
VALENTI: *Di dov'è Lei?*
MARCHI: *Sono di Roma / Venezia. E Lei di dov'è?*
VALENTI: *Anch'io sono di Roma / Venezia.*
　　　　　　o
　　　　　　Io, invece, sono di Napoli / Palermo.

1. Il professor Marotta presenta la dottoressa Veri all'avvocato Mirri *(in the late afternoon)*.
2. L'avvocatessa Dini presenta il signor Chiassi alla dottoressa Di Stefano *(in the morning)*.
3. La professoressa Baldini presenta l'ingegner Marchi alla signora Amorini *(in the evening)*.

G. Cultura italiana! Complete each sentence in a logical way.

1. Quando due persone si salutano *(greet each other)* formalmente…
   a.　si danno *(they give each other)* un bacio e un abbraccio.
   b.　si danno la mano.

2. Salutarsi formalmente implica anche…
   a.　l'uso del pronome *tu*.
   b.　una stretta di mano.

3. Il titolo di professore si usa anche…
   a.　con qualsiasi persona laureata.
   b.　con chi insegna al liceo.

4. Se desiderano mangiare qualcosa velocemente, gli italiani vanno spesso…
   a.　a un trattoria.
   b.　a un self-service.

5. I giovani italiani tendono a preferire…
   a.　i locali di fast food.
   b.　le trattorie.

6. Durante l'ora del pranzo…
   a.　i negozi e gli uffici sono chiusi.
   b.　gli italiani mangiano il risotto alla milanese.

H. Momento creativo! Interview a partner.

MODELLO: Chiedigli/le se ha fame.
　　　　　　TU: *Joanne, hai fame?*
　　　COMPAGNA: *Sì, ho fame. / No, non ho fame.*

Chiedigli/le…
1. se ha fame.
2. se ha sete.
3. cosa mangia in un locale di fast food.
4. cosa desidera mangiare in un ristorante di lusso *(expensive)*.
5. cosa prende quando è allo snack bar con gli amici.
6. se ha un appuntamento oggi e con chi. *(NOTE:* appuntamento *can also mean "date.")*

EXPLORE!
For this chapter's activity, go
to http://adesso.heinle.com

LESSICO UTILE

NOMI

un appuntamento *appointment*
l'avvocato / l'avvocatessa
  attorney, lawyer
un bicchiere *drinking glass*
una brioche *rich roll made with*
  flour, butter, eggs, and yeast
la cena *dinner*
il cognome *surname*
la colazione *breakfast*
un/una collega *colleague*
un cornetto *croissant*
il corso *avenue, street*
la crema *custard, cream*
un dolce *sweet (dessert)*
il dottore / la dottoressa
  doctor
la fame *hunger*
il formaggio *cheese*

una gelateria *ice-cream parlor*
un gelato *ice cream*
un ingegner(e) *engineer*
il lavoro *work*
i maccheroni *macaroni pasta*
la marmellata *marmalade*
una mensa *school or business*
  cafeteria
l'olio *oil*
un panino *bun; sandwich*
una paninoteca *sandwich shop*
la panna *cream*
la pasta *pasta*
una pasta *pastry*
il pepe *pepper*
una pizzeria *pizza parlor*
un piatto *plate*

una pizzeria *pizza parlor*
una pizzetta *small pizza*
il pomodoro *tomato*
il pranzo *lunch*
il prosciutto *(cured) ham*
un ristorante *formal restaurant*
il sale *salt*
la sete *thirst*
la signora *lady; Mrs., Ms.*
il sugo *sauce*
le tagliatelle *"cut-up" noodles*
una tavola calda *informal*
  restaurant
i tortellini *small ravioli pasta*
un tramezzino *sandwich on*
  thin bread
una trattoria *informal restaurant*

AGGETTIVI

altro *other*

gentile *kind*

possibile *possible*

VERBI

arrivare *to arrive*
aspettare *to wait (for)*
avere *to have*
cenare *to have dinner, dine*

chiacchierare *to chat*
conoscere *to know (someone);*
  to meet

mangiare *to eat*
pranzare *to have lunch*
venire *to come*

AVVERBI

allora *so; then; thus; therefore*
ancora *still; yet*
generalmente *usually, generally*

qui *here*
sempre *always*
solo *only*

specialmente *especially*
velocemente *quickly*

ALTRI VOCABOLI / ESPRESSIONI

a domani *see you tomorrow*
a più tardi *see you later*
a presto *see you soon*
arrivederci *(fam.) good-bye*
arrivederLa *(pol.) good-bye*
avere fame *to be hungry*
avere sete *to be thirsty*
buonanotte *good night*
buonasera *good afternoon;*
  good evening
buongiorno *hello; good morning*
chi *who*

chissà *who knows*
come al solito *as usual*
Come va? *How's it going?*
di *of*
durante *during*
in ritardo *late*
Le presento *(pol.) let me*
  introduce you (to)
mentre *while*
Molto lieto/a! *Delighted (to*
  meet you)!
perché *why; because*

Permesso *Excuse me; May I*
Piacere di fare la Sua
conoscenza *A pleasure to make*
  your acquaintance
prima(di) *before*
qualsiasi *any, whatever*
quando *when*
Scusa *(fam.)* / **Scusi** *(pol.)*
  Excuse me
se *if*
si accomodi *(pol.) be seated*
un po' *a little*

Comunicazione

- expressing your likes and dislikes
- requesting information
- expressing feelings
- talking about nationalities and languages

Cultura

- the Italian language and its dialects
- Italian cities

Strutture e vocabolario

- expressing possession with *di*
- how to ask questions
- the interrogatives **che / cosa / che cosa, chi, come, dove, perché, quale, quando, quanto**
- other expressions with **avere: avere bisogno di, avere fretta, avere paura, avere pazienza, avere ragione, avere sonno, avere torto**
- how to pluralize nouns
- the time expressions **in orario, in ritardo, in anticipo**
- the definite article
- how to count from 101 to 999

See the Internet activity in this chapter.

SÌ, MI PIACE MOLTO!

3

DIALOGO 1

TEMA 1

Expressing likes and dislikes

They are studying / at

language / Now

they want to know / up close /
* they enrolled / course / near*

after / class

you like / really / right?

certainly / a lot / beautiful

dialects

Why don't we go / around /
* today / great / idea*

tomorrow / to see / city / bus

tourist

Agreed! / I'll go and get / tickets /
* agency / they sell / newsstand*

you're right / there

Jim e Betty sono due studenti americani. Studiano° l'italiano presso° un'università americana e parlano la lingua° molto bene. Adesso° sono in Italia perché vogliono conoscere° l'Italia da vicino°. Allora, si sono iscritti° a un corso° di geografia all'università di Firenze. Sono in un ristorante vicino° all'università dopo° una lezione°.

JIM: Betty, ti piace° veramente° l'Italia, non è vero°?
BETTY: Sì, certo°! Mi piace molto°! L'Italia è molto bella°. E mi piace molto la lingua italiana. Anche i dialetti° italiani sono interessanti.
JIM: Perché non andiamo° in giro° per Firenze oggi°? È un'ottima° idea°, no?
BETTY: Sì! E domani° andiamo a vedere° la città° di Fiesole con un pullman° turistico°, va bene?
JIM: D'accordo°! Vado a prendere° due biglietti° ad un'agenzia°.
BETTY: Ma vendono° i biglietti anche all'edicola° in Piazza del Duomo, no?
JIM: Sì, hai ragione°. Allora vado là°. Ciao, a presto!

A. Comprensione! Completa la seguente parafrasi del dialogo con le parole adatte. *(Complete the following paraphrase of the dialogue with the appropriate words.)*

Jim e Betty sono due _____¹ americani. Loro _____² l'italiano in un'università americana. Sono in Italia perché vogliono _____³ l'Italia da vicino. Allora, si sono iscritti a un _____⁴ di geografia. Adesso sono in un ristorante vicino all'università _____⁵ una lezione. A Betty piace veramente l'Italia, la lingua _____⁶ e i dialetti italiani. Jim vuole andare in _____⁷ per Firenze oggi. E Betty vuole andare a _____⁸ Fiesole domani. Jim va a prendere i biglietti ad un' _____⁹ in Piazza del Duomo.

ATTIVITÀ D'ESPANSIONE 1

B. Ti piace? Con un compagno / una compagna, indica se ti piace o non ti piace ciascuna persona o cosa. Segui i modelli. *(With a partner, say whether you like or dislike each person or thing. Follow the models.)*

> **MODELLO 1**: [una sola persona / una sola cosa]
> Brad Pitt
> COMPAGNO/A: *Jenny, ti piace Brad Pitt?*
> TU: *Sì, mi piace (molto). / No, non mi piace.*

> **MODELLO 2**: [più di una persona / più di una cosa]
> gli spaghetti
> COMPAGNO/A: *Ti piacciono gli spaghetti, Tom?*
> TU: *Sì, mi piacciono (molto). / No, non mi piacciono.*

1. il risotto alla milanese
2. i dolci
3. Sharon Stone
4. i Beatles

5. la pizza
6. i dialetti italiani
7. le brioche alla marmellata
8. la lingua italiana

MODI DI DIRE E DI COMUNICARE 1

▶● PIACERE (A) / ESSERE SIMPATICO (A)

The verb **piacere (a),** *to be pleasing (to),* will be discussed fully in a later chapter. For the purpose of expressing your likes and dislikes, note simply that you must use a singular or a plural form of the verb as illustrated below:

PIACERE

Singolare	Plurale
Mi piace «Seinfeld». *I like Seinfeld.* ↓ [agreement with **Seinfeld**]	Non **mi piacciono** i Rolling Stones. *I don't like the Rolling Stones.* ↓ [agreement with **i Rolling Stones**]
Barbara, **ti piace** l'Italia? *Barbara, do you (fam.) like Italy?* ↓ [agreement with **l'Italia**]	Barbara, **ti piacciono** gli italiani? *Barbara, do you (fam.) like Italians?* ↓ [agreement with **gli italiani**]
Signor Smith, **Le piace** l'italiano? *Mr. Smith, do you (pol.) like the Italian language?* ↓ [agreement with **l'italiano**]	Signor Smith, **Le piacciono** i dialetti italiani? *Mr. Smith, do you (pol.) like the Italian dialects?* ↓ [agreement with **i dialetti italiani**]

When a verb is involved, the form is always singular:

Mi piace chiacchierare con gli amici.
Ti piace cenare a casa?

I like chatting with friends.
Do you like eating at home?

ESSERE SIMPATICO/A

The expression **essere simpatico/a** *(to be pleasing to, to be likeable)* is used mainly when referring to people. Its various forms are illustrated below, along with forms for **piacere**:

Piacere	Essere simpatico/a
• Maschile singolare	
1. *Informale*	
Tom, **ti piace** Michael Jordan?	Tom, **ti è simpatico** Michael Jordan?
Sì, **mi piace.**	Sì, **mi è simpatico.**
	↓
	[agreement with **Michael Jordan**]
2. *Formale*	
Signora Jones, **Le piace** il professore?	Signora Jones, **Le è simpatico** il professore?
Sì, **mi piace** molto.	Sì, **mi è** molto **simpatico.**
	↓
	[agreement with **il professore**]
• Femminile singolare	
1. *Informale*	
Tom, **ti piace** Candice Bergen?	Tom, **ti è simpatica** Candice Bergen?
Sì, **mi piace** molto.	Sì, **mi è** molto **simpatica.**
	↓
	[agreement with **Candice Bergen**]
2. *Formale*	
Signor Wall, **Le piace** la professoressa?	Signor Wall, **Le è simpatica** la professoressa?
Sì, **mi piace.**	Sì, **mi è simpatica.**
	↓
	[agreement with **la professoressa**]
• Maschile plurale	
1. *Informale*	
Tom, **ti piacciono** gli italiani?	Tom, **ti sono simpatici** gli italiani?
Sì, **mi piacciono.**	Sì, **mi sono simpatici.**
	↓
	[agreement with **gli italiani**]
2. *Formale*	
Signora Dini, **Le piacciono** gli americani?	Signora Dini, **Le sono simpatici** gli americani?
Sì, **mi piacciono.**	Sì, **mi sono simpatici.**
	↓
	[agreement with **gli americani**]

- Femminile plurale
  1. *Informale*

     Tom, **ti piacciono** Maria
     e Claudia?

     Sì, **mi piacciono.**

     Tom, **ti sono simpati*che*** Maria e
     Claudia?

     Sì, **mi sono simpati*che*.**

     ↓

     [agreement with **Maria e Claudia**]

  2. *Formale*

     Signor Wall, **Le piacciono**
     le mie amiche?

     Sì, **mi piacciono.**

     Signor Wall, **Le sono simpati*che***
     le mie amiche?

     Sì, **mi sono simpati*che*.**

     ↓

     [agreement with **le mie amiche**]

▶• CHIEDERE INFORMAZIONI°

Requesting Information

Che? / Cosa? / **Che cosa?**	*What?*	**Che studia Betty? /** **Cosa studia Betty? /** **Che cosa studia Betty?**	*What is Betty studying?*
Chi?	*Who?*	**Chi è il professore** **d'italiano?**	*Who is the Italian pro-* *fessor / instructor?*
Come?	*How?*	**Come stai, Jim?**	*How are you, Jim?*
Dove?	*Where?*	**Dov'è l'edicola?**	*Where is the newsstand?*
Perché?	*Why?*	**Perché vai ad** **un'agenzia?**	*Why are you going to* *an agency?*
Quale?	*Which?*	**Quale città vuoi** **vedere?**	*Which city do you want* *to see?*
Quando?	*When?*	**Quando viene la** **dottoressa Marchi?**	*When is Doctor Marchi* *coming?*
Quanto?	*How much?*	**Quant'è un biglietto?**	*How much is a ticket?*

- In sentences that contain these interrogatives, the subject is normally placed
  at the end:
  Quant'è un biglietto?
  Quando arriva la dottoressa Mirri?

- The final vowel of **cosa, come,** and **dove** may be dropped in front of the
  verb form **è**:
  Cos'è? / Cosa è?
  Com'è? / Come è?
  Dov'è? / Dove è?

- **Quale**, on the other hand, is not apostrophized:
  Qual è? / Quale è?

- The plural form of **quale** is **quali**:
  Qual è?   *Which one is it?*
  Quali sono?   *Which ones are they?*

▶• FARE DOMANDE°

The interrogatives **(interrogativi)** listed above allow you to request specific kinds of information: *who, what, where,* etc. There is a second kind of questioning strategy that anticipates, instead, a *yes* or *no* response. This is formed in one of two ways:

• use the normal word order as for a statement, with question intonation; or put the subject at the end, using question intonation.

Domanda	Risposta
Gianni ha ragione? Ha ragione Gianni?	Sì, Gianni ha ragione. / No, Gianni non ha ragione.

To say *right?, doesn't he / she / it?, aren't you?,* use **no?**, **vero?**, or **non è vero?**

Ti piace l'Italia, no?   *You like Italy, don't you?*
Sei di Roma, non è vero?   *You're from Rome, right?*
Jim è uno studente, vero?   *Jim is a student, isn't he?*

▶• STATI FISICI E MENTALI°

In the previous chapter you learned to use **avere** + *noun* to express *to be hungry* (**avere fame**) and *to be thirsty* (**avere sete**). Here are a few more expressions with **avere** + *noun* for expressing physical and mental states:

avere fretta

avere paura *(fear)*

avere pazienza

avere sonno

avere fame

avere sete

avere bisogno di	*to need*
avere fretta	*to be in a hurry*
avere paura	*to be afraid*
avere pazienza	*to be patient*
avere ragione	*to be right*
avere sonno	*to be sleepy*
avere torto	*to be wrong*
avere sete	*to be thirsty*
avere fame	*to be hungry*

Io ho bisogno di mangiare.	*I need to eat.*
Tu hai ragione, ma lui ha torto.	*You're right, but he's wrong.*
Maria ha sempre fretta.	*Maria is always in a hurry.*

APPLICAZIONE

C. Ti piace? Con un compagno / una compagna, crea brevi dialoghi, seguendo i modelli. *(With a partner, create brief dialogues, following the models.)*

> **MODELLO 1:** la pizza [familiar address]
>> COMPAGNO/A: *Ti piace la pizza, Sandra* [use actual name], *non è vero?*
>> TU: *Sì, certo, mi piace. / No, non mi piace.*

> **MODELLO 2:** le penne al sugo [polite address]
>> COMPAGNO/A: *Le piacciono le penne al sugo, signorina Jones* [use actual name], *vero?*
>> TU: *Sì, certo, mi piacciono. / No, non mi piacciono.*

1. l'Italia [familiar address]
2. l'italiano [polite address]
3. i dialetti italiani [familiar address]
4. i cannelloni al sugo [polite address]
5. la mortadella [familiar address]
6. gli spaghetti [polite address]
7. mangiare gli spaghetti [polite address]
8. chiacchierare con gli amici [familiar address]

D. Ti è simpatico Tom Cruise?
Adesso, crea altri brevi dialoghi, seguendo i modelli. *(Now, create other short dialogues, following the models.)*

> **MODELLO 1:** Tom Cruise [familiar address]
> > COMPAGNO/A: *Ti è simpatico Tom Cruise, Sandra, no?*
> > [use actual name of partner]
> > TU: *Sì, mi è simpatico. / No, non mi è simpatico.*

> **MODELLO 2:** Hillary Clinton [polite address]
> > COMPAGNO/A: *Le è simpatica Hillary Clinton, signorina Jones, vero?* [use actual last name of partner]
> > TU: *Sì, mi è simpatica. / No, non mi è simpatica.*

1. Harrison Ford [familiar address]
2. Roseanne [familiar address]
3. Sean Connery [polite address]
4. Oprah Winfrey [polite address]
5. gli italiani [familiar address]
6. le Supremes *(a female group)* [familiar address]
7. gli americani [polite address]
8. Barbra Streisand e Diana Ross [polite address]

E. Attori, locali,...
In gruppi di tre, scegliete tre esempi in una delle categorie elencate. Poi uno di voi domanda agli altri se gli esempi gli piacciono. Ricordate che *ti è simpatico/a* riferisce solo alle persone. *(Divide into groups of three. Each group chooses three examples in one of the categories below. Then one group member asks the others if they like each of the examples. Remember that* **ti è simpatico/a** *only applies to people.)*

> **MODELLO:** [tre attori / attrici]
> > Sigourney Weaver
> > —*Ti piace / Ti è simpatica Sigourney Weaver?*
> > —*Sì, mi piace. / Sì, mi è simpatica.*
> > —*No, non mi piace. / No, non mi è simpatica.*

1. tre attori / attrici
2. tre locali di fast food
3. tre tipi di bevanda *(beverage)*
4. tre piatti di pasta
5. tre complessi musicali *(musical groups)*
6. tre atleti *(athletes)*

F. Domande, domande!
Rispondi alle seguenti domande. *(Answer the following questions.)*

> **MODELLO 1:** [yes/no question]
> > C'è il professore / la professoressa oggi?
> > *Sì, c'è. / No, non c'è il professore oggi.*

> **MODELLO 2:** [information question]
> > Come ti chiami?
> > *Mi chiamo Barbara Harrison.*

1. Come si chiama il professore / la professoressa d'italiano?
2. Che mangi generalmente a colazione?
3. Che cosa bevi generalmente a pranzo?
4. Dov'è l'edicola *(nel dialogo)*?
5. Perché studi la lingua italiana?
6. Hai bisogno di studiare molto per l'esame d'italiano *(Italian exam)*?

7. Hai fretta dopo la lezione d'italiano?
8. Hai paura del professore / della professoressa d'italiano?
9. Chi ha sempre ragione a casa tua *(at your house)*? Chi ha torto?
10. Hai sonno in questo momento?

G. Conoscere il proprio compagno / la propria compagna!

Fa' le seguenti domande al tuo compagno / alla tua compagna. *(Ask your partner the following questions.)*

> **MODELLO:** Ask your partner if he or she is generally patient.
>> TU: *Debbie, hai pazienza generalmente?*
>> COMPAGNA: *Sì, ho pazienza generalmente. / No, non ho pazienza.*

Ask your partner if he/she...
1. is generally sleepy after Italian class.
2. is generally in a hurry after Italian class.
3. needs to study Italian today.
4. is afraid of the Italian professor.
5. is right or wrong.

H. La lezione di geografia! Ecco le riposte date da Jim e Betty
durante una lezione di geografia. Ricostruisci le domande fatte dall'insegnante. *(Here are the answers given by Jim and Betty during a geography class. Reconstruct the questions that the instructor asked.)*

> **MODELLO 1:** [yes/no question]
> Sì, l'Italia è molto bella.
> *È bella l'Italia?*

> **MODELLO 2:** [information question]
> Sono molto interessanti.
> *Come sono i dialetti italiani?*

1. Roma è la capitale *(capital city)* d'Italia.
2. L'Italia ha la forma *(form)* di uno stivale *(boot)*.
3. No, l'Italia non è un'isola *(island)*, è una penisola *(peninsula)*.
4. Ci sono venti *(20)* regioni *(regions)* in Italia.
5. Sì, ciascuna regione ha il suo dialetto *(each region has its own dialect)*.

APPUNTI DI GRAMMATICA 1

PECULIARITÀ ORTOGRAFICHE DEI VERBI IN -ARE °

Spelling Peculiarities of Verbs Ending in -are

Recall from the previous chapter that the **i** of **mangiare** is not doubled in the present indicative. The same holds for most verbs ending in **-iare**:

cominciare*	*to begin, to start*
studiare	*to study*
mangiare	*to eat*

---
*There is an alternate form of this verb: **incominciare**.

(io)	**mangio**	molto	*I eat a lot.*
	comincio	domani	*I'm starting tomorrow.*
	studio	l'italiano	*I'm studying Italian.*
(tu)	**mangi**	molto	*You eat a lot.*
	cominci	domani	*You're starting tomorrow.*
	studi	l'italiano	*You're studying Italian.*
(lui)	**mangia**	molto	*He eats a lot.*
(lei)	**comincia**	domani	*She is starting tomorrow.*
(Lei)	**studia**	l'italiano?	*Are you studying Italian?*
(noi)	**mangiamo**	molto	*We eat a lot.*
	cominciamo	domani	*We're starting tomorrow.*
	studiamo	l'italiano	*We're studying Italian.*
(voi)	**mangiate**	molto	*You eat a lot.*
	cominciate	domani	*You're starting tomorrow.*
	studiate	l'italiano	*You're studying Italian.*
(loro)	**mangiano**	molto	*They eat a lot.*
	cominciano	domani	*They're starting tomorrow.*
	studiano	l'italiano	*They're studying Italian.*

Verbs ending in **-care** and **-gare** like **pagare** *(to pay)* and **cercare** *(to look for)* have a spelling change in the **tu** and **noi** forms: **tu pag*h*i**, **noi cer*ch*iamo**. An **h** is added to indicate the retention of hard **c** and hard **g**:

(io)	**pago**	il conto	*I'm paying the bill.*
	cerco	l'edicola	*I'm looking for the newsstand.*
(tu)	**pag*h*i**	il conto	*You're paying the bill.*
	cer*ch*i	l'edicola	*You're looking for the newsstand.*
(lui)	**paga**	il conto	*He's paying the bill.*
(lei)	**cerca**	l'edicola	*She's looking for the newsstand.*
(Lei)	**cerca**	l'edicola?	*Are you looking for the newsstand?*
(noi)	**pag*h*iamo**	il conto	*We're paying the bill.*
	cer*ch*iamo	l'edicola	*We're looking for the newsstand.*
(voi)	**pagate**	il conto	*You're paying the bill*
	cercate	l'edicola	*You're looking for the newsstand.*
(loro)	**pagano**	il conto	*They're paying the bill.*
	cercano	l'edicola	*They're looking for the newsstand.*

Note the difference with respect to English: the following Italian verbs do not require a preposition.

- **cercare** means *to search / look (for)*
- **aspettare** means *to wait (for)*
- **ascoltare** means *to listen (to)*
- **guardare** means *to watch, look (at)*

ITALIAN	Maria	aspetta cerca ascolta	il dott. Dini.
	↓	↓	↓
ENGLISH	Maria	is waiting for is looking for is listening to	Dr. Dini.

The following Italian verbs require the preposition **a**:

- **domandare** *to ask*
- **giocare** *to play (a sport, game, etc.)*
- **telefonare** *to phone*

ITALIAN	Maria	domanda a gioca a telefona a	Paolo: «Come va?» tennis. Claudia spesso.
	↓	↓	↓
ENGLISH	Maria	asks plays phones	Paul: "How's it going?" tennis. Claudia often.

IL PRESENTE INDICATIVO

The **presente indicativo** in Italian allows you to talk about actions or events that are ongoing, continuous, or about to occur in the immediate future. It corresponds to several English tenses:

- Continuous Action:
  Guardo la TV spesso.   *I often watch TV.*

- Ongoing Action:
  Telefono a Carla.   *I'm phoning Carla.*

- Emphatic Action:
  Sì, è vero, gioco a tennis!   *Yes, it's true, I do play tennis!*

- Immediate Future Action:
  Domani vengo anch'io.   *Tomorrow I'm coming, too.*

NOMI AL PLURALE

To pluralize nouns, change the final vowels in the following ways:

Singolare		Plurale
-o	→	-i
-e	→	-i
-a	→	-e

• -o → -i *(masculine)*

| un biglietto | due biglietti | *two tickets* |
| un momento | tre momenti | *three moments* |

• -e → -i *(masculine)*

| un bicchiere | quattro bicchieri | *four glasses* |
| uno studente | cinque studenti | *five students* |

• -a → -e *(feminine)*

| una studentessa | sei studentesse | *six students* |
| un'edicola | sette edicole | *seven newsstands* |

• -e → -i *(feminine)*

| una lezione | otto lezioni | *eight classes* |
| una colazione | nove colazioni | *ten breakfasts* |

Note that **altro, quale,** and **quanto**, when used as adjectives, agree with the noun in both gender and number as illustrated below:

Singolare		Plurale
MASCHILE		
altr*o*	→	**altr*i***
un altr*o* panino		due altr*i* panini
un altr*o* studente		due altr*i* studenti
FEMMINILE		
altr*a*	→	**altr*e***
un'altr*a* studentessa		due altr*e* studentesse
un'altr*a* lezione		due altr*e* lezioni
MASCHILE		
quant*o*	→	**quant*i***
Quant*o* caffè bevi?		Quant*i* ravioli mangi?
Quant*o* espresso desideri?		Quant*i* studenti conosci?
FEMMINILE		
quant*a*	→	**quant*e***
Quant*a* pizza mangi?		Quant*e* lasagne mangi?
Quant*a* pasta desideri?		Quant*e* lezioni hai oggi?

MASCHILE		
quale	→	quali
Quale caffè bevi?		Quali ravioli mangi?
Quale studente conosci?		Quali studenti conosci?

FEMMINILE		
quale	→	quali
Quale pizza mangi?		Quali lasagne mangi?
Quale studentessa conosci?		Quali studentesse conosci?

APPLICAZIONE

1. Mangiare, studiare… Con un compagno / una compagna, forma domande e risposte, seguendo i modelli. *(With a partner, create questions and answers, following the models.)*

> **MODELLO 1:** mangiare / un panino al prosciutto
> TU: *Cosa mangi (tu) adesso?*
> COMPAGNO/A: *(Io) mangio un panino al prosciutto.*

TU / IO

1. mangiare / un gelato
2. cercare / un'edicola
3. studiare / la lingua italiana
4. guardare / la TV
5. pagare / il conto

> **MODELLO 2:** cominciare a studiare / domani
> TU: *Quando cominciate a studiare (voi)?*
> COMPAGNO/A: *(Noi) cominciamo domani.*

VOI / NOI

6. cominciare a studiare / dopo
7. telefonare al professore / domani
8. guardare la TV / dopo
9. giocare a tennis / domani
10. studiare l'italiano / dopo

> **MODELLO 3:** pagare / il conto
> TU: *Chi paga il conto?*
> COMPAGNO/A: *Lui / Lei paga il conto.*

LUI / LEI

11. mangiare / i ravioli
12. cercare / l'edicola
13. studiare / l'italiano
14. cominciare / domani
15. ascoltare / la professoressa

> **MODELLO 4:** pagare / il conto
> TU: *Loro pagano il conto, non è vero?*
> COMPAGNO/A: *No, noi paghiamo il conto.*

LORO / NOI

16. cominciare / domani
17. studiare / l'italiano
18. ascoltare / la professoressa
19. aspettare / la dottoressa Mirri

J. Cosa fa Maria? Descrivi le attività di Maria. *(Describe Maria's activities.)*

Say that Maria…
1. always plays tennis with friends.
2. studies Italian at an American university.
3. is waiting for Jim at the *Bar Roma*.
4. watches TV a lot.
5. phones Franca often *(spesso)*.

K. Vuoi qualcos'altro? Con un compagno / una compagna, crea brevi dialoghi, seguendo il modello. *(With a partner, create brief dialogues, following the model.)*

> MODELLO: [al singolare] panino al prosciutto
> > TU: *Mike, vuoi un altro panino al prosciutto?*
> COMPAGNO: *Sì, mi piace molto.*
> [al plurale] tramezzino al formaggio
> > TU: *Mike, vuoi altri tramezzini al formaggio?*
> COMPAGNO: *Sì, mi piacciono molto.*

al singolare…
1. espresso
2. granita di caffè
3. bicchiere di latte

al plurale…
4. cornetto alla crema
5. pasta alla marmellata
6. bicchiere di aranciata

L. Quanta pizza mangi? Con un compagno / una compagna, crea brevi dialoghi, seguendo il modello. *(With a partner, create short dialogues, following the model.)*

> MODELLO: [food]
> la pizza
> > TU: *Jenny, quanta pizza mangi generalmente?*
> COMPAGNA: *Non mangio la pizza perché non mi piace.*
>
> [beverage]
> espresso
> > TU: *Jenny, quanto espresso bevi generalmente?*
> COMPAGNA: *Non bevo l'espresso perché non mi piace.*

1. l'acqua
2. il caffè
3. la pasta

4. la frutta
5. il formaggio

M. Quanti biglietti hai? Con un compagno / una compagna, crea brevi dialoghi, seguendo il modello. *(With a partner, create brief dialogues, following the model.)*

> MODELLO: biglietto / 3
> > TU: *Vivian, quanti biglietti hai?*
> COMPAGNA: *Ho tre biglietti.*

1. dollaro *(dollar)* / 5
2. lezione / 3
3. appuntamento / 2

4. bicchiere / 2
5. frutta / 3

N. Quale panino vuoi? Con un compagno / una compagna, crea brevi dialoghi, specificando le tue scelte. *(With a partner, create brief dialogues, being specific about your choices.)*

MODELLO: panino / dolce
[Indicate the first item in the singular, the second in the plural.]
        Tu: *Becky, quale panino vuoi?*
  Compagna: *Voglio un panino al formaggio / al prosciutto.*
        Tu: *E quali dolci vuoi?*
  Compagna: *Voglio una pasta alla crema e una brioche.*

1. tramezzino / dolce
2. panino / pasta
3. caffè / cornetto
4. gelato / panino
5. pizza / granita

LA LINGUA ITALIANA E I SUOI DIALETTI!°

The Italian language and its dialects!

Ci sono molti dialetti in Italia. Ogni[1] regione* ha il proprio[2] dialetto con la propria tradizione[3] e la propria letteratura[4] locale. L'Italia dialettale[5] è divisa in tre aree: (1) i dialetti del nord, come per esempio il piemontese, il veneto[6] e il lombardo[7]; (2) i dialetti del centro, come per esempio il toscano e il romano[8]; e (3) i dialetti del sud, come il napoletano[9], il calabrese[10], e il siciliano[11].

La lingua standard deriva dall'antico toscano, perché era[12] la lingua di tre grandi scrittori medioevali[13]: Dante Alighieri (1265–1321), l'autore[14] della *Divina commedia*, Francesco Petrarca (1304–1374), l'autore del *Canzoniere*, e Giovanni Boccaccio (1313–1375), l'autore del *Decamerone*.

Oggi, purtroppo[15], i dialetti stanno scomparendo[16], perché i mass media promuovono[17] l'italiano standard. Ma, fortunatamente[18], c'è un movimento in molte regioni per il mantenimento[19] dei dialetti.

[1]*each* [2]*its own* [3]*tradition* [4]*literature* [5]*dialectal* [6]*Venetian* [7]*Lombard* [8]*Roman*
[9]*Neapolitan* [10]*Calabrian* [11]*Sicilian* [12]*it was* [13]*medieval* [14]*author* [15]*unfortunately*
[16]*are disappearing* [17]*promote* [18]*fortunately* [19]*conservation*

---

*For a brief outline of Italy's regions and regional capitals, refer to the first *Elemento di civiltà*.

Cultura Italiana! Quanto sai sulla lingua italiana? Scegli le risposte adatte. *(How much do you know about the Italian language? Choose the response that you think is correct.)*

1. In Italia…
   a. ci sono molti *(many)* dialetti.
   b. non ci sono dialetti.
2. L'Italia è divisa *(is divided)*…
   a. in tre aree *(areas)*: il nord *(north)*, il centro *(center)*, il sud *(south)*.
   b. in due aree: il nord e il sud.
3. La lingua italiana deriva dal *(derives from)*…
   a. piemontese *(Piedmontese)* antico *(ancient)*.
   b. toscano antico.
4. Dante Alighieri, Francesco Petrarca e Giovanni Boccaccio erano *(were)*…
   a. tre grandi *(great)* scienziati *(scientists)*.
   b. tre grandi scrittori *(writers)*.

N. Comprensione! Rispondi alle seguenti domande. *(Answer the following questions.)*

1. Che cosa sta scomparendo oggi in Italia?
2. Che cosa ha ogni regione italiana?
3. Come è divisa l'Italia dialettale?
4. Qual è un dialetto del nord?
5. Qual è un dialetto del centro?
6. Qual è un dialetto del sud?
7. Da quale dialetto deriva l'italiano standard?
8. Chi sono gli autori del *Decamerone*, della *Divina Commedia* e del *Canzoniere*?

O. Chi era Dante? Fa' le seguenti domande al tuo compagno /alla tua compagna. *(Ask a partner to answer the following questions.)*

> **MODELLO:** [Ask your partner who Dante was.]
> TU: *Chi era Dante?*
> COMPAGNO/A: *Era l'autore della* Divina commedia.

Ask your partner…

1. who Petrarca was
2. who Boccaccio was
3. what three dialects of the north are
4. what three dialects of the south are
5. what dialect standard Italian derives from

MOMENTO CREATIVO 1

P. Personaggi famosi! Prepara una lista in italiano in cui identificherai cinque persone famose che ti piacciono e cinque altre persone famose che invece non ti piacciono. Paragona la tua lista alle liste degli altri studenti. *(Prepare a list by writing ten sentences in Italian naming five famous people you like and five you do not like. Compare your list to those of other students.)*

DIALOGO 2

All'edicola in Piazza del Duomo.

JIM:	Quanto è un biglietto per un giro° turistico di Firenze e Fiesole in pullman?	*tour*
SIGNORA:	Lei è studente, no? Se non sbaglio°, Lei è francese°, vero?	*If I'm not mistaken / French*
JIM:	No, sono uno studente americano.	
SIGNORA:	Allora, per gli studenti, un biglietto è, in dollari° americani, solo dieci dollari.	*dollars*
JIM:	Due biglietti, per favore.	
SIGNORA:	Ecco a Lei. Deve° prendere il pullman numero° nove che parte° da° Piazza del Duomo ogni ora°.	*You must / number / which leaves / from / hour*
JIM:	Grazie. È in orario° generalmente il pullman?	*on time*
SIGNORA:	Sì! Buona giornata°!	*Have a good day!*

Q. Comprensione! Rispondi alle seguenti domande. *(Answer the following questions.)*

1. Dov'è Jim?
2. Cosa chiede *(asks)* alla signora?
3. Chi dice «Lei è studente, no»?
4. Quanto è un biglietto per gli studenti?
5. Quanti biglietti chiede Jim?
6. Quale pullman deve prendere Jim?
7. Da dove parte il pullman?
8. È in ritardo generalmente il pullman?

ATTIVITÀ D'ESPANSIONE 2

R. Giri turistici! Con un compagno / una compagna, crea brevi dialoghi, seguendo il modello. *(With a partner, make up brief dialogues, following the model.)*

> **MODELLO:** 3 biglietti
>
> TU: *Tre biglietti per un pullman turistico, per favore.*
> COMPAGNO/A: *Per dove, signore / signorina?*
> TU: *Per un giro turistico di Roma / Firenze [your choice of city].*
> COMPAGNO/A: *Deve prendere il pullman numero due / tre /…*
> TU: *È in orario?*
> COMPAGNO/A: *Fortunatamente, oggi è in anticipo! Buona giornata!*

in orario	*on time*
in ritardo	*late*
in anticipo	*early*

1. 2 biglietti **2.** 5 biglietti **3.** 1 biglietto

MODI DI DIRE E DI COMUNICARE 2

▶•NAZIONALITÀ E LINGUE

tedesco

americano

italiana

polacca

russo

spagnola

giapponese

In the first three chapters, you have encountered two words referring to nationality: **americano** and **italiano**. As you have seen, there are both masculine and feminine forms of these words:

Marco è italian*o*.   *Marco is Italian.*
La dottoressa Mirri è italian*a*.   *Dr. Mirri is Italian.*
Il signor Smith è american*o*.   *Mr. Smith is American.*
Sharon è american*a*.   *Sharon is American.*

To pluralize these words change **-o** to **-i** and **-a** to **-e**:

Marco e Gianni sono italian*i*.   *Marco and Gianni are Italian.*
Maria e Claudia sono italian*e*.   *Maria and Claudia are Italian.*
Bill e Tom sono american*i*.   *Bill and Tom are American.*
Sharon e Betty sono american*e*.   *Sharon and Betty are American.*

These words can also be used as adjectives. Note that they follow the nouns they modify:

Mi piace il prosciutto italian*o*, **ma non mi piace la mortadella italian***a*.
Quanti dialetti italian*i* **parli?**
Loro sono tre studentesse american*e*.

NOTE: Many of the words referring to nationalities are used in their masculine singular forms to refer to languages as well. Note also that nationalities and languages are not capitalized in Italian:

Marco e Gianni sono *i*taliani e parlano *i*taliano e *i*nglese.
Marco and Gianni are Italian, and speak Italian and English.

Nationalities: masculine form	Nationalities: feminine form	English equivalent	Language	Country / Continent
americano	americana	American	l'inglese	gli Stati Uniti
australiano	australiana	Australian	l'inglese	l'Australia
canadese	canadese	Canadian	l'inglese/il francese	il Canada
cinese	cinese	Chinese	il cinese	la Cina
francese	francese	French	il francese	la Francia
giapponese	giapponese	Japanese	il giapponese	il Giappone
greco	greca	Greek	il greco	la Grecia
inglese	inglese	English	l'inglese	l'Inghilterra
italiano	italiana	Italian	l'italiano	l'Italia
messicano	messicana	Mexican	lo spagnolo	il Messico
polacco	polacca	Polish	il polacco	la Polonia
portoghese	portoghese	Portuguese	il portoghese	il Portogallo
russo	russa	Russian	il russo	la Russia
spagnolo	spagnola	Spanish	lo spagnolo	la Spagna
tedesco	tedesca	German	il tedesco	la Germania

APPLICAZIONE

S. Di dov'è? Indica di dov'è ciascuna persona, la sua nazionalità, il suo paese d'origine e quale lingua parla. Segui il modello. *(Indicate where each person is from, his or her nationality, country of origin, and language spoken. Follow the model.)*

> **MODELLO:** Jennifer / Boston
> *Jennifer è di Boston.*
> *Lei è americana.*
> *Il suo paese d'origine è l'America.*
> *Parla inglese. / Parla l'inglese.*

1. Hans / Berlino
2. Juanita / Madrid
3. Fyodor *(m.)* / Mosca *(Moscow)*
4. Alexander / Atene *(Athens)*
5. Suenori *(m.)* / Tokio
6. Huang *(m.)* / Pechino *(Peking [Beijing])*
7. Katja *(f.)* / Varsavia *(Warsaw)*
8. Antonio / Lisbona *(Lisbon)*
9. Denise / Montreal

T. Di che origine sei? In coppie, svolgete la seguente attività, seguendo il modello. *(In pairs, complete the activity, following the model.)*

1. Ask your partner what his or her nationality is.
2. Then ask him/her which languages he/she speaks.
3. Finally, ask him/her which languages he/she likes.

> **MODELLO:**
> TU: *Sandra, di che origine sei?*
> COMPAGNA: *Sono polacca.*
> TU: *Quali lingue parli?*
> COMPAGNA: *Parlo il polacco e l'inglese. / Parlo solo l'inglese.*
> TU: *Quali lingue ti piacciono?*
> COMPAGNA: *Mi piace solo l'italiano. / Mi piace l'italiano, lo spagnolo e l'inglese.*

APPUNTI DI GRAMMATICA 2

L'ARTICOLO DETERMINATIVO

In the first three chapters, you have used the definite article in a number of activities and exercises without the benefit of a formal explanation. As you may have figured out on your own, the definite article generally corresponds to English *the*, and it varies according to the gender, number, and initial sound of the noun it precedes.

MASCHILE SINGOLARE

• **lo**
before a masculine noun beginning with **z** or **s** + *consonant*:
lo zabaione   **lo spagnolo**
lo zucchero   **lo studente**

This form is also used before a noun beginning with **gn**, **y**, and **ps**: **lo gnocco** *(the dumpling),* **lo yogurt** *(the yogurt),* **lo psicologo** *(the psychologist).* Note that there are only a handful of nouns beginning with these sounds.

• **il**
before a masculine noun beginning with any other consonant:

il dialetto	**il numero**
il portoghese	**il giro**

• **l'**
before a masculine noun beginning with any vowel:

l'americano	**l'inglese**
l'avvocato	**l'italiano**

FEMMINILE SINGOLARE

• **la**
before a feminine noun beginning with any consonant:

la lingua	**la lezione**
la geografia	**la studentessa**

• **l'**
before a feminine noun beginning with any vowel:

l'edicola	**l'americana**
l'ora	**l'inglese**

• The plural forms of the definite article are summarized in the chart below:

	Singolare		Plurale
MASCHILE	lo	→	gli
	l'	→	gli
	il	→	i
FEMMINILE	la	→	le
	l'	→	le

lo zabaione	**gli zabaioni**
lo spagnolo	**gli spagnoli**
l'americano	**gli americani**
l'inglese *(m.)*	**gli inglesi**
il dialetto	**i dialetti**
il portoghese	**i portoghesi**
la lingua	**le lingue**
la lezione	**le lezioni**
l'edicola	**le edicole**
l'inglese *(f.)*	**le inglesi**

- In general, the definite article is used to convey specificity:

SPECIFIC	NONSPECIFIC
Chi è? È <u>il</u> professore.	**Chi è? È <u>un</u> professore.**
Who is he? He's <u>the</u> professor.	*Who is he? He's <u>a</u> professor.*
<u>Il</u> caffè al Bar Roma è molto buono.	**Prendo <u>un</u> caffè qualsiasi.**
<u>The</u> coffee at the Bar Roma is very good.	*I'll have <u>a</u> coffee of any type.*

- In contrast to English, the definite article is also used to indicate something in general, especially when the noun is the subject of a sentence:

I dialetti italiani sono interessanti. *Italian dialects are interesting.*
L'espresso è il caffè degli italiani. *Espresso is the coffee of Italians.*

- The definite article is used as well with the names of languages and countries:

L'italiano è una bella lingua. *Italian is a beautiful language.*
Mi piace molto il francese. *I like French a lot.*
La Germania è molto bella. *Germany is very beautiful.*
Gli Stati Uniti sono belli. *The U.S. is beautiful.*

NOTE: In Italian **Stati Uniti** is plural, and therefore requires a plural verb when used as the subject of a sentence.

L'ARTICOLO DETERMINATIVO CON I TITOLI

As you saw in the previous chapter, the definite article is used as well with titles:

il signor Buongusto	*Mr. Buongusto*
il professor Santucci	*Prof. Santucci*
il dottor Tarantino	*Dr. Tarantino*
l'avvocato Mirri	*attorney Mirri*
l'ingegner Rossi	*engineer Rossi*
la signora Bianchi	*Mrs. / Ms. Bianchi*
la professoressa Rossi	*Professor Rossi*
la dottoressa Giusti	*Dr. Giusti*
l'avvocato / l'avvocatessa Bellini	*attorney Bellini*
l'ingegner(e) Nardone	*engineer Nardone*

You may also have noticed that the article is dropped when someone is being addressed:

Talking about...	Talking to...
Il signor Rossi non c'è.	**«Buongiorno, signor Rossi.»**
Mr. Rossi isn't here.	*«Hello, Mr. Rossi.»*
La dottoressa Giusti è in ritardo.	**«Dottoressa Giusti, come sta?»**
Dr. Giusti is late.	*«Dr. Giusti, how are you?»*

Di

Possession may be expressed in Italian by using the preposition **di** in the following way:

Debbie è l'amica di Tina.

Debbie is Tina's friend.
(= Debbie is the friend of Tina.)

Il russo è la lingua di Yuri.

Russian is Yuri's language.
(= Russian is the language of Yuri.)

- **Di** can be apostrophized before a vowel:
  Sono gli studenti di italiano. = **Sono gli studenti d'italiano.**

- **Di chi** is used to express *whose*:
  Di chi è il biglietto?   *Whose ticket is it?*
  Di chi sono i biglietti?   *Whose tickets are they?*

APPLICAZIONE

U. Di chi è? Con un compagno / una compagna, crea brevi dialoghi, seguendo il modello. *(With a partner, create brief dialogues, following the model.)*

MODELLO: biglietto / Maria [al singolare]
            TU: *Di chi è il biglietto?*
     COMPAGNO/A: *È il biglietto di Maria.*

              biglietti / Giorgio [al plurale]
            TU: *Di chi sono i biglietti?*
     COMPAGNO/A: *Sono i biglietti di Giorgio*

al singolare...
1. zabaione / Mike
2. gelato / Jill
3. risotto / Lori
4. brioche / Rosanna
5. aranciata / Gina
6. panino / Harry

al plurale...
7. spaghetti / Gloria
8. amici / Bill
9. biglietti / Jack
10. paste / Giulia
11. aranciate / Gary e Jean
12. gnocchi / Carlo

V. Di che nazionalità è? Con un compagno / una compagna, crea brevi dialoghi, seguendo i modelli. *(With a partner, create brief dialogues, following the models.)*

> **MODELLO 1:** Debbie / American
>> TU: *Di che nazionalità è Debbie?*
>> COMPAGNO/A: *Debbie è americana.*
>> TU: *Quale lingua parla?*
>> COMPAGNO/A: *Parla l'inglese.*

1. Sam / Russian
2. Marco / Portuguese
3. Frida / German
4. Anita / Mexican
5. Alexander / Greek
6. Grace / Australian

> **MODELLO 2:** Italy
>> TU: *Ti piace l'Italia?*
>> COMPAGNO/A: *Sì, mi piace molto.*
>> TU: *E gli italiani e le italiane?*
>> COMPAGNO/A: *Sì, mi piacciono molto.*

7. Spain
8. Poland
9. England
10. Japan
11. China
12. United States

W. Quando viene il dottor Giusti? Con un compagno / una compagna, crea brevi dialoghi, seguendo il modello. *(With a partner, create brief dialogues, following the model.)*

> **MODELLO:** Dr. Giusti (a male)
>> TU: *Quando viene il dottor Giusti?*
>> COMPAGNO/A: *Il dottor Giusti è qui!*
>> TU: *Ah, buongiorno / buonasera, dottor Giusti.*

1. Mr. Grande
2. Miss Franchi
3. Mrs. Dini
4. Prof. Torelli (a male)
5. Prof. Trusso (a female)
6. Dr. Bruni (a female)
7. Verini (a male engineer)
8. Magri (a female attorney)

LE CITTÀ ITALIANE!°

Italian cities!

Quiz geografico! Quanto sai sulle città italiane? Scegli la risposta adatta.
(How much do you know about Italian cities? Choose the response that you think is correct.)

1. La capitale d'Italia è…
   a. Firenze
   b. Roma

2. La città eterna *(eternal)* è…
   a. Roma
   b. Venezia

3. La città dei canali *(canals)* è…
   a. Napoli
   b. Venezia

4. La culla del Rinascimento
   (cradle of the Renaissance) è…
   a. Firenze
   b. Milano

Le città italiane sono veramente molto belle. Ogni estate[1] molti turisti vogliono visitare[2] città italiane come Roma, Venezia e Firenze.

Roma è la capitale d'Italia. È la città «eterna»[3]. C'è la Roma antica, la Roma medioevale, la Roma rinascimentale[4]… C'è un proverbio che dice: «Tutte le strade portano[5] a Roma». Venezia, la città dei

canali, è altrettanto[6] affascinante[7]. Il cuore[8] della città è Piazza San Marco e il Canal Grande. Firenze è la culla[9] del Rinascimento.

Tutte le città italiane hanno una storia[10] particolare[11] e affascinante. Una volta[12], infatti, molte città erano state autonome[13].

---

[1]*summer* [2]*want to visit* [3]*eternal* [4]*Renaissance* [5]*lead to* [6]*just as* [7]*fascinating*
[8]*heart* [9]*cradle* [10]*history* [11]*all their own* [12]*at one time* [13]*autonomous states*

Comprensione! Rispondi alle seguenti domande. *(Answer the following questions.)*

1. Come sono tutte le città italiane?
2. Com'è Roma?
3. Com'è Venezia?
4. Dov'è il cuore della città di Venezia?
5. Che cosa hanno tutte le città italiane?
6. Che cosa erano, una volta, molte città italiane?

X. Sondaggio! Due o tre studenti dovranno fare il seguente sondaggio e poi indicare i risultati ricavati a tutta la classe. *(Two or three students should conduct the following poll of the class and then report their findings to everyone.)*

1. Quali città italiane vuoi visitare?
2. Perché?
3. Quando pensi di *(are you thinking of)* visitare le città?

MOMENTO CREATIVO 2

Y. Intervista! Intervista un compagno / una compagna. Chiedigli/le… *(Interview a classmate. Ask him or her…)*

1. quali lingue studia.
2. di che origine è.
3. quali città italiane conosce *(knows)*.
4. quali città vuole visitare.

FASE 2: ASCOLTO E I NUMERI

ASCOLTO

A. Ascolta attentamente la conversazione sull'audio cercando di determinare le seguenti cose. *(Listen carefully to the conversation on the cassette program and see if you can determine the following things.)*

1. che lezione è
2. come si chiama la professoressa
3. quale città viene menzionata *(is mentioned)*
4. quale compito devono svolgere gli studenti *(what assignment the students have to carry out)*

B. Adesso cerca di ricostruire la conversazione con altri studenti a piacere. *(Now, try to reconstruct the conversation freely with other students.)*

I NUMERI

DA CENTUNO A NOVECENTO NOVANTANOVE°

From 101 to 999

100 **cento**	400 **quattrocento**	700 **settecento**
200 **duecento**	500 **cinquecento**	800 **ottocento**
300 **trecento**	600 **seicento**	900 **novecento**

To form the numbers from 101 to 999, do the following:

- Add on the numbers 1–99 to 100, 200, 300, and so on:

centouno / centuno	=	**101**
duecentodue	=	**202**
trecentoventidue	=	**322**
quattrocentoquarantacinque	=	**445**

- The numbers may also be written as separate entities:

cinquecentosessanta	=	**cinquecento sessanta**	=	**560**
seicentoottantasette	=	**seicento ottantasette**	=	**687**
settecentonovantanove	=	**settecento novantanove**	=	**799**
ottocentodieci	=	**ottocento dieci**	=	**810**
novecentotrè	=	**novecento tre**	=	**903**

NOTE: When *tre* is written as a separate word and is not part of a larger number, it does not have an accent mark.

C. Crea brevi dialoghi, seguendo il modello. *(Create brief dialogues, following the model.)*

You and your partner are suppliers for a restaurant chain, taking inventory of the stock you have for several very large wedding parties you'll be catering soon.

MODELLO: 102 pizzas / 230

TU: *Quante pizze ci sono?*

COMPAGNO/A: *Centodue, ma abbiamo bisogno di duecentotrenta pizze.*

1. 106 croissants / 576
2. 115 sweets / 687
3. 123 buns / 798
4. 231 cheeses / 812
5. 242 tomatoes / 999
6. 354 plates / 465

PRIMA DI LEGGERE

A. Ci sono molti annunci di lavoro! Accoppia gli elementi delle due colonne. *(Match the items in the two columns.)*

1. _____ alcuni giorni dopo
2. _____ milioni di annunci
3. _____ pochi
4. _____ conoscenza di inglese
5. _____ a noi serve il francese
6. _____ lo parlo abbastanza bene
7. _____ noi trattiamo anche con la Germania
8. _____ posso imparare

a. I can learn
b. after a couple of days
c. we need [someone who knows] French
d. we also deal with Germany
e. few
f. knowledge of English
g. I speak it fairly well
h. millions of ads

Lettura: Lo parlo abbastanza bene!

ALCUNI GIORNI DOPO. LISA E' STATA FORTUNATA, HA TROVATO UN APPARTAMENTINO NON TROPPO CARO...

(Uff! Ci sono milioni di annunci di lavoro, ma pochi che siano veramente interessanti.)

Dattilografa e ottima conoscenza di inglese. A noi serve il francese.

Lo parlo abbastanza bene e lo scrivo.

Ha anche esperienza di tedesco? Noi trattiamo anche con la Germania.

Non molta ma posso imparare.

Da: *Letizia*, n. 498, ottobre 1987

DOPO LA LETTURA

B. Comprensione! Rispondi alle seguenti domande. *(Answer the following questions.)*

1. Quanti annunci di lavoro ci sono?
2. Come sono?
3. Quali lingue parla e scrive la donna *(woman)*?
4. Quali lingue, invece, servono *(are needed)* alla ditta *(company)*?
5. Che lingua può *(is able)* imparare la donna?

C. Intervista! Con un compagno / una compagna, crea brevi dialoghi, seguendo il modello. *(With a partner, create brief dialogues, following the model.)*

> **MODELLO:** spagnolo / russo / portoghese
>
> TU: *Lei ha un'ottima conoscenza di spagnolo. Ma a noi serve il russo.*
> COMPAGNO/A: *Lo parlo e lo scrivo abbastanza / molto bene.*
> TU: *Ha anche conoscenza di portoghese? Noi trattiamo anche con il Portogallo.*
> COMPAGNO/A: *Non molta, ma posso imparare.*

1. inglese / francese / cinese
2. giapponese / greco / spagnolo
3. polacco / russo / tedesco

SINTESI

A. Ti piace? Con un compagno / una compagna, crea brevi dialoghi, seguendo i modelli. *(With a partner, create brief dialogues, following the models.)*

> **MODELLO 1:** pizza
>
> TU: *Ti piace la pizza?*
> COMPAGNO/A: *Sì, mi piace. / No, non mi piace.*

> **MODELLO 2:** Mariah Carey
>
> TU: *Ti è simpatica Mariah Carey?*
> COMPAGNO/A: *Sì, mi è simpatica. / No, non mi è simpatica.*

1. risotto
2. gelato
3. Italia
4. italiano *(language)*
5. Pierce Brosnan
6. italiani *(Italians)*
7. Barbara Walters
8. città di Firenze

B. Cosa fa Mirella?   Con i verbi *cominciare* e *cercare*, forma delle frasi, seguendo il modello. *(Create sentences with the verbs* **cominciare** *and* **cercare,** *following the model.)*

> **MODELLO:** Mirella
> a. Say that the indicated person is starting to do something.
> *Mirella comincia a lavorare / a studiare / ecc.*
> b. Say that he or she looks for something or someone afterwards.
> *E dopo cerca un amico / un caffè / ecc.*

1. tu	**4.** gli amici di Carlo
2. io	**5.** noi
3. la dottoressa Giusti	**6.** voi

C. Quiz grammaticale!   Volgi le seguenti frasi al plurale. *(Change the following sentences into the plural.)*

1. Lo studente americano studia molto.
2. La studentessa francese parla molto bene.
3. Il professore portoghese è bravo.
4. L'ingegnere australiano è intelligente.
5. Mi piace l'espresso.

D. Cultura italiana!   Rispondi alle seguenti domande. *(Answer the following questions.)*

1. Da quale dialetto deriva la lingua italiana?
2. Chi sono tre grandi scrittori medioevali?
3. Quali sono le aree dialettali italiane?
4. A quale città portano tutte le strade?
5. Come si chiama la città dei canali?

E. Momento creativo!   In piccoli gruppi, scegli e poi descrivi alcune città e persone famose. Gli altri membri della classe dovranno cercare di indovinare i loro nomi in base alle tue descrizioni. *(In small groups, choose and describe several cities or famous persons. Then see if your other classmates can guess them based on clues you give.)*

> **MODELLO:** *È una città molto famosa.*
> *La città è in Italia.*
> *Michelangelo è di questa città.*
> *Qual è il nome della città?*
> *(Firenze)*

EXPLORE!
For this chapter's activity, go
to http://adesso.heinle.com

LESSICO UTILE

NOMI

l'agenzia *agency*	**il dollaro** *dollar*	**il momento** *moment*
il biglietto *ticket*	**l'edicola** *newsstand*	**il numero** *number*
il canale *canal*	**la geografia** *geography*	**l'ora** *hour*
la città *city*	**il giro** *tour*	**il pullman** *bus*
il corso *course*	**l'idea** *idea*	**la storia** *history*
il cuore *heart*	**la lezione** *class, lesson*	**l'università** *university*
il dialetto *dialect*	**la lingua** *language*	

NAZIONALITÀ / LINGUE / PAESI

l'Africa *Africa*	**la Francia** *France*	**polacco** *Polish*
africano *African*	**la Germania** *Germany*	**la Polonia** *Poland*
americano *American*	**il Giappone** *Japan*	**il Portogallo** *Portugal*
l'Australia *Australia*	**giapponese** *Japanese*	**portoghese** *Portuguese*
australiano *Australian*	**la Grecia** *Greece*	**la Russia** *Russia*
il Canada *Canada*	**greco** *Greek*	**russo** *Russian*
canadese *Canadian*	**l'Inghilterra** *England*	**la Spagna** *Spain*
la Cina *China*	**inglese** *English*	**spagnolo** *Spanish*
cinese *Chinese*	**messicano** *Mexican*	**gli Stati Uniti** *United States*
il francese *French*	**il Messico** *Mexico*	**tedesco** *German*

AGGETTIVI

bello *beautiful*	**ottimo** *great, wonderful; the best*
interessante *interesting*	**turistico** *tourist*

VERBI

ascoltare *to listen (to)*	**guardare** *to watch, look (at)*	**studiare** *to study*
cercare *to search (for), look (for)*	**pagare** *to pay*	**telefonare** *to phone*
cominciare *to begin, start*	**parlare** *to speak*	**vedere** *to see*
domandare *to ask*	**piacere** *to like, be pleasing to*	**visitare** *to visit*
giocare *to play (a sport, game, etc.)*	**sbagliare** *to be mistaken*	

AVVERBI

adesso *now*	**fortunatamente** *fortunately*	**purtroppo** *unfortunately*
certo *certainly*	**là** *there*	**veramente** *really*
dopo *after*	**oggi** *today*	**vicino** *near*

ALTRI VOCABOLI / ESPRESSIONI

avere bisogno di *to need*	**che / cosa / che cosa** *what*	**mi piace** *(s.)* / **mi piacciono** *(pl.)* *I like*
avere fretta *to be in a hurry*	**D'accordo!** *Agreed!*	**non è vero?** *right?, isn't it?*
avere paura *to be afraid*	**da vicino** *up close*	**ogni** *each, every*
avere pazienza *to be patient*	**essere simpatico** *to be pleasing to, to be likeable*	**quale** *which*
avere ragione *to be right*		**ti piace** *(s.)* / **ti piacciono** *(pl.)* *you like*
avere sonno *to be sleepy*	**in anticipo** *early*	
avere torto *to be wrong*	**in giro** *around*	
Buona giornata! *Have a good day!*	**in orario** *on time*	

4

Comunicazione

- talking about getting around (on foot, by car, etc.)
- talking about yourself, where you live, your daily routines, your recreational preferences (music, film, etc.)
- talking about school or university subjects and activities

Cultura

- transportation in Italy
- the Italian educational system

Strutture e vocabolario

- more about the verb **piacere**
- **andare**, **fare**, and **volere** in the present indicative
- possessives **il mio** and **il tuo**
- the days of the week
- **pensare a** and **pensare di**
- second-conjugation (**-ere**) verbs in the present indicative
- the relative pronoun **che**
- how to count from 1,000 to 100,000

LA LEZIONE STA PER COMINCIARE!

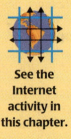

See the Internet activity in this chapter.

DIALOGO 1

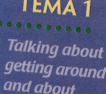

TEMA 1

Talking about getting around and about school

Due ragazze°, Maria e Pina, aspettano la prima° lezione dell'anno° fuori° dell'aula°. Claudio si avvicina° per fare conoscenza° e i tre si m**e**ttono° a chiacchierare.

	girls / first / year / outside
	classroom / approaches / to get acquainted / start

CLAUDIO: Ah, quanto° mi piace la filosofia°!
  MARIA: Anche a me°! Sarà° un corso eccellente°!
CLAUDIO: Hai ragione, ma la lezione comincia troppo° presto°!
  MARIA: Dove **a**biti°?
CLAUDIO: Abito in un appartamento in periferi**a**°. Quindi°, abito un po' lontano°!
  MARIA: Allora che fai°? Vieni in m**a**cchina°?
CLAUDIO: No, con la moto°.
   PINA: Anch'io abito un po' lontano. Ma per me non è un problema°. Io vengo con l'autobus°.
  MARIA: Io abito proprio° in centro°. E, quindi, vengo a piedi°.
   PINA: Oh, mamma mia!° È già tardi!
  MARIA: Andiamo°! La lezione sta per° cominciare!

how / philosophy
Me too! / it's going to be / excellent
too / early
do you live
outskirts / Therefore
far
what do you do / car
motorcycle
problem
bus
right / downtown / on foot
My heavens! (literally: My mother!)
Let's go! / is about to

A. Comprensione! Rispondi alle seguenti domande. *(Answer the following questions.)*

1. Che cosa aspettano Maria e Pina?
2. Perché Claudio si avvicina alle ragazze?
3. Che cosa piace a Claudio e a Maria?
4. Dove abita Claudio?
5. Come viene Pina?
6. E Maria, come viene?

ATTIVITÀ D'ESPANSIONE 1

I come on foot!

▶• IO VENGO A PIEDI°!

a piedi	*on foot*
con l'autobus *(m.)* / **in autobus**	*by bus*
con la moto / **in moto**	*by motorcycle*
con la bicicletta / **in bicicletta**	*by bicycle*
con la macchina / **in macchina**	*by car*
con l'autom<u>o</u>bile *(f.)* / **in automobile**	*by automobile*

B. Dove abiti? Svolgi i seguenti compiti, seguendo i modelli. *(Do the following exercises, following the models.)*

> **MODELLO 1:** **io** / near / on foot
> *Io abito vicino, e allora vengo a piedi.*

> **MODELLO 2:** **tu** / far / by automobile
> *Tu abiti lontano, e allora vieni in automobile.*

abitare	*to live, dwell*

Ecco Claudio che arriva con la Vespa.

1. **noi** / far / by car
2. **Franco** / near / on foot
3. **voi** / far / by automobile
4. **tu** / far / by motorcycle
5. **loro** / near / by bicycle
6. **io** / far / by bus

▶• DA NOTARE

la scuola	*school*
Vado a scuola.	*I go to school.*
l'università	*university*
Vado all'università.	*I go to the university.*
l'appartamento	*apartment*
la casa	*house; home*
Vado a casa.	*I'm going home.*
l'edificio	*apartment building*
la periferia	*suburbs*
Abito in periferia.	*I live in the suburbs.*

C. Dove vai? Chiedi al tuo compagno / alla tua compagna le seguenti cose, seguendo il modello. *(Ask your partner the following questions, following the model.)*

> **MODELLO:** dove va generalmente a piedi
> TU: *Dove vai generalmente a piedi?*
> COMPAGNO/A: *A piedi vado a scuola / all'università / a casa.*

Ask him/her…

1. dove va generalmente a piedi.
2. se abita in una casa (come, per esempio, una villa) o in un appartamento.
3. come va a scuola / all'università.
4. se abita vicino o lontano.
5. dove va generalmente in macchina.
6. quando prende l'autobus.
7. se ha una moto o una bicicletta.
8. dove va con la moto e/o la bicicletta.
9. se la lezione d'italiano comincia troppo presto per lui/lei.
10. in quale via / corso abita.

MODI DI DIRE E DI COMUNICARE 1

▶● PER DIVERTIRSI / RILASSARSI°

To Enjoy Oneself / To Relax

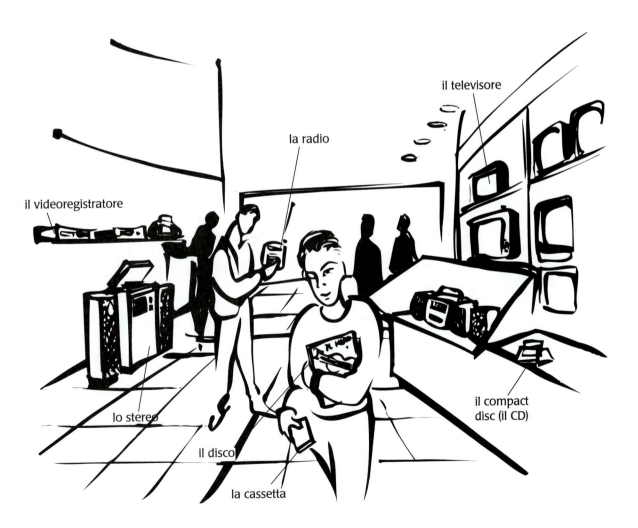

il televisore

la radio

il videoregistratore

il compact disc (il CD)

lo stereo

il disco

la cassetta

▶•ABBREVIAZIONI

The word **automobile** is often abbreviated to **l'auto.** The abbreviated form does not change in the plural. Similarly, **la moto** is an abbreviated form of **la motocicletta, la bici** of **la bicicletta,** and **la radio** of **la radiofonia:**

Singolare			Plurale		
l'auto(mobile)	=	l'auto	le auto(mobili)	=	le auto
la moto(cicletta)	=	la moto	le moto(ciclette)	=	le moto
la bici(cletta)	=	la bici	le bici(clette)	=	le bici
la radio(fonia)	=	la radio	le radio(fonie)	=	le radio

The abbreviated form for **la televisione** is **la TV** or **la tivù.** (Note the pronunciation as *tee-voo*). This means *television, the medium.* The word for *television set* is **il televisore.**

▶•SINONIMI

l'autobus	=	il pullman
la macchina	=	l'auto
ora	=	adesso

▶•L'IDENTITÀ

il cognome	surname, family name
il nome	(first) name
la nazionalità	nationality
l'indirizzo	address
il numero di telefono	phone number

APPLICAZIONE

D. Come si dice? Di' in altro modo in italiano... *(Find another way of saying in Italian...)*

1. La mia macchina è una Ford.
2. Io prendo sempre il pullman numero 9 per andare a scuola / all'università.
3. E adesso cosa faccio?
4. La mia auto è nuova.
5. La tua bici è una Trek.

E. Qual è il tuo programma preferito? Chiedi al tuo compagno / alla tua compagna… *(Ask your classmate . . .)*

Pretend you are conducting a survey for the school newspaper. Collect information from a partner, following the models.

la canzone	*song*	**la marca**	*brand name*
il computer	*computer*	**preferito**	*favorite*
il film	*film, movie*	**il programma**	*program*

Survey Question 1: programma

TU: *Qual è il tuo programma preferito?*
COMPAGNO/A: *Il mio programma preferito è…*

1. canzone
2. film
3. compact disc / disco
4. cassetta
5. libro

Survey Question 2: stereo

TU: *Hai lo stereo?*
COMPAGNO/A: *Sì.*
TU: *Di che marca è?*
COMPAGNO/A: *È un Sony.*

6. computer
7. videoregistratore
8. televisore
9. bicicletta
10. macchina

Survey Question 3: compact disc / film

TU: *Quale compact disc vuoi ascoltare? / Quale film vuoi vedere?*
COMPAGNO/A: *Voglio ascoltare… / Voglio vedere…*

11. programma alla radio
12. canzone
13. cassetta
14. film
15. programma in televisione

Survey Question 4: auto

TU: *Quante auto ci sono nella tua famiglia?*
COMPAGNO/A: *C'è un'auto. / Ci sono due auto.*

16. auto
17. bici
18. radio
19. televisori
20. computer

F. Qual è il tuo nome?   Chiedi al tuo compagno / alla tua compagna…
(Ask your classmate . . .)

Now ask your survey partner for the following information—he or she can make up the information if he/she wishes to remain anonymous.

Nome _____

Cognome _____

Nazionalità _____

Indirizzo _____

Numero di telefono _____

APPUNTI DI GRAMMATICA 1

ANCORA SUL VERBO *PIACERE*

From the previous chapter, recall how to say *I like* and *you like:*

Mi piace la Ford.   **Ti piacciono le tue lezioni?**

The pronoun **mi** can be replaced by **a me** and the pronoun **ti** by **a te:**

Mi piace la Ford.   *A me* piace la Ford.
Ti piacciono le tue lezioni?   *A te* piacciono le tue lezioni?

In general, **a me** and **a te** can be used as emphatic alternatives to **mi** and **ti.** But sometimes it is *obligatory* to use **a me** and **a te** to avoid confusion and ambiguity:

• when the verb **piacere** is used more than once in a sentence:
  A me piace la matematica, ma   *I like math, but you like Italian, right?*
  a te piace l'italiano, vero?
  A te piacciono gli spaghetti, ma   *You like spaghetti, but I, instead, like*
  a me, invece, piacciono i ravioli.   *ravioli.*

• when the verb comes after structures like **anche,** or when the pronoun is used without the verb:
  Mi piace molto la matematica.   *I like math a lot. You like it too, right?*
  Anche a te piace, vero?
  Mi piace molto l'italiano. E a te?   *I like Italian a lot. And you?*

ANDARE, FARE E VOLERE°!

°To Go, To Do (To Make), and To Want

In this *tema* you have encountered three irregular verbs. Here are their conjugations:

ANDARE, FARE E VOLERE			
(io)	**vado**	in bici	*I'm going by bicycle.*
	faccio	il caffè	*I'm making coffee.*
	voglio	una pizza	*I want a pizza.*
(tu)	**vai**	in bici	*You're going by bicycle.*
	fai	il caffè	*You're making coffee.*
	vuoi	una pizza	*You want a pizza.*
(lui)	**va**	in bici	*He's going by bicycle.*
(lei)	**fa**	il caffè	*She's making coffee.*
(Lei)	**vuole**	una pizza	*You want a pizza.*
(noi)	**andiamo**	in bici	*We're going by bicycle.*
	facciamo	il caffè	*We're making coffee.*
	vogliamo	una pizza	*We want a pizza.*
(voi)	**andate**	in bici	*You're going by bicycle.*
	fate	il caffè	*You're making coffee.*
	volete	una pizza	*You want a pizza.*
(loro)	**vanno**	in bici	*They're going by bicycle.*
	fanno	il caffè	*They're making coffee.*
	vogliono	una pizza	*They want a pizza.*

ANCORA SUI NOMI

In the previous chapter, you learned the basic ways of pluralizing nouns. Here are some additional pluralization patterns.

- If the noun ends in **-ca** or **-ga**, it is pluralized to **-che** and **-ghe** respectively, so that the hard **c** and **g** sounds are maintained in the feminine plural:

la marca	→	**le marche**
l'amica	→	**le amiche**
la riga	→	**le righe**

- If the noun ends in **-go**, it is usually pluralized to **-ghi**: i.e., the hard **g** is normally maintained in the masculine plural (with some exceptions that you will encounter in later chapters):

il sugo *sauce* → **i sughi** *sauces*

- If, however, the noun ends in **-co**, the following guideline will help you pluralize it:

If preceded by *e* or *i*, the hard *c* is not retained.		If preceded by any other type of sound, the hard *c* is retained.	
l'amico	→ gli amici	il disco	→ i dischi
il greco	→ i greci	il succo	→ i succhi

- This is only a guideline! Exceptions to it will be pointed out when they arise.

- If the noun ends in **-cio** or **-gio**, it is pluralized to **-ci** and **-gi**: i.e., the soft **c** and **g** sounds of masculine nouns are maintained in the plural:

  l'edificio → **gli edifici**
  l'orologio *watch, clock* → **gli orologi** *watches, clocks*

- If the noun ends in **-cia** or **-gia**, it is pluralized to **-ce** and **-ge**, respectively, if the **i** is not stressed:

  l'arancia *orange* → **le arance** *oranges*
  la pioggia *rain* → **le piogge** *rains*

- However, if the **i** is stressed, it is retained in the plural:

  la farmacia *pharmacy* → **le farmacie** *pharmacies*
  la bugia *lie* → **le bugie** *lies*

- Nouns ending in an accented vowel or a consonant, and abbreviated nouns, do not undergo changes in the plural:

1. nouns ending in an accented vowel
   il caffè → **i caffè**
   la città → **le città**

2. nouns ending in a consonant
   il film → **i film**
   il computer → **i computer**

3. abbreviated nouns
   la moto → **le moto**
   l'auto → **le auto**

- Finally, note that the nouns **problema** and **programma** are masculine, even though they end in an **-a**. Nouns ending in **-ema** and **-amma** are of Greek derivation and do not reflect Latin gender patterns:

  il problema → **i problemi**
  il programma → **i programmi**

IL MIO / IL TUO

The possessive adjectives *my* and *your (fam.)* have the following forms:

	Singolare		Plurale	
MASCHILE	**il mio** amico	*my friend*	**i miei** amici	*my friends*
	il tuo amico	*your friend*	**i tuoi** amici	*your friends*
FEMMINILE	**la mia** amica	*my friend*	**le mie** amiche	*my friends*
	la tua amica	*your friend*	**le tue** amiche	*your friends*

APPLICAZIONE

G. Mi piace molto! In coppie, esprimete le vostre preferenze, seguendo i modelli. *(In pairs, express your preferences, following the models.)*

> **MODELLO 1:** il corso di matematica
>
> TU: *Mi piace molto il corso di matematica. E a te piace?*
>
> COMPAGNO/A: *Sì, piace anche a me. / No, a me non piace!*

1. la lezione d'italiano
2. il corso di geografia
3. i film di Quentin Tarantino
4. i programmi in televisione
5. studiare le lingue

> **MODELLO 2:** i dischi dei Beatles
>
> TU: *A me piacciono molto i dischi dei Beatles, ma a te, invece, non piacciono, vero?*
>
> COMPAGNO/A: *No, non è vero, anche a me piacciono molto. / Sì, è vero, a me non piacciono i dischi dei Beatles.*

6. la lezione di geografia
7. abitare vicino al centro
8. andare in bicicletta
9. andare a piedi a scuola / all'università
10. i dischi di Diana Ross

H. Preferenze e gusti! Svolgi i seguenti compiti, facendo le sostituzioni suggerite e tutti i cambiamenti necessari. Segui i modelli. *(Do the following exercises, making the suggested substitutions and all the necessary changes. Follow the models.)*

> **MODELLO 1:** Claudio vuole un disco di Vasco Rossi.
>
> tu
>
> *Anche tu vuoi un disco di Vasco Rossi?*

1. io
2. la mia amica
3. i tuoi amici
4. noi
5. voi

MODELLO 2: Cosa fa Maria adesso?
tu
E tu cosa fai adesso?

6. io
7. il tuo amico
8. noi

9. voi
10. i tuoi amici

MODELLO 3: Pina va all'università con la moto.
tu / a piedi
Tu, invece, vai all'università a piedi.

11. io / con l'autobus
12. i miei amici / in macchina
13. noi / con la moto

14. voi / in bicicletta
15. il professore / la professoressa / a piedi

1. È il tuo disco? In coppie, svolgete i seguenti compiti, facendo tutti i cambiamenti necessari. Seguite i modelli. *(In pairs, do the following exercises, making all the necessary changes. Follow the models.)*

MODELLO 1: il disco
[First ask the question with the noun in its singular form, then in its plural form.]
Tu: *È il tuo disco?*
COMPAGNO/A: *No, non è il mio disco.*
Tu: *Sono i tuoi dischi?*
COMPAGNO/A: *No, non sono i miei dischi.*

1. l'amico
2. l'amica
3. la moto
4. la riga
5. la bici

6. l'auto
7. l'orologio
8. il programma preferito
9. il computer
10. l'arancia

MODELLO 2: È il problema che vuoi ris<u>o</u>lvere *(to solve)*?
[Ask the question with the noun in its plural form.]
Tu: *Sono i problemi che vuoi risolvere, vero?*
COMPAGNO/A: *Sì, sono i problemi che voglio risolvere.*

11. È l'autobus che va a Siena?
12. È il succo che piace a lui?
13. È l'edificio che piace a Pina?

14. È la canzone che Claudio vuole cantare *(wants to sing)*?
15. È la farmacia di corso Garibaldi?

MODELLO 3: greco
[Ask the question with the noun in its plural form.]
Tu: *Siete greci, non è vero?*
COMPAGNO/A: *Sì, siamo greci. / No, non siamo greci.*

16. polacco
17. tedesco
18. greca

19. polacca
20. tedesca

MEZZI DI TRASPORTO!°

Means of Transportation!

Vero o falso? Che cosa sai sui mezzi di trasporto in Italia? *(What do you know about means of transportation in Italy?)*

1. Il treno *(train)* è un mezzo *(means)* popolare per viaggiare *(to travel)*.
2. Anche il pullman è un mezzo popolare.
3. Le tariffe aeree *(air rates)* sono economiche *(inexpensive)*.
4. Agli italiani non piace viaggiare in macchina.

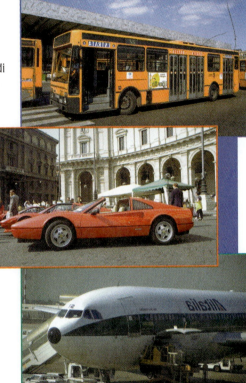

In Italia il treno è un mezzo popolare per viaggiare, perché le tariffe[1] sono economiche. Anche le linee[2] di pullman o autobus sono popolari, ma generalmente solo per gli spostamenti locali[3], oppure[4] per i giri turistici. Le tariffe aeree[5] sono piuttosto[6] elevate[7], e quindi per i viaggi nazionali[8] l'aereo è un mezzo usato[9] in gran parte[10] per ragioni di lavoro[11].

Gli italiani amano viaggiare in macchina, anche se la benzina[12] costa[13] molto. I giovani, perciò[14], usano mezzi di trasporto più economici, come le moto e i motorini[15].

Comprensione! Accoppia gli elementi delle due colonne in modo da formare frasi intere. *(Match the items in the two columns to make complete sentences.)*

il treno	*train*
viaggiare	*to travel*
economico	*inexpensive, economical*
l'aereo	*airplane*

1. _____ La benzina in Italia…
2. _____ I mezzi di trasporto economici sono…
3. _____ Agli italiani piace molto…
4. _____ Le tariffe aeree sono…
5. _____ Le tariffe per il treno, invece, sono…
6. _____ L'aereo è un mezzo usato…

a. piuttosto elevate.
b. viaggiare in macchina.
c. in gran parte per ragioni di lavoro.
d. costa molto.
e. le moto, i motorini, i treni e i pullman.
f. economiche.

[1]*fares* [2]*lines* [3]*short trips* [4]*or else* [5]*air fares* [6]*rather* [7]*high* [8]*domestic* [9]*used* [10]*by and large*
[11]*work reasons* [12]*gasoline* [13]*costs* [14]*therefore* [15]*mopeds*

J. Sondaggio! Fa' il seguente sondaggio con uno o due studenti e poi insieme indicate i risultati ricavati a tutta la classe. *(Conduct the following poll with one or two students and then report your findings to the class.)*

Qual è il tuo mezzo preferito...
1. per andare in giro nella tua città?
2. per andare a scuola / all'università?
3. per viaggiare?

		1.	2.	3.
a.	la macchina	_____	_____	_____
b.	l'autobus	_____	_____	_____
c.	la moto	_____	_____	_____
d.	la bicicletta	_____	_____	_____
e.	il treno	_____	_____	_____
f.	il pullman	_____	_____	_____
g.	andare a piedi	_____	_____	_____
h.	l'aereo	_____	_____	_____

MOMENTO CREATIVO 1

K. Un viaggio! Con un compagno / una compagna, crea un dialogo appropriato. *(Create a dialogue with a classmate.)*

TRASVOLANO LA NOTTE...

Viaggiare in vettura letti significa:

- avere un comfort paragonabile a quello di una camera di albergo, e beneficiare appieno della propria privacy;

- poter raggiungere tutte le principali città italiane e numerose in Europa;

- essere accolti dal conduttore V.L. che porge il benvenuto a bordo e prende nota delle Vostre esigenze;

- essere assistiti dal conduttore V.L. per tutta la durata del viaggio;

- essere sollevati dall'incombenza di esibire, nel cuore della notte, al personale ferroviario e/o di frontiera i Vostri titoli di viaggio se li affidate al conduttore V.L.;

- essere svegliati dal conduttore V.L. all'ora desiderata e poter soddisfare in cabina le richieste di ristorazione

You're at a travel agency to plan a trip. With a partner in the role of the travel agent, create a dialogue in which you ask the agent what the inexpensive fares are, which means of transportation you should take, etc.

DIALOGO 2

Pina telefona a Maria.

PINA: Pronto, Maria. Sei impegnata° stasera°?   *busy / this evening*

MARIA: Sì, purtroppo ho molto da fare°. Domani, per esempio°, c'è già° un   *a lot to do / for example / already*
compito da fare per il corso di storia.

PINA: Hai molte° lezioni domani?   *many*

MARIA: Veramente°, no. Il martedì°, oltre alla° lezione di storia, ho solo una   *Actually / on Tuesdays / in addition to / Thursday / worst / day*
lezione di biologia. Per me, il giovedì° è il peggiore° giorno° della set-
timana°. Ho sei lezioni! E tu, cosa pensi di° fare stasera?   *week / are you thinking of*

PINA: Penso di leggere° un po', e poi° di scrivere° il tema° per il corso di   *read / then / write / composition*
francese che devo° consegnare° venerdì°.   *I have to / hand in / Friday*

MARIA: Allora, ci vediamo° domani a mezzogiorno°, va bene?   *see each other / noon*

PINA: D'accordo! A domani!

L. Comprensione! Completa la seguente parafrasi del dialogo con le parole adatte nelle loro forme appropriate. *(Complete the following summary of the dialogue with the correct words in their appropriate forms.)*

Pina _____ [1] a Maria. Lei chiede *(asks)* a Maria se è _____ [2] stasera.
Purtroppo Maria ha molto da _____ [3]. Domani, per esempio, c'è già un
_____ [4] per il corso di storia. Maria non ha molte lezioni il _____ [5].
Oltre alla lezione di storia, lei ha _____ [6] una lezione di biologia. Per lei, il
_____ [7] è il peggiore giorno della settimana. Pina pensa di _____ [8] un
po', e poi di scrivere il _____ [9] per il corso di francese che deve
_____ [10] venerdì.

ATTIVITÀ D'ESPANSIONE 2

▶• MATERIE°

l'antropologia	*anthropology*	**l'inglese** *(m.)*	*English*
la biologia	*biology*	**l'italiano**	*Italian*
la chimica	*chemistry*	**la matematica**	*math*
l'economia	*economics*	**la psicologia**	*psychology*
la filosofia	*philosophy*	**la sociologia**	*sociology*
la fisica	*physics*	**la storia**	*history*
l'informatica	*computer science*		

M. Corsi e materie! Identifica le materie, nel modo indicato. *(Identify each subject, as indicated.)*

> **MODELLO:** l'antropologia
> *L'antropologia è una scienza sociale.*
> *Io sono iscritto/a a un corso d'antropologia*
> *quest'anno. / Io non sono iscritto/a a un corso d'antropologia.*
>
> la chimica
> *La chimica è una scienza fisica.*
> *Io sono iscritto/a a un corso di chimica*
> *quest'anno. / Io non sono iscritto/a a un corso di chimica.*

essere iscritto/a a	*to be enrolled in*
lingua	*language*
materia umanistica	*humanities subject*
scienza fisica	*physical science*
scienza sociale	*social science*

1. la geografia
2. la filosofia
3. l'economia
4. la psicologia
5. la biologia
6. il russo
7. l'antropologia
8. la sociologia
9. lo spagnolo
10. l'informatica

N. I miei corsi! Con un compagno / una compagna, parla dei tuoi corsi quest'anno, seguendo il modello. *(With a partner, talk about your courses this year, following the model.)*

> **MODELLO:**
>
> 1. Quali corsi segui *(are you taking)*?
>   *I corsi che seguo* (that I'm taking) *quest'anno sono (la storia, la geografia,…).*
> 2. Qual è il tuo corso preferito?
>   *Il mio corso preferito è (la storia / la biologia…).*
> 3. Quale altro corso ti piace?
>   *Mi piace molto anche (la geografia / l'antropologia…).*

4. Sei impegnato/a?
Sì, sono / No, non sono molto impegnato/a.
Ho molte lezioni. / Non ho molte lezioni.

5. In quale aula c'è la lezione d'italiano?
La lezione d'italiano è nell'aula numero (dieci / centuno…).

6. Quanti studenti ci sono nella classe?
Ci sono (quindici / venti / venticinque…) studenti nella classe.

l'aula	*classroom*
avere lezione	*to have a class*
la classe	*class (the group of students)*
il corso	*course*
la lezione	*actual class meeting*

MODI DI DIRE E DI COMUNICARE 2

▶• CORRISPONDENZE

Many of the names of school or university subjects in Italian and in English are cognates, deriving from the same Latin or Greek root words:

-ica	→	*-ics*		**-ia**	→	*-y*
matematica	→	*mathematics*		**storia**	→	*history*
fisica	→	*physics*		**filosofia**	→	*philosophy*

But be careful! There are some exceptions to these two patterns: e.g., **chimica** → *chemistry*, **economia** → *economics*.

▶• I GIORNI DELLA SETTIMANA

lunedì	*Monday*	**venerdì**	*Friday*
martedì	*Tuesday*	**sabato**	*Saturday*
mercoledì	*Wednesday*	**domenica**	*Sunday*
giovedì	*Thursday*		

• The definite article before a day corresponds to the English time expression *on*…: **il lunedì** → *on Mondays*, **il martedì** → *on Tuesdays*, etc. All the days are masculine, except **la domenica**.

MONDAY / TUESDAY …	ON MONDAYS / TUESDAYS …
Lunedì non ho lezione.	**Ma generalmente il lunedì ho lezione d'italiano.**
Domenica vado in centro.	**Ma generalmente la domenica non ho molto da fare.**

- **Ogni** in place of the article renders approximately the same thing:

ON MONDAYS / TUESDAYS ...		EACH MONDAY / TUESDAY ...
Il lunedì ho lezione d'italiano.	=	Ogni lunedì ho lezione d'italiano.
La domenica vado in centro.	=	Ogni domenica vado in centro.

- The structure **tutto** *(in the plural)* + *definite article (in the plural)* + *day of the week (in the plural)* can also be used as an alternative:

ON MONDAYS / TUESDAYS ...		EVERY MONDAY / TUESDAY ...
Il lunedì ho lezione d'italiano.	=	Tutti i lunedì ho lezione d'italiano.
La domenica vado in centro.	=	Tutte le domeniche vado in centro.

- Note that the days are not capitalized, unless, of course, they occur as the first word in a sentence. The plural form of days ending with **i** is the same as the singular form.

▶• PENSARE...

The verb **pensare** when followed by the preposition **a** means *to think of someone / something*. When it is followed by the preposition **di** it means *to think of doing something*:

PENSARE A	PENSARE DI
Claudio pensa a Pina.	**Claudio pensa di andare in centro.**
Claudio is thinking of Pina.	*Claudio is thinking about going downtown.*

APPLICAZIONE

O. Che materia è? Indovina come si chiamano in italiano le seguenti materie. *(Guess what the following subjects are called in Italian.)*

> **MODELLO:** physiology
> *la fisiologia*

1. zoology
2. linguistics
3. geology
4. archeology
5. statistics
6. anatomy
7. astronomy

P. I miei corsi! Fa' alla classe un resoconto completo delle materie che segui quest'anno, alternando le strutture *il lunedì / ogni martedì / tutti i mercoledì*, seguendo il modello. *(Give the class a complete summary of the subjects you are taking this year, alternating the structures **il lunedì /ogni martedì / tutti i mercoledì**, etc., following the model.)*

> **MODELLO:** *Il lunedì ho lezione di matematica e di filosofia.*
> *Ogni martedì ho lezione d'italiano, di chimica e di fisica.*
> *Tutti i mercoledì ho lezione di francese.*
> *ecc.*

Q. I pensieri di Claudio! Vediamo a che cosa e a chi pensa Claudio. Fornisci le preposizioni *a* o *di* che mancano. *(Here's who and what Claudio is thinking about. Supply the missing prepositions **a** or **di**.)*

1. Claudio pensa _____ andare alla lezione di francese oggi.
2. Ma non pensa _____ mangiare a mezzogiorno, perché ha molto da fare.
3. Durante *(During)* la lezione di italiano Claudio pensa _____ Pina.
4. Ma lei non pensa _____ lui.
5. Dopo le lezioni di oggi Claudio pensa _____ studiare un po'.

APPUNTI DI GRAMMATICA 2

IL PRESENTE INDICATIVO: SECONDA CONIUGAZIONE

Verbs whose infinitive forms end in **-ere** are known as second-conjugation verbs. Here are some common ones:

chiedere	*to ask*
chiudere	*to close*
conoscere	*to know (someone); to meet; to be familiar with*
leggere	*to read*
mettere	*to put; to place*
ripetere	*to repeat*
rispondere	*to answer*
scrivere	*to write*
vedere	*to see*
vendere	*to sell*
vivere*	*to live*

To conjugate these verbs in the present indicative, drop the **-ere** and add the following endings:

SCRIVERE

(io)	**scrivo**	un tema	*I'm writing a composition.*
(tu)	**scrivi**	una lettera	*You're writing a letter.*
(lui)	**scrive**	un tema	*He is writing a composition.*
(lei)	**scrive**	un tema	*She is writing a composition.*
(Lei)	**scrive**	un tema	*You are writing a composition.*
(noi)	**scriviamo**	un saggio	*We are writing an essay.*
(voi)	**scrivete**	un tema	*You are writing a composition.*
(loro)	**scrivono**	una lettera	*They are writing a letter.*

———————

*This verb is generally used as a synonym for **abitare** as in: **Io abito / vivo in un appartamento.** It also means *to live (in general)*: **Io voglio vivere a lungo** *(I want to live a long time.)*

Note that, unlike first-conjugation verbs, these verbs do not undergo spelling changes:

	LEGGERE	CONOSCERE
(io)	leggo	conosco
(tu)	leggi	conosci
(lui)	legge	conosce
(lei)	legge	conosce
(Lei)	legge	conosce
(noi)	leggiamo	conosciamo
(voi)	leggete	conoscete
(loro)	leggono	conoscono

CHE

The relative pronoun **che** is introduced here so that you will be able to start forming complex sentences. It will be taken up in more detail in Chapter 18. Note that it is equivalent to *that, which,* or *who:*

THAT
Ecco il compito che devo fare.   *Here is the assignment that I have to do.*

WHICH
Abito in corso Rossini, che è   *I live on Rossini Avenue, which is very far*
molto lontano.   *away.*

WHO
Lui è la persona che abita in   *He is the person who lives in the suburbs.*
periferia.

APPLICAZIONE

R. *Conosci il professore?*   Con un compagno / una compagna, svolgi i seguenti compiti. Segui i modelli. *(With a partner, do the following exercises. Follow the models.)*

> **MODELLO 1:** conoscere
> tu
> > TU: *Tu conosci il professore?*
> > COMPAGNO/A: *Sì, io conosco il professore.*

1. voi   **3.** Francesca
2. Lei   **4.** i tuoi amici

> **MODELLO 2:** ripetere
> la tua compagna
> > TU: *La tua compagna ripete spesso in classe?*
> > COMPAGNO/A: *Sì, lei ripete spesso.*

5. tu   **7.** gli altri studenti
6. voi   **8.** il tuo compagno

S. Sì, conosco il professore di fisica! Rispondi alle seguenti
domande, seguendo il modello. *(Answer the following questions, following the model.)*

> **MODELLO:** Conosci il professore di fisica?
> *Sì, conosco il professore di fisica.*

1. Chiedi sempre qualcosa al professore / alla professoressa durante la lezione?
2. Gli studenti chiudono la porta dopo la lezione?
3. Il tuo amico mette la penna nella cartella *(briefcase)* dopo la lezione?
4. Vedi la tua amica spesso dopo la lezione?
5. I tuoi genitori *(parents)* vendono la macchina?

T. Claudio legge il libro che piace a me! Unisci le due frasi con il
pronome **che,** modificando le frasi in modo appropriato. *(Join the two sentences with **che,** making all necessary changes.)*

> **MODELLO:** Claudio legge il libro. Il libro piace a me.
> *Claudio legge il libro che mi piace / piace a me.*

1. Pina risponde alle domande. La professoressa fa le domande.
2. Io chiudo la porta. La porta è vicina a me.
3. Debbie è una studentessa. Lei è d'origine italiana.
4. Il mio amico vuole un compact disc. Il compact disc non mi piace.

U. Azioni comuni! Crea frasi con i verbi *leggere, rispondere, scrivere* e
vivere, seguendo il modello. *(Create sentences with the verbs **leggere, rispondere, scrivere,** and **vivere,** following the model.)*

> **MODELLO:** Pina
>
> > *Say that she:*
> > a. reads something every day.
> > *Pina legge il libro d'italiano ogni giorno.*
> > b. always answers the phone.
> > *Pina risponde sempre al telefono.*
> > c. is writing a composition for her Italian class.
> > *Pina scrive un tema per il corso d'italiano.*
> > d. lives in an apartment on Rossini Street.
> > *Pina vive in un appartamento in via Rossini.*

1. tu
2. io
3. l'amica di Claudio
4. gli amici di Pina
5. noi
6. voi

LA SCUOLA IN ITALIA°

School in Italy

Cosa ricevono?
Cerca le risposte alle seguenti domande nel *taccuino* mentre lo stai leggendo. *(As you read the **taccuino**, look for the answers to the following questions.)*

1. Per quanti anni *(years)* bisogna frequentare *(does one have to attend)* la scuola dell'obbligo *(compulsory schooling)*?
2. Che cosa ricevono gli studenti alla fine della *(at the end of)* scuola elementare, della scuola media *(junior high)* e della scuola secondaria *(secondary school)*?
3. Che cosa si riceve *(does one receive)* dopo l'università?

In Italia la scuola dell'obbligo va dai sei ai quattordici anni. C'è anche la scuola materna[1] per i bambini[2] dai tre ai cinque anni.

La scuola elementare va dai sei agli undici anni, e la scuola media[3] dagli undici ai quattordici anni. Alla fine della[4] scuola elementare gli studenti ricevono la licenza elementare[5], e alla fine della scuola media la licenza media[6].

La scuola secondaria è divisa[7] nelle seguenti istituzioni[8]: il liceo per cinque anni (classico, scientifico, linguistico o artistico*); l'istituto magistrale[9] per quattro anni; gli istituti tecnici[10], professionali o artistici da tre a cinque anni; e il conservatorio[11] di musica per cinque anni. Alla fine della scuola secondaria gli studenti ricevono il diploma di maturità[12].

Dopo l'università si riceve la laurea[13]. Il laureato[14] assume[15] il titolo di dottore / dottoressa. Oggi c'è anche il «dottorato di ricerca» che è equivalente al *Ph.D.* americano.

Comprensione!
Rispondi alle seguenti domande. *(Answer the following questions.)*

1. A quale scuola vanno i bambini dai tre ai cinque anni?
2. Dai sei agli undici anni?
3. E dagli undici ai quattordici anni?
4. Cosa si riceve alla fine della scuola elementare? Alla fine della scuola media? Alla fine della scuola secondaria? E alla fine dell'università?
5. Specifica *(Specify)* i diversi tipi di liceo.
6. Che titolo assume il laureato?
7. Qual è l'equivalente del *Ph.D.* americano?

What are the differences and similarities between the educational system in Italy and North America?

---

[1]*nursery school* [2]*children* [3]*junior high* [4]*At the end of* [5]*elementary-school diploma* [6]*junior-high diploma* [7]*divided* [8]*institutions* [9]*teacher training school* [10]*technical* [11]*conservatory* [12]*high-school diploma* [13]*degree* [14]*graduate* [15]*takes on*

---

*There are four types of **liceo: classico,** which focuses on literature and classical languages (Latin or Greek); **scientifico,** focusing on math and science; **linguistico,** focusing on modern languages; and **artistico,** concentrating on art and art history.

MOMENTO CREATIVO 2

V. Voglio studiare in Italia! Con un compagno / una compagna, crea brevi dialoghi in base alla seguente situazione: Tu vuoi andare a studiare in Italia, ma il tuo amico / la tua amica cerca di dissuaderti. *(With a partner, create brief dialogues, based on the following situation: You want to study in Italy, but your friend tries to convince you not to go.)*

FASE 2: ASCOLTO E I NUMERI

ASCOLTO

A. Ascolta attentamente la conversazione sull'audio cercando di determinare le seguenti cose. *(Listen carefully to the conversation on the cassette program and see if you can determine the following things.)*

1. come si chiamano i due studenti
2. quali corsi seguono quest'anno
3. dove abita ciascuno *(each one)*
4. come va ciascuno a scuola

B. Adesso cerca di ricostruire la conversazione con altri studenti a piacere. *(Now, attempt to reconstruct the conversation freely with other students.)*

I NUMERI

DA MILLE A CENTOMILA°

From 1,000 to 100,000

1.000	mille	1.100	mille cento
1.001	mille uno	1.200	mille duecento
1.002	mille due	1.300	mille trecento

To form the numbers from 1,001 to l,999, add on the numbers 1–999 to 1,000:

milleduecentoventi	=	**1.220**
millequattrocentosedici	=	**1.416**
milleottocentonovantatrè	=	**1.893**

The numbers may also be written as separate entities:

mille duecento venti	=	**1.220**
mille quattrocento sedici	=	**1.416**
mille ottocento novantatrè	=	**1.893**

Note that in Italy a period is used wherever a comma **(la virgola)** is used in North America, and vice versa:

1.234	=	**mille duecento trentaquattro**		
1.479	=	**mille quattrocento settantanove**		
1,29	=	**uno virgola ventinove**	=	*one point twenty-nine*
3,02	=	**tre virgola zero due**	=	*three point zero two*

2,000–100,000

2.000	duemila	20.000	ventimila
3.000	tremila	30.000	trentamila
4.000	quattromila	40.000	quarantamila
5.000	cinquemila	50.000	cinquantamila
6.000	seimila	60.000	sessantamila
7.000	settemila	70.000	settantamila
8.000	ottomila	80.000	ottantamila
9.000	novemila	90.000	novantamila
10.000	diecimila	100.000	centomila

Note that the plural of **mille** is **mila.**

To form all the numbers from 2,001 to 100,000, simply add on the required numbers as you have been doing in previous chapters.

duemila duecento trentaquattro	=	**2.234**
tremila trecento quarantacinque	=	**3.345**
novemila novecento novantasette	=	**9.997**
dodicimila duecento trentaquattro	=	**12.234**
trentaquattromila trecento quarantacinque	=	**34.345**
novantacinquemila cinquecento cinquantacinque	=	**95.555**

C. Con un compagno / una compagna crea brevi dialoghi, seguendo il modello. *(Create brief dialogues, following the model.)*

You and your friend are taking inventory for a school supplier.

> **MODELLO:** 1.100 / pens / 12.500
>
> TU: *Quante penne ci sono?*
> COMPAGNO/A: *Mille cento.*
> TU: *Ma abbiamo bisogno di dodicimila cinquecento penne, vero?*

1. 1.987 / school bags (**cartelle**, *f. pl.*) / 2.001
2. 1.876 / cassettes / 51.150
3. 4.065 / blackboards / 15.900
4. 51.123 / books / 73.800
5. 6.456 / workbooks / 86.900
6. 7.890 / pens / 69.150
7. 8.321 / pencils / 97.900
8. 9.100 / rulers / 34.000

PRIMA DI LEGGERE

A. Conosci un poeta? Rispondi alle seguenti domande, con l'aiuto del tuo / della tua insegnante. *(Answer the following questions, with the help of your instructor.)*

1. Conosci un poeta italiano famoso / una poetessa italiana famosa? Chi?
2. Conosci un pittore *(painter)* italiano famoso / una pittrice italiana famosa? Chi?
3. Conosci un musicista italiano famoso / una musicista italiana famosa? Chi?

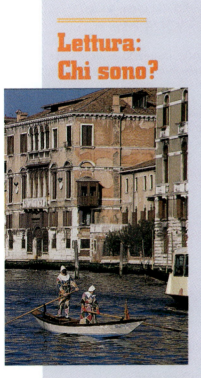

Lettura: Chi sono?

Son forse un poeta°?	poet
No, certo.	
Non scrive che una parola°, ben strana°,	word / quite strange
la penna° dell'anima° mia:	pen / soul
«follia»°.	folly
Son dunque° un pittore°?	thus / painter
Neanche.°	Not even.
Non ha che un colore°	color
la tavolozza° dell'anima mia:	palette
«malinconia»°.	melancholy
Un musico°, allora?	musician*
Nemmeno°.	Not even.
Non c'è che una nota°	note
nella tastiera° dell'anima mia:	keyboard
«nostalgia».	
Son dunque°...che cosa?	thus
Io metto° una lente°	I put / magnifying glass
davanti° al mio cuore°	in front / heart
per farlo vedere alla gente°.	to show it to people
Chi sono?	
Il saltimbanco° dell'anima mia.	jester, acrobat

(Da: *Poemi* di Aldo Palazzeschi)

---

*The more common word for *musician* is **il / la musicista.**

DOPO LA LETTURA

B. Comprensione! Rispondi alle seguenti domande. *(Answer the following questions.)*

1. È un poeta il narratore?
2. Quale parola scrive la penna della sua *(his)* anima?
3. È un pittore Palazzeschi?
4. Che colore ha la tavolozza della sua anima?
5. È un musico Palazzeschi?
6. Quale nota c'è nella tastiera della sua anima?
7. Che cosa vuole mettere Palazzeschi davanti al suo cuore?
8. Chi è, dunque, Palazzeschi?

C. Discussione! Che tipo di poesia è? *(What type of poem is it?)*

1. ironica *(ironic)*?
2. tragica *(tragic)*?
3. pessimista *(pessimistic)*?
4. ottimista *(optimistic)*?

D. Chi sei tu? Rispondi alle seguenti domande, imitando esattamente la poesia di Palazzeschi. Segui il modello. *(Answer the following questions, imitating Palazzeschi's poem exactly. Follow the model.)*

> **MODELLO:** Tu sei forse un poeta / una poetessa?
> *Sì, sono un poeta / una poetessa.*
> *La penna dell'anima mia non scrive che…*

1. Tu sei forse un poeta / una poetessa?
2. Tu sei un pittore / una pittrice?
3. Tu sei un musicista / una musicista?
4. Chi sei dunque?

SINTESI

A. Chi è? Crea il profilo di una persona immaginaria. Poi leggilo alla classe. Includici la seguente informazione. *(Create a profile of an imaginary person. Then read it to the class. Include in it the following information.)*

1. il suo *(his/her)* nome e cognome
2. il suo indirizzo
3. in che modo va a scuola / all'università
4. quali sono i suoi programmi televisivi preferiti
5. i corsi che segue quest'anno
6. qual è il suo corso preferito
7. le sue lezioni: «il lunedì ha lezione di…»
8. la sua nazionalità
9. quante e quale lingue parla

B. Cosa fanno le seguenti persone? Crea frasi con i verbi *fare, andare, volere* e *conoscere,* seguendo il modello. *(Create sentences with the verbs* **fare, andare, volere,** *and* **conoscere,** *following the model.)*

MODELLO: la mia amica

Say…
a. that she does something.
   La mia amica fa i compiti ogni sera.
b. how she gets to school.
   La mia amica va a scuola / all'università in auto.
c. that she wants to study something.
   La mia amica vuole studiare antropologia.
d. that she doesn't know someone.
   La mia amica non conosce Pina.

1. tu
2. io
3. il tuo amico
4. i tuoi amici
5. noi
6. voi

C. Cultura italiana! Rispondi alle seguenti domande. *(Answer the following questions.)*

1. Quali sono due mezzi popolari e economici per viaggiare in Italia?
2. Com'è il costo della benzina in Italia?
3. Per quanti anni si frequenta *(does one attend)* la scuola dell'obbligo?
4. Che cosa si riceve alla fine della scuola elementare, media e secondaria?
5. Che cosa si riceve alla fine dell'università?

D. Vita quotidiana! Scrivi il tuo orario (settimanale), includendoci i tuoi corsi, quello che vuoi fare con i tuoi amici e le altre cose che fai tipicamente. *(Write your weekly schedule, including the classes you have, what you want to do with friends, and the other things you typically do.)*

E. Momento creativo! In gruppi, mettete in scena una delle seguenti situazioni. *(In groups, role play one of the following situations.)*

1. A friend of yours has arranged a blind date for you. Naturally, you want to know something about the person before you go out with him or her. You try to find out some information about him or her from your friend (his or her name, where he or she lives, if he or she has a car, what he or she studies, etc.) Based on your friend's responses, you decide whether or not you want to go through with the date.
2. You are meeting your date's parent(s) for the first time. Before you both leave, the parent(s) ask(s) you questions about yourself (what courses you take, if you have a car, etc.). After three or four questions, you come up with an excuse to leave.

EXPLORE!
For this chapter's activity, go to http://adesso.heinle.com

LESSICO UTILE

NOMI

l'aereo *airplane*	l'economia *economics*	la penna *pen*
l'anno *year*	l'edificio *building*	la periferia *suburbs*
l'antropologia *anthropology*	la famiglia *family*	la pioggia *rain*
l'appartamento *apartment*	la farmacia *pharmacy*	la porta *door*
l'appunto *note*	la filosofia *philosophy*	la presentazione *introduction*
l'arancia *orange*	la finestra *window*	il problema *problem*
l'aula *classroom*	la fisica *physics*	il programma *program*
l'autobus *bus*	il giorno *day*	la prova *test*
la bicicletta *bicycle*	l'indirizzo *address*	la psicologia *psychology*
la biologia *biology*	l'informatica *computer science*	il quaderno *workbook*
la bugia *lie*	la lavagna *blackboard*	il ragazzo / la ragazza *boy / girl*
la canzone *song*	la lettera *letter*	la riga *ruler*
la carta *paper*	il libro *book*	il saggio *essay*
la cartella *school bag*	la macchina *car*	la scuola *school*
la casa *house, home*	la marca *brand name*	la settimana *week*
la cassetta *cassette*	la matematica *mathematics*	la sociologia *sociology*
il centro *downtown*	la matita *pencil*	la televisione *television*
la chimica *chemistry*	il mezzogiorno *noon*	il televisore *TV set*
la classe *class (group of students)*	la motocicletta *motorcycle*	il tema *composition; theme*
il cognome *surname, family name*	il nome *name, first name*	il traffico *traffic*
il disco *record*	l'orologio *watch, clock*	il treno *train*
	il pavimento *floor*	il videoregistratore *VCR*

I GIORNI DELLA SETTIMANA

lunedì *Monday*	giovedì *Thursday*	sabato *Saturday*
martedì *Tuesday*	venerdì *Friday*	domenica *Sunday*
mercoledì *Wednesday*		

AGGETTIVI

eccellente *excellent*	impegnato *busy, occupied*	preferito *favorite*
economico *inexpensive, economical*	peggiore *worse / worst*	spiritoso *spry, vivacious*

VERBI

abitare *to live, dwell*	leggere *to read*	scrivere *to write*
andare *to go*	mettere *to put, place*	vendere *to sell*
chiedere *to ask*	mettersi a *to start*	viaggiare *to travel*
chiudere *to close*	pensare *to think*	vivere *to live*
consegnare *to hand in*	ripetere *to repeat*	volere *to want*
fare *to do; to make*	rispondere *to answer*	

AVVERBI

domani *tomorrow*
fuori *outside*
già *already*

lontano *far (away)*
ora *now*
poi *then*

presto *early*
stasera *this evening*
troppo *too (much)*

ALTRI VOCABOLI / ESPRESSIONI

a piedi *on foot*
all'estero *abroad*
avere lezione *to have a class*
che *that, which, who*
ci vediamo *we'll see each other*
fare conoscenza *to get acquainted*
Grazie mille! *Many thanks!*
in autobus / con l'autobus *by bus*

in automobile / con l'automobile *by automobile*
in bicicletta / con la bicicletta *by bicycle*
in macchina / con la macchina *by car*
in moto / con la moto *by motorcycle*
Mamma mia! *My heavens!*
mille *thousand*

mio / tuo *my / your*
numero di telefono *phone number*
per esempio *for example*
proprio *really, right*
quindi *so; therefore; as you can see*
stare per *to be about to (do something)*
tutto *every, all; the whole*

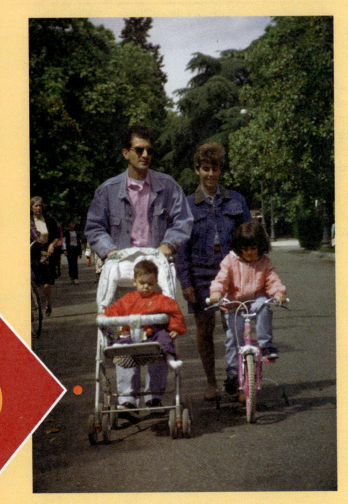

Comunicazione

- talking about your family
- describing people
- carrying out phone conversations
- inviting people to go out

Cultura

- the Italian family
- the names of some famous Italian movie directors
- phones and phoning in Italy

Strutture e vocabolario

- descriptive adjectives
- third-conjugation (**-ire**) verbs in the present indicative
- **dovere, potere, sapere**, and **uscire** in the present indicative
- **molto** and **tanto**
- possessives with terms for family members
- how to use **lo stesso** and **tra** + *time expression*
- stressed vowels
- how to count from 100,000 to 1,000,000

IO CHIEDO AIUTO A MIA MADRE!

See the Internet activity in this chapter.

5

DIALOGO 1

TEMA 1

Talking about one's family / describing people

Gloria e Giorgio sono iscritti allo stesso° corso d'informatica. Dopo la lezione, vanno ad un bar vicino per chiacchierare un po'.

GIORGIO: Che corso difficile!

GLORIA: Hai ragione. Bisogna° conoscere la matematica avanzata°. Come facciamo a risolvere° i problemi del compito° che dobbiamo° fare stasera?

GIORGIO: Io chiedo aiuto° a mia madre°. Lei è professoressa di matematica; è una donna° molto intelligente.

GLORIA: E io a mio padre°. Lui è ingegnere ed è molto bravo° in matematica. Altrimenti°, c'è mia sorella°. Anche lei è brava in matematica.

GIORGIO: *(ironicamente)* Ma come°? Sono tutti bravi in matematica nella tua famiglia?

GLORIA: Tutti, eccetto me°! Ciao, Giorgio, mio padre rientra° tra poco° e quindi io non ho tempo° da perdere°!

GIORGIO: Arrivederci!

allo stesso: *in the same /* Bisogna: *It is necessary /* avanzata: *advanced /* risolvere: *solve /* compito: *assignment /* dobbiamo: *we have to /* aiuto: *help /* madre: *mother*

woman

father

good
Otherwise
sister

But how can that be?

except me

gets in / in a little while / time / to lose

A. Comprensione! Rispondi alle seguenti domande. *(Answer the following questions.)*

1. A quale corso si sono iscritti Gloria e Giorgio?
2. Com'è il corso, secondo *(according to)* Giorgio?
3. Che cosa bisogna conoscere?
4. Come fa Giorgio a risolvere i problemi del compito che deve fare stasera?
5. E Gloria come fa?
6. Chi è professoressa di matematica?
7. Com'è la madre di Giorgio?
8. Qual è la professione del padre di Gloria?
9. Chi rientra tra poco?
10. Chi non ha tempo da perdere?

ATTIVITÀ D'ESPANSIONE 1

▶• ALCUNE CARATTERISTICHE!

dolce	*sweet*	**intelligente**	*intelligent*
elegante	*elegant*	**pignolo/a**	*picky*
forte	*strong*	**puntuale**	*punctual*
gentile	*kind, gentle*	**simpatico/a**	*nice*
grande	*large, big*	**spiritoso/a**	*spirited*

simpatico/a

spiritoso/a

intelligente

puntuale

gentile

dolce

forte

pignolo/a

elegante

grande

B. Descrizioni! Descrivi le seguenti persone nel modo indicato, seguendo i modelli. *(Describe the following people as indicted, following the model.)*

> **MODELLO 1:** tua madre
> [give her name]

NOTE: You do not use the article with the possessive in front of a singular noun referring to a family member.

> *Mia madre si chiama Laura Smith.*
> [describe her]
> *Lei è dolce e simpatica.*
> *È anche molto elegante.*

> **MODELLO 2:** il tuo amico
> *Il mio amico si chiama Tom Peterson.*
> *È molto simpatico.*
> *È sempre elegante.*

Descrivi…

1. tuo padre
2. tua madre
3. tua sorella / tuo fratello *(brother)*
4. te stesso/a *(yourself)*
5. il tuo amico
6. la tua amica

MODI DI DIRE E DI COMUNICARE 1

▶• MASCHI E FEMMINE

Male		Female	
l'uomo	*man*	**la donna**	*woman*
il ragazzo	*boy*	**la ragazza**	*girl*
il giovane	*young man*	**la giovane**	*young woman*
l'amico	*friend*	**l'amica**	*friend*
il bambino	*child*	**la bambina**	*child*

- Note the plural of **l'uomo:**
  l'uomo   →   **gli uomini**

- Note also that **il/la parente** means *relative*, <u>not</u> *parent*! The word for *parent* is **il genitore.** The latter is used mainly in the plural: **i genitori.**

il giovane

la giovane

la nonna

▶• IN FAMIGLIA

Male		Female	
il cognato	brother-in-law	**la cognata**	sister-in-law
il cugino	cousin	**la cugina**	cousin
il figlio	son	**la figlia**	daughter
il fratello	brother	**la sorella**	sister
il genero	son-in-law	**la nuora**	daughter-in-law
il marito	husband	**la moglie**	wife
il nipote	nephew / grandson	**la nipote**	niece / granddaughter
il nonno	grandfather	**la nonna**	grandmother
il padre	father	**la madre**	mother
il papà	dad	**la mamma**	mom
il suocero	father-in-law	**la suocera**	mother-in-law
lo zio	uncle	**la zia**	aunt

▶• CARATTERISTICHE

Male	Female		Male	Female	
alto	**alta**	tall	**grasso**	**grassa**	fat
bello	**bella**	beautiful	**intelligente**	**intelligente**	intelligent
bravo	**brava**	good (at something)	**magro**	**magra**	thin
			piccolo	**piccola**	small
buono	**buona**	good	**povero**	**povera**	poor
elegante	**elegante**	elegant	**puntuale**	**puntuale**	punctual
forte	**forte**	strong	**ricco**	**ricca**	rich
generoso	**generosa**	generous	**simpatico**	**simpatica**	nice
giovane	**giovane**	young	**spiritoso**	**spiritosa**	spirited
grande	**grande**	big	**vecchio**	**vecchia**	old

APPLICAZIONE

C. La famiglia Barzetti! La famiglia Barzetti è molto grande. Con un compagno nel ruolo del padre / una compagna nel ruolo della madre, crea brevi dialoghi seguendo i modelli. *(The Barzetti family is very large. With a partner in the role of the father / mother, create brief dialogues following the models.)*

MODELLO 1: cognato / uomo / intelligente

　　　　　　　Tu: *Com'è tuo cognato?*
　　COMPAGNO/A: *Mio cognato è un uomo intelligente.*
　　　　　　　Tu: *E tua cognata?*
　　COMPAGNO/A: *Mia cognata è una donna intelligente.*

1. padre / uomo / generoso
2. nipote / bambino / spiritoso
3. cugino / ragazzo / puntuale
4. nonno / uomo / vecchio
5. cognato / giovane / ricco

MODELLO 2: il figlio di Maria / ragazzo / generoso
> TU: *Com'è il figlio di Maria?*
> COMPAGNO/A: *È un ragazzo generoso.*
> TU: *E la figlia di Maria?*
> COMPAGNO/A: *Anche lei è una ragazza generosa.*

6. il suocero di Maria / uomo / giovane
7. il cugino di Marco / ragazzo / alto
8. il papà di Carla / uomo / simpatico
9. il figlio di Daniela / bambino / bello
10. il genero di Carlo / uomo / grasso

MODELLO 3: Carlo / bravo / la sorella di Carlo
> TU: *È bravo Carlo?*
> COMPAGNO/A: *Sì, è molto bravo.*
> TU: *E la sorella di Carlo?*
> COMPAGNO/A: *Anche lei è molto brava.*

11. Franco / simpatico / l'amica di Franco
12. Bruno / elegante / la cugina di Bruno
13. Vincenzo / magro / la nipote di Vincenzo
14. Marcello / intelligente / la figlia di Marcello
15. Renato / piccolo / la zia di Renato

D. Ecco la famiglia di Giorgio! Immagina di essere Giorgio. Descrivi la tua famiglia a Gloria nel modo indicato. *(Imagine you are Giorgio. Describe your family to Gloria as indicated.)*

MODELLO: Franco / grandfather / very nice and generous
> *Mio nonno si chiama Franco. È un uomo molto simpatico e generoso.*

1. Angela / grandmother / very intelligent and beautiful
2. Marco / brother / very short and thin
3. Daniela / sister / very tall and beautiful
4. Pierina / cousin / very spirited and small
5. Alessandro / nephew / very intelligent and strong
6. Francesca / mom / very generous and elegant
7. Enrico / dad / very tall and thin

E. Ecco la famiglia di Bruno! Rispondi alle seguenti domande con frasi intere, e poi descrivi ciascuna persona (a pagina 122) liberamente. *(Answer the following questions in complete sentences, and then describe each person on page 122 freely.)*

1. Chi è la madre di Bruno?
2. Chi è la madre di Francesco e la moglie di Michele?
3. Chi è la sorella di Bruno?
4. Chi sono i nonni di Bruno?
5. Bruno ha un fratello? Come si chiama?
6. Chi sono i genitori di Maria?
7. Maria ha un fratello? Come si chiama?
8. Chi è la suocera di Carlo?

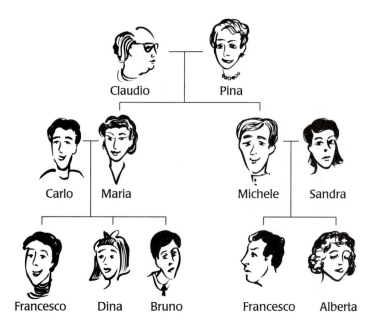

F. Descrizioni! Seguendo il modello, chiedi al tuo compagno / alla tua compagna le seguenti cose… *(Following the model, ask your partner the following things…)*

> **Modello:** describe…
> [your best male friend]
>> Tu: *Descrivi il tuo miglior amico.*
>> Compagno/a: *Il mio miglior amico è alto, simpatico,…*

Descrivi…
1. your grandfather
2. your best female friend
3. your brother / sister
4. your dog **(il tuo cane)**
5. your cat **(il tuo gatto)**

APPUNTI DI GRAMMATICA 1

IL PRESENTE INDICATIVO: TERZA CONIUGAZIONE 1

Verbs whose infinitive forms end in **-ire** are known as third-conjugation verbs. Here are some common ones:

aprire	*to open*
dormire	*to sleep*
offrire	*to offer*
partire	*to leave, depart*
servire	*to serve*
soffrire	*to suffer*

To conjugate these verbs in the present indicative, drop the **-ire** and add the following endings:

APRIRE			
(io)	apr**o**	il libro	*I'm opening the book.*
(tu)	apr**i**	il libro	*You're opening the book.*
(lui)	apr**e**	il libro	*He is opening the book.*
(lei)	apr**e**	il libro	*She is opening the book.*
(Lei)	apr**e**	il libro	*You are opening the book.*
(noi)	apr**iamo**	il libro	*We are opening the book.*
(voi)	apr**ite**	il libro	*You are opening the book.*
(loro)	apr**ono**	il libro	*They are opening the book.*

DOVERE

In the opening dialogue you have encountered the irregular verb **dovere** *(to have to)*. Its present indicative forms are as follows:

DOVERE			
(io)	**devo**	(noi)	**dobbiamo**
(tu)	**devi**	(voi)	**dovete**
(lui / lei / Lei)	**deve**	(loro)	**devono**

AGGETTIVI QUALIFICATIVI

The words you have been using to describe people are known as *descriptive adjectives*. These generally follow the noun they modify and agree with it in gender and number.

- Adjectives that end in **-o (simpatico, bello)** have a corresponding feminine form in **-a (simpatica, bella)**:
  Alessandro è un bambino simpatico e bello.
  Daniela è una bambina simpatica e bella.

- Adjectives that end in **-e (elegante, intelligente)** are the same in both the masculine and feminine forms:
  Il signor Rossi è un uomo intelligente e elegante.
  La signora Franchi è una donna intelligente e elegante.

- Adjectives are pluralized in the same way as nouns:

	Aggettivi in *-o*		Aggettivi in *-e*	
	SINGOLARE	PLURALE	SINGOLARE	PLURALE
Masc.	**-o**	**-i**	**-e**	**-i**
Fem.	**-a**	**-e**	**-e**	**-i**

Loro sono bambini simpatici e belli.
Loro sono bambine simpatiche e belle.
Loro sono uomini alti e eleganti.
Loro sono donne alte e eleganti.

- Adjectives ending in **-co** and **-go** follow the same pluralization patterns as those described previously for nouns:
Loro sono bambini simpatici.
Loro sono bambine simpatiche.

Molto / Tanto

Molto can be used either as an adverb meaning *very* or as an adjective meaning *much (pl. many), a lot (of):*

ADVERB (NO AGREEMENT)	ADJECTIVE (NORMAL AGREEMENT)
Gina è molto simpatica.	**Gina ha molti amici.**
Gina is very nice.	*Gina has many friends.*

- In expressions with **avere** + *noun,* **molto** translates as *very.* However, it is still an adjective and must agree with the noun in such expressions:

| **Ho molta fame.** | *I am very hungry (= lit., I have much hunger.).* |
| **Loro hanno molta paura.** | *They are very afraid (= lit., They have much fear.).* |

- **Tanto** has the same features as **molto:**

| **Gina è tanto simpatica.** | **Gina ha tanti amici.** |
| *Gina is very / quite nice.* | *Gina has many / quite a few friends.* |

- Like **molto,** it adds emphasis to the adjective:

| **Lisa è tanto spiritosa.** | *Lisa is so very funny.* |

Il mio / Il tuo CON I NOMI DI FAMIGLIA

When referring to family members, drop the article from the possessive adjective when the noun is *singular* and *unmodified* (e.g., not described by an adjective):

Singular and unmodified	Plural and/or modified
Dov'è tuo fratello?	Dove sono i tuoi fratelli?
Ecco mia zia.	La mia zia ricca abita in Italia.
Dov'è tuo cugino?	Dove sono i tuoi cugini?

- with **mamma, papà, nonno,** and **nonna,** dropping the article is optional:

| mia mamma | = | la mia mamma |
| mio papà | = | il mio papà |

APPLICAZIONE

G. Attività varie! Con un compagno / una compagna, svolgi i seguenti esercizi, seguendo i modelli. *(With a partner, do the following exercises, following the models.)*

MODELLO 1: aprire la porta per una persona anziana *(older person)*
tu

TU: *Tu apri la porta per una persona anziana?*
COMPAGNO/A: *Sì, io apro la porta per una persona anziana. No, non apro…*

1. voi
2. loro
3. Alessandra
4. tuo fratello
5. le tue amiche

MODELLO 2: partire per l'Italia tra poco
tu

TU: *Tu parti per l'Italia tra poco?*
COMPAGNO/A: *Sì, io parto per l'Italia tra una settimana / due giorni / domani. / No, non parto…*

6. tu
7. la tua mamma
8. tu e tua sorella
9. il professore / la professoressa
10. i tuoi genitori

MODELLO 3: dormire spesso in classe
tu

TU: *Tu dormi spesso in classe, vero?*
COMPAGNO/A: *Sì, io dormo spesso in classe. / No, non dormo mai in classe.*

11. tu
12. tua sorella
13. tu e la tua amica
14. tuo cugino
15. i tuoi amici

MODELLO 4: dovere chiedere spesso aiuto…
tu

TU: *Tu devi chiedere spesso aiuto, vero?*
COMPAGNO/A: *Sì, è vero. Io devo chiedere spesso aiuto. / No, non è vero. Non devo…*

16. tu
17. tuo fratello
18. tu e tua sorella
19. tua cugina
20. loro

H. Nella mia famiglia! Di' al tuo compagno / alla tua compagna che…
(Tell your partner that…)

1. you suffer a lot when you have to study for an Italian test
2. your parents generally serve good pasta
3. you always offer to pay *(di pagare)*
4. your sister knows advanced math
5. everyone has to solve the problems

The adjectives are given in their masculine singular forms. You will have to make all the necessary agreements.

I. Com'è il tuo professore / la tua professoressa?   In coppie, descrivete le seguenti persone, seguendo il modello. *(Working in pairs, describe the following people, following the model.)*

> **MODELLO:** professore / simpatico / intelligente
> TU: *Com'è il tuo professore / la tua professoressa?*
> COMPAGNO/A: *Il mio professore è molto simpatico e molto intelligente. / La mia professoressa…*

1. zia / simpatico / bello
2. zii / ricco / generoso
3. amici / gentile / bravo

4. sorelle / simpatico / piccolo
5. genitori / simpatico / generoso

J. Com'è Giorgio?   Fornisci le forme di *molto* che mancano dalla seguente descrizione di Giorgio. *(Supply the forms of **molto** missing from the following description of Giorgio.)*

Giorgio è un ragazzo _____[1] intelligente. Ogni giorno ha _____[2] lezioni, e vuole studiare _____[3]. Lui è anche _____[4] generoso. Tutta la settimana va a scuola, dove ha _____[5] amici. È un ragazzo che ha sempre _____[6] fretta. La sera ha sempre _____[7] fame e _____[8] sonno. Non ha, purtroppo, _____[9] pazienza! Ha _____[10] parenti all'estero. Ama _____[11] i film in TV.

Ecco Gloria con sua madre e suo padre.

K. Com'è Gloria?   E adesso fornisci le forme di *tanto* che mancano dalla seguente descrizione di Gloria. *(And now supply the forms of **tanto** missing from the following description of Gloria.)*

Gloria è una ragazza _____[1] brava. Anche lei ha _____[2] lezioni, e vuole studiare _____[3]. Lei è anche _____[4] gentile. Tutta la settimana va a scuola, dove ha _____[5] amici e _____[6] amiche. È una giovane che ha sempre _____[7] da fare. La sera ha sempre _____[8] fame e _____[9] sonno. Anche lei, purtroppo, non ha _____[10] pazienza! Ha _____[11] parenti all'estero.

L. Tuo cugino dorme molto?   Con un compagno / una compagna, crea brevi dialoghi seguendo il modello. *(With a partner, create brief dialogues, following the model.)*

> **MODELLO:** cugino / dormire / molto
> TU: *Tuo cugino dorme molto?*
> COMPAGNO/A: *Sì, mio cugino dorme molto. / No, non dorme…*

1. fratello / dormire / molto
2. sorelle / soffrire / molto quando devono studiare
3. zia / partire / tra poco
4. zia americana / partire / per l'Italia
5. amica / aprire / la porta per una persona anziana
6. papà / servire / da mangiare nella tua famiglia

LA FAMIGLIA IN ITALIA°

The Family in Italy

La tua famiglia. Rispondi alle seguenti domande. *(Answer the following questions.)*

1. Com'è la tua famiglia, nucleare *(consisting of father, mother, and children only)* o tradizionale *(which may include grandparents and other relatives)*?
2. In America, il marito e la moglie hanno gli stessi diritti *(equal rights)*, secondo la legge *(according to the law)*?

La famiglia tradizionale è in diminuzione[1] in Italia. La famiglia «nucleare»—e cioè[2] la famiglia che consiste di padre, madre e figli, senza nonni e altri parenti—è ormai[3] quella prevalente in tutto il paese.

La legge italiana stabilisce[4] che «con il matrimonio il marito e la moglie acquistano[5] gli stessi diritti e assumono[6] i medesimi doveri[7]» (art. 143 cc.). Ovviamente[8], oggi la figura del «capofamiglia[9]» non esiste più[10].

Rispetto ad[11] altri paesi, le statistiche rivelano[12] che in Italia ci sono meno divorzi[13], ma che, come negli altri paesi industrializzati, il numero è sempre di più in aumento[14].

Comprensione! Scegli le risposte adatte. *(Choose the appropriate responses.)*

il divorzio	*divorce*
il matrimonio	*marriage*
in aumento	*on the increase*
in diminuzione	*on the decline*

1. Che cosa è in aumento?
   a. il numero di divorzi
   b. la famiglia tradizionale
2. Che cosa è in diminuzione?
   a. il numero di divorzi
   b. la famiglia tradizionale
3. Ci sono meno divorzi in Italia...
   a. rispetto ad altri paesi.
   b. rispetto al numero di matrimoni.

4. La legge italiana stabilisce che...
   a. il marito e la moglie hanno gli stessi diritti e assumono gli stessi doveri.
   b. il marito o la moglie deve essere il capofamiglia.
5. La famiglia nucleare consiste di...
   a. madre, padre e figli.
   b. madre, padre, figli, nonni e altri parenti.

[1]*on the decline* [2]*that is* [3]*by now* [4]*establishes* [5]*acquire* [6]*take on* [7]*same duties* [8]*Obviously* [9]*head of the family* [10]*no longer exists* [11]*Compared* [12]*reveal* [13]*divorces* [14]*on the increase*

M. Sondaggio! Fa' il seguente sondaggio con uno o due studenti e poi indica i risultati ricavati a tutta la classe. *(Conduct a poll of the class with one or two students and then report your findings to the class.)*

1. La famiglia tradizionale è preferibile *(preferable)* alla famiglia nucleare?
   a. Sì
   b. No
   c. Non so

2. C'è un capofamiglia nella tua famiglia? (Chi?)
   a. Sì
   b. No

3. Ci sono più o meno divorzi in America rispetto ad altri paesi industrializzati?
   a. Più divorzi
   b. Meno divorzi
   c. Non so

MOMENTO CREATIVO 1

N. Intervista! Intervista un compagno / una compagna. Chiedigli/le…
(Interview a classmate. Ask him/her…)

1. se ha una famiglia grande.
2. quanti fratelli e sorelle ha.
3. quali sono le loro *(their)* caratteristiche.
4. quali caratteristiche deve avere il suo *(his/her)* futuro marito / la sua futura moglie.

Ecco un papà con i suoi bambini.

DIALOGO 2

Giorgio vuole telefonare a casa di Gloria, che sta completando il compito d'informatica. Il suo numero telefonico è 40–32–01. A un certo punto squilla° il telefono di Gloria.

GLORIA: Pronto!°
GIORGIO: Ciao, Gloria, sono io, Giorgio. Che fai?
GLORIA: Sto per finire° il compito d'informatica. Ma adesso sono stanca°. E tu che fai?
GIORGIO: Grazie all'aiuto di mia madre, anch'io sto per finire lo stesso compito. Vuoi uscire° tra un'ora°?
GLORIA: Ma non devi studiare per un esame° di filosofia?
GIORGIO: No, l'esame è fra due settimane. C'è un nuovo° film americano con sottotitoli°. T'interessa°?
GLORIA: Chi c'è nel film?
GIORGIO: Non lo so°, ma posso° controllare° sul giornale°…
GLORIA: Non importa°! Non ho più voglia° di studiare. Dove c'incontriamo°?
GIORGIO: In piazza°, fra circa° un'ora, OK?
GLORIA: D'accordo!

squilla: *rings* / Pronto!: *Hello!*
to finish / tired

to go out / hour
exam
new
subtitles / Are you interested?

I don't know / I can / check / in the newspaper / It doesn't matter! / I don't feel anymore like / do we meet
square / around

O. Comprensione! Ecco una parafrasi della conversazione telefonica tra Gloria e Giorgio, dalla quale mancano certe parole. Completala con le parole giuste nelle loro forme appropriate. *(The following is a paraphrase of the phone conversation between Gloria and Giorgio with certain words missing. Complete it with the appropriate forms of the words.)*

Gloria sta completando il _____¹ d'informatica. A un certo momento _____² il telefono. «_____³!» dice Gloria. «Ciao, Gloria, _____⁴ io, Giorgio. Che fai?» risponde Giorgio. Gloria dice a Giorgio che lei sta per _____⁵ il compito d'informatica, ma che adesso è _____⁶. E anche Giorgio sta per finire il compito, _____⁷ all'aiuto di sua *(his)* madre. Poi Giorgio chiede a Gloria se lei vuole uscire _____⁸ un'ora. Gloria pensa che Giorgio deve studiare per un _____⁹ di filosofia, ma l'esame è fra due settimane. Allora Giorgio dice che c'è un _____¹⁰ film americano con sottotitoli. Lui non sa chi _____¹¹ nel film, ma che può _____¹² chi c'è sul _____¹³ Gloria non ha più _____¹⁴ di studiare. Allora i due si danno *(give each other)* appuntamento in piazza fra _____¹⁵ un'ora.

ATTIVITÀ D'ESPANSIONE 2

▶• PRONTO!

ANSWERING	**Pronto!**
	Chi parla?
	Chi è?
ASKING IF SOMEONE IS IN / THERE	**C'è Gloria?** *(Is Gloria in / there?)*
	C'è la signora Binni? *(Is Mrs. Binni in / there?)*
THIS IS…	**Sono Marco.** *(This is Mark.)*
	Sono il signor Martini. *(This is Mr. Martini.)*
WRONG NUMBER	**(Io) Ho sbagliato numero!** *(I've dialed the wrong number!)*
	(Lei) Ha sbagliato numero! *(You've dialed the wrong number!)*

To the movies!

▶• AL CINEMA!°

Like other nouns you have encountered in a previous chapter, **il cinema** is an abbreviation of **il cinematografo** *(the movie theater)*. So, its plural form remains unchanged: **i cinema**. This word means both *movies / movie theater* and *cinema* (the art form).

▶• OK!

Like many other people in the world today, Italians use some English words and expressions; hence the **OK** used by Giorgio in the dialogue. This has become a synonym for **Va bene**.

P. Pronto! Con un compagno / una compagna, crea brevi dialoghi telefonici, seguendo il modello. *(With a partner, create brief telephone conversations, following the model.)*

> MODELLO: il signor Franchi / la dottoressa Binni / 34–67–98
>
> TU: *Pronto! Chi parla? / Chi è?*
> COMPAGNO/A: *Sono il signor Franchi. C'è la dottoressa Binni?*
> TU: *Scusi, ma Lei ha sbagliato numero!*
> COMPAGNO/A: *Ho sbagliato numero?*
> TU: *Che numero cerca?*
> COMPAGNO/A: *Cerco il numero 34–67–98.*
> TU: *No. Ha sbagliato.*
> COMPAGNO/A: *Scusi!*

1. il professor Giusti / l'ingegner Dotti / 56–98–02
2. l'avvocato Marini / la professoressa Guarneri / 19–16–88
3. la signora Franchi / il signor Barone / 10–12–48
4. il dottor Rosati / la signora Dini / 55–11–05

Q. Vuoi andare al cinema? Adesso, con un compagno / una compagna, crea brevi dialoghi telefonici seguendo il modello, modificandolo se necessario secondo il caso. *(Now, with a partner, create brief phone conversations, following the model and modifying it as you see fit.)*

MODELLO:

Tu:	[Call your friend, saying the number out loud.]
COMPAGNO/A:	[Answer and ask who's there.]
Tu:	[Identify yourself, and ask if your partner wants to go to the movies.]
COMPAGNO/A:	[Ask what movie he/she wants to see.]
Tu:	[Say that you want to see a movie by Fellini / Bertolucci.]
COMPAGNO/A:	[Say that you like Fellini's / Bertolucci's films a lot, and that you want to go, but that you really cannot **(non posso venire),** giving an appropriate excuse.]
Tu:	[Finish your dialogue in an appropriate manner.]
COMPAGNO/A:	[Finish the conversation.]

Nomi di alcuni registi italiani

Federico Fellini (1920–1993)
Luchino Visconti (1906–1976)
Vittorio De Sica (1901–1974)
Bernardo Bertolucci (1940–)
Roberto Rossellini (1906–1977)
Pier Paolo Pasolini (1922–1975)

MODI DI DIRE E DI COMUNICARE 2

►• IL TELEFONO!

Italiano	Inglese	Italiano	Inglese
il numero di telefono / il numero telefonico	*phone number*	l'interurbana	*long-distance call*
		il fax	*fax*
il prefisso	*area code*	la bolletta (del telefono)	*phone bill*
fare il numero	*to dial*	l'elenco telefonico	*phone book*
rispondere (a)	*to answer*		
riattaccare	*to hang up*	il ricevitore	*receiver*
telefonare (a)	*to phone*	la segreteria telefonica	*answering machine*
la telefonata	*phone call*		
fare una telefonata	*to make a call*	squillare / suonare	*to ring*
la linea	*phone line*		
occupata *(adj.:* occupato)	*busy*		
libera *(adj.:* libero)	*free*		

APPLICAZIONE

R. Il telefono! Rispondi alle seguenti domande. *(Answer the following questions.)*

1. Qual è il tuo numero telefonico?
2. E il tuo prefisso?
3. A casa tua chi risponde generalmente quando il telefono squilla?
4. Se qualcuno *(someone)* dice qualcosa di brutto *(bad)* al telefono, tu che fai? Riattacchi il telefono?
5. Quante telefonate fai generalmente ogni giorno? A chi?
6. Sai fare una telefonata interurbana in Italia? Se sì, spiega *(explain)* come si fa.
7. Sai mandare *(to send)* un fax in Italia? Se sì, spiega come si fa.
8. Chi paga la bolletta telefonica a casa tua?
9. Hai una segreteria telefonica? Che messaggio *(message)* c'è?
10. Il tuo nome è nell'elenco telefonico della tua città?

S. Giorgio telefona a Gloria! Giorgio fa il numero di Gloria. La linea è occupata. Giorgio riattacca il telefono e fa ancora il numero. Questa volta *(This time)* la linea è libera. Con un compagno / una compagna, ricostruisci la conversazione telefonica tra Giorgio e Gloria, seguendo il modello. *(Giorgio dials Gloria's number. The line is busy. Giorgio hangs up and dials again. This time the line is free. With a partner, reconstruct the phone conversation between Giorgio and Gloria, following the model.)*

[Gloria answers the phone, asking who it is.]

GIORGIO: [Identifies himself. Asks Gloria what she's doing.]
GLORIA: [Says that she has to finish an assignment. Then she asks Giorgio to come to her house.]
GIORGIO: [Answers that he does not know her parents very well.]
GLORIA: [Says that it doesn't matter, and that they can finish the assignment together.]
GIORGIO: [Answers that he will come shortly.]

APPUNTI DI GRAMMATICA 2

IL PRESENTE INDICATIVO: TERZA CONIUGAZIONE 2

There is a second type of third-conjugation verb. The difference between it and the one you learned previously is the addition of **-isc-** to all the forms except the **noi** and **voi** forms. Verbs conjugated in this way are identified as they are introduced. A complete list is given at the back of the book. Here are a few third-conjugation verbs conjugated with **-isc-**:

capire	*to understand*	**preferire**	*to prefer*
finire	*to finish*	**pulire**	*to clean*

FINIRE

(io)	**fin*isco***	il compito	*I'm finishing the assignment.*
(tu)	**fin*isci***	il compito	*You're finishing the assignment.*
(lui)	**fin*isce***	il compito	*He is finishing the assignment.*
(lei)	**fin*isce***	il compito	*She is finishing the assignment.*
(Lei)	**fin*isce***	il compito	*You are finishing the assignment.*
(noi)	**fin*iamo***	il compito	*We are finishing the assignment.*
(voi)	**fin*ite***	il compito	*You are finishing the assignment.*
(loro)	**fin*iscono***	il compito	*They are finishing the assignment.*

POTERE, SAPERE E USCIRE

In the dialogue you encountered the irregular verbs **potere** *(to be able to)*, **sapere** *(to know)*, and **uscire** *(to go out)*. Their present indicative forms are as follows:

POTERE		SAPERE		USCIRE	
(io)	**posso**	(io)	**so**	(io)	**esco**
(tu)	**puoi**	(tu)	**sai**	(tu)	**esci**
(lui / lei / Lei)	**può**	(lui / lei / Lei)	**sa**	(lui / lei / Lei)	**esce**
(noi)	**possiamo**	(noi)	**sappiamo**	(noi)	**usciamo**
(voi)	**potete**	(voi)	**sapete**	(voi)	**uscite**
(loro)	**possono**	(loro)	**sanno**	(loro)	**escono**

ANCORA SU DOVERE, POTERE E VOLERE

In these first five chapters you have been using the verbs **dovere, potere,** and **volere,** often followed by an infinitive, in various functional tasks.

•**dovere**	=	*to have to, must*	
Devi andare!		*You have to go! / You must go!*	
•**potere**	=	*to be able*	
Sono stanco! Non posso più studiare!		*I'm tired! I can't study any longer!*	
•**volere**	=	*to want*	
Voglio andare al cinema!		*I want to go to the movies!*	

SAPERE VS. CONOSCERE

These two verbs mean *to know,* with the following differences:

CONOSCERE	SAPERE
(to) know someone	*(to) know something*
Giorgio non conosce Pina.	**Giorgio non sa l'inglese.**
(to) be familiar with	*(to) know how*
Giorgio non conosce il Bar Roma.	**Giorgio non sa fare il compito.**

Lo stesso

In the two dialogues in this chapter, you may have noticed that **lo stesso** *(the same)*, like any adjective, agrees in gender and number with the noun that follows it:

	Singolare	Plurale
Maschile	Io faccio lo stesso compito.	Noi facciamo gli stessi compiti.
Femminile	Gloria parla la stessa lingua.	Loro parlano le stesse lingue.

Tra un'ora / una settimana...

The structure **tra** + *time expression* is equivalent to the English *in* + *time expression:*

Vengo a casa tua tra un'ora.   *I'm coming to your house in an hour (in an hour's time).*

Loro partono tra una settimana.   *They're leaving in a week (in a week's time).*

- Note that **fra** is an alternate form for **tra**.

- **Tra / Fra** also mean *between, among*:
  tra amici   *among friends*

Ancora sugli aggettivi

You might have noticed in the dialogue of **Tema 2** that **nuovo** was placed before the noun: **un nuovo film**. A few descriptive adjectives may be put before the noun to emphasize their meaning:

Lui è uno zio simpatico.   *He's a nice uncle.*
Lui è un simpatico zio!   *He's a (really) nice uncle!*

When you put the adjective before the noun, you must be careful to make the appropriate changes to the preceding article:

uno zio simpatico (recall that **uno** is used before **z,** or **s** + consonant in the masculine)

but

un simpatico zio (**un** is used before all other sounds in the masculine forms)
i generosi uomini (recall that **i** is used before consonants in the masculine plural except those that combine with **z** or **s**)

but

gli uomini generosi (**gli** is used before a vowel in the masculine plural)

Finally, note that **buono** gives the idea of something being *good*, **La pizza è buona** or someone being *good (at heart)*, **Lui è un uomo buono. Bravo** renders the idea of someone being *good at something* as well as *good in general*:
Lei è una professoressa brava.

APPLICAZIONE

T. Tu capisci la lezione di grammatica? Con un compagno / una compagna, svolgi i seguenti esercizi, seguendo i modelli. *(With a partner, do the following exercises, following the models.)*

MODELLO 1: capire la lezione di grammatica
tu

TU: *Tu capisci la lezione di grammatica?*
COMPAGNO/A: *Sì, io capisco la lezione di grammatica.*

1. tu
2. voi
3. il tuo compagno
4. gli altri studenti
5. la studentessa accanto a te

MODELLO 2: finire i compiti / uscire
tuo fratello

TU: *Quando tuo fratello finisce i compiti che fa, esce?*
COMPAGNO/A: *Sì, quando mio fratello finisce i compiti, (lui) esce.*

6. tu
7. voi
8. tua sorella
9. i tuoi amici
10. il tuo fratello piccolo

U. Preferisce andare al cinema? Con un compagno / una compagna, svolgi i seguenti esercizi, seguendo i modelli. *(With a partner, do the following exercises, following the models.)*

MODELLO 1: preferire andare al cinema / non potere
tua sorella

TU: *Preferisce andare al cinema tua sorella?*
COMPAGNO/A: *Sì, mia sorella preferisce andare al cinema, ma non può (perché ha molto da fare).*

1. tu
2. voi
3. tuo papà
4. i tuoi genitori
5. la tua sorella grande

MODELLO 2: finire / compito
tu

TU: *Tu finisci lo stesso compito?*
COMPAGNO/A: *Sì, io finisco lo stesso compito.*

6. voi / lezione
7. loro / cosa *(thing)*
8. Lei / compiti
9. i tuoi amici / lezioni
10. il tuo compagno / cose

V. Ti piace il nuovo film di Tornatore? Rispondi alle seguenti domande alternando la posizione dell'aggettivo. *(Answer the following questions, changing the position of the adjective.)*

> **MODELLO:** Ti piace il film nuovo di Tornatore?
> *Sì, mi piace il nuovo film di Tornatore. / No, non mi piace…*

1. Tom è uno studente simpatico?
2. Ti piace la ricetta nuova di tua zia?
3. Michael Jordan è un giocatore *(player)* bravo?
4. Cappuccetto Rosso *(Little Red Riding Hood)* è una ragazza simpatica?
5. Tuo padre è un uomo giovane?

W. Sapere o conoscere? Questi verbi, **sapere** e **conoscere**, mancano dalle seguenti conversazioni telefoniche. Mettili negli spazi appropriati, nelle loro forme giuste. *(These verbs, **sapere** and **conoscere**, are missing from the following telephone conversations. Put them in the appropriate spaces in their correct forms.)*

1. (Tu) _____ come si chiama la nuova amica di Paolo? —No, (io) non _____ le amiche di Paolo.
2. Tutti _____ che Dino non studia mai. —Allora, anche tu _____ Dino molto bene!
3. (Noi) non _____ una buona trattoria qui a Roma! —Come? (Voi) non _____ la Trattoria Venezia? —No. Ma (noi) _____ dov'è.
4. (Voi) non _____ il professore d'italiano? —No, ma (noi) _____ chi è.
5. Sì, è vero, (io) non _____ scrivere molto bene. —Anche mio fratello non _____ scrivere molto bene.
6. No, (noi) non _____ nessuno qui. —Anche i miei cugini non _____ nessuno.

MOMENTO CREATIVO 2

X. Al telefono! In coppie, mettete in scena la seguente situazione: Telefona a un compagno / una compagna, chiedendogli/le quello che sta facendo. Invitalo/la ad uscire. Discutete insieme diverse alternative e poi cercate di prendere una decisione. *(In pairs, role play the following situation: Phone a classmate and ask him/her what he/she is doing. Invite him/her to go out. Discuss various options and then agree on what you are going to do.)*

ASCOLTO

A. Ascolta attentamente la conversazione sull'audio cercando di determinare le seguenti cose. *(Listen carefully to the conversation on the cassette program and see if you can determine the following things.)*

1. i nomi delle due persone che parlano al telefono
2. i nomi dei genitori, parenti, ecc. menzionati durante la conversazione
3. le caratteristiche menzionate
4. quello che decidono di fare *(what they decide to do)*

B. Adesso cerca di ricostruire la conversazione con altri studenti a piacere. *(Now attempt to reconstruct the conversation freely with other students.)*

I NUMERI

DA CENTOMILA A UN MILIONE°

From 100,000 to 1,000,000

100.000	**centomila**	600.000	**seicentomila**
200.000	**duecentomila**	700.000	**settecentomila**
300.000	**trecentomila**	800.000	**ottocentomila**
400.000	**quattrocentomila**	900.000	**novecentomila**
500.000	**cinquecentomila**	1.000.000	**un milione**

The numbers from 100,000 to one million are formed as follows:

122.000	**cento ventidue mila**
223.124	**duecento ventitrè mila cento ventiquattro**
999.898	**novecento novantanove mila ottocento novantotto**

Note that **un milione** is followed by **di** before a noun:

un milione di dollari	*a million dollars*
un milione di lire	*a million lire*

C. Con un compagno / una compagna, crea brevi dialoghi, seguendo il modello. *(With a partner, create brief dialogues, following the model.)*

> **MODELLO:** 122.500
>
> TU: *Quanto costa?*
> COMPAGNO/A: *Centoventidue mila cinquecento lire.*

1.	154.600	**6.**	681.990
2.	234.590	**7.**	790.450
3.	398.645	**8.**	888.838
4.	450.921	**9.**	990.895
5.	500.500	**10.**	1.000.000

PRIMA DI LEGGERE

A. Indovina! Sei capace di indovinare il significato delle seguenti espressioni? *(Are you able to guess the meanings of the following expressions?)*

1. Oh, finalmente!
   a. *Oh, in the end!*
   b. *Oh, at last!*

3. Sei un' incosciente!
   a. *You're unkind!*
   b. *You're unreasonable!*

2. Ma cara, cerca di ragionare!
   a. *But dear, try to resist!*
   b. *But dear, try to reason!*

4. Non alzare la voce!
   a. *Don't raise your voice!*
   b. *Don't voice your opinion!*

B. Di che cosa tratterà? Secondo te, in base alle tue risposte, di che cosa tratterà la lettura? *(In your opinion, on the basis of your answers, what do you think the reading is about?)*

Voice

Thief / At last!

on the job

dear / try to reason
unreasonable
Don't raise your voice.

to steal

At least a little kiss

Lettura: Pronto, pronto!

VOCE°: Pronto, pronto, rispondete. Con chi parlo?
LADRO°: Oh! Finalmente°!
VOCE: Oh…finalmente…Con chi parlo?
LADRO: Maria…mia moglie! Sei tu?
MARIA: Sì, sono io.
LADRO: Adesso mi telefoni anche sul lavoro°?
MARIA: Voglio te!
LADRO: Ma cara°, cerca di ragionare°. Sei un'incosciente°!
MARIA: Non alzare la voce°. Non sei a casa tua!
LADRO: Io sono qui per rubare°! Ciao!
MARIA: Ma che fretta hai? Almeno un bacino°…

(Libero adattamento e libera riduzione da: *Non tutti i ladri vengono per nuocere* di Dario Fo)

DOPO LA LETTURA

C. Comprensione! Rispondi alle seguenti domande. *(Answer the following questions.)*

| **secondo** | *according to* |

1. Di chi è la «voce» che dice «Pronto, pronto, rispondete. Con chi parlo?»?
2. Come si chiama la moglie del ladro?
3. È ironica o sincera la risposta del ladro: «Adesso mi telefoni anche sul lavoro?»?
4. Che cosa deve cercare di fare Maria, secondo il ladro?
5. Com'è Maria, secondo il ladro?
6. Perché è in quella *(that)* casa il ladro?
7. Che cosa vuole Maria alla fine *(at the end)*?

D. Ciao, ciao! In coppie, finite la conversazione tra Maria e suo marito a piacere. *(In pairs, finish the conversation between Maria and her husband, as you like.)*

SINTESI

A. Come si dice? Scegli la risposta adatta. *(Choose the appropriate response.)*

1. Mia madre è molto…
   a. simpatica, intelligente e elegante.
   b. simpatico, intelligente e elegante.
2. I miei amici sono tutti…
   a. ricchi, generosi e belli.
   b. ricche, generose e belle.
3. Le mie amiche sono tutte…
   a. alti, simpatici e eleganti.
   b. alte, simpatiche e eleganti.

4. Suona il telefono…
   a. Pronto, chi parla?
   b. Ciao, come va?
5. Pronto, chi parla?
   a. Sono Dina.
   b. È Dina.
6. Qual è il tuo numero telefonico?
   a. 58–56–21.
   b. Non faccio una telefonata adesso.
7. Qual è il tuo prefisso?
   a. 06.
   b. Ho sbagliato numero.

B. Chi è? Rispondi alle seguenti domande. *(Answer the following questions.)*

> **MODELLO:** È il figlio di tuo zio. Chi è?
> *È mio cugino.*

1. È la madre di tua madre. Chi è?
2. È il figlio dei tuoi zii. Chi è?
3. È la sorella di tua moglie. Chi è?
4. È il marito di tua figlia. Chi è?
5. È la figlia dei tuoi nonni. Chi è?

C. Giochiamo! Riesci a risolvere il seguente indovinello? *(Can you solve the following puzzle?)*

Squilla il telefono. Un uomo solleva *(lifts)* il ricevitore e chiede «Chi parla?» La voce di un bambino dice «Come? Non mi conosci?» L'uomo risponde «No, chi sei?» «La madre di tua moglie» dice il bambino, «è mia nonna.» Allora, chi è il bambino?

D. Verbi! Forma delle frasi con i verbi *dovere, capire, sapere* e *uscire,* seguendo il modello. *(Make sentences with the verbs **dovere, capire, sapere,** and **uscire,** following the model.)*

> **MODELLO:** la tua amica
>
> Say that your friend...
> a. has to do a homework assignment.
>   *La mia amica deve fare un compito (di informatica).*
> b. does not understand and does not know how to do it.
>   *Ma la mia amica non capisce e non sa fare il compito.*
> c. therefore is going out.
>   *Allora esce al cinema / al bar / ecc.*

1.	tu	**3.**	il tuo amico	**5.**	noi
2.	io	**4.**	i tuoi amici	**6.**	voi

E. Cultura italiana! Completa ciascuna frase in modo appropriato. *(Complete each sentence in an appropriate manner.)*

1. I divorzi in Italia sono...
2. Rispetto ad altri paesi, in Italia ci sono meno...
3. La legge italiana stabilisce la totale parità tra...

F. Avvio allo scrivere! Descrivi brevemente le caratteristiche principali di una delle seguenti persone. Poi leggi la tua descrizione in classe. Segui il modello. *(Describe the main characteristics of one of the following people. Then read your description in class. Follow the model.)*

> **MODELLO:** *Il mio professore è un uomo molto simpatico. Lui è anche molto bravo e sa parlare molto bene la lingua italiana...*

1. Il mio professore / la mia professoressa
2. Il mio amico / la mia amica
3. Qualsiasi altra persona *(Any other person)*

G. Momento creativo! Lavorando in coppie, scegliete una qualsiasi persona famosa. Ciascuna coppia dovrà poi descrivere brevemente la persona scelta agli altri membri della classe, i quali cercheranno di indovinare la sua identità, facendo non più di cinque domande. *(Working in pairs, choose a famous person. Each pair will then describe that person to the other class members, who must try to guess who it is, asking no more than five questions.)*

EXPLORE!
For this chapter's activity, go to http://adesso.heinle.com

LESSICO UTILE

NOMI

l'aiuto *help*
il bambino / la bambina *child*
la bolletta *phone bill*
il cinema *movies; movie theater; cinema*
la cognata *sister-in-law*
il cognato *brother-in-law*
il compito *assignment*
la cosa *thing*
il cugino / la cugina *cousin*
il divorzio *divorce*
la donna *woman*
l'esame *exam*
il fax *fax*
la figlia *daughter*
il figlio *son*
il fratello *brother*

il genero *son-in-law*
il genitore / la genitrice *parent*
il giornale *newspaper*
il/la giovane *young man / woman*
l'interurbana *long-distance call*
la linea *phone line*
la madre *mother*
la mamma *mom*
il marito *husband*
il matrimonio *marriage*
la moglie *wife*
il/la nipote *nephew / niece, grandson / granddaughter*
la nonna *grandmother*
il nonno *grandfather*

là nuora *daughter-in-law*
l'ora *hour*
il padre *father*
il papà *dad*
il/la parente *relative*
la piazza *square*
il prefisso *area code*
il ricevitore *receiver (phone)*
la sorella *sister*
il sottotitolo *subtitle*
la suocera *mother-in-law*
la telefonata *phone call*
il telefono *phone*
l'uomo *man*
la zia *aunt*
lo zio *uncle*

AGGETTIVI

alto *tall*
avanzato *advanced*
bravo *good (at something)*
buono *good*
certo *certain*
difficile *difficult*
elegante *elegant*

forte *strong*
generoso *generous*
grande *big, large*
intelligente *intelligent*
libero *free*
molto *much (many)*

nuovo *new*
occupato *busy*
puntuale *punctual*
simpatico *nice*
stanco *tired*
tanto *much (many)*

VERBI

aprire *to open*
bisognare *to be necessary*
capire *to understand*
controllare *to check; to control*
dormire *to sleep*
dovere *to have to*
finire *to finish*
incontrarsi *to meet*
offrire *to offer*

partire *to leave, depart*
perdere *to lose*
potere *to be able to*
preferire *to prefer*
pulire *to clean*
riattaccare (il telefono) *to hang up*
rientrare *to get in / back (home)*

risolvere *to solve, resolve*
sapere *to know*
servire *to serve*
soffrire *to suffer*
squillare *to ring*
suonare *to ring*
telefonare (a) *to phone*
uscire *to go out*

AVVERBI

circa *around*

ironicamente *ironically*

tanto *very, quite*

ALTRI VOCABOLI / ESPRESSIONI

altrimenti *otherwise*
avere voglia di *to feel like*
l'elenco telefonico *phone book*
fare il numero *to dial*
fare una telefonata *to make a call*
fra / tra *between, among machine*

in aumento *on the rise*
in diminuzione *on the decline*
Ma come? *But how can that be?*
un milione *a million*
Non importa! *It doesn't matter!*
il numero telefonico *phone number*

Pronto! *Hello! (on the phone)*
secondo *according to*
la segreteria telefonica *answering machine*
lo stesso *the same*
tra / fra poco *in a little while*

UN PO' DI GEOGRAFIA!

L'Italia è una penisola° che ha la forma di uno stivale°. Anche due grandi isole° *peninsula / boot / islands*
sono italiane: la Sicilia e la Sardegna. La penisola ha un'estensione° di circa *area*
324.000 chilometri quadrati°. *square*

A nord ci sono le Alpi, una catena di montagne°; e lungo° la penisola ci sono *mountain chain / along*
gli Appennini, un'altra catena. L'Italia è un paese montuoso°: tre quarti della *mountainous country*
superficie°, infatti, è montuosa. La pianura° più grande è la pianura Padana, *surface / plain*
chiamata° anche la valle del Po. Il Po, che va dalle Alpi al mare Adriatico, è il *called*
fiume° più importante d'Italia. Altri fiumi importanti sono: l'Adige, nella valle *river*
Padana, l'Arno, che attraversa° Pisa e Firenze, e il Tevere, che attraversa Roma. I *crosses*
laghi° più conosciuti° sono il lago di Como, il lago Maggiore e il lago di Garda, ai *lakes / best known*
piedi delle Alpi.

In Italia, ci sono molti bei laghi che sono famosi in tutto il mondo, come
il Lago di Como, il Lago Maggiore e il Lago di Garda.

surrounded

northern

southern / island

capital city

independent states

L'Italia è circondata° dal mare: a ovest dal mar Ligure e dal mar Tirreno; a sud dal mar Ionio; e a est dal mar Adriatico.

Ci sono venti regioni italiane: otto settentrionali°, sei centrali, quattro meridionali° e due insulari°.

Le regioni sono divise in province, e ogni provincia in diversi comuni. Ogni regione ha un capoluogo°, ma la capitale d'Italia è Roma.

Ci sono anche due piccoli stati indipendenti°: la Repubblica di San Marino e la Città del Vaticano.

A. Comprensione! Completa ciascuna frase in modo appropriato.

1. L'Italia è una _____ che ha la forma di uno _____.
2. Le due grandi isole italiane sono la _____ e la _____.
3. L'estensione dell'Italia è di circa _____ chilometri _____.
4. Le Alpi sono a _____ e gli Appennini sono _____ la penisola.
5. Le Alpi e gli Appennini sono _____.
6. L'Italia è un _____ montuoso.
7. La pianura Padana è anche chiamata la _____.
8. Como, Maggiore e Garda sono _____.
9. Il Po, l'Adige e l'Arno sono _____.
10. Il Mediterraneo e l'Adriatico sono _____.

La storia dell'Italia è molto interessante e variata. Chi visita l'Italia noterà i molti stili architettonici che caratterizzano le sue città e i suoi paesi.

Lungo i paesaggi italiani si possono vedere molte varietà di piante e di prodotti agricoli, come le olive, le arance, l'uva, e così via.

ITALIA

L'Italia è un paese montuoso, con due grandi catene di montagne, le Alpi e gli Appennini.

ATTIVITÀ

B. Geografia italiana! Consultando la cartina geografica, scrivi i nomi delle regioni e dei loro capoluoghi. Indica quali regioni o capoluoghi hai visitato e se ti sono piaciuti. *(Using the map, write down the names of all the regions and their capital cities. Indicate whether you have ever visited any region or city and if you liked it.)*

C. Momento creativo! In coppie, programmate una settimana in Italia, scegliendo i posti che volete visitare da lunedì a domenica. *(Working with a partner, plan a week in Italy. Decide which places you want to visit from Monday to Sunday. Use the map or other material to show your classmates where these places are located.)*

Comunicazione

- asking for and telling what time it is
- talking about past events

Cultura

- Italian opera

Strutture e vocabolario

- how to distinguish among **tempo**, **ora**, and **volta**
- how to use **Che...!**
- the forms of the adjective **buono** before nouns
- verbs in the present perfect
- negatives
- how to count from one million and up

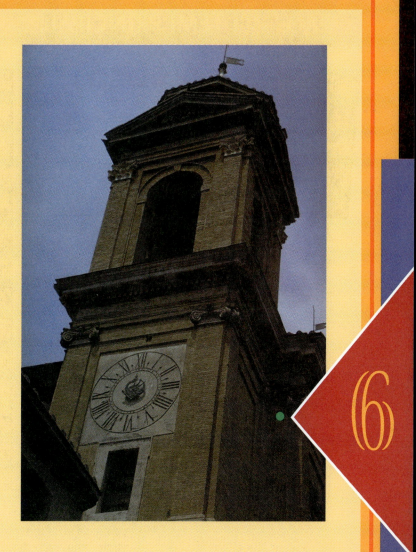

See the Internet activity in this chapter.

CHE ORE SONO?

(6)

TEMA 1

Telling time (part 1) / talking about past events

biblioteca: *library* / pianoforte: *piano* / mezzogiorno: *noon* / appena: *just (barely)*

What time is it

I don't know

excuse me

What a disaster!

late

almost (nearly) / times
complete

complicated / life

DIALOGO 1

Oggi è sabato e Roberta vuole andare in biblioteca° per finire un compito di fisica. Suo fratello Giancarlo, invece, ha lezione di pianoforte° al conservatorio di musica a mezzogiorno°. I due hanno appena° finito di fare colazione insieme al papà e alla mamma.

ROBERTA: Che ore sono°, Giancarlo?

GIANCARLO: Non lo so°, non ho l'orologio. Mamma, scusami°, sai che ore sono?

MAMMA: Che disastro°! Sono già le dieci! È tardi°. Oggi devo fare molte cose!

PAPÀ: Stasera voglio andare al cinema *Admiral*, dove comincia la settimana del film classico italiano. C'è qualcuno che vuole venire con me?

ROBERTA: Io ho già visto quasi° tutti i film classici italiani due o tre volte°! Stasera devo completare° il compito di fisica.

GIANCARLO: Io voglio uscire con gli amici per due o tre ore.

MAMMA: Come è complicata° la vita° in famiglia oggi!

A. Comprensione! Correggi ciascuna frase.

MODELLO: Oggi è domenica.
Oggi è sabato.

1. Roberta vuole uscire con gli amici.
2. Giancarlo deve andare in biblioteca per finire un compito di fisica.
3. Roberta e Giancarlo hanno appena finito di fare colazione con gli amici.
4. Sono le nove.
5. Il papà vuole andare ad un ristorante stasera.
6. Al cinema *Admiral* comincia la settimana del film classico americano.

ATTIVITÀ D'ESPANSIONE 1

▶• CHE ORE SONO?

Che ora è? / Che ore sono?	*What time is it?*	**A che ora?**	*At what time?*
È l'una.	*It's one o'clock.*	**All'una.**	*At one o'clock.*
Sono le due.	*It's two o'clock.*	**Alle due.**	*At two o'clock.*
Sono le tre.	*It's three o'clock.*	**Alle tre.**	*At three o'clock.*

Scusa. / Scusami. *(fam.)*	*Excuse me.*
Scusi. / Mi scusi. *(pol.)*	*Excuse me.*

B. Che ora è? Chiedi al tuo compagno / alla tua compagna che ora è nel modo indicato. Segui i modelli.

> **MODELLO 1:** 2:00 *(fam.)*
> TU: *Scusami! Che ora è? / Che ore sono?*
> COMPAGNO/A: *Sono le due.*

> **MODELLO 2:** 1:00 *(pol.)*
> TU: *Mi scusi! Che ora è? / Che ore sono?*
> COMPAGNO/A: *È l'una.*

1. 3:00 *(fam.)*   **3.** 5:00 *(fam.)*   **5.** 9:00 *(fam.)*
2. 4:00 *(pol.)*   **4.** 8:00 *(pol.)*   **6.** 1:00 *(fam.) (Be careful!)*

C. A che ora? Adesso, chiedi al tuo compagno / alla tua compagna se lui/lei vuole andare con te ai posti indicati. Segui il modello.

> **MODELLO:** a pranzo / 2:00
> TU: *A che ora vuoi uscire per andare a pranzo?*
> COMPAGNO/A: *Voglio uscire alle due, va bene?*

1. al cinema / 2:00
2. al ristorante / 7:00
3. in centro / 4:00
4. alla trattoria in via Fieramosca / 1:00 *(Be careful!)*
5. a cena / 9:00

D. Hai l'orologio? Infine, chiedi al tuo compagno / alla tua compagna…

> **MODELLO:** se ha l'orologio.
> TU: *Debbie, hai l'orologio?*
> COMPAGNO/A: *Sì, ho l'orologio. / No, non ho l'orologio.*

1. se ha l'orologio.
2. a che ora comincia la lezione d'italiano.
3. se vuole andare in biblioteca dopo la lezione d'italiano.
4. a che ora fa colazione generalmente.
5. se deve fare molte cose oggi.
6. se conosce qualche film italiano classico *(any classic Italian movie)*.
7. che cosa vuole fare oggi a mezzogiorno.
8. se vuole uscire con gli amici stasera.

MODI DI DIRE E DI COMUNICARE 1

▶• LE ORE 1

Telling time in Italian involves a simple formula:

Sono le due.	*It is two o'clock.*	=	*(lit.) "They are two hours."*
Sono le tre.	*It is three o'clock.*	=	*(lit.) "They are three hours."*

• Note that for one o'clock the formula has a singular form:
  È l'una.   *It is one o'clock.*   =   *(lit.) "It is one hour."*

• Note also that you can ask what time it is with either:
  Che ora è? or **Che ore sono?**

For official time, Italians use the 24-hour clock. So, after 12:00 noon the hours continue as follows:

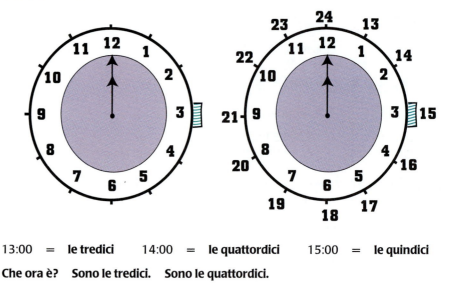

13:00 = **le tredici**   14:00 = **le quattordici**   15:00 = **le quindici**

Che ora è?   Sono le tredici.   Sono le quattordici.

You can, of course, refer to morning and afternoon times with the following designations:

la mattina	*morning*
di mattina / della mattina / del mattino	*in the morning / A.M.*
il pomeriggio	*afternoon*
del pomeriggio	*in the afternoon / P.M.*
la sera	*evening*
di sera / della sera	*in the evening / P.M.*
la notte	*night*
di notte / della notte	*at night / in the night*

2:00 A.M.	=	**le due di mattina / della mattina / del mattino**
2:00 P.M.	=	**le quattordici** or **le due del pomeriggio**
1:00 A.M.	=	**l'una del mattino**
1:00 P.M.	=	**le tredici** or **l'una del pomeriggio**

- Note the following expressions:

il mezzogiorno	=	*noon*
la mezzanotte	=	*midnight*
È mezzogiorno.	=	*It's noon.*
È mezzanotte.	=	*It's midnight.*

- At…

all'una	*at one o'clock*
alle due	*at two o'clock*
alle tre	*at three o'clock*
a mezzogiorno	*at noon*
a mezzanotte	*at midnight*
A che ora arriva Roberta?	*At what time is Roberta arriving?*
Roberta arriva alle quattro.	*Roberta is arriving at four o'clock.*

▶• TEMPO, ORA E VOLTA

Note the various ways of conveying the concept of time in Italian:

il tempo	*time (in general)*
l'ora	*clock time; hour*
la volta	*occurrence, number of instances*

Il tempo vola!	*Time flies!*
A che ora vengono?	*At what time are they coming?*
Quante volte hai visto quel film?	*How many times have you seen that movie?*
Una volta / due volte / molte volte	*Once / two times / many times*

- As you learned in the previous chapter, the preposition **tra** (alternate form **fra**) allows you to convey the idea of "time from now":

Arrivo tra / fra due ore. *I'm arriving in two hours (in two hours' time).*

- The use of **in** conveys duration or amount of time to elapse:

Arrivo in due ore. *I'll arrive in two hours (It takes me two hours to arrive.).*

▶• CHE…!

Che disastro!	*What a disaster!*
Che bella musica!	*What beautiful music!*
Che professore simpatico!	*What a nice professor!*
Che donna simpatica!	*What a nice woman!*

APPLICAZIONE

E. Che ora è? Usa più di un'espressione (se possibile).

> **MODELLO:** 3:00 P.M.
> *Sono le quindici.*
> *Sono le tre del pomeriggio.*

1. 2:00 A.M.
2. 2:00 P.M.
3. 1:00 A.M.
4. 1:00 P.M.
5. 6:00 A.M.

6. 6:00 P.M.
7. noon
8. midnight
9. 8:00 A.M.
10. 8:00 P.M.

F. A che ora? Con un compagno / una compagna, crea brevi dialoghi, seguendo il modello.

> **MODELLO:** uscire / due ore / 3:00
> TU: *Quando vuoi uscire?*
> COMPAGNO/A: *Tra / Fra due ore.*
> TU: *Alle tre?*
> COMPAGNO/A: *Va bene! / D'accordo!*

1. mangiare / un'ora / 14:00
2. andare in centro / due ore / 18:00
3. rientrare in casa / quattro ore / mezzanotte
4. andare in biblioteca / un'ora / 13:00
5. andare alla mensa / un momento *(a moment)* / mezzogiorno

G. Che film bello! Riformula *(Rephrase)* le seguenti frasi usando l'espressione *Che…!*

> **MODELLO:** Il film è molto bello!
> *Che film bello!*

1. Il corso è molto interessante!
2. La vita è molto complicata!
3. Il professore / La professoressa è molto simpatico/a!
4. La lezione è molto difficile!
5. Il programma è molto noioso *(boring)*!

APPUNTI DI GRAMMATICA 1

BUONO

The adjective **buono** *(good)* can be put before or after the noun it modifies. When it is put before the noun, its singular forms vary in ways that correspond to how the indefinite article varies.

L'articolo indeterminativo	Buono (before)	Buono (after)
uno zio	il **buono** zio	lo zio **buono**
uno stereo	il **buono** stereo	lo stereo **buono**
un ragazzo	il **buon** ragazzo	il ragazzo **buono**
un amico	il **buon** amico	l'amico **buono**
una ragazza	la **buona** ragazza	la ragazza **buona**
un'amica	la **buon'**amica	l'amica **buona**

- Its plural forms, however, are the same before or after the noun: **buoni** *(m.)* / **buone** *(f.)*.

  i **buoni** zii   gli zii **buoni**
  i **buoni** amici   gli amici **buoni**
  le **buone** ragazze le ragazze **buone**
  le **buone** amiche   le amiche **buone**

- Note the usual adjustments that must be made to the preceding articles:
  uno zio buono (recall that **uno** is used before **z** and **s** + consonant in the masculine singular)
  but
  un buono zio (**un** is used before **b** in the masculine singular)
  gli amici buoni (**gli** is used before vowels in the masculine plural)
  but
  i buoni amici (**i** is used before **b** in the masculine plural)

- Note also that when the adjective is reinforced with **molto** *(very)*, it is placed after the noun:
  È una buon'arancia.   **È un'arancia molto buona.**
  Sono buone macchine.   **Sono macchine molto buone.**

IL PASSATO PROSSIMO 1

In this opening *tema* you have encountered a new verb tense: the *present perfect*:

Ho capito.	*I have understood.*
Hanno finito.	*They have finished.*
Hanno parlato.	*They have spoken.*
Ho veduto.	*I have seen.*

This tense allows you to speak about events and actions that took place in the recent past, rendering the following English past tenses:

Ho finito. { *I finished.*
                 I have finished.
                 I did finish.

The *present perfect* is a compound tense **(un tempo composto)** made up of two separate parts: (1) the present indicative of the auxiliary verb **avere (il verbo ausiliare)**, and (2) the past participle **(il participio passato)** of the verb:

Auxiliary verb	Past participle
↓	↓
Ho	finito

You already know the present indicative of **avere.** So, the only thing you must learn at this point is how to form the past participle of regular verbs. In the next chapter you will learn about verbs that require a different auxiliary.

First conjugation	Second conjugation	Third conjugation
-are	-ere	-ire
↓	↓	↓
-ato	-uto	-ito

parl*are*	→	**parl*ato***	*spoken*
ved*ere*	→	**ved*uto***	*saw*
fin*ire*	→	**fin*ito***	*finished*

Here are these three verbs conjugated fully in the *passato prossimo*:

	PARLARE		VEDERE		FINIRE	
io	ho	parlato	ho	veduto	ho	finito
tu	hai	parlato	hai	veduto	hai	finito
lui / lei / Lei	ha	parlato	ha	veduto	ha	finito
noi	abbiamo	parlato	abbiamo	veduto	abbiamo	finito
voi	avete	parlato	avete	veduto	avete	finito
loro	hanno	parlato	hanno	veduto	hanno	finito

- Do not forget to differentiate between familiar and polite forms:

  Roberta, *hai veduto* il film?   *Roberta, have you seen the movie? (fam.)*
  Signora Dini, *ha veduto* il film?   *Mrs. Dini, have you seen the movie? (pol.)*

- Also note that when used in the present perfect, **sapere** renders the idea of *to find out*:

  Io ho saputo che anche tu   *I found out that you too are Italian.*
  sei italiano.

APPLICAZIONE

H. La FIAT è una buona macchina! Rispondi affermativamente alle seguenti domande, mettendo l'aggettivo davanti al nome.

MODELLO: La FIAT è una macchina buona?
Sì, la FIAT è una buona macchina.

1. Il cappuccino è una bevanda buona?
2. Il tuo stereo è uno stereo buono?
3. La *Fiuggi* è un'acqua minerale buona?
4. Il caffè *Motta* è un caffè buono?
5. Le macchine italiane sono auto buone?
6. Il tuo orologio è un orologio buono?
7. Il risotto alla milanese è un risotto buono?

I. Certo! Con un compagno / una compagna, crea brevi dialoghi seguendo i modelli.

MODELLO 1: l'acqua minerale *Fiuggi*
Tu: *Ti piace l'acqua minerale* Fiuggi?
COMPAGNO/A: *Certo! È una buon'acqua minerale.*
Tu: *Hai ragione! È un'acqua minerale molto buona!*

MODELLO 2: [plural] le macchine italiane
Tu: *Ti piacciono le macchine italiane?*
COMPAGNO/A: *Certo! Sono buone macchine.*
Tu: *Hai ragione! Sono macchine molto buone!*

1. le arance siciliane *(Sicilian oranges)*
2. il caffè all'italiana
3. il succo d'arancia
4. gli spaghetti alla carbonara
5. la pizza alla napoletana *(Neapolitan)*

J. Cose passate! Svolgi i seguenti esercizi nel modo indicato, seguendo i modelli.

MODELLO 1: Roberta ha già cenato.
tu
Anche tu hai già cenato.

1. io
2. tu
3. mio fratello
4. i tuoi amici
5. noi
6. voi

MODELLO 2: Giancarlo ha saputo che il professore di matematica è italiano.
tu
Anche tu hai saputo che il professore di matematica è italiano.

7. io
8. mia sorella
9. tu
10. gli amici di mio fratello
11. noi
12. voi

MODELLO 3: Giancarlo non ha capito niente.
tu
Anche tu non hai capito niente.

13. io
14. la mia amica
15. Giancarlo e Roberta
16. i tuoi amici
17. noi
18. voi

K. Quanto tempo hai dormito? Chiedi al tuo compagno / alla tua compagna…

MODELLO: how long he slept last night.

TU: *Quanto tempo hai dormito ieri sera?*
COMPAGNO/A: *Ho dormito otto ore. / Ho dormito solo quattro ore.*

ieri	*yesterday*

1. if he/she has understood the lesson.
2. if he/she watched television last night.
3. why he/she preferred to study Italian.
4. if he/she talked with his/her best friend last night.
5. how long he/she waited for his/her friends yesterday.
6. if he/she listened to the radio yesterday.

MOMENTO CREATIVO 1

L. Intervista! Intervista un compagno / una compagna. Chiedigli/le…

1. a che ora fa colazione la mattina.
2. a che ora arriva a scuola / all'università generalmente.
3. a che ora rientra *(get back in)* la sera.
4. a che ora preferisce studiare la sera.
5. a che ora va a dormire.

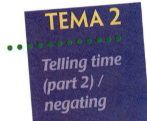

TEMA 2

Telling time (part 2) / negating

deciso: *decided* / cara: *dear* / Non ho mai veduto: *I have never seen* / Ma io sì: *But I have* / Senti: *Listen* / sul giornale: *in the newspaper* / Scala: *at the opera house in Milan* / nella: *(performing) in* / andiamo lì: *let's go there* / immagino: *I imagine* / non ci siano più posti: *there are no more seats* / piccola: *small* / comprato: *bought* / Come mai: *How come?*

You never remember anything! / birthday / I decided to surprise you / treasure (sweetheart)

DIALOGO 2

Il papà e la mamma di Roberta e Giancarlo, Corrado e Diana, non hanno ancora deciso° se vogliono andare al cinema.

CORRADO: Allora, andiamo al cinema, cara°, sì o no? Non ho mai veduto° «La dolce vita»!

DIANA: Ma io sì°, molte volte. Senti°, caro, ho letto sul giornale° che stasera c'è Pavarotti alla Scala° alle venti e trenta.

CORRADO: Veramente?

DIANA: Sì, nella° *Tosca* di Puccini.

CORRADO: È un'opera che non ho mai veduto ma che ho sempre voluto vedere!

DIANA: Allora andiamo lì°, va bene?

CORRADO: D'accordo, ma immagino° che non ci siano più posti° per stasera!

DIANA: Ho una piccola° sorpresa per te, Corrado! Ho già comprato° i biglietti!

CORRADO: Come mai°?

DIANA: Non ti ricordi mai niente°! Oggi è il tuo compleanno°! Allora, ho deciso di farti una sorpresa°!

CORRADO: Grazie, cara! Come al solito, sei un tesoro°!

M. Comprensione! Completa la seguente parafrasi del dialogo con le parole adatte nelle loro forme appropriate.

1. Corrado e Diana non hanno ancora _____ se vogliono andare al cinema.
2. Corrado non ha mai _____ *La dolce vita*.
3. Ma Diana ha già veduto quel *(that)* film _____ volte.
4. Stasera alla _____ c'è Pavarotti nella *Tosca* alle venti e _____.
5. Corrado ha sempre _____ vedere la *Tosca*.
6. Diana ha deciso di fare una _____ a Corrado.

ATTIVITÀ D'ESPANSIONE 2

▶• DA NOTARE

l'una e due	1:02
le due e dieci	2:10
le tre e venti	3:20

N. A che ora c'è? Con un compagno / una compagna, crea brevi dialoghi, seguendo il modello.

> **MODELLO:** la lezione d'italiano / 8:20
> TU: *A che ora c'è la lezione d'italiano?*
> COMPAGNO/A: *Alle otto e venti.*

1. la lezione di matematica / 9:05
2. il programma televisivo *Mondo* / 19:10
3. l'esame di storia / 10:40
4. il film *Nuovo cinema paradiso* / 20:15
5. la lezione di antropologia / 11:50

MODI DI DIRE E DI COMUNICARE 2

▶● LE ORE 2

To indicate the minutes, just add them to the hour:

1:20	=	**l'una e venti**
2:42	=	**le due e quarantadue**
23:59	=	**le ventitrè e cinquantanove**

• Note the following expressions:

un quarto	a quarter
mezzo / mezza	half past

• These can be substituted for the fifteen- and thirty-minute time slots:

3:15	=	**le tre e quindici / le tre e un quarto**
16:15	=	**le sedici e quindici / le sedici e un quarto**
4:30	=	**le quattro e trenta / le quattro e mezzo (mezza)**
12:30	=	**le dodici e trenta / le dodici e mezzo (mezza)**

If there are fewer than around twenty minutes to go to the next hour, a commonly used formula is:

[next hour] **meno** *(less/minus)* [number of minutes to go]

1:50	=	**l'una e cinquanta**	=	**le due meno dieci**
6:55	=	**le sei e cinquantacinque**	=	**le sette meno cinque**
8:45	=	**le otto e quarantacinque**	=	**le nove meno un quarto**

Finally, note the following expressions:

preciso	*exactly / precisely*
in punto	*on the dot*

CHE ORA È?

1:00	=	**È l'una precisa.**	=	**È l'una in punto.**
	=	*It's exactly one o'clock.*	=	*It's one o'clock on the dot.*
2:00	=	**Sono le due precise.**	=	**Sono le due in punto.**
	=	*It's exactly two o'clock.*	=	*It's two o'clock on the dot.*
12:00 noon	=	**È mezzogiorno preciso.**	=	**È mezzogiorno in punto.**
	=	*It's exactly noon.*	=	*It's noon on the dot.*
12:00 midnight	=	**È mezzanotte precisa.**	=	**È mezzanotte in punto.**
	=	*It's exactly midnight.*	=	*It's midnight on the dot.*

APPLICAZIONE

O. Un corso sul cinema italiano!
Tu e il tuo compagno / la tua compagna state seguendo un corso sul cinema italiano. Con il tuo compagno / la tua compagna, crea brevi dialoghi seguendo il modello.

> **MODELLO:** *Il postino / 2:00 / 2:05*
>
> Tu: *A che ora hai cominciato a guardare* Il postino, *alle due precise?*
>
> COMPAGNO/A: *No, alle due e cinque!*

1. *Il gattopardo / 3:00 / 3:02*
2. *Roma città aperta / 4:00 / 4:04*
3. *Il conformista / 8:00 / 8:09*
4. *Blow-up / 6:00 / 6:10*
5. *Morte a Venezia / 12:00 (noon) / 12:25*

P. Che ora è?
Indica l'ora in tutti i modi possibili, seguendo il modello.

> **MODELLO:** 2:15 P.M.
>
> *Sono le quattordici e quindici.*
>
> *Sono le due e quindici del pomeriggio.*
>
> *Sono le due e un quarto del pomeriggio.*

1. 12:00 (noon)
2. 12:30 (midnight)
3. 7:10 A.M.
4. 9:50 P.M.
5. 10:40 A.M.
6. 8:45 P.M.
7. 9:00 P.M.
8. 11:30 P.M.
9. 1:50 A.M.
10. 5:55 A.M.

APPUNTI DI GRAMMATICA 2

IL PASSATO PROSSIMO 2

To form the past participles of verbs ending in **-ciare** and **-giare**, retain the **i**:

cominciare	→	**comin**ciato	*begun*
mangiare	→	**man**giato	*eaten*

- An **i** is added to the past participles of the other conjugations to retain soft sounds:

conoscere	→	**conosciuto**	*known*

- When used in the present perfect, **conoscere** means *to meet someone for the first time.* **Incontrare,** on the other hand, means *to meet, encounter someone already known:*

Ho conosciuto Maria ieri.	*I met Maria yesterday.*
Ho incontrato Maria ieri.	*I ran into Maria yesterday.*

PARTICIPI PASSATI IRREGOLARI

Of the verbs introduced so far that are conjugated with **avere**, the following have irregular past participles:

aprire	→	aperto	*opened*	perdere	→ perso	*lost*
bere	→	bevuto	*drank, drunk*	prendere	→ preso	*taken, had*
chiedere	→	chiesto	*asked*	risolvere	→ risolto	*solved*
chiudere	→	chiuso	*closed*	rispondere	→ risposto	*answered*
decidere	→	deciso	*decided*	scrivere	→ scritto	*written*
fare	→	fatto	*made, done*	soffrire	→ sofferto	*suffered*
leggere	→	letto	*read*	vedere	→ visto (o	*seen*
mettere	→	messo	*put, placed*		veduto)	
offrire	→	offerto	*offered*	vivere	→ vissuto	*lived*

- Note that the verb **vedere** has both regular (**veduto**) and irregular (**visto**) past participles.

- Remember what you already know about verbs in the negative, **non** is placed just before the verb (**Ieri non ho scritto niente**); and subject personal pronouns are optional in simple sentences.

IL PASSATO PROSSIMO DI *DOVERE,* *POTERE* E *VOLERE*

The auxiliary of the modal verbs **dovere, potere,** and **volere** is determined by the infinitive. In the case of the verbs that you have been conjugating in the present perfect so far, simply use the auxiliary **avere** with these verbs:

Roberta *ha voluto finire* un compito.	Roberta **wanted to finish** an assignment.
Io *ho dovuto suonare* il pianoforte.	I **had to play** the piano.
Tu non *hai potuto vedere* il film.	You **weren't able to see** the movie.

IL PASSATO PROSSIMO CON GLI AVVERBI

Adverbs referring to time are normally placed between the auxiliary and the past participle:

Non ho mai visto l'opera.	*I have never seen an opera.*
Hai già comprato i biglietti.	*You have already bought the tickets.*

LA NEGAZIONE

The following chart summarizes the main negative constructions in Italian.

non...affatto	*not at all*	**Non hai affatto ragione!**
non...mai	*never*	**Io non ho mai visto la *Tosca*.**
non...mica	*not quite / not really*	**Lui non ha mica ragione!**
non...neanche /	*not even*	**Non ha ragione neanche /**
nemmeno		**nemmeno Maria.**
non...nessuno	*no one*	**Oggi non c'è nessuno in classe.**
non...né...né	*neither...nor*	**Non bevo né caffè né tè.**
non...niente / nulla	*nothing*	**Adesso non faccio niente / nulla.**
non...più	*no more / no longer /*	**Roberta non ha più tempo da**
	not anymore	**perdere.**

- These negative constructions can be combined in various ways:
  Adesso non voglio più niente.   *Now I don't want anything else.*
  Lui non prende mai niente da bere.   *He never has anything to drink.*

- Like **anche, neanche / nemmeno** must be followed by a subject or subject pronoun:
  Ha sbagliato anche Roberta.   **Non ha sbagliato neanche lei.**
  Abbiamo visto anche Giancarlo.   **Non abbiamo visto nemmeno lui.**

- Note that words such as **mai, nessuno, niente, nulla,** and **più** can be used without the **non** if they occur at the start of an emphatic sentence:
  Nessuno ha capito!   *No one understood!*
  Mai voglio uscire con te!   *Never do I want to go out with you!*

APPLICAZIONE

Q. Ieri! Completa ciascuna frase mettendo il verbo indicato al passato prossimo.

1. A che ora (cominciare) _____ tu a lavorare ieri?
2. Roberta non (mangiare) _____ mai il risotto alla milanese.
3. Noi (conoscere) _____ l'amica di Roberta ieri.
4. È vero che voi non (viaggiare) _____ mai fuori d'Italia?
5. Loro non (studiare) _____ mai la lingua italiana.

R. Roberta! Che cosa ha fatto Roberta ieri? Segui il modello.

     MODELLO: incontrare Maria
            Ieri Roberta ha incontrato Maria.

1. aprire la porta
2. bere due espressi
3. chiedere aiuto a sua madre
4. chiudere la finestra
5. decidere di andare in biblioteca
6. fare colazione come al solito alle otto
7. leggere il giornale
8. mettere i biglietti per l'opera nella sua cartella
9. offrire a Giancarlo di andare con lui in centro
10. perdere la sua cartella

S. Roberta e Giancarlo! Che cosa hanno fatto ieri? Segui il modello.

> **MODELLO:** finire di studiare / 9:15
> *Ieri Roberta e Giancarlo hanno finito di studiare alle nove e un quarto.*

1. incontrare i loro amici / 8:10
2. risolvere i problemi di matematica / 10:15
3. scrivere una lettera / 11:30
4. volere cenare / 21:30
5. dovere studiare / 17:30
6. potere vedere un film / 20:10

T. Giancarlo! Giancarlo è un tipo dispettoso *(mischievous)*. Ieri ha negato tutto quello che ha detto Roberta. In coppie, ricreate la loro conversazione. Seguite il modello. *(Note that you might have to use the present indicative or the present perfect of the verb, according to the meaning.)*

> **MODELLO:** la mamma e il papà / sempre vivere / in Italia
> ROBERTA: *La mamma e il papà hanno sempre vissuto in Italia.*
> GIANCARLO: *La mamma e il papà non hanno mai vissuto in Italia.*

1. la mamma / conoscere tutti / in questa *(this)* città
2. gli amici di Paolo / avere sempre / molto tempo
3. Raffaele / avere veramente / ragione
4. papà / bere / il caffè e il tè
5. anche la mamma / vedere / la *Tosca*
6. la mamma e il papà / fare sempre tutto / in casa
7. tutti / amare *(to love)* / l'opera italiana
8. la mamma e il papà / uscire sempre / insieme

TACCUINO CULTURALE

L'OPERA LIRICA ITALIANA!

L'opera! Rispondi alle seguenti domande.

1. Hai mai visto un'opera italiana? Quale?
2. Conosci qualche compositore *(any composers)* d'opera? Chi?
3. Sai che cosa è un *libretto*?

L'opera lirica[1], o il melodramma, nacque[2] in Italia durante il Rinascimento[3]. Il primo grande[4] compositore d'opera fu[5] Claudio Monteverdi (1567–1643). Le sue opere erano basate[6] su temi[7] classici greci.

Ma i compositori più conosciuti sono indubbiamente[8] Gioacchino Rossini (1792–1868), nato[9] a Pesaro, Gaetano Donizetti (1797–1848), nato a Bergamo, Giuseppe Verdi (1813–1901), nato a Roncole di Busseto (Parma) e Giacomo Puccini (1858–1924), nato a Torre del Lago (Lucca).

[1]*opera* [2]*was born* [3]*Renaissance* [4]*great* [5]*was* [6]*were based* [7]*themes* [8]*without doubt* [9]*born*

È interessante notare[10] che i libretti[11] di tre opere italiane del grande Mozart, *Le nozze di Figaro, Don Giovanni* e *Così fan tutte,* furono scritti da[12] Lorenzo da Ponte, il quale diventò[13] famoso negli Stati Uniti all'inizio[14] del secolo scorso[15] come professore di lingua e letteratura italiana!

Compositori	Opere maggiori
Rossini	*Il Barbiere di Siviglia, La Cenerentola, Guglielmo Tell*
Donizetti	*L'Elisir d'Amore, Don Pasquale, Lucia di Lamermoor*
Verdi	*Nabucco, Il Trovatore, Rigoletto, La Traviata, Aida*
Puccini	*La Bohème, Tosca, Madama Butterfly, Turandot*

Comprensione! Accoppia gli elementi delle due colonne in modo logico.

1. *La Bohème, Tosca, Madama Butterfly* e *Turandot* sono opere composte da *(composed by)…*
2. Claudio Monteverdi fu il primo…
3. Giuseppe Verdi compose *(composed)…*
4. Le opere di Claudio Monteverdi erano basate su…
5. *L'Elisir d'Amore, Don Pasquale* e *Lucia di Lamermoor* sono opere composte da…
6. Gioacchino Rossini compose…
7. Lorenzo da Ponte scrisse *(wrote)* i libretti di tre opere italiane…
8. Lorenzo da Ponte diventò famoso negli Stati Uniti all'inizio del secolo scorso…

a. del grande Mozart.
b. *La Cenerentola, Il Barbiere di Siviglia* e *Guglielmo Tell.*
c. come professore di lingua e letteratura italiana.
d. *Aida, Rigoletto, Nabucco* e *Il Trovatore.*
e. temi classici greci.
f. grande compositore d'opera.
g. Giacomo Puccini.
h. Gaetano Donizetti.

---

[10]*to note*   [11]*verbal parts*   [12]*were written by*   [13]*who became*   [14]*at the start*   [15]*last century*

MOMENTO CREATIVO 2

U. Intervista! Intervista un compagno / una compagna. Chiedigli/le…

1. se ha mai visto un film classico italiano, e se sì, quale.
2. se ha mai visto un'opera italiana, e se sì, quale.
3. quale film ha visto recentemente.
4. che tipo di musica preferisce.
5. che tipo di film preferisce.

ASCOLTO

A. Ascolta attentamente la vignetta sull'audio cercando di determinare le seguenti cose:

1. dove hanno deciso di andare le due persone
2. il titolo dell'opera / del film che hanno deciso di vedere
3. chi ha comprato i biglietti
4. perché ha comprato i biglietti

B. Adesso cerca di ricostruire la conversazione con altri studenti a piacere.

I NUMERI

From 1,000,000 up

DA UN MILIONE IN SU°

1.000.000	**un milione**	1.000.000.000	**un miliardo**
2.000.000	**due milioni**	2.000.000.000	**due miliardi**
3.000.000	**tre milioni**	3.000.000.000	**tre miliardi**

The numbers from 1,000,000 up are formed as follows:

1.122.000 **un milione cento ventidue mila**
2.223.124 **due milioni duecento ventitrè mila cento ventiquattro**
9.999.898 **nove milioni novecento novantanove mila ottocento novantotto**

Note that **milione** and **miliardo** are followed by **di** before a noun:

un milione di dollari	*a million dollars*
un miliardo di lire	*a billion lire*
due milioni di dollari	*two million dollars*
tre miliardi di lire	*three billion lire*

C. Converti le seguenti cifre *(figures)* in lire italiane: *1 dollaro americano = 1.000 lire italiane.*

> **MODELLO:** $3,400
>
> *Tremila quattrocento dollari sono equivalenti a tre milioni quattrocentomila lire.*

1.	$2,800	**6.**	$72,123
2.	$3,900	**7.**	$99,999
3.	$40,560	**8.**	$800,000
4.	$50,670	**9.**	$1,000,000
5.	$65,978	**10.**	$25,100,349

PRIMA DI LEGGERE

A. Che cos'è…?

1. Che cos'è un aneddoto?
   a. È una breve *(brief)* storia *(story)*.
   b. È un sinonimo per «piccolo anno».

2. Chi è Gioacchino Rossini?
   a. È un regista famoso.
   b. È un musicista famoso.

3. Che cos'è una festa da ballo?
   a. È una festa *(party / feast)* dove si balla *(one dances)*.
   b. È un'aria dall'opera la *Tosca*.

4. Un compositore è una persona che…
   a. scrive ricette di cucina.
   b. scrive musica.

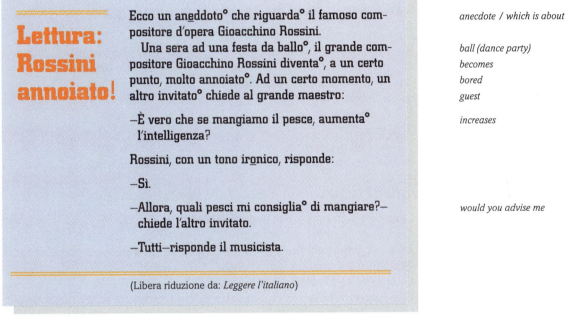

Lettura: Rossini annoiato!

Ecco un aneddoto° che riguarda° il famoso compositore d'opera Gioacchino Rossini.

Una sera ad una festa da ballo°, il grande compositore Gioacchino Rossini diventa°, a un certo punto, molto annoiato°. Ad un certo momento, un altro invitato° chiede al grande maestro:

—È vero che se mangiamo il pesce, aumenta° l'intelligenza?

Rossini, con un tono ironico, risponde:

—Sì.

—Allora, quali pesci mi consiglia° di mangiare?— chiede l'altro invitato.

—Tutti—risponde il musicista.

(Libera riduzione da: *Leggere l'italiano*)

anecdote / which is about

ball (dance party)
becomes
bored
guest

increases

would you advise me

DOPO LA LETTURA

B. Comprensione! Rispondi alle seguenti domande.

1. Chi è Gioacchino Rossini?
2. Hai mai visto una delle sue opere? Se sì, quale?
3. Dov'è Rossini quando diventa annoiato?
4. Che cosa chiede l'altro invitato a Rossini?
5. Che cosa consiglia Rossini all'altro invitato di fare?

C. A tutti la parola! Adesso rispondi alle seguenti domande personali.

1. Suoni uno strumento musicale *(musical instrument)*?
2. Se sì, quale?
3. Che tipo di musica preferisci?
   a. l'opera
   b. la musica classica
   c. il rock
   d. il jazz
   e. altri tipi…
4. Quanti dischi (cassette, CD, ecc.) compri in un mese *(month)*?
5. Quanti dischi hai?

SINTESI

A. Situazioni! Completa ciascuna frase in modo appropriato.

1. Oggi voglio andare in biblioteca…
   a. per finire un compito.
   b. perché è sabato.
2. Ieri ho avuto lezione di pianoforte…
   a. in biblioteca.
   b. al conservatorio.
3. Scusami,…
   a. sai che ore sono?
   b. sa che ore sono?
4. Mi scusi,…
   a. sai che ore sono?
   b. sa che ore sono?
5. Come passa…
   a. l'ora!
   b. il tempo!
6. Ho letto *La Divina Commedia*…
   a. molte ore.
   b. molte volte.

B. A tutti la parola! Rispondi alle seguenti domande.

1. Quando vai in biblioteca generalmente?
2. Qualcuno nella tua famiglia suona uno strumento musicale? Chi?
3. Cosa fai generalmente il sabato sera? Vai al cinema? Esci con gli amici?
4. Quali film hai visto recentemente?
5. Quante volte al mese vai al cinema?
6. Che posto preferisci al cinema? Un posto vicino allo schermo *(screen)* o lontano dallo schermo?

C. Che ora è? Chiedi a un compagno / una compagna le seguenti cose. Seguite il modello.

> **MODELLO:** Chiedi a un compagno / una compagna che ora è.
> TU: *Mike, che ora è?*
> COMPAGNO/A: *Sono le nove e ventidue.*

Chiedigli/le…
1. a che ora arriva a scuola / all'università la mattina.
2. a che ora finiscono generalmente le sue lezioni.
3. che ore sono adesso.

4. se ha mai visto un film classico italiano (quale?).
5. se ha mai visto o ascoltato un'opera italiana (quale?).
6. se ha letto il giornale oggi, e se sì, a che ora.
7. se ha finito i compiti d'italiano.

D. Cultura italiana! Indica…

1. dove e quando nasce l'opera.
2. il nome del primo grande compositore d'opera.
3. i titoli di tre opere italiane qualsiasi.
4. i titoli di tre opere italiane di Mozart.

E. Avvio allo scrivere! Scrivi una breve recensione *(review)* a un film
che hai visto recentemente. Poi, leggila in classe.

Includici…
1. il nome del regista.
2. i nomi degli interpreti principali *(main actors)*.
3. una descrizione schematica *(schematic)* della trama *(plot)*.
   [*Have your instructor help you, if necessary*].

F. Momento creativo! Diverse coppie di studenti dovranno mettere in
scena la seguente situazione.

Una studentessa telefona a un compagno / una compagna. Gli/Le chiede se
vuole andare a vedere un film. Ma il compagno / la compagna ha già visto il
film. Allora, discutono il film per un po' *(they discuss the film for a little while)*,
dopodiché la studentessa propone *(suggests)* di fare qualcos'altro. I due si
danno appuntamento ad un'ora appropriata *(set up an appropriate time to meet)*.

EXPLORE!
For this chapter's activity, go
to http://adesso.heinle.com

LESSICO UTILE

NOMI

la biblioteca *library*	**la notte** *night*	**la sera** *evening*
il compleanno *birthday*	**l'opera** *opera*	**la sorpresa** *surprise*
il conservatorio *conservatory*	**l'ora** *clock time; hour*	**il tempo** *time (in general)*
la mattina *morning*	**il pianoforte** *piano*	**il tesoro** *treasure*
la mezzanotte *midnight*	**il pomeriggio** *afternoon*	**la vita** *life*
il mezzogiorno *noon*	**il posto** *place*	**la volta** *time, occurrence*
la musica *music*	**il quarto** *quarter*	

AGGETTIVI

annoiato *bored*	**dispettoso** *mischievous*	**piccolo** *small*
caro *dear*	**mezzo** *half*	**preciso** *precise, exact*
classico *classic*	**noioso** *boring*	**vero** *true*

VERBI

completare *to complete*	**decidere** *to decide*	**incontrare** *to meet, encounter*
comprare *to buy*	**immaginare** *to imagine*	

AVVERBI

affatto *at all*	**mai** *ever*	**più** *more*
appena *just, barely*	**meno** *less*	**proprio** *really*
così *so, such*	**neanche** *neither*	**quasi** *almost, nearly*
ieri *yesterday*	**nemmeno** *neither*	**tardi** *late*
lì *there*	**nulla** *nothing*	

NEGATIVI

non…affatto *not at all*	**non…né…né** *neither…nor*	**non…nessuno** *no one, nobody*
non…mai *never*	**non…neanche / nemmeno**	**non…niente / nulla** *nothing*
non…mica *not at all*	*not even*	**non…più** *no more, no longer*

ALTRI VOCABOLI / ESPRESSIONI

a mezzanotte *at midnight*	**di notte / della notte** *at*	**né** *nor*
a mezzogiorno *at noon*	*night*	**nessuno** *no one*
Che ora è?/ Che ore sono?	**di sera / della sera** *in the*	**Scusami!** *(fam.)* **/ Mi scusi!** *(pol.)*
What time is it?	*evening*	*Excuse me!*
Come mai? *How come?*	**fare colazione** *to have*	**Senti!** *Listen!*
del pomeriggio *in the afternoon*	*breakfast*	**sul giornale** *in the newspaper*
di mattina / della mattina /	**in punto** *on the dot*	
del mattino *in the morning*		

Comunicazione

- talking about the weather
- expressing appreciation

Cultura

- Christmas in Italy
- the famous **Fontana di Trevi**

Strutture e vocabolario

- terms and expressions associated with the weather
- about the uses of **freddo**, **caldo**, and **scorso**
- words ending in **-ata**
- more about the present perfect
- the verb **dare**
- how to use the adjective **bello** in front of nouns
- how to express addition, subtraction, multiplication, and division in Italian

7

See the Internet activity in this chapter.

CHE TEMPO FA?

DIALOGO 1

MIN/MAX PREVISTE		
	min.	max.
ROMA	12	24
MILANO	13	25
PALERMO	17	21
AMSTERDAM	8	17
ATENE	17	25
BELGRADO	12	23
BRUXELLES	8	19
BUDAPEST	10	22
BUCAREST	12	23
COPENAGHEN	8	17
DUBLINO	7	16
FRANCOFORTE	8	20
GINEVRA	9	19
HELSINKI	9	15
ISTANBUL	13	22
LISBONA	19	26
LONDRA	9	18
MADRID	16	26
MOSCA	11	22
OSLO	6	17
PARIGI	11	20
PRAGA	7	19
SOFIA	10	21
STOCCOLMA	8	16
VARSAVIA	8	18
VIENNA	9	19

OGGI IN ITALIA

her fiancé / to the home of

Daniela Marchi ha invitato il suo fidanzato°, Bruno Miranda, a casa dei° suoi genitori per cena. Dopo la cena i due fidanzati decidono di guardare la televisione insieme.

Be quiet / weather forecast

DANIELA: Zitto°, caro! Voglio ascoltare le previsioni del tempo°.

are you so interested in knowing what the weather will be like

BRUNO: Ma perché t'interessa così tanto sapere che tempo fa°?

DANIELA: Perché domani devo andare in giro per la città a fare delle spese° per Natale°.

to do some shopping / Christmas

BRUNO: Mamma mia! Tra una settimana è già Natale! Come passa il tempo!

sky / cloudy (covered)
fog

ANNUNCIATORE: «Domani, tempo variabile. Al mattino cielo° coperto°, in serata un po' di nebbia°…»

ugly weather

DANIELA: Che brutto tempo°!

December

BRUNO: Purtroppo, cara, fa sempre un po' freddo a dicembre°, anche se viviamo a Roma!

just the same

DANIELA: Non importa, domani esco lo stesso°!

Luckily / stores
last week / I spent / salary

BRUNO: Per fortuna°, io sono già andato in giro per i negozi° la settimana scorsa°! Purtroppo ho speso° tutto il mio stipendio° del mese scorso! Ma mia cara Daniela, ho una sorpresa eccezionale per te!

DANIELA: Cosa?

until

BRUNO: No, no, cara! Devi aspettare fino al° giorno di Natale!

A. Comprensione! Rispondi alle seguenti domande.

1. Chi ha invitato Bruno Miranda a casa dei genitori di Daniela?
2. Che cosa hanno deciso di fare dopo la cena Daniela e Bruno?
3. Che cosa ha voluto ascoltare Daniela a un certo punto?
4. Perché a Daniela interessa così tanto sapere che tempo fa?
5. Che cosa c'è tra una settimana?
6. Che tempo fa domani?

ATTIVITÀ D'ESPANSIONE 1

 ## CHE TEMPO FA?

fare bel tempo	**Fa bel tempo!**	*It's beautiful weather!*
fare brutto tempo	**Fa brutto tempo!**	*It's ugly weather!*
fare cattivo tempo	**Fa cattivo tempo!**	*It's bad weather!*
fare caldo	**Fa caldo!**	*It's hot!*
fare freddo	**Fa freddo!**	*It's cold!*
fare tempo variabile	**Fa tempo variabile.**	*It's variable weather.*
il cielo coperto	**C'è il cielo coperto.**	*It's cloudy.*
la neve	**C'è la neve!**	*There's snow!*

B. Che tempo fa? Con un compagno/una compagna, crea mini-dialoghi nel modo indicato.

MODELLO: TU: *Che tempo fa oggi?*
COMPAGNO/A: *Fa caldo.*

1.

2.

3.

4.

5.

6.

C. Che tempo ha fatto? In coppie, adesso descrivete il tempo di ieri usando le stesse immagini *(describe yesterday's weather using the same pictures).*

MODELLO: TU: *E ieri che tempo ha fatto?*
            COMPAGNO/A: *Ha fatto caldo.*

1.    2.    3.

4.   5.   6.

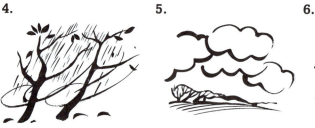

MODI DI DIRE E DI COMUNICARE 1

▶• IL TEMPO 1

fare fresco	*to be cool*
lampeggiare	*literally: to be lightning*
nevicare	*to snow*
piovere	*to rain*
tuonare	*to be thundering*
la pioggia	*rain*
il vento	*wind*

• Note that **il tempo** refers both to *time* in a general sense and to the weather:

Come passa il tempo!   *How time flies!*
Che tempo fa?   *How's the weather?*

- Note also that **bello, brutto,** and **cattivo** can come before or after **tempo:**

Oggi fa bel tempo.	Ieri ha fatto tempo bello.
Oggi fa brutto tempo.	Ieri ha fatto tempo brutto.
Oggi fa cattivo tempo.	Ieri ha fatto tempo cattivo.

- Note finally that the verbs **lampeggiare, nevicare, piovere,** and **tuonare** have only a third-person singular form. They are called *impersonal* verbs (verbs without first- and second-person forms):

Oggi piove fuori.	*Today it is raining outside.*
Ieri ha tuonato tutto il giorno.	*Yesterday it thundered all day long.*

▶• FREDDO / CALDO

With **freddo** and **caldo,** the verb **fare** is used to refer to the weather:

Fa caldo.	*It's hot.*
Fa freddo.	*It's cold.*

As you may recall from Chapter 2, the verb **avere** is used to refer to a bodily state:

Ho caldo.	*I'm hot.*
Ho freddo.	*I'm cold.*

Finally, the verb **essere** is used in reference to an object:

La pizza è calda.	*The pizza is hot.*
La pizza è fredda.	*The pizza is cold.*

▶• SERATA / GIORNATA

The use of **serata,** rather than **sera,** in the dialogue adds a dimension of duration to its meaning. The same is true when the suffix **-ata** is added on to similar words:

giorno	→	giornata	anno	→	annata
sera	→	serata	notte	→	nottata
mattina	→	mattinata			

Buona giornata!	*Have a good day (all day long)!*
È una serata lunga!	*It's a long evening! (The evening is lasting a long time!)*

▶• SCORSO

l'anno scorso	*last year*
la settimana scorsa	*last week*
lunedì scorso	*last Monday*

APPLICAZIONE

D. Il tempo, ieri e oggi! Indica il tempo di ieri e di oggi, seguendo il modello.

> **MODELLO:** caldo / il cielo coperto
> *Ieri ha fatto caldo, ma oggi c'è il cielo coperto (ma oggi il cielo è coperto).*

1. bel tempo / la neve
2. brutto tempo / tempo variabile
3. cattivo tempo / tempo bello
4. tempo bello / lampeggiare e tuonare
5. nevicare / piovere
6. caldo / fresco

E. L'anno scorso! In coppie, svolgete i seguenti compiti, seguendo i modelli.

> **MODELLO 1:** last year / to Florence
> TU: *Dove sei andato/a l'anno scorso?*
> COMPAGNO/A: *Sono andato/a a Firenze.*

Io sono andato. *(m.)* / **Io sono andata.** *(f.)*	*I went.*
Tu sei andato. *(m.)* / **Tu sei andata.** *(f.)*	*You went.*

1. last month / to Rome
2. last year / to Venice
3. last week / to my parents' house
4. last month / downtown
5. last Monday / to class
6. last Sunday / shopping

> **MODELLO 2:** giorno
> TU: *Dove hai passato la giornata ieri?*
> COMPAGNO/A: *Ho passato la giornata a casa.*

passare	*to pass, spend (time)*

7. notte
8. mattina
9. sera
10. giorno

F. A tutti la parola! In coppie, rispondete alle seguenti domande.

zitto *(m.)* / **zitta** *(f.)*	*quiet*
stare zitto/a	*to keep quiet*
a casa mia	*at my home*
a casa tua	*at your home*

1. Che cosa fai generalmente dopo cena?
2. Quando stai zitto/a generalmente?
3. Ti piace ascoltare le previsioni del tempo? Quando ascolti le previsioni generalmente?
4. Quando vai in giro a fare delle spese generalmente?
5. Che tempo fa generalmente a Natale nella tua città?
6. Cosa hai fatto la settimana scorsa di eccezionale?
7. Cosa hai fatto il mese scorso di eccezionale?

APPUNTI DI GRAMMATICA 1

ANCORA SUL PASSATO PROSSIMO 1

In the formation of the present perfect, some verbs require **essere** as their auxiliary rather than **avere**.

VERBS CONJUGATED WITH *AVERE*
Daniela *ha deciso* di uscire con un amico.
I genitori di Daniela *hanno cenato* alle 18.00.

VERBS CONJUGATED WITH *ESSERE*
Bruno *è andato* al cinema.
Bruno e Daniela *sono usciti* alle 19.00.

With such verbs, the past participle agrees with the subject.

Il *ragazzo* è andat**o** al cinema.	*The boy went to the movies.*
Anche la *ragazza* è andat**a** al cinema.	*The girl went to the movies, too.*
I due *ragazzi* sono già uscit**i**.	*The two boys have already gone out.*
Anche le due *ragazze* sono già uscit**e**.	*The two girls have already gone out, too.*

The three verbs on page 176 are conjugated with **essere**:

cr**e**scere	*to grow*

	ANDARE		CRESCERE		USCIRE	
io	sono	andato/*a*	sono	cresciuto/*a*	sono	uscito/*a*
tu	sei	andato/*a*	sei	cresciuto/*a*	sei	uscito/*a*
lui/lei/Lei	è	andato/*a*	è	cresciuto/*a*	è	uscito/*a*
noi	siamo	andati/*e*	siamo	cresciuti/*e*	siamo	usciti/*e*
voi	siete	andati/*e*	siete	cresciuti/*e*	siete	usciti/*e*
loro	sono	andati/*e*	sono	cresciuti/*e*	sono	usciti/*e*

Gina, **tu dove sei andat*a* ieri?**
Marco, **anche tu sei andat*o* a fare delle spese?**
Mio fratello **è cresciut*o* molto l'anno scorso.**
Anche *mia sorella* **è cresciut*a* molto.**
Daniela e *Bruno*, **voi siete uscit*i* ieri sera?**
Le amiche **di Daniela sono uscit*e* insieme la settimana scorsa.**

With the polite form of address, the agreement is normally made with the biological gender of the person referred to:

Signor Verdi, **quando è andat*o* in giro, Lei?**
Signora Binni, **quando è andat*a* in giro, Lei?**

In the plural, the agreement pattern between past participle and subject is as follows:

• The feminine-plural ending **-e** is used when a single-noun plural subject is feminine or when all the nouns of a plural subject are feminine:
  Le *ragazze* **sono uscit*e* insieme ieri.**
  Maria **e** *Claudia* **sono cresciut*e* molto.**
  Noi (only females) **siamo andat*e* al cinema ieri.**

• The masculine-plural ending **-i** is used in all other cases:
  I *ragazzi* **sono uscit*i*.**
  I *ragazzi* **e le** *ragazze* **sono uscit*i*** (mixed-gender subject).
  Daniela **e** *Bruno* **sono andat*i* a fare delle spese** (mixed-gender subject).
  Noi (in general) **siamo andat*i* in Italia l'anno scorso.**

QUALI VERBI SONO CONIUGATI CON *ESSERE*?

Most verbs are conjugated with **avere** in the present perfect. Of the verbs introduced so far, the following are conjugated with **essere**. In subsequent chapters, verbs that require **essere** in compound tenses will be identified as they are introduced. A complete list of such verbs can be found in the Appendix.

andare	*to go*	**partire**	*to leave, depart*
arrivare	*to arrive*	**piacere**	*to like, to be pleasing*
crescere	*to grow*	**rientrare**	*to return home*
entrare	*to enter*	**stare**	*to be; to stay*
essere	*to be*	**uscire**	*to go out*
esserci	*to be there*	**venire**	*to come*

• Note the following past participles:

essere	→	stato
stare	→	stato
venire	→	venuto

• Finally, impersonal weather verbs are conjugated with **essere** in the present perfect. However, there is a strong tendency in colloquial Italian today to use **avere** with these verbs.

È piovuto tutto il giorno ieri.   =   **Ha piovuto tutto il giorno ieri.**
È nevicato la settimana scorsa.   =   **Ha nevicato la settimana scorsa.**

APPLICAZIONE

G. Sono andata in giro! Indica quello che hanno fatto ieri le seguenti persone. Segui il modello.

> **MODELLO:** io *(f.)* / andare in giro per la città
> *Ieri io sono andata in giro per la città.*

1. io *(m.)* / andare in centro
2. Adriana e Claudia / arrivare dagli Stati Uniti
3. Daniela e Bruno / entrare in classe allo stesso tempo
4. tu *(f.)* / partire per l'Italia
5. Tutti i miei amici / essere / a casa tutta la giornata
6. Le amiche di Daniela / rientrare molto tardi

H. Dove sei stato? Con un compagno / una compagna, svolgi i seguenti compiti nel modo indicato.

> **MODELLO:**   Tu: Marco / essere / ieri
> COMPAGNO/A: a casa
>   Tu: *Marco, dove sei stato ieri?*
> COMPAGNO/A: *Ieri sono stato a casa.*

ieri sera	*last night (yesterday evening)*
ieri mattina	*yesterday morning*
ieri pomeriggio	*yesterday afternoon*

1.   Tu: Maria / essere / ieri
   COMPAGNO/A: all'università
2.   Tu: Signora Marchi / essere / ieri mattina
   COMPAGNO/A: a casa
3.   Tu: Bruno / andare / ieri sera
   COMPAGNO/A: al cinema
4.   Tu: Professoressa Dini / andare / ieri sera
   COMPAGNO/A: all'opera
5.   Tu: Daniela / andare / ieri mattina
   COMPAGNO/A: all'università

I. Essere o avere? Metti negli spazi le forme appropriate del verbo ausiliare e del participio passato secondo il caso.

1. Daniela _____ venut__ all'università con me ieri.
2. Ieri _____ fatt__ bel tempo.
3. I miei genitori _____ uscit__ insieme ieri.
4. La settimana scorsa _____ piovut__ molto.
5. Il mese scorso _____ nevicat__ un po'.
6. La settimana scorsa _____ fatt__ un po' di neve.
7. Ieri _____ tuonat__ e lampeggiat__ tutta la giornata.

J. Intervista! Chiedi al tuo compagno / alla tua compagna…

> **MODELLO:** what he/she did yesterday.
> TU: *Cosa hai fatto ieri?*
> COMPAGNO/A: *[risposta libera] Ieri ho studiato tutta la giornata.*

Ask a partner…
1. what he/she did before class *(prima della lezione)*.
2. what the weather was like yesterday.
3. what he/she did last month.
4. where he/she went last week.
5. who came to class yesterday.
6. to name three things that he/she did yesterday afternoon.

▶ ● TACCUINO CULTURALE 1

NATALE!

Feste! Rispondi alle seguenti domande.

1. Tu celebri il Natale?
2. Se sì, conosci il significato *(meaning)* dei seguenti simboli *(symbols):* l'albero *(tree)* e Babbo Natale *(Santa Claus)*?
3. Se no, celebri un altro tipo di festa? Quale?

L'Italia è un paese[1] storicamente[2] cattolico. Allora, il Natale è un periodo dell'anno significativo[3] in Italia. Ma come in altri paesi moderni, oggi si celebra non solo in modo religioso[4], ma anche in modo consumistico[5].

---

[1]*country* [2]*historically* [3]*meaningful* [4]*in a religious way* [5]*commercialized*

Naturalmente, oggi ci sono Babbo Natale e l'albero di Natale come simboli significativi del Natale anche in Italia. Nel passato, era forse più importante per i bambini la festa della Befana. Nel folclore italiano la Befana è una donna vecchia che viene giù[6] per il camino[7] della casa a portare regali[8] nella notte dell'Epifania[9], e cioè[10], il sei gennaio[11]. Buon Natale!

Comprensione! Rispondi alle seguenti domande.

1. Che tipo di paese è l'Italia storicamente?
2. Quale periodo dell'anno è particolarmente significativo per gli italiani?
3. Come si celebra oggi il Natale in Italia?
4. Quali sono i simboli del Natale?
5. Chi è la Befana?

---

[6]*down*   [7]*chimney*   [8]*to bring gifts*   [9]*Epiphany*   [10]*that is*   [11]*January*

K. Sondaggio! Con uno o due studenti, fate il seguente sondaggio e poi indicate i risultati ricavati a tutta la classe.

secondo te *(fam.)*	*in your opinion*
secondo Lei *(pol.)*	*in your opinion*
secondo me	*in my opinion*
sia...che	*both...and*

1. Secondo te è un periodo significativo il Natale?
   a. Sì, perché…
   b. No, perché…
2. Se tu celebri *(celebrate)* il Natale o qualche altra festa, come lo/la celebri *(how do you celebrate it)*?
   a. Solo in modo religioso
   b. Solo in modo consumistico o secolare *(secular)*
   c. Sia in modo religioso che in modo secolare
3. Quali simboli sono significativi per te?

MOMENTO CREATIVO 1

L. Previsioni del tempo! Immagina di essere un annunciatore / un'annunciatrice in televisione. Prepara le previsioni del tempo per oggi e recitale *(recite them)* in classe. Usa le parole e le espressioni che hai imparato *(learned)* in questo capitolo.

MODELLO: *Signore e signori, buon giorno. Ecco le previsioni del tempo. Oggi purtroppo fa cattivo tempo. Fa freddo e forse nevica stasera. Buona giornata!*

DIALOGO 2

has just given

Oggi è Natale. Bruno ha appena dato° il suo regalo a Daniela.

ring / Where did you buy it?
jewelry store / which is found

DANIELA: Oh, Bruno! Che bell'anello°! Dove l'hai comprato°?
  BRUNO: Sono dovuto andare alla gioielleria° che si trova° vicino alla Fontana di Trevi*.
DANIELA: Perché?

Don't you remember?

  BRUNO: Come? Non ti ricordi°? Sei tu che hai visto l'anello lì tre mesi fa.
DANIELA: È vero! Sei veramente molto romantico! Ed ecco a te, Bruno, il mio regalo.

scarf / silk / Thanks a lot

  BRUNO: Oh, che bella sciarpa° di seta°, Daniela! Grazie mille° e buon Natale, cara!
DANIELA: Anche a te!

M. Il giorno dopo Natale! Immagina che oggi sia *(is)* il giorno dopo Natale. Rispondi alle seguenti domande, che sono state formulate al passato prossimo. Segui il modello.

> **MODELLO:** Che giorno era *(was it)* ieri?
> *Ieri era Natale.*

1. Che giorno era ieri?
2. Che regalo ha dato Bruno a Daniela?
3. Dov'è dovuto andare per comprare il regalo?
4. Chi ha visto l'anello alla gioielleria?
5. Quando ha visto l'anello?
6. Chi ha detto *(said)* «Grazie mille»?

---

*See the *Taccuino culturale 2*.

ATTIVITÀ D'ESPANSIONE 2

►• REGALI!

la collana	gli orecchini
il guanto	la pantofola
la maglia	la scarpa

la maglia   la collana   gli orecchini

la scarpa   la pantofola   il guanto

N. Ecco a te! Con un compagno / una compagna nel ruolo del tuo fidanzato / della tua fidanzata, crea brevi dialoghi, seguendo i modelli.

MODELLO 1: [singolare] sciarpa di seta
  TU: *Ecco a te una sciarpa di seta.*
  COMPAGNO/A: *Grazie mille! È veramente molto bella! Ho sempre voluto avere una sciarpa di seta!*

1. sciarpa di seta
2. anello d'oro *(gold)*
3. collana d'oro
4. maglia di lana *(wool)*

MODELLO 2: [plurale] orecchini d'oro
  TU: *Hai comprato un regalo per me?*
  COMPAGNO/A: *Sì, gli orecchini d'oro. Ti piacciono?*
  TU: *Sono veramente belli! Mi sono sempre piaciuti gli orecchini d'oro!*

5. orecchini d'oro
6. scarpe italiane
7. pantofole di lana
8. guanti di lana

MODELLO 3: orecchini / 3 months ago
  TU: *Quando hai comprato gli orecchini?*
  COMPAGNO/A: *Sono andato/a ad un negozio in via Venezia tre mesi fa.*

9. guanti / one week ago
10. pantofole / last month
11. maglia / a year ago
12. sciarpa / five days ago

MODI DI DIRE E DI COMUNICARE 2

▶• IL TEMPO 2

esserci (l')afa	C'è l'afa!	*It's muggy!*
esserci (la) nebbia	C'è la nebbia!	*It's foggy!*
esserci (il) sole	C'è il sole!	*It's sunny!*
esserci il/un temporale	C'è il temporale!	*There's a storm!*
esserci la/una tempesta	C'è la tempesta!	*There's a bad storm!*
esserci (il) vento / tirare (il) vento	C'è il vento! / Tira vento!	*It's windy!*
essere sereno	È sereno!	*It's clear!*

Note that **essere**, rather than **fare**, is used in reference to climate or general weather conditions:

In Italia il tempo è sempre bello. *In Italy the weather is always beautiful.*
Ma oggi fa cattivo tempo. *But today the weather's bad.*

▶• LA TEMPERATURA

In Italy, temperature is reported in centigrade degrees:

il grado	*degree*	**meno**		*minus*
centigrado	*centigrade*	**0° C**	**=**	*32° F*

Oggi la temperatura è a *Today the temperature is at two*
due gradi (centigradi). *degrees centigrade.*
È a meno dieci. *It's minus ten.*

APPLICAZIONE

0. Che tempo fa oggi? Con un compagno / una compagna, svolgi i seguenti compiti, seguendo i modelli.

> MODELLO 1: esserci l'afa / fare caldo / oggi
> > TU: *Che tempo fa oggi?*
> > COMPAGNO/A: *Oggi c'è l'afa e fa caldo.*

1. esserci una tempesta di neve / fare molto freddo
2. tirare vento / fare cattivo tempo
3. esserci il sole / fare bel tempo
4. essere sereno / fare un po' fresco

> MODELLO 2: esserci il vento / piovere / ieri
> > TU: *Che tempo ha fatto ieri?*
> > COMPAGNO/A: *C'è stato il vento e ha piovuto tutta la giornata.*

5. esserci l'afa / fare molto caldo
6. esserci una tempesta / tuonare e lampeggiare
7. esserci sole / fare bel tempo
8. esserci la nebbia / fare brutto tempo

P. Fa freddo! Il tuo compagno / la tua compagna deve reagire *(react)* in modo appropriato, seguendo il modello.

> MODELLO: 1° C
>
> > TU: *Sai che oggi la temperatura è a un grado?*
> > COMPAGNO/A: *Fa molto freddo!*

1. 25° C
2. 38° C
3. -7° C
4. 18° C

5. 22° C
6. 40° C
7. -13° C
8. 10° C

Q. Il tempo! Rispondi alle seguenti domande.

1. Che tempo fa oggi?
2. Che tempo ha fatto ieri?
3. Che tempo ha fatto la settimana scorsa?
4. Ti piacciono le giornate calde o le giornate fredde? Perché?
5. Qual è la temperatura di oggi?
6. Descrivi il tempo perfetto per te!

APPUNTI DI GRAMMATICA 2

ANCORA SUL PASSATO PROSSIMO 2

PIACERE

As pointed out above, **piacere** is conjugated with **essere**. Do not forget the special features of the verb **piacere** presented in Chapter 3:

• Singular / masculine agreement pattern:

FAMILIAR

Daniela, ti *è* piaciut*o* l'*anello*?	**Sì, mi *è* piaciut*o* molto.**
Bruno, ti *è* piaciut*o* l'*orologio*?	**No, non mi *è* piaciut*o* affatto.**

POLITE

Professoressa Dini, Le *è* piaciut*o* il *film*?	**Sì, mi *è* piaciut*o* molto.**
Dottor Marchi, Le *è* piaciut*o* il *regalo*?	**No, non mi *è* piaciut*o* affatto.**

• Plural / masculine agreement pattern:

FAMILIAR

Daniela, ti *sono* piaciut*i* gli *orecchini*?	**Sì, mi *sono* piaciut*i* molto.**
Bruno, ti *sono* piaciut*i* i *guanti*?	**No, non mi *sono* piaciut*i* affatto.**

POLITE

Professoressa Dini, Le *sono* piaciut*i* i *film*?	**Sì, mi *sono* piaciut*i* molto.**
Dottor Marchi, Le *sono* piaciut*i* i *regali*?	**No, non mi *sono* piaciut*i* affatto.**

• Singular / feminine agreement pattern:

FAMILIAR

Daniela, ti *è* piaciut*a* la *collana*?	**Sì, mi *è* piaciut*a* molto.**
Bruno, ti *è* piaciut*a* la *maglia*?	**No, non mi *è* piaciut*a* affatto.**

POLITE

Professoressa Dini, Le *è* piaciut*a* l'*opera*?	**Sì, mi *è* piaciut*a* molto.**
Dottor Marchi, Le *è* piaciut*a* la *sciarpa*?	**No, non mi *è* piaciut*a* affatto.**

• Plural / feminine agreement pattern:

FAMILIAR

Daniela, ti *sono* piaciut*e* le *scarpe*?	**Sì, mi *sono* piaciut*e* molto.**
Bruno, ti *sono* piaciut*e* le *pantofole*?	**No, non mi *sono* piaciut*e* affatto.**

POLITE

Professoressa Dini, Le *sono* piaciut*e* le *opere*?	**Sì, mi *sono* piaciut*e* molto.**
Dottor Marchi, Le *sono* piaciut*e* le *maglie*?	**No, non mi *sono* piaciut*e* affatto.**

ESSERCI

Also recall the features of **esserci** (review Chapter 1). This verb too is conjugated with **essere** in the present perfect:

		Present	**Present Perfect**
Singular		C'è Maria a casa?	No, ma c'è stata tutto il giorno ieri.
Plural		Ci sono i tuoi amici a casa?	No, ma ci sono stati tutto il giorno ieri.

DOVERE, POTERE E VOLERE

Recall from the previous chapter that the auxiliary of the modal verbs **dovere, potere,** and **volere** is determined by the infinitive.

VERBS WITH *AVERE*	**VERBS WITH *ESSERE***
Maria *ha* voluto *finire* il compito prima di uscire.	**Maria *è* volut*a andare* in giro ieri.**
I miei amici *hanno* dovuto *completare* il compito.	**I miei amici *sono* dovut*i uscire* tardi.**
Le mie amiche *hanno* potuto *fare* tutto ieri.	**Le mie amiche non *sono* potut*e uscire*.**

Note, however, that in current spoken Italian the tendency is to use only **avere** in all modal constructions.

Maria *è* volut*a andare* in giro ieri.	=	**Maria *ha* voluto *andare* in giro ieri.**

I miei amici *sono* **dovut***i* *uscire* tardi.	=	I miei amici *hanno* dovuto *uscire* tardi.
Le mie amiche non *sono* potut*e* *uscire*.	=	Le mie amiche non *hanno* potuto *uscire*.

IL VERBO *DARE*°

To Give

DARE	
PRES. IND.	(io) **do**, (tu) **dai**, (lui/lei/Lei) **dà**, (noi) **diamo**, (voi) **date**, (loro) **danno**
PAST PART.	**dato (ho dato, hai dato, …)**

BELLO

Like the adjective **buono** (review Chapter 6), the adjective **bello** *(beautiful)* can be placed before or after the noun it modifies. When it is placed before the noun, its forms vary in ways that parallel the forms of the definite article.

L'articolo determinativo	Bello *(before)*	Bello *(after)*
lo zio **gli** zii	il **bello** zio i **begli** zii	lo zio **bello** gli zii **belli**
lo studente **gli** studenti	il **bello** studente i **begli** studenti	lo studente **bello** gli studenti **belli**
l'anello **gli** anelli	il **bell'**anello i **begli** anelli	l'anello **bello** gli anelli **belli**
il guanto **i** guanti	il **bel** guanto i **bei** guanti	il guanto **bello** i guanti **belli**
la collana **le** collane	la **bella** collana le **belle** collane	la collana **bella** le collane **belle**
l'opera **le** opere	la **bell'**opera le **belle** opere	l'opera **bella** le opere **belle**

• Note the usual adjustments that must be made to the preceding articles:
lo zio bello (recall that **lo** is used before **z** in the masculine singular)

but
il bello zio (**il** is used before **b** in the masculine singular)
gli anelli belli (recall that **gli** is used before vowels in the masculine plural)

but
i begli anelli (**i** is used before **b** in the masculine plural)

• Note also that when the adjective is reinforced with **molto** *(very)*, it is placed after the noun:

È un bell'anello.   **È un anello molto bello.**

Sono due begli orecchini.   **Sono due orecchini molto belli.**

APPLICAZIONE

R. Ti è piaciuta? Con un compagno / una compagna, svolgi i seguenti compiti, seguendo i modelli.

MODELLO 1: maglia / alla mia fidanzata

TU: *Ti è piaciuta la maglia che ho dato alla mia fidanzata?*

COMPAGNO/A: *Sì, mi è piaciuta molto. È una bella maglia!*

a + il*	**=**	**al**	→	**al mio amico**
a + i	**=**	**ai**	→	**ai genitori**
a + lo	**=**	**allo**	→	**allo zio**
a + l'	**=**	**all'**	→	**all'amico / all'amica**
a + gli	**=**	**agli**	→	**agli amici**
a + la	**=**	**alla**	→	**alla mia fidanzata**
a + le	**=**	**alle**	→	**alle mie sorelle**

1. collana / alla mia fidanzata
2. sciarpa / a mia madre
3. anello / al mio fidanzato
4. regalo / al mio amico

MODELLO 2: orecchini / alla mia fidanzata

TU: *Ti sono piaciuti gli orecchini che ho dato alla mia fidanzata?*

COMPAGNO/A: *Sì, mi sono piaciuti molto. Sono molto belli.*

5. scarpe / a mia sorella
6. pantofole / a mio nonno
7. guanti / alla mia amica
8. orologi / ai miei amici

S. Ci sono i tuoi amici? Con un compagno / una compagna, svolgi i seguenti compiti, seguendo il modello.

MODELLO: i tuoi amici

TU: *Tu sai se ci sono i tuoi amici a casa?*

COMPAGNO/A: *No, ma ci sono stati tutto il giorno ieri.*

1. le tue amiche
2. tuo fratello
3. tua sorella
4. i tuoi cugini

---

*The topic of prepositional contractions will be taken up formally in the next chapter.

T. Dare regali... In coppie, svolgete i seguenti compiti, seguendo il modello.

> MODELLO: Bruno / a Daniela
> TU: *È vero che Bruno dà un regalo a Daniela?*
> COMPAGNO/A: *Sì, dà un regalo a Daniela perché ha sempre dato un regalo a Daniela.*

1. tu / a tua sorella
2. tuo fratello / ai genitori
3. tu e tua sorella / ai cugini
4. i tuoi amici / a te

U. Bello, bello! Rispondi alle seguenti domande affermativamente, mettendo l'aggettivo davanti al nome nel modo indicato. Segui il modello.

> MODELLO: La FIAT è una macchina bella?
> *Sì, la FIAT è una bella macchina. Anzi, è una macchina molto bella.*

anzi	as a matter of fact

1. Roma è una città bella?
2. *Il postino* è un film bello?
3. L'italiano è una lingua bella?
4. Brad Pitt è un uomo bello?
5. I film di Fellini sono film belli?
6. L'Empire State e la Torre Trump sono edifici belli?
7. La FIAT e l'Alfa Romeo sono auto belle?
8. Le Alpi sono montagne *(mountains)* belle?

► ● TACCUINO CULTURALE 2

LA FONTANA DI TREVI!

Una famosa fontana! Rispondi alle seguenti domande.

1. Sei mai stato/a a Roma?
2. Se sì, quando?
3. Ti è piaciuta la città eterna? Perché sì/no?
4. Hai visto la Fontana di Trevi?
5. Se sì, descrivila *(describe it)* alla classe.

La Fontana di Trevi si trova[1] a Roma. È molto famosa, non solo per la sua bellezza[2], ma anche perché si dice[3] che chi getta[4] soldi[5] nella fontana è destinato a tornare[6]. Questo è il tema della famosa canzone[7] americana *Three Coins in the Fountain* che si riferisce[8] alla Fontana di Trevi.

[1] *is found* [2] *its beauty* [3] *it is said* [4] *whoever throws* [5] *money* [6] *to return* [7] *song* [8] *refers to*

Ma cosa succede[9] ai soldi? I soldi sono ridistribuiti agli operai[10] che si occupano[11] della manutenzione[12] della fontana. Secondo diverse fonti[13] d'informazione, si dice che la città raccoglie[14] da 100.000 (centomila) lire a 500.000 (cinquecentomila) lire alla settimana dalla fontana. Ovviamente, c'è tanta gente[15] che vuole tornare a Roma!

Comprensione! Rispondi alle seguenti domande.

i soldi	*money*

1. Dove si trova la Fontana di Trevi?
2. Perché è famosa?
3. Qual è il tema della canzone americana *Three Coins in the Fountain*?
4. Cosa succede ai soldi?
5. Secondo diverse fonti d'informazione, quanti soldi raccoglie la città dalla fontana?
6. Quanta gente vuole tornare a Roma?

[9]*what happens*   [10]*are redistributed among the workers*   [11]*look after*   [12]*maintenance*   [13]*sources*
[14]*collects*   [15]*people*

MOMENTO CREATIVO 2

V. Intervista! Intervista un compagno / una compagna. Chiedigli/le…

1. quali film gli/le sono piaciuti l'anno scorso.
2. a chi dà regali generalmente.
3. che cosa ha comprato la settimana scorsa.
4. tre cose che ha dovuto fare ieri.
5. tre cose che ha voluto fare ieri.
6. tre cose che non ha potuto fare ieri.

FASE 2: ASCOLTO E I NUMERI

ASCOLTO

A. Ascolta attentamente la vignetta sull'audio cercando di determinare le seguenti cose:

1. che tempo fa oggi
2. che tempo ha fatto ieri
3. qual è la temperatura di oggi
4. che tempo farà probabilmente domani

B. Adesso cerca di ricostruire la conversazione con altri studenti a piacere.

I NUMERI

L'ADDIZIONE

1 + 3 = 4	**Uno più tre fa quattro.**
12 + 5 = 17	**Dodici più cinque fa diciassette.**
5 + 15 = 20	**Cinque più quindici fa venti.**

LA SOTTRAZIONE

8 - 5 = 3	**Otto meno cinque fa tre.**
10 - 6 = 4	**Dieci meno sei fa quattro.**
50 - 49 = 1	**Cinquanta meno quarantanove fa uno.**

LA MOLTIPLICAZIONE

1 x 3 = 3	**Uno per tre fa tre.**
12 x 5 = 60	**Dodici per cinque fa sessanta.**
5 x 15 = 75	**Cinque per quindici fa settantacinque.**

LA DIVISIONE

9 ÷ 3 = 3	**Nove diviso per tre fa tre.**
12 ÷ 2 = 6	**Dodici diviso per due fa sei.**
25 ÷ 5 = 5	**Venticinque diviso per cinque fa cinque.**

C. Scrivi in parole le seguenti operazioni aritmetiche.

1. 12 + 15 = ?
2. 24 + 35 = ?
3. 125 + 456 = ?
4. 1.000 + 5.000 = ?
5. 125.000 + 500.500 = ?
6. 6 - 5 = ?
7. 25 - 15 = ?
8. 150 - 125 = ?
9. 2.500 - 45 = ?
10. 250.000 - 60.500 = ?

11. 12 x 15 = ?
12. 24 x 3 = ?
13. 125 x 5 = ?
14. 1.000 x 5 = ?
15. 125 x 500 = ?
16. 120 ÷ 10 = ?
17. 250 ÷ 5 = ?
18. 10.000 ÷ 10 = ?
19. 1.000 ÷ 5 = ?
20. 125.000 ÷ 100 = ?

PRIMA DI LEGGERE

A. Contrari! Qual è il contrario *(opposite)* delle seguenti parole?

1. giorno
   a. pomeriggio
   b. notte

2. aperto
   a. chiesto
   b. chiuso

3. Fa freddo.
   a. Fa bel tempo.
   b. Fa caldo.

4. stare bene
   a. stare per cominciare
   b. stare male

5. i vecchi
   a. i giovani
   b. i genitori

Lettura: E pensare che tra una settimana è Natale!

FIGLIO: Notte!
FIGLIA: Notte!
MADRE: Chiuso il balcone°?
FIGLIA: Chiuso!
MADRE: Chiuse le persiane°?
FIGLIA: Chiuse!
PADRE: Chiusa la porta d'entrata°?
FIGLIO: Chiusa!
FIGLIA: Fa un freddo°!
PADRE: Freddo?
FIGLIA: Freddo. Freddo!
FIGLIO: Si prepara un inverno°...
MADRE: Freddo?
FIGLIO: Freddo!
MADRE: Ma qui fa caldo! *(va in cucina°)*
FIGLIO: Sì, ma...
PADRE: Caldo, caldo. *(Alla figlia)*. Le pantofole.
FIGLIA: Pantofole? Fa un freddo!
FIGLIO: L'hai già detto°.... e qui fa caldo.
FIGLIA: Sì, qui fa caldo ma fuori fa freddo.
       La conversazione continua, poi...
ZIA: E pensare che tra una settimana è Natale...
FIGLIA: Natale?
FIGLIO: Natale? Pensavo° Pasqua, io, pensavo!
MADRE: Eh... voi giovani!
PADRE: Pasqua o Natale, quello che importa° è non star male!

(Da: *Dopo una giornata di lavoro chiunque può essere brutale* di F. Zardi)

balcony window

window blinds

front door

It's really getting cold!

winter

kitchen

You've said it already

I was thinking

the important thing is

DOPO LA LETTURA

B. Comprensione! Rispondi alle seguenti domande.

1. Che parte della giornata è?
2. Com'è il balcone, chiuso o aperto?
3. E le persiane?
4. E la porta d'entrata?
5. Che cosa si prepara?
6. Dove fa caldo?
7. Chi va in cucina?
8. Chi vuole le pantofole?
9. Che cosa c'è tra una settimana?
10. Che cosa importa, secondo il padre?

C. Al completo, per favore! Riscrivi la lettura con frasi complete, seguendo il modello.

> **MODELLO:** Notte!
> *È notte!*

1. Chiuso il balcone?
2. Chiuse le persiane?
3. Chiusa la porta d'entrata?
4. Freddo?
5. Caldo.
6. Pantofole?
7. Natale?

SINTESI

A. Situazioni! Completa ciascuna frase in modo logico.

1. Devo andare…
   a. a fare delle spese.
   b. a domani.

2. Il cielo è…
   a. freddo.
   b. coperto.

3. Ho speso tutto il mio stipendio…
   a. due settimane fa.
   b. per fortuna.

4. Ieri ha piovuto ed…
   a. ha nevicato.
   b. ha lampeggiato e tuonato.

5. Daniela…
   a. fa sempre caldo.
   b. ha sempre caldo.

6. Il caffè…
   a. ha molto caldo.
   b. è molto caldo.

B. Che tempo fa? Descrivi il tempo in ogni scena.

1. 2. 3. 4.

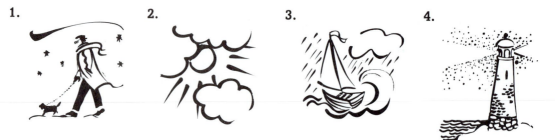

C. Bello, bello! Rispondi affermativamente alle seguenti domande mettendo l'aggettivo **bello** davanti al nome. Segui il modello.

MODELLO: Hai comprato una maglia ieri?
Sì, ho comprato una bella maglia ieri.

1. Hai visto un film ieri?
2. Hai comprato un anello ieri?
3. Hai comprato due orologi ieri?
4. Hai visto un'opera ieri?
5. Hai ricevuto una collana ieri?

D. Che bella maglia! Esprimi le tue reazioni, seguendo il modello.

MODELLO: maglia
Che bella maglia! Mi è piaciuta molto!

1. anello
2. orologio
3. canzone
4. orecchini
5. montagne

E. Cultura italiana! Vero o falso? Correggi le affermazioni che sono false.

1. L'Italia è un paese storicamente cattolico.
2. Il Natale è un periodo significativo per l'Italia.
3. Il Natale si celebra solo in modo religioso.
4. Babbo Natale è un simbolo del Natale anche in Italia.
5. La Befana è una donna vecchia che viene giù per il camino a portare regali la notte di Natale.
6. La Fontana di Trevi si trova a Firenze.
7. La Fontana di Trevi è famosa sia per la sua bellezza che per il fatto che chi getta soldi nella Fontana è destinato a tornare.
8. I soldi che la città raccoglie dalla fontana sono ridistribuiti agli operai che si occupano della manutenzione della fontana.

F. Avvio allo scrivere! Prepara le previsioni del tempo in base alla seguente figura, e poi leggile in classe.

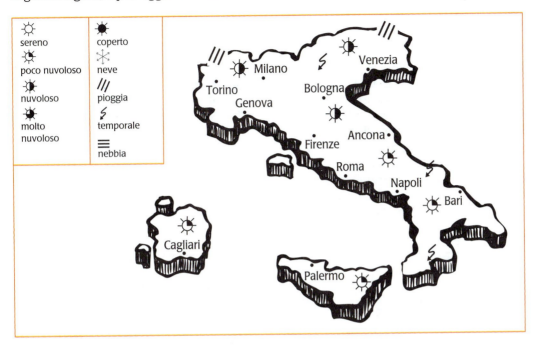

☼ sereno	☀ coperto
☼ poco nuvoloso	✳ neve
☼ nuvoloso	/// pioggia
☼ molto nuvoloso	⚡ temporale
	≡ nebbia

Milano
Torino
Genova
Bologna
Venezia
Firenze
Ancona
Roma
Napoli
Bari
Cagliari
Palermo

G. Momento creativo! Intervista un compagno / una compagna. Chiedigli/le...

1. che cosa ha fatto ieri.
2. dov'è andato/a la settimana scorsa.
3. se ha un fidanzato / una fidanzata e come si chiama.
4. se sa le previsioni del tempo.

EXPLORE!
For this chapter's activity, go to http://adesso.heinle.com

LESSICO UTILE

NOMI

l'afa *mugginess*	la montagna *mountain*	la sciarpa *scarf*
l'anello *ring*	il Natale *Christmas*	la seta *silk*
il cielo *sky*	la nebbia *fog*	i soldi *money*
la collana *necklace*	il negozio *store*	il sole *sun*
la fidanzata *fiancée*	la neve *snow*	lo stipendio *salary*
il fidanzato *fiancé*	gli orecchini *earrings*	la temperatura *temperature*
la gioielleria *jewelry store*	la pantofola *slipper*	la tempesta *severe storm*
il grado *degree*	la Pasqua *Easter*	il tempo *weather*
il guanto *glove*	la pioggia *rain*	il temporale *storm*
la maglia *sweater*	il regalo *gift*	il vento *wind*
il mese *month*	la scarpa *shoe*	

AGGETTIVI

brutto *ugly*	coperto *covered; cloudy*	scorso *last*
cattivo *bad*	eccezionale *exceptional*	variabile *variable*
centigrado *centigrade*	romantico *romantic*	zitto *quiet*

VERBI

crescere *to grow*	lampeggiare *to be lightning*	piovere *to rain*
dare *to give*	nevicare *to snow*	spendere *to spend*
invitare *to invite*	passare *to pass, spend (time)*	tuonare *to be thundering*

ALTRI VOCABOLI / ESPRESSIONI

a casa di *at/to the home of*	essere sereno *to be clear*	fare tempo variabile *to be variable weather*
anzi *as a matter of fact*	fa *ago*	fino a *until*
Che tempo fa? *How's the weather?*	fare bel tempo *to be beautiful weather*	Grazie mille! *Thanks a lot!*
esserci il sole *to be sunny*	fare brutto tempo *to be ugly weather*	per fortuna *luckily, fortunately*
esserci il temporale *to be stormy*	fare caldo *to be hot*	le previsioni del tempo *weather forecast*
esserci il vento *to be windy*	fare cattivo tempo *to be bad weather*	secondo me *in my opinion*
esserci l'afa *to be muggy*	fare delle spese *to shop*	secondo te (fam.) / Lei (pol.) *in your opinion*
esserci la nebbia *to be foggy*	fare freddo *to be cold*	stare zitto/a *to keep quiet*
esserci la tempesta *to be really stormy*	fare fresco *to be cool*	tirare il vento *to be windy*

Comunicazione

- giving best wishes
- talking about age and birthdays
- talking about work and working
- asking for and giving the date
- expressing various feelings
- asking someone how old he/she is

Cultura

- a résumé in Italian

Strutture e vocabolario

- how to use **troppo, poco, caro**, and **povero**
- verbs in the present progressive
- the names of the months and seasons
- how to distinguish among **partire, uscire, lasciare,** and **andare via**
- reflexive verbs in the present indicative, present progressive, and present perfect
- the verbs **dire** and **rimanere**
- how to form prepositional contractions
- about ordinal numbers

See the Internet activity in this chapter.

BUON COMPLEANNO!

DIALOGO 1

TEMA 1

Giving best wishes / Talking about age / Talking about work

is seated / are celebrating
birthday / Around
who is a doctor
both

La famiglia Barzetti è seduta° a tavola. Oggi stanno festeggiando° il compleanno° della nonna, Renata. Intorno° alla nonna ci sono le seguenti persone: la figlia Maria, che fa il medico°, il genero Massimo, che è professore universitario, e i nipoti Sandra e Stefano, ambedue° studenti universitari.

Best wishes
How old are you (lit.: How many years are you finishing) / Too many / Let's wish Grandma a happy birthday! / Let's sing

SANDRA: Tanti auguri°, nonna!
STEFANO: Buon compleanno! Quanti anni compi° oggi?
NONNA: Troppi°, troppi, caro!
MARIA: Facciamo gli auguri alla nonna°! Cantiamo° insieme:
TUTTI: Tanti auguri a te, Tanti auguri a te,
Tanti auguri, cara nonna
Tanti auguri a te!

happy / I enjoy myself
cake / Enjoy your meal! (lit., Good appetite!)

NONNA: Grazie a tutti! Io sono felice° e mi diverto° solo quando sono insieme a voi! E grazie per la bella torta°! Buon appetito°!

A. Comprensione! Rispondi alle seguenti domande.

1. Dov'è la famiglia Barzetti?
2. Che cosa c'è oggi in famiglia?
3. Chi è Renata? Sandra? Stefano? Maria? Massimo?
4. Chi fa gli auguri alla nonna, prima degli altri *(before the others)*?
5. Quanti anni compie la nonna, secondo lei stessa *(according to herself)*?
6. Quando è felice e si diverte la nonna?
7. Che cosa cantano tutti alla nonna?
8. Quali sono le professioni di Maria, Massimo, Stefano e Sandra?

ATTIVITÀ D'ESPANSIONE 1

▶• QUANTI ANNI HAI?

Quanti anni hai (*fam.*) / **ha** (*pol.*)?	*How old are you?**
Ho diciannove anni.	*I'm nineteen years old.*
c̲ompiere gli anni	*(lit.:) to finish years; to turn x years old*
festeggiare il compleanno	*to celebrate a birthday*

B. Quanti anni hai? In coppie, svolgete i seguenti compiti, seguendo i modelli.

> **MODELLO 1:** Chiedi a un compagno / una compagna quanti anni ha.
> TU: *Quanti anni hai, Marisa?*
> COMPAGNA: *Ho ventidue anni.*

Chiedi a un compagno / una compagna…
1. quanti anni ha.
2. quando ha compiuto gli anni *(una settimana fa, due mesi fa, ecc.)*.
3. oppure *(or else)* quando compie gli anni *(tra una settimana, tra un mese, ecc.)*.

> **MODELLO 2:** quanti anni ha. / 40
> TU: *Quanti anni ha, dottoressa Binni?*
> COMPAGNA: *Ho quarant'anni.*

Adesso chiedi alla dottoressa Binni…
4. quanti anni ha. / 40
5. quando ha compiuto gli anni. / due mesi fa
6. oppure quando compie gli anni. / tra due giorni

▶• BUON COMPLEANNO!

Buon compleanno!	*Happy birthday!*	**Buon appetito!**	*Enjoy your meal!†*
Buona giornata!	*Have a nice day!*	**Tanti auguri!**	*Best wishes!*
Buona fortuna!	*Good luck!*	**Tante belle cose!**	*All the best!*

C. Facciamo gli auguri! Fa' gli auguri appropriati, seguendo il modello.

> **MODELLO:** compleanno
> *Buon compleanno!*

1. anno
2. viaggio (*trip*)
3. Natale
4. Pasqua
5. appetito
6. giornata
7. serata
8. compleanno

---

*Lit.: How many years do you have?
†Said before eating

▶• TI DIVERTI O TI ANNOI?

divertirsi	*to enjoy oneself*
annoiarsi	*to become bored*
Ti diverti?	*Are you enjoying yourself? (fam.)*
Si diverte?	*Are you enjoying yourself? (pol.)*
Ti annoi?	*Do you get bored? (fam.)*
Si annoia?	*Do you get bored? (pol.)*
Mi diverto. / Non mi diverto.	*I'm enjoying myself. / I'm not enjoying myself.*
Mi annoio. / Non mi annoio.	*I get bored. / I do not get bored.*

D. Ti diverti o ti annoi? Con un compagno / una compagna, crea brevi dialoghi, seguendo i modelli.

> **MODELLO 1:** quando c'è una festa in famiglia
>> Tu: *Ti diverti o ti annoi quando c'è una festa in famiglia?*
>> COMPAGNO/A: *Mi diverto molto. / Mi annoio molto.*

> | | |
> |---|---|
> | **la festa** | *party / get-together* |

1. quando c'è una festa in famiglia
2. quando c'è una festa tra amici
3. durante la lezione d'italiano
4. quando sei seduto/a a tavola con la famiglia
5. quando sei insieme ai tuoi amici

> **MODELLO 2:** Signor Forte / all'opera
>> Tu: *Signor Forte, Lei si diverte o si annoia all'opera?*
>> COMPAGNO/A: *Mi diverto molto all'opera. / Mi annoio molto all'opera.*

6. Signora Giusti / al cinema
7. Professor Corelli / alle feste in famiglia
8. Ingegner Cardelli / ai matrimoni *(weddings)*
9. Dottoressa Bruni / a casa
10. Professoressa Amato / in vacanza

MODI DI DIRE E DI COMUNICARE 1

▶• TROPPO

The word **troppo,** like **molto** and **tanto,** has both adjectival and adverbial functions:

USED AS AN ADVERB
La giornata è *troppo* lunga.
La lezione di matematica è *troppo* difficile generalmente.

The day is too long.
The math class is generally too difficult.

USED AS AN ADJECTIVE *(Don't forget to make it agree with the noun it modifies!)*

Non ci sono *troppi studenti* in classe oggi.	*There aren't too many students in class today.*
Ho fatto *troppe cose* ieri.	*I did too many things yesterday.*

▶• CARO, POVERO

The adjectives **caro and povero** *(poor)* can be placed before or after the nouns they modify. Their position alters their meaning:

BEFORE

È un caro amico.	*He's a dear friend.*
Povero ragazzo! Ha tanti soldi ma pochi amici.	*Poor (Unfortunate) boy! He has lots of money but few friends.*

AFTER

È un libro caro.	*It's an expensive book.*
Lui è un ragazzo povero.	*He's a poor boy (with little money).*

▶• MESTIERI E PROFESSIONI

Males	Females	
il commesso	**la commessa**	*store clerk*
l'impiegato	**l'impiegata**	*office worker*
l'operaio	**l'operaia**	*factory worker*
lo studente	**la studentessa**	*student*
il professore	**la professoressa**	*professor*
il medico	**il medico**	*doctor*
il dottore	**la dottoressa**	*doctor / Dr.*
l'avvocato	**l'avvocato**	*lawyer*
l'ingegnere	**l'ingegnere**	*engineer*

Recall that many words for professions are also used as titles:

PROFESSION	TITLE
una dottoressa	**la dottoressa Rossi**
una professoressa	**la professoressa Magri**

• Note that **il medico, l'avvocato** and the other masculine forms indicate the profession of doctor and lawyer for both males and females:

Renata è un medico.	**Anche Giorgio è un medico.**
Marco è un avvocato.	**Anche Maria è un avvocato.**

▶• FARE IL MEDICO

The formula **fare l'avvocato / fare il medico, ecc.** is used to indicate that someone practices a certain profession or does a certain job:

Mia madre fa l'avvocato.	*My mother is a lawyer.*
Mia sorella fa il medico.	*My sister is a doctor.*
Mio cugino fa l'operaio.	*My cousin is a factory worker.*
Mia zia fa la cuòca.	*My aunt is a chef.*

However, if the noun is modified, only **essere** + *the indefinite article* can be used:

Mio padre è un bravo avvocato.	*My father is a good lawyer.*
Mia sorella è un bravo medico.	*My sister is a good doctor.*
Mia cugina è un'impiegata eccezionale.	*My cousin is an exceptional office worker.*

APPLICAZIONE

E. Troppi, troppi! Rispondi alle seguenti domande, usando **troppo** come aggettivo o avverbio secondo il caso. Segui il modello.

> **MODELLO:** [aggettivo] Quanti compiti hai generalmente?
> *Generalmente ho troppi compiti.*
> [avverbio] È lunga generalmente la lezione d'italiano?
> *Sì, generalmente la lezione d'italiano è troppo lunga.*

il mestiere	*job / occupation*
la professione	*profession*

1. Quanta pasta mangi generalmente?
2. Sono facili generalmente i compiti d'italiano?
3. Quanto caffè bevi generalmente al giorno?
4. Quanti compiti devi fare generalmente la sera?
5. Quante cose devi fare ogni giorno?
6. Sono difficili generalmente i compiti di matematica?

F. Professioni e mestieri in famiglia. Adesso intervista un compagno / una compagna, chiedendogli/le se nella sua famiglia c'è…

> **MODELLO:** medico
> TU: *C'è un medico nella tua famiglia?*
> COMPAGNO/A: *Sì, mia madre è un medico / fa il medico.*

1. medico
2. avvocato
3. operaio/a
4. commesso/a
5. impiegato/a

G. Tanti auguri! Esprimi le seguenti cose.

> **MODELLO:** gli auguri di compleanno alla nonna
> *Buon compleanno, nonna!*

Esprimi gli auguri…
1. di compleanno alla signora Barzetti.
2. di fortuna al signor Moretti.
3. formali prima di mangiare.
4. di avere un giorno felice.
5. di avere un anno felice.

APPUNTI DI GRAMMATICA 1

IL PRESENTE PROGRESSIVO

The ongoing action expressed by the tense *I am writing, you are writing…*, which can be expressed by the **presente indicativo,** has an exact counterpart in Italian called the **presente progressivo**:

I am writing {
  scrivo (indicativo)

  sto scrivendo (progressivo)
}

The **presente progressivo** is made up of two separate parts: (1) the present indicative of the auxiliary verb **stare**, and (2) the gerund (**il gerundio**) of the verb:

Auxiliary verb	*Gerund*
↓	↓
sto	**scrivendo**

You already know the present indicative of **stare**. So, the only thing you must learn at this point is how to form the gerund of regular verbs.

First conjugation	Second conjugation	Third conjugation
are	ere	ire
↓	↓	↓
ando	endo	endo

parl*are*	→ **parl*ando***	*speaking*
scriv*ere*	→ **scriv*endo***	*writing*
fin*ire*	→ **fin*endo***	*finishing*

Note that the **i** of verbs ending in **-ciare** and **-giare** is retained in the formation of the gerund to preserve the soft sounds:

comin*ciare*	→ **comin*ciando***	*beginning*
man*giare*	→ **man*giando***	*eating*

Here are three verbs conjugated fully in the **presente progressivo**:

	PARLARE		SCRIVERE		FINIRE	
io	sto	parlando	sto	scrivendo	sto	finendo
tu	stai	parlando	stai	scrivendo	stai	finendo
lui / lei / Lei	sta	parlando	sta	scrivendo	sta	finendo
noi	stiamo	parlando	stiamo	scrivendo	stiamo	finendo
voi	state	parlando	state	scrivendo	state	finendo
loro	stanno	parlando	stanno	scrivendo	stanno	finendo

Please note the gerund of the following verbs. (*NOTE:* the gerund of **essere** is regular: **essendo.**)

bere	→	**bevendo**	*drinking*
dare	→	**dando**	*giving*
fare	→	**facendo**	*doing; making*
stare	→	**stando**	*staying; being*
venire	→	**venendo**	*coming*

I VERBI RIFLESSIVI 1

Reflexive pronouns refer back to the subject:

Mi **diverto molto alle feste.**	*I enjoy* myself *a lot at parties.*
Anche tu *ti* **diverti, vero?**	*You also enjoy* yourself, *don't you?*

As in corresponding English verbs, **i verbi riflessivi** are made up of two separate parts: (1) a reflexive pronoun that precedes a conjugated verb, and (2) the verb conjugated in its usual way.

You already know how to conjugate verbs in the present indicative. So, all you need to learn now are the reflexive pronouns.

1st-person singular	**mi**	*myself*
2nd-person singular	**ti**	*yourself (fam.)*
		himself
		herself
3rd-person singular	**si**	*yourself (pol.)*
		itself
		oneself
1st-person plural	**ci**	*ourselves*
2nd-person plural	**vi**	*yourselves*
3rd-person plural	**si**	*themselves*

A reflexive verb can be recognized by the **-si** *(oneself)* suffix added onto the infinitive in the following way:

alzare + si	→	**alzarsi**	=	*to get up*
mettere + si	→	**mettersi**	=	*to put on*
vestire + si	→	**vestirsi**	=	*to get dressed*

Some other common reflexive verbs are: **annoiarsi** *(to get bored),* **divertirsi** *(to enjoy oneself),* and **chiamarsi** *(to be called; to call oneself).*

Here are three reflexive verbs conjugated fully in the present indicative:

	ALZARSI		METTERSI		DIVERTIRSI	
io	mi	alzo	mi	metto	mi	diverto
tu	ti	alzi	ti	metti	ti	diverti
lui / lei / Lei	si	alza	si	mette	si	diverte
noi	ci	alziamo	ci	mettiamo	ci	divertiamo
voi	vi	alzate	vi	mettete	vi	divertite
loro	si	alzano	si	mettono	si	divertono

- Remember what you already know about verbs: (1) the negative **non** is put before the verb and the reflexive pronoun **(Io non mi diverto mai alle feste)**; and (2) subject personal pronouns are optional in simple sentences **(Non mi diverto mai alle feste).**

- Also, do not forget to differentiate between familiar and polite forms:
  Roberta, a che ora *ti alzi*   *Roberta, at what time do you get up*
  la mattina?   *in the morning?*
  Signora Dini, a che ora *si alza*   *Mrs. Dini, at what time do you get up*
  la mattina?   *in the morning?*

- The polite pronoun **si** can be capitalized: **Come si chiama, Lei? / Come Si chiama, Lei?**

- You will have noticed that some reflexive verbs in Italian are not reflexive in English: e.g., **alzarsi** = *to get up.* Moreover, note that some verbs have both reflexive and nonreflexive forms:

Nonreflexive		Reflexive	
alzare	*to lift*	**alzarsi**	*to get up*
mettere	*to put*	**mettersi**	*to put on*
chiamare	*to call*	**chiamarsi**	*to be called*
lavare	*to wash*	**lavarsi**	*to wash oneself*

Perché *metti* il libro lì?	*Why are you putting the book there?*
Perché non *ti metti* la maglia?	*Why don't you put on a sweater?*
Chi *lava* i piatti stasera?	*Who's washing the dishes tonight?*
Carlo *si lava* ogni giorno.	*Carlo washes himself every day.*

APPLICAZIONE

H. Cosa stanno facendo? Descrivi le seguenti scene usando il presente progressivo.

I. Cosa fanno? Descrivi ciascuna scena usando verbi riflessivi.

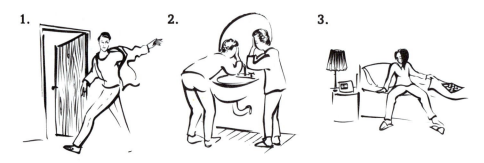

J. Chi sta guardando la TV? Rispondi alle seguenti domande, seguendo il modello.

> **MODELLO:** Chi sta leggendo un libro? / io
> *Io sto leggendo un libro.*

1. Chi sta festeggiando il compleanno? / mia madre
2. Chi sta dando regali alla nonna in questo momento? / loro
3. Chi sta aprendo la finestra? / noi
4. Chi sta dormendo? / i miei genitori
5. Chi sta pulendo la casa? / voi
6. Chi sta uscendo? / io
7. Chi sta facendo la colazione? / tu

K. Indicativo o progressivo? Rispondi alle domande in modo appropriato, seguendo il modello.

Modello: Cosa fai il sabato generalmente? / andare in centro
Generalmente il sabato vado in centro.
Cosa fai ora? / mangiare un panino
Ora sto mangiando un panino.

1. Cosa festeggi adesso? / festeggiare il mio compleanno
2. Cosa stai facendo? / mangiare la torta
3. Cosa mangi generalmente per la colazione? / mangiare una brioche
4. Cosa fai generalmente la domenica? / dormire fino a tardi

L. A che ora si alza Carlo? Con un compagno / una compagna, svolgi i seguenti compiti, seguendo i modelli.

Modello 1: alzarsi
Carlo / 7:30
Tu: *A che ora si alza Carlo generalmente?*
Compagno/a: *Carlo si alza alle sette e mezzo generalmente.*

alzarsi…
1. Maria / 6:30
2. tu / 7:00
3. i tuoi amici / 8:00
4. tu e tua sorella / 9:00

Modello 2: mettersi per uscire
Maria
Tu: *Che cosa si mette Maria per uscire?*
Compagno/a: *Maria si mette la maglia.*

mettersi per uscire…
5. Paolo
6. tu
7. le tue amiche
8. tu e tuo fratello

Modello 3: divertirsi alle feste
tua sorella
Tu: *Si diverte tua sorella alle feste?*
Compagno/a: *No, mia sorella non si diverte mai alle feste.*

divertirsi alle feste…
9. Paolo
10. tu
11. le tue sorelle
12. tu e tuo fratello

UN CURRICULUM ALL'ITALIANA!

Il curriculum! Rispondi alle seguenti domande.

1. Tu sai che cosa è un curriculum vitae?
2. Hai mai preparato un curriculum?
3. Spiega *(Explain)* ciascuno dei seguenti termini *(terms)*:
   a. Studi
   b. Vita professionale
   c. Conoscenze linguistiche

[Ecco come preparare un curriculum[1] all'italiana!]

ANGELA DI STEFANO
via Torino, 50
20133 Milano
Tel. (02) 29–56–89

Nata a Milano il cinque marzo 1970
Cittadina[2] italiana
Coniugata[3] con Mario Rossi, due figli

STUDI
Maturità scientifica – Liceo Mameli di Milano nel 1988
Laurea in matematica – Università Bocconi di Milano nel 1993

VITA PROFESSIONALE[4]
Impiegata presso la Ditta IBM (dal settembre 1993 al gennaio 1996)
Funzione: programmatrice[5]

CONOSCENZE LINGUISTICHE[6]
Italiano, lingua madre[7]
Inglese, ottimo livello[8], sia scritto che parlato

Il mio curriculum! Prepara il tuo curriculum e poi presentalo alla classe. Includici le seguenti informazioni.

1. il tuo nome e cognome
2. il tuo indirizzo di casa
3. il tuo numero telefonico
4. dove sei nato/a e il giorno della tua nascita *(birth)*
5. il nome del liceo dove hai conseguito la maturità o dove conseguirai la maturità *(where you will get your diploma)*
6. il nome dell'università dove hai conseguito la laurea o dove conseguirai la laurea *(where you will get your degree)*
7. un riassunto *(summary)* della tua vita professionale
8. le lingue che parli e/o scrivi (e il livello)

---

[1]*résumé* [2]*Citizen* [3]*Married* [4]*Work Experience* [5]*programmer* [6]*knowledge of languages*
[7]*mother tongue* [8]*good knowledge (level)*

MOMENTO CREATIVO 1

M. Intervista! Adesso intervista un compagno / una compagna.

Chiedigli/le…
1. come si chiama.
2. quando è nato/a *(Sono nato/a nel 19…)*.
3. a che ora si alza dal lunedì al venerdì.
4. a che ora si alza il sabato e la domenica.
5. quando si diverte.
6. quando si annoia.
7. quale mestiere / professione vuole esercitare nel futuro.
8. come festeggia generalmente il suo compleanno.

DIALOGO 2

TEMA 2

Asking for and giving the date / Expressing feelings

Sandro, Stefano e tutti gli altri sono in cucina°. Stanno mangiando i pochi pezzi° di torta che sono rimasti°, dopodiché vanno nel soggiorno°.

kitchen / few pieces
remaining / living room

SANDRO:	Stefano, che fai di bello° stasera?	*what are you doing*
STEFANO:	Non lo so. Che giorno è oggi°?	*What's the date today?*
SANDRO:	*(ironicamente)* È proprio vero che non ti ricordi° mai niente! Abbiamo appena festeggiato il compleanno della nonna!	*remember*
STEFANO:	*(sorpreso)* Ah già°, è il sei gennaio—il giorno della Befana! Mamma mia! Mi sono dimenticato° una cosa importante!	*That's right* *I forgot*
SANDRO:	Ho sempre detto che sei sbadato°!	*absent-minded*
STEFANO:	Hai ragione. Oggi è anche il compleanno di Franco, il mio miglior° amico.	*best*
SANDRO:	Allora, cosa pensi di fare?	
STEFANO:	Niente, oggi. Siamo in pieno inverno° e fuori fa un freddo! Lo chiamo domani.	*in the thick of winter (lit.: full winter)*
SANDRO:	E io vado a dormire. Mi devo alzare presto domani mattina. Buonanotte.	
STEFANO:	Buonanotte, Sandro!	

N. Comprensione! Rispondi alle seguenti domande.

| ricordarsi | to remember |
| dimenticarsi | to forget |

1. Chi non si ricorda mai niente?
2. Che cosa hanno appena festeggiato Sandro e Stefano?
3. Che giorno è?
4. Chi è sbadato?
5. Di chi è oggi il compleanno?
6. Cosa pensa di fare Stefano oggi?
7. Che tempo fa fuori?
8. Dove decide di andare Sandro? Perché?

ATTIVITÀ D'ESPANSIONE 2

▶• I MESI DELL'ANNO

gennaio	January	luglio	July
febbraio	February	agosto	August
marzo	March	settembre	September
aprile	April	ottobre	October
maggio	May	novembre	November
giugno	June	dicembre	December

You may have noticed that, like the **giorni della settimana,** the **mesi dell'anno** are not capitalized:

Oggi è il quattro aprile. *Today is April 4.*
Domani è il ventitrè giugno. *Tomorrow is June 23.*

O. Che mese è? Indica il mese e poi descrivi che tempo fa generalmente nella tua città. Segui il modello.

MODELLO: È il mese prima di agosto.
È luglio. Generalmente fa molto caldo a luglio.

1. È il mese dopo febbraio.
2. È il mese prima di maggio.
3. È il mese dopo aprile.
4. È il mese prima di luglio.
5. È il mese dopo settembre.
6. È il mese prima di settembre.

▶• QUANDO SEI NATO/A?

nascere	*to be born*
Quando sei nato/a?	*When were you born?*
Sono nato/a il tre maggio.	*I was born on May 3.*
Sono nato/a il quindici settembre.	*I was born on September 15.*

P. Quando sei nato/a? Chiedi a un compagno / una compagna
quando è nato/a e quanti anni ha. Segui il modello.

> **MODELLO:**   TU: *Paolo, quando sei nato?*
>   COMPAGNO: *Sono nato il cinque febbraio.*
>   TU: *Quanti anni hai?*
>   COMPAGNO: *Ho diciotto anni.*

MODI DI DIRE E DI COMUNICARE 2

▶• LE STAGIONI

la primavera	*spring*
l'estate *(f.)*	*summer*
l'autunno	*fall, autumn*
l'inverno	*winter*

▶• CHE GIORNO È?

You can ask what the date is with either…

Che giorno è?	*What day is it?*
Quanti ne abbiamo?	*What's the date? (lit.: How many [days] do we have?)*

- To give the date, use the following formula:
  È il quindici settembre.   *It's September 15.*

- Be sure to use the correct form of the article before **otto** and **undici**:
  È l'otto giugno.   *It's June 8.*
  È l'undici luglio.   *It's July 11.*

- There is one exception to this formula. For the first day of each month, the
  ordinal number **primo** is used instead of the cardinal number:
  È il primo ottobre.   *It's October 1.*
  È il primo gennaio.   *It's January 1.*

- When responding to **Quanti ne abbiamo?** you can use one or the other of
  the following formulas:
  È il venti febbraio.   **Ne abbiamo venti.**
  È il tre maggio.   **Ne abbiamo tre.**

▶• QUANDO SEI NATO/A?

• When giving the year of birth, you must use the definite article.

nel	in + il

Sono nato/a nel 1975 (mille novecento settantacinque).	*I was born in 1975.*
Mio fratello è nato nel 1982 (mille novecento ottantadue).	*My brother was born in 1982.*

but

La mia amica è nata il tre maggio, nel 1972 (mille novecento settantadue).	*My friend was born on May 3, 1972.*

• In general, years require the definite article:

Il 1492 è un anno importante.	*1492 is an important year.*

▶• PARTIRE, USCIRE, LASCIARE, ANDARE VIA

Note the differences in meaning among **partire, uscire, lasciare,** and **andare via**:

• **partire**	*(to leave in the sense of departing)*
Domani partiamo per l'Italia.	*Tomorrow we are leaving for Italy.*
• **uscire**	*(to leave in the sense of going out)*
Vuoi uscire stasera?	*Do you want to go out tonight?*
• **lasciare**	*(to leave in the sense of leaving something [behind])*
Non voglio ancora lasciare l'università.	*I don't want to leave the university yet.*
• **andare via**	*(to leave in the sense of going away)*
Adesso devo andare via.	*I have to go now.*

▶• POCO

The word **poco**, like **molto**, **tanto**, and **troppo**, has both adjectival and adverbial functions:

USED AS AN ADVERB	
La lezione è *poco* interessante.	*The class is not very interesting.*
I compiti di matematica sono *poco* interessanti.	*The math assignments are hardly interesting. (lit.: little interesting)*

USED AS AN ADJECTIVE *(Don't forget to make the adjective agree with the noun it modifies!)*	
Ci sono *pochi studenti* in classe oggi.	*There are few students in class today.*
Ho fatto *poche cose* ieri.	*I did few things yesterday.*

APPLICAZIONE

Q. Le stagioni. Identifica la stagione dipinta *(pictured)* in ciascuna delle seguenti scene, e poi descrivi il tempo.

1.

2.

3.

4.

R. Mesi, anni, compleanni…! Con un compagno / una compagna, svolgi i seguenti esercizi, seguendo i modelli.

> **MODELLO 1:** Marina / 28 / 1
>> Tu: *Marina, che giorno è oggi?*
>> COMPAGNA: *È il ventotto gennaio.*

1. Sandra / 1 / 1
2. Stefano / 11 / 2
3. Maria / 8 / 11
4. Massimo / 4 / 4

> **MODELLO 2:** Signor Franchi / 20 / 1
>> Tu: *Signor Franchi, quanti ne abbiamo oggi?*
>> COMPAGNO: *Ne abbiamo venti. È il venti gennaio.*

5. Signora Bellini / 27 / 8
6. Signor Rossi / 8 / 10
7. Dottoressa Verini / 18 / 9
8. Professor Parisi / 8 / 12

> **MODELLO 3:** Mario / 3 febbraio / 1976
>> Tu: *Mario, quando sei nato?*
>> COMPAGNO: *Sono nato il tre febbraio, nel 1976 (mille novecento settantasei).*

9. Maria / 1 aprile / 1978
10. Dottoressa Verini / 8 dicembre / 1951
11. Paolo / 6 giugno / 1980
12. Professor Giusti / 15 settembre / 1955

S. Intervista! Intervista un compagno / una compagna. Chiedigli/le…

1. quando vuole partire per l'Italia.
2. che cosa fa stasera.
3. se esce spesso la sera.
4. qual è la sua stagione dell'anno preferita.
5. quali corsi sono poco interessanti.
6. se vuole lasciare la scuola.
7. quando vuole partire per l'Italia.

APPUNTI DI GRAMMATICA 2

DIRE, RIMANERE

dire *(to tell, say)*	PRES. IND.:	(io) **dico**, (tu) **dici**, (lui / lei / Lei) **dice**, (noi) **diciamo**, (voi) **dite**, (loro) **dicono**
	PAST PART.:	**detto (ho detto, hai detto,...)**
	GERUND:	**dicendo (sto dicendo, stai dicendo,...)**
rimanere *(to remain)*	PRES. IND.:	(io) **rimango**, (tu) **rimani**, (lui / lei / Lei) **rimane**, (noi) **rimaniamo**, (voi) **rimanete**, (loro) **rimangono**
	PAST PART.:	**rimasto (sono rimasto/a, sei rimasto/a,...)**

I VERBI RIFLESSIVI 2

DOVERE, POTERE, VOLERE

With **dovere, potere,** and **volere,** the reflexive pronouns may be placed before the conjugated verb or attached to the infinitive (dropping the final **-e**):

Lui non *si vuole alzare* **presto.**	*He doesn't want to get up early.*
Io *mi devo alzare* **presto domani.**	*I have to get up early tomorrow.*
Sandra e io *ci dobbiamo alzare* **presto.**	*Sandra and I have to get up early.*

Lui non *vuole alzarsi* **presto.**	*He doesn't want to get up early.*
Io *devo alzarmi* **presto domani.**	*I have to get up early tomorrow.*
Sandra e io *dobbiamo alzarci* **presto.**	*Sandra and I have to get up early.*

FORME PROGRESSIVE

Reflexive verbs can also have a progressive form. Although the reflexive pronouns may be placed before **stare** or attached to the gerund in progressive constructions, it is more common to put them before:

Lui non *si sta divertendo.*	*He isn't enjoying himself.*
Io mi *sto annoiando.*	*I'm getting bored.*
Sandra e io *ci stiamo annoiando.*	*Sandra and I are getting bored.*

I VERBI RIFLESSIVI AL PASSATO PROSSIMO

All reflexive verbs are conjugated with **essere** in compound tenses. Since you already know how to conjugate verbs in the present perfect with **essere**, all you have to keep in mind are the things that you already know.

- Nonreflexive forms of the verb are conjugated with **avere**:

NONREFLEXIVE
Stefano *ha lavato* i piatti.
Loro *hanno messo* il libro
    sulla tavola.

REFLEXIVE
Stefano *si è lavato* poco tempo fa.
Loro *si sono messi* a cantare.
    (They started singing.)

- The past participle agrees with the subject:
Il ragazzo *si è alzato* tardi.
I miei amici *si sono divertiti*
    molto.

La ragazza *si è alzata* tardi.
Le mie amiche *si sono divertite*
    molto.

- With the polite form of address, the agreement is normally made with the
biological gender of the person referred to:
Signor Verdi, **quando si è alzato, Lei?**
Signora Binni, **quando si è alzata, Lei?**

Here are three reflexive verbs conjugated in the present perfect (recall that the
past participle of **mettere** is **messo**):

	ALZARSI			METTERSI			VESTIRSI		
io	mi	sono	alzato/a	mi	sono	messo/a	mi	sono	vestito/a
tu	ti	sei	alzato/a	ti	sei	messo/a	ti	sei	vestito/a
lui / lei / Lei	si	è	alzato/a	si	è	messo/a	si	è	vestito/a
noi	ci	siamo	alzati/e	ci	siamo	messi/e	ci	siamo	vestiti/e
voi	vi	siete	alzati/e	vi	siete	messi/e	vi	siete	vestiti/e
loro	si	sono	alzati/e	si	sono	messi/e	si	sono	vestiti/e

Stefano, a che ora *ti sei alzato*?
Sandra, *ti sei divertita* alla festa?
Mio fratello non *si è divertito* alla festa.
Sandra e Stefano *si sono annoiati* alla festa.

- With **volere, dovere,** and **potere**, the most common way to construct the
present perfect is to put the reflexive pronouns before the verb:
Lui non *si è voluto alzare* presto.   *He didn't want to get up early.*
Io *mi sono dovuto/a alzare* presto.   *I had to get up early.*
Sandra e io *ci siamo dovuti*   *Sandra and I had to get up early.*
    alzare presto.

FORME RECIPROCHE

The reflexive pronouns convey the idea of *each other / one another* when used
with nonreflexive verbs:

| telefonare | → | telefonarsi | = | *to phone each other* |
| vedere | → | vedersi | = | *to see each other* |

Loro *si telefonano* ogni sera.	They phone each other every evening.
Loro *si sono telefonati* ieri sera.	They phoned each other last night.
Stefano e io *ci vediamo* spesso.	Stephen and I see each other often.
Stefano e io *ci siamo visti* ieri.	Stephen and I saw each other yesterday.

Verbs altered in this way are called *reciprocal reflexives*.

LE PREPOSIZIONI ARTICOLATE

In previous chapters you have observed how to contract the preposition **a** with the definite article:

Ho dato un anello *alla* mia fidanzata.	=	a + la
Ho dato un regalo *al* fratello del tuo amico.	=	a + il

The prepositions **su** *(on)*, **in** *(in)*, **di** *(of)*, and **da** *(from)* also contract with the definite article as follows:

	il	i	lo	l'	gli	la	le
a	al	ai	allo	all'	agli	alla	alle
su	sul	sui	sullo	sull'	sugli	sulla	sulle
in	nel	nei	nello	nell'	negli	nella	nelle
di	del	dei	dello	dell'	degli	della	delle
da	dal	dai	dallo	dall'	dagli	dalla	dalle

Chi ha messo il libro *sulla* tavola?	=	su + la
Ho letto una cosa interessante *sul* giornale.	=	su + il
Chi c'è *nell'*aula?	=	in + l'
È il compleanno *dello* zio.	=	di + lo
Sono arrivati *dall'*Italia pochi anni fa.	=	da + l'

- The other preposition that contracts is **con**, for which you have two choices:

CON IL / COL	CON L' / COLL'
Vado al cinema *con il* fratello di Carlo.	**Vado al cinema *con l'*amica di Betty.**

or

Vado al cinema *col* fratello di Carlo.	**Vado al cinema *coll'*amica di Betty.**

- Be careful when using possessive adjectives. Recall that they require the definite article, unless they come before a singular, unmodified kinship noun:

Ho dato un regalo al mio amico.	=	a + il mio amico
È la festa dei tuoi amici?	=	di + i tuoi amici
È la festa di tua sorella?	=	di + tua sorella
È la festa delle tue sorelle?	=	di + le tue sorelle

APPLICAZIONE

T. Ripasso di grammatica! Svolgi i seguenti esercizi, seguendo i modelli.

MODELLO 1: [Rispondi alle domande.]
Marina ha sempre detto la verità *(truth)*, no?
Sì, Marina ha sempre detto la verità.

1. Tu hai sempre detto la verità, no?
2. I tuoi amici hanno sempre detto la verità, vero?
3. Tu sei rimasto/a a casa ieri, vero?
4. Anche voi siete rimasti a casa ieri, vero?

MODELLO 2: Marco non _____ (rimanere) mai a casa da solo.
Marco non rimane mai a casa da solo.

da solo *(m., sing.)*	*alone*
da sola *(f., sing.)*	*alone*
da soli *(m., pl.)*	*alone*
da sole *(f., pl.)*	*alone*

5. I tuoi amici / le tue amiche _____ (rimanere) sempre a casa da soli/e quando fa freddo, no?
6. Anche tu _____ (dire) sempre la verità, no?
7. È vero che tu e tua sorella _____ (rimanere) a casa quando fa freddo?
8. Noi non _____ (dire) mai niente quando parla il professore e neanche voi non _____ (dire) mai niente in classe, vero?

U. Io devo alzarmi presto! Svolgi i seguenti esercizi, seguendo i modelli.

MODELLO 1: Io devo alzarmi presto domani / tu
Anche tu devi alzarti presto, vero?

1. Io devo alzarmi presto domani / tuo fratello
2. Io mi voglio divertire alla festa / voi
3. Io preferisco mettermi la maglia / loro

MODELLO 2: Io *(f.)* mi alzo presto.
Io mi sono alzata presto.

4. Lui si diverte alla festa.
5. Noi *(f.)* ci dimentichiamo tutto.
6. Io *(m.)* mi annoio all'opera.
7. Tu non ti ricordi del mio compleanno.
8. Loro non si mettono la maglia.

V. Alla mía amica! Svolgi i seguenti esercizi, mettendo negli spazi la forma appropriata delle preposizioni articolate.

> **MODELLO 1:** Ho dato la penna _____ mia amica.
> *Ho dato la penna alla mia amica.*

1. Ho letto una cosa interessante _____ giornale.
2. Il libro è _____ tavolo.
3. La mia penna è _____ cartella.
4. _____ mese di agosto vado sempre in vacanza.
5. Non metto niente _____ caffè.
6. Mi sono divertito ieri sera _____ opera.
7. Lui abita _____ edificio vicino a me.
8. Mia madre è nata _____ 1955.

> **MODELLO 2:** dare / regalo / a / tua sorella
>   TU: *Hai dato un regalo a tua sorella?*
> COMPAGNO/A: *Sì, ho dato un regalo a mia sorella.*

9. dare / regalo / a / il tuo amico
10. dare / regalo / a / la tua amica
11. dare / regalo / a / lo zio

> **MODELLO 3:** essere / compleanno / di / la tua madre
>   TU: *Quando è il compleanno della tua madre?*
> COMPAGNO/A: *Il compleanno della mia madre è in giugno.*

12. essere / compleanno / di / il tuo fidanzato
13. essere / compleanno / di / la tua fidanzata
14. essere / compleanno / di / tuo fratello

MOMENTO CREATIVO 2

W. Un esame di storia! In coppie, mettete in scena la seguente situazione.

Il tuo amico / la tua amica ti rammenta *(reminds you)* che domani c'è un esame di storia americana, del quale ti eri dimenticato/a *(which you had forgotten)*. Allora il tuo amico / la tua amica ti farà cinque domande rispetto agli eventi e alle date *(dates)* più importanti (e.g., Ti ricordi quando è cominciata la Guerra *(War)* dell'Indipendenza americana?).

ASCOLTO

A. Ascolta attentamente la conversazione sull'audio cercando di determinare le seguenti cose:

1. di chi è il compleanno
2. quando è nata la persona festeggiata
3. che cosa dice agli altri
4. perché è felice

B. Adesso cerca di ricostruire la conversazione con altri studenti a piacere.

I NUMERI

I NUMERI ORDINALI 1

1°	primo	6°	sesto
2°	secondo	7°	settimo
3°	terzo	8°	ottavo
4°	quarto	9°	nono
5°	quinto	10°	decimo

Ordinal numbers are adjectives placed before nouns. They agree with the nouns they modify:

le prime giornate   *the first days*
la seconda volta   *the second time*

C. Con un compagno / una compagna, crea brevi dialoghi, seguendo il modello.

> **MODELLO:** 1 volta / andare in Italia / 2
> TU: *È la prima volta che vai in Italia?*
> COMPAGNO/A: *No. È la seconda volta.*

1. 1 volta / leggere il libro / 3
2. 1 anno / studiare l'italiano / 4
3. 1 giorno / avere lezione d'informatica / 5
4. 1 volta / mangiare gli spaghetti alla carbonara / 10
5. 1 estate / andare a Bari / 9
6. 1 inverno / andare in montagna / 6
7. 1 anno / studiare le lingue / 8
8. 1 volta / bere il caffè espresso / 7

PRIMA DI LEGGERE

A. Che festa è? Descrivi la fotografia. Che periodo dell'anno è? Che festa implica la scena *(does the scene concern)*?

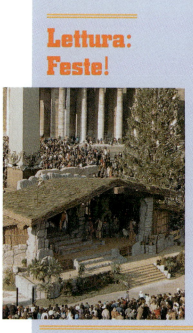

Lettura: Feste!

toward

I tremble
bills to pay

all in a row

a poor soul like me / disaster
doesn't want to

food merchants / set themselves up
outlaws / corner

one arrives clothed and leaves
nude

Natale, Capodanno, Befana, quando verso° il quindici di dicembre comincio a sentire parlare di feste, tremo°, come a sentir parlare di debiti da pagare° e per i quali non ci sono i soldi. Natale, Capodanno, Befana—chissà perché le hanno messe tutte in fila°, così vicine queste feste. Così in fila, non sono feste, ma, per un poveraccio come me°, sono un macello. E qui non si dice che uno non vorrebbe° festeggiare il Santo Natale, il primo dell'anno, l'Epifania, qui si vuol dire che i commercianti di roba da mangiare° si appostano° in quelle tre giornate come tanti briganti° all'angolo° della strada, così che, alle feste, uno ci arriva vestito e ne esce nudo°.

(Libera riduzione da: *Racconti romani* di Alberto Moravia)

DOPO LA LETTURA

B. Comprensione! Rispondi alle seguenti domande.

1. Come reagisce *(react)* il narratore quando sente parlare di feste verso il quindici di dicembre?
2. Per un poveraccio come il narratore cosa sono le feste messe in fila?
3. Dove si appostano i commercianti di roba da mangiare?
4. Come arriva uno alle feste?
5. Come ne esce *(How does one leave them)*?

C. Discussione in classe! Rispondi alle seguenti domande.

1. Sono veramente diventate *(become)* troppo commercializzate le feste, come dice Moravia?
2. Perché, secondo te, festeggiamo il Capodanno?

SINTESI

A. Come ti chiami? Chiedi al tuo compagno / alla tua compagna le seguenti cose, seguendo i modelli.

> **MODELLO 1:** come si chiama
> TU: *Come ti chiami?*
> COMPAGNO/A: *Mi chiamo Lisa Smith.*

1. quanti anni ha
2. quando è nato/a
3. quale professione vuole esercitare nel futuro e perché
4. cosa sta studiando quest'anno a scuola / all'università
5. a che ora si alza la domenica
6. che giorno è oggi
7. che fa di bello stasera
8. se si ricorda sempre di tutto
9. se è sbadato/a qualche volta *(once in a while)*

> **MODELLO 2:** se si è alzato/a presto ieri
> TU: *Ti sei alzato/a presto ieri?*
> COMPAGNO/A: *Sì, mi sono alzato/a presto ieri. / No, non mi sono alzato/a presto ieri.*

10. se tra poco è il compleanno di suo fratello / di sua sorella?
11. se lui/lei e i suoi amici si vedono spesso?
12. se si sta divertendo nel corso d'italiano
13. se si è dovuto/a alzare presto questa mattina

B. Cultura italiana! Svolgi il seguente compito.

Prepara un curriculum all'italiana del tuo miglior amico / della tua miglior amica, e poi leggilo in classe.

C. Avvio allo scrivere! Descrivi la tua festa preferita (in meno di 250 parole). Poi leggi la tua descrizione in classe.

D. Momento creativo! In gruppi, mettete in scena la seguente situazione.

È il compleanno della madre e tutti sono seduti a tavola. Diverse persone fanno gli auguri alla madre. La madre dice che è molto felice. Dopo che tutti hanno mangiato la torta, il figlio e la figlia della madre chiedono di uscire. Il dialogo finisce con un commento (*comment*) della madre sui giovani d'oggi.

EXPLORE!
For this chapter's activity, go
to http://adesso.heinle.com

LESSICO UTILE

NOMI

l'augurio *wish*
l'autunno *fall, autumn*
il commesso / la commessa *store clerk*
il compleanno *birthday*
la cucina *kitchen*
l'estate *summer*
la festa *party; holiday*

l'impiegato / l'impiegata *office worker*
l'inverno *winter*
il medico *doctor*
il mese *month*
il mestiere *job, occupation*
l'operaio / l'operaia *factory worker*

la persona *person*
il pezzo *piece*
la primavera *spring*
la professione *profession*
il soggiorno *living room*
la stagione *season*
la tavola *table*
la torta *cake*

I MESI DELL'ANNO

gennaio *January*
febbraio *February*
marzo *March*
aprile *April*

maggio *May*
giugno *June*
luglio *July*
agosto *August*

settembre *September*
ottobre *October*
novembre *November*
dicembre *December*

AGGETTIVI

caro *expensive*
felice *happy*
importante *important*
impossibile *impossible*

pieno *full*
poco *little, few*
povero *poor; unfortunate*
sbadato *absent-minded*

seguente *following, next*
sfortunato *unfortunate*
troppo *too (much)*
universitario *of the university*

VERBI

alzarsi *to get up*
annoiarsi *to become bored*
cantare *to sing*
compiere *to complete, finish*
dimenticarsi *to forget*
dire *to say, tell*

divertirsi *to enjoy oneself, have fun*
festeggiare *to celebrate*
lasciare *to leave (behind)*
lavarsi *to wash oneself, bathe*
mettersi *to put on*

nascere *to be born*
ricordarsi *to remember*
rimanere *to remain*
vestirsi *to get dressed*

AVVERBIO

poco *little*

ALTRI VOCABOLI / ESPRESSIONI

ambedue *both*
andare via *to go away*
Che fai di bello? *What are you doing? / What's up?*
Che giorno è? *What's the date?*

Come? *How come? / What?*
da solo *alone*
Impossibile! *Impossible! / Out of the question!*
intorno a *around*

Quanti anni hai *(fam.)* **/ ha** *(pol.)***?** *How old are you?*
Quanti ne abbiamo? *What's the date?*
sia...che *both...and*

Comunicazione

- carrying out a transaction at a clothing store
- carrying out a transaction at a bookstore
- describing past actions that went on regularly or repeatedly

Cultura

- Italian fashion
- great Italian writers

Strutture e vocabolario

- words referring to clothing
- color adjectives
- the expressions **stare bene a…** and **servire a**
- regular verbs in the imperfect indicative
- words ending in **-issimo**
- the demonstrative adjective and pronoun **questo**
- the possessive adjective **il suo**
- more about ordinal numbers

See the Internet activity in this chapter.

QUANTO COSTA?

(9)

DIALOGO 1

Ieri la signora Biagi aveva intenzione di° fare delle spese. Nella mattinata, è andata in un negozio di abbigliamento femminile°.

COMMESSA: Buongiorno, desidera?

BIAGI: Sì, grazie. Due settimane fa ho comprato un bellissimo vestito° rosso° e una camicetta bianca° in questo negozio. E mi ricordo che c'era un cappello° nella vetrina°, che aveva un colore blu° come il blu della canzone di Modugno, «Nel blu dipinto di blu»*. Ce l'ha ancora°?

COMMESSA: Purtroppo abbiamo venduto tutti i cappelli in quello stile°. Ma fra poco arrivano i nuovi modelli°.

BIAGI: Peccato°! Se non sbaglio, c'era anche una giacca° marrone° molto elegante in vetrina.

COMMESSA: C'è ancora, e per di più°, è in saldo°. Che taglia° porta°, signora?

BIAGI: Numero 42 o 44.

COMMESSA: Vuole provarsi° questa giacca qui?

BIAGI: Oh che bella! Mi piace moltissimo! Quanto costa°†?

COMMESSA: Solo 350.000 lire.

BIAGI: Va bene, grazie, la prendo°.

COMMESSA: Le sta veramente bene°!

Glossary (margin):
- *planned* — intenzione di
- *women's clothing* — abbigliamento femminile
- *dress* — vestito
- *red / white blouse* — rosso / camicetta bianca
- *there was a hat / store window / navy blue* — c'era un cappello / vetrina / blu
- *Do you still have it?* — Ce l'ha ancora?
- *in that style* — in quello stile
- *models* — modelli
- *Too bad! / jacket / brown* — Peccato! / giacca / marrone
- *what's more / on sale / size / do you wear* — per di più / in saldo / taglia / porta
- *try on* — provarsi
- *How much does it cost?* — Quanto costa?
- *I'll take it* — la prendo
- *It really looks good on you!* — Le sta veramente bene!

---

*You will have the opportunity to become familiar with this beautiful song in the *Lettura* below.

†**Costare** is conjugated with **essere** in compound tenses.

A. *Comprensione!* Rispondi alle seguenti domande.

1. Cosa aveva intenzione di fare ieri la signora Biagi e dove è andata?
2. Che cosa ha comprato due settimane fa?
3. Cosa c'era in vetrina?
4. Che colore aveva?
5. Che cos'altro c'era in vetrina?
6. Che taglia porta la signora Biagi?

ATTIVITÀ D'ESPANSIONE 1

▶• CAPI DI VESTIARIO 1

la camicetta

il cappello

la giacca

il vestito

il guanto

la cravatta

la maglia

la scarpa

la sciarpa

questo/a	*this*
un paio di	*a pair of*

B. Quanto costa? Con un compagno / una compagna, crea brevi dialoghi nel modo indicato.

> **MODELLO:** una maglia / blu / 45.000
>
> TU: *Buongiorno, desidera?*
> COMPAGNO/A: *Cercavo una maglia.*
> TU: *Di che colore?*
> COMPAGNO/A: *Blu. Quanto costa questa maglia qui?*
> TU: *Quarantacinquemila lire.*

1. una sciarpa / rossa / 24.000
2. una camicetta / bianca *(white)* / 40.000
3. un paio di scarpe / marrone / 240.000
4. un cappello / bianco / 88.000
5. una maglia / azzurra *(blue)* / 95.000
6. una giacca / marrone / 200.000
7. un vestito / rosso / 350.000
8. una cravatta / azzurra / 50.000

▶•◦ CAPI DI VESTIARIO 2

la borsa

la calza

il calzino

la camicia *(pl., le camicie)*

il cappotto

la cintura

la gonna

i pantaloni

lo stivale

C. Quanto costano? Con un compagno / una compagna, crea brevi dialoghi nel modo indicato, seguendo il modello.

MODELLO: calze

TU: *Quanto costano le calze che erano in vetrina la settimana scorsa?*

COMPAGNO/A: *Purtroppo, abbiamo venduto tutte le calze in quello stile.*

che era	*that was*
che e̱rano	*that were*

1. calzini
2. stivali
3. camicia
4. pantaloni
5. gonna
6. impermeabile
7. cintura
8. cappotto
9. borsa

MODI DI DIRE E DI COMUNICARE 1

▶• CAPI DI VESTIARIO 3

abbigliamento femminile	*women's clothing*
abbigliamento maschile	*men's clothing*

From the lists of clothing terms **(capi di vestiario)** you have been working with above, note that…

- **vestito** means both *suit* and *dress.*
- the plural of **la camicia** is **le camicie.**
- the plural of **paio** is **paia** *(f. pl.)* **(due paia di scarpe** = *two pairs of shoes).*
- the verb **costare** is conjugated with **essere** in compound tenses: **Quanto è costata la camicia? / I pantaloni sono costati molto.**

▶• COLORI

arancione *(inv.)*	*orange*	**marrone** *(inv.)*	*brown*
azzurro	*blue*	**nero**	*black*
bianco	*white*	**rosa** *(inv.)*	*pink*
blu *(inv.)*	*navy blue*	**rosso**	*red*
celeste	*light blue*	**verde**	*green*
giallo	*yellow*	**viola** *(inv.)*	*purple*
grigio	*gray*		

Color adjectives are like other descriptive adjectives (see Chapter 5). Note, however, that adjectives derived from nouns are *invariable*, i.e., they do not change for gender and number:

il vestito rosso   i vestiti rossi
la giacca rossa   le giacche rosse
but
il cappotto viola   i cappotti viola
la camicia arancione   le camicie arancione

The invariable color adjectives are identified in the chart on page 225.

▶• STARE BENE A...

Note that **stare bene a** conveys the idea of *to look good on...*

mi	*(on) me*	**ci**	*us*
ti	*(on) you (fam.)*	**vi**	*you (pl.)*
Le	*(on) you (pol.)*	**gli**	*them*
gli	*(on) him*		
le	*(on) her*		

WITH SINGULAR NOUNS

Questa giacca *mi sta* bene.   *This jacket looks good on me.*
Questo cappotto *ti sta* bene.   *This coat looks good on you (fam.).*
Questa cintura *Le sta* bene.   *This belt looks good on you (pol.).*

WITH PLURAL NOUNS

Queste scarpe *mi stanno* bene.   *These shoes look good on me.*
Questi guanti *ti stanno* bene.   *These gloves look good on you (fam.).*
Questi stivali *Le stanno* bene.   *These boots look good on you (pol.).*

APPLICAZIONE

D. Colori, colori! Svolgi i seguenti esercizi nel modo indicato, seguendo i modelli.

     MODELLO 1: red shirt / on me
                     La camicia rossa mi sta bene.
                     dark blue pants / on you *(fam.)*
                     I pantaloni blu ti stanno bene.

1. purple raincoat / on me
2. green skirt / on you *(pol.)*
3. red tie / on him
4. pink blouse / on her
5. black gloves / on you *(pl.)*
6. brown boots / on you *(fam.)*
7. gray pants / on us
8. yellow socks / on them

MODELLO 2:   the light-blue pants / 25.000
>   *I pantaloni celesti che ho comprato una settimana fa sono*
>   *costati solo venticinquemila lire.*

9.   the two white shirts / 34.000
10.   the white suit / 69.000
11.   the pair of blue gloves / 25.000
12.   the three pairs of white socks /
15.000

E. Cosa portano?   Descrivi quello che porta ciascuna persona, seguendo
il modello.

>   **MODELLO:**   *Per andare in ufficio la signora Biagi porta…*

1.

2.

3.

4.

F. A tutti la parola!   Adesso descrivi com'è vestito il compagno seduto /
vestita la compagna seduta vicino a te.

>   **MODELLO:**   *Barbara porta una bellissima maglia arancione, una*
>   *camicetta bianca,…*

APPUNTI DI GRAMMATICA 1

L'IMPERFETTO INDICATIVO 1

In the opening dialogue, you came across several examples of the **imperfetto
indicativo**:

Ieri la signora Biagi *aveva* intenzione di fare delle spese.	*Yesterday, Mrs. Biagi was planning on going shopping.*
Il cappello *aveva* un colore blu.	*The hat was blue in color.*
C'*era* anche una giacca marrone.	*There was also a brown jacket.*

The **imperfetto** refers to repeating, recurring, or ongoing actions in the past. It is usually rendered in English with forms such as *I was doing something, I used to do something, you were doing something, you used to do something,* and so on. Here's a comparison between the **passato prossimo** and the **imperfetto**:

Passato prossimo	Imperfetto
Ieri *ho letto* il giornale. *Yesterday I read the newspaper.*	Da giovane, non *leggevo* mai il giornale. *As a youth, I never used to read the newspaper.*
Ieri *ho ascoltato* la canzone di Modugno. *Yesterday I listened to Modugno's song.*	Quando *ero* giovane, *ascoltavo* sempre le canzoni di Modugno. *When I was young, I always used to listen to Modugno's songs.*

In essence, you use...

PASSATO PROSSIMO
to refer to finished actions

ho letto
(I read, I have read)

IMPERFETTO
to refer to unfinished actions (repeating, recurring, ongoing, etc.)

leggevo
(I used to read, I was reading)

To conjugate regular verbs in the **imperfetto**:

• Drop the **-re** of the infinitive suffix.

First conjugation	Second conjugation	Third conjugation
parlare ↓ parla-	leggere ↓ legge-	finire ↓ fini-

• Add the endings **-vo, -vi, -va, -vamo, -vate, -vano**:

parla**re**	→	parla-	→	parla**vo**, parla**vi**, ecc.
legge**re**	→	legge-	→	legge**vo**, legge**vi**, ecc.
fini**re**	→	fini-	→	fini**vo**, fini**vi**, ecc.

• Note that the **i** of verbs ending in **-ciare** and **-giare** is retained in the formation of the imperfect to preserve the soft sounds:

comin**ciare**	→	comincia-	→	comincia**vo**, comincia**vi**, ecc.
man**giare**	→	mangia-	→	mangia**vo**, mangia**vi**, ecc.

• Here are three verbs conjugated fully in the **imperfetto indicativo**:

	PARLARE	LEGGERE	FINIRE
io	parlavo	leggevo	finivo
tu	parlavi	leggevi	finivi
lui / lei / Lei	parlava	leggeva	finiva
noi	parlavamo	leggevamo	finivamo
voi	parlavate	leggevate	finivate
loro	parlavano	leggevano	finivano

• As always, do not forget to differentiate between familiar and polite forms:

Roberta, cosa *leggevi* ieri?   *Roberta, what were you reading yesterday? (fam.)*

Signora Dini, cosa *leggeva* ieri?   *Mrs. Dini, what were you reading yesterday? (pol.)*

DA BAMBINO...

The formula **da...** renders the idea of *as a...* It implies the imperfect tense:

Da bambino ero felice.   *As a child I was happy.*

Da giovane avevo molti amici.   *As a young person, I had a lot of friends.*

Da piccolo, amavo gli animali piccoli.   *As a small child, I used to love small animals.*

BELLISSIMO

The suffix **-issimo** can be added to some adjectives or adverbs to intensify their meaning:

È una giacca *molto bella*.	=	**È una giacca *bellissima*.**
Mi piace *veramente molto*.	=	**Mi piace *moltissimo*.**

You will simply have to learn as you go along which adjectives and adverbs can be modified in this way. To form adjectives or adverbs with this suffix, do the following:

• Drop the final vowel and then add on the suffix:

bello	→	bell-	→	bellissimo
felice	→	felic-	→	felicissimo
vero	→	ver-	→	verissimo

• Treat the newly-formed word as you would any adjective or adverb:
Questa è una bellissima giacca.
I miei amici sono felicissimi.

- If the original word ends in **-co** and is pluralized to **-chi** (e.g., **stanco** → **stanchi**), an **h** is added to preserve the hard sound:

stanco	→	stanchissimo
bianco	→	bianchissimo

- But if the original word ends in **-co** and is pluralized to **-ci** (e.g., **simpatico** → **simpatici**), an **h** is not required:

simpatico	→	simpaticissimo

- If the word ends in **-go,** an **h** is always added:

lungo	→	lunghissimo

L'AGGETTIVO DIMOSTRATIVO *QUESTO*

In previous exercises, you have been working with the demonstrative adjective **questo.** Treat it like any adjective.

	Singular	Plural
MASC.	*questo* cappello *this hat*	*questi* cappelli *these hats*
FEM.	*questa* giacca *this jacket*	*queste* giacche *these jackets*

- In the singular, the final vowel can be dropped before a word beginning with a vowel:

questo impermeabile	=	quest'impermeabile
questa estate	=	quest'estate

APPLICAZIONE

G. Da bambina! Svolgi i seguenti esercizi nel modo indicato, seguendo i modelli.

MODELLO 1: bambina / mia sorella / maglia
Da bambina, mia sorella portava sempre una maglia rossa / elegante / troppo grande.
[Choose any color or other kind of adjective.]

portare

1. giovane / io / scarpe
2. ragazzo / tu / calzini
3. ragazza / la mia amica / pantaloni
4. bambini / noi / cappelli

> **MODELLO 2:** bambina / mia sorella / parlare francese molto bene
> *Da bambina, mia sorella sapeva parlare francese molto bene.*

sapere

5. giovane / io / risolvere i problemi di matematica facilmente
6. bambino / mio fratello / giocare a tennis
7. ragazza / tu / tante canzoni
8. bambini / loro / tante cose

H. Da piccola! Svolgi i seguenti esercizi nel modo indicato, seguendo il modello.

> **MODELLO :** bambina / mia sorella
> *Da bambina, mia sorella non usciva mai da sola; rimaneva sempre a casa.*

uscire e *rimanere*

1. piccola / mia sorella
2. giovane / io
3. ragazzo / tu
4. ragazzi / noi
5. giovani / voi
6. ragazzi / i miei amici

I. Sì, è stanchissimo! Con un compagno / una compagna, crea brevi dialoghi, seguendo il modello.

> **MODELLO:** ragazzo / stanco
> TU: *Questo ragazzo è molto stanco, non è vero?*
> COMPAGNO/A: *Sì, è stanchissimo.*

1. lezione / importante
2. persona / romantico
3. compiti / difficile
4. donna / stanco
5. bambine / simpatico
6. macchine / economico

J. A tutti la parola! Indica tre cose che…

> **MODELLO:** *Da bambino io cantavo sempre, leggevo i fumetti (comic books) e giocavo con i miei amici.*
> *Da bambino mio fratello studiava molto, dormiva tante ore e andava sempre con i genitori a fare delle spese.*

1. tu facevi *(used to do)* da bambino/a.
2. tuo fratello / tua sorella faceva da bambino/a.
3. i tuoi genitori facevano da giovani.
4. tu e i tuoi amici facevate anni fa *(years ago)*.

MODA ALL'ITALIANA!

Moda e taglia! Rispondi alle seguenti domande.

1. In che tipo di negozio preferisci comprare i tuoi capi di vestiario? Nelle botteghe *(boutiques)*, nei grandi magazzini *(department stores)*,…?
2. Che taglia porti di camicia / camicetta? di pantaloni? di giacca?
3. Sai usare il sistema metrico per indicare le tue taglie?

Gli italiani vanno a comprare i capi di vestiario sia alle boutiques che ai magazzini come l'UPIM e la Standa. In Italia, si usa il sistema metrico, e quindi le taglie sono diverse da quelle americane. Ecco un confronto[1] tra i due sistemi:

Abbigliamento				Scarpe	
Uomini		Donne			
U.S.A.	Italia	U.S.A.	Italia	U.S.A.	Italia
S	46	8	42	7	37
M	48	10	44	8	38
L	50	12	46	9	39
XL	52	14	48	11	41

L'Italia è famosa in tutto il mondo[2] per la moda[3], sin dai tempi del Rinascimento[4]. Il «Made in Italy» è una garanzia[5] di eleganza, stile e fantasia[6]. Tra i suoi stilisti[7] più rinomati[8] ci sono Armani, Gucci, Spagnoli, Fendi, Inghirami, Valentino, Brioni e Missoni.

Comprensione! Rispondi alle seguenti domande.

1. Dove vanno gli italiani a comprare i capi di vestiario?
2. Quali sono due grandi magazzini popolari *(popular)* italiani?
3. Che tipo di sistema si usa in Italia per le taglie?
4. Sin da quando è famosa l'Italia per la moda?
5. Di che cosa è garanzia il «Made in Italy»?

[1]*comparison* [2]*world* [3]*fashion* [4]*since the Renaissance* [5]*guarantee* [6]*imagination* [7]*designers* [8]*renowned*

K. Sondaggio! Con uno o due compagni, fa' il seguente sondaggio e poi insieme indicate i risultati a tutta la classe.

1. Vuoi portare indumenti *(clothes)* di uno stilista italiano?
   a. Sì (Perché?)
   b. No (Perché?)
2. Se sì, chi è il tuo stilista preferito? (Perché?)

3. Che taglia porti…?
   a. di pantaloni
   b. di camicia / camicetta
   c. di cintura
   d. di giacca

4. Dove compri di solito i tuoi capi?
   a. nelle boutique
   b. nei magazzini
   c. …

5. Qual è il tuo colore preferito?
6. Che tipo di vestito ti sta bene?
7. Che tipo di vestito non ti sta bene?

MOMENTO CREATIVO 1

L. In un negozio. In gruppi di tre, mettete in scena la seguente situazione.

Due amici / amiche sono in un negozio di abbigliamento. Uno dei due ha bisogno di comprare qualcosa (un vestito, una camicia, ecc.). L'altro/a dovrà esprimere *(will express)* la sua opinione sui diversi stili e colori e su come gli/le stanno *(how they look on him/her)*. Il commesso / la commessa interverrà di tanto in tanto *(will intervene every once in a while)* cercando di convincere *(trying to convince)* il/la cliente a comprare il capo che sta considerando. Alla fine, però, il/la cliente decide di non comprarlo.

Dove sono i quattro amici? Descrivi come sono vestiti.

libreria: *bookstore*** / opere letterarie: *literary works* / scrittori:
writers / completamente:
completely / diverso: *different*

type
magazine
genre

novels
mysteries†

espionage

Do you need something else?

science fiction
I'm sorry / copy / a few

sure / I'll return / together with
Don't mention it!

DIALOGO 2

Nel pomeriggio, la signora Biagi è
andata in una libreria° del centro
per comprare un libro. Alla signora Biagi sono sempre piaciute le
opere letterarie° dei grandi scrit-
tori° e delle grandi scrittrici d'Italia.
Ma ieri voleva comprare un libro
completamente° diverso°.

BIAGI: Mi scusi, Lei vende
libri in lingua inglese?

COMMESSO: Certo. Abbiamo ogni
tipo° di libro, giornale
o rivista° in lingua
inglese. Che genere°
di libro preferisce?

BIAGI: Mi piacciono molto i
romanzi°, special-
mente i gialli°. Da
giovane mi piacevano
molto i libri di
spionaggio°.

COMMESSO: Ecco, signora. Abbiamo questo libro qui di Ian Fleming: *Dr. No!*

BIAGI: Va bene. Lo prendo.

COMMESSO: Le serve altro°?

BIAGI: Qualcosa per mio nipote. Ce l'ha un libro per bambini di fanta-
scienza°?

COMMESSO: Mi dispiace°, ma abbiamo venduto l'ultima copia° alcuni° giorni
fa. Perché non compra un volume di fumetti per Suo nipote?
Ecco, questo qui è molto popolare.

BIAGI: No, non sono sicura°. Torno° un'altra volta assieme a° lui. Grazie.

COMMESSO: Non c'è di che°!

M. Comprensione! Rispondi alle seguenti domande.

1. Dov'è andata la signora Biagi per comprare un libro?
2. Cosa voleva comprare?
3. Che genere di libro preferisce la signora Biagi?
4. Che tipo di libro leggeva da giovane?
5. Quale libro ha comprato?
6. Che cos'altro le serviva?

---

* Note that **libreria** means *bookstore*, whereas **biblioteca** means *library*.
† Mysteries and detective fiction are referred to as **gialli** because at one time many were published
with yellow covers.

ATTIVITÀ D'ESPANSIONE 2

▶• IL SUO 1

il *suo* amico	his/her friend (m.)
i *suoi* amici	his/her friends
la *sua* amica	his/her friend (f.)
le *sue* amiche	his/her friends

▶• IL SUO 2

il *Suo* amico	your friend (m., pol.)
i *Suoi* amici	your friends
la *Sua* amica	your friend (f., pol.)
le *Sue* amiche	your friends

▶• QUESTO

questo	this one (m., sing.)
questi	these (m., pl.)
questa	this one (f., sing.)
queste	these (f., pl.)

N. Sì, è il suo libro preferito! Rispondi alle domande, seguendo il modello.

> **MODELLO:** È il libro preferito di tuo fratello?
> *Sì, è il suo libro preferito.*

1. È il libro preferito di tua sorella?
2. Italo Calvino è lo scrittore preferito del tuo amico?
3. Natalia Ginzburg è la scrittrice preferita di tua madre?
4. Questi sono i guanti preferiti della tua compagna?
5. Queste sono le scarpe preferite del tuo compagno?

O. È la Sua camicia? Con un compagno / una compagna, crea brevi dialoghi nel modo indicato, seguendo il modello.

> **MODELLO:** signor Tozzi / camicia
> TU: *Signor Tozzi, questa è la Sua camicia?*
> COMPAGNO/A: *Sì, è la mia camicia.*

1. signor Tozzi / cappello
2. signora Franchi / cappelli
3. professor Gentile / impermeabile
4. professoressa Moretti / stivali
5. dottor Pulci / cintura
6. dottoressa Bruni / cinture

MODI DI DIRE E DI COMUNICARE 2

▶• GENERI

i fumetti	*comics*
la narrativa	*fiction, prose*
la poesia	*poetry*
il romanzo rosa	*love story, romance novel*
la saggistica	*essays, nonfiction*
il teatro	*plays, theater*

Note that **poesia** refers to both *poetry* in general and a single *poem*:

La poesia mi piace molto.	*I like poetry very much.*
Ma questa poesia non mi piace.	*But I don't like this poem.*

▶• SERVIRE A

The expression **servire a** is a common synonym for **avere bisogno di**. Here's how it works grammatically in the present tense (the only tense that you will really need to know for using **servire**).

WITH A SINGULAR NOUN

Cosa *ti serve*?	*What do you need (fam.)?*
Cosa *Le serve*?	*What do you need (pol.)?*
***Mi serve* una giacca.**	*I need a jacket.*
Cosa *serve alla* signora Biagi?	*What does Mrs. Biagi need?*
***Alla* signora Biagi *serve* un libro.**	*Mrs. Biagi needs a book.*

WITH A PLURAL NOUN

***Ti servono* anche le scarpe?**	*Do you also need shoes (fam.)?*
***Le servono* anche le scarpe?**	*Do you also need shoes (pol.)?*
Sì, *mi servono* anche le scarpe.	*Yes, I also need shoes.*
***Servono* i libri *a* tua sorella?**	*Does your sister need books?*
Sì, *a* mia sorella *servono* i libri.	*Yes, my sister needs books.*

APPLICAZIONE

P. Libri e riviste! Rispondi alle seguenti domande.

1. Tu sai dove si possono comprare *(one can buy)* i giornali e le riviste, oltre che ad una libreria *(other than at a bookstore)*?
2. Ti piace la poesia? Chi è il tuo poeta preferito?
3. Hai mai letto un giallo? Quale? Ti piacciono i romanzi di questo tipo? Perché?
4. Hai mai letto un romanzo rosa? Ti piace questo genere di libro? Perché?

5. Ti piace il teatro? Hai mai visto un dramma / una commedia di uno scrittore italiano / una scrittrice italiana? Quale?

6. Hai mai letto la narrativa o la saggistica italiana? Com'è, facile o difficile?

Q. Parliamone! Con il verbo **servire a**, di' che…

> **MODELLO:** hai bisogno di due volumi di poesia.
> *Mi servono due volumi di poesia.*

1. il signor Giusti ha bisogno di un nuovo libro.
2. la signora Giusti ha bisogno di scarpe nuove.
3. tua sorella ha bisogno di libri nuovi.
4. tuo fratello ha bisogno di una nuova camicia.
5. i tuoi genitori hanno bisogno di una nuova macchina.

APPUNTI DI GRAMMATICA 2

L'IMPERFETTO INDICATIVO 2

VOLERE, DOVERE, POTERE

The verbs **volere, dovere,** and **potere** have regular imperfect forms:

Ieri *dovevo* studiare molto.	*Yesterday I had to study a lot.*
Da bambino mio fratello *voleva* sempre giocare.	*As a child, my brother always wanted to play.*

I VERBI RIFLESSIVI

As you learned in the previous chapter, reflexive verbs are made up of two separate parts: (1) a reflexive pronoun that precedes the verb, and (2) the verb conjugated in its usual way (in this case in the imperfect):

Ieri mentre *mi lavavo*, tu facevi colazione.	*While I was bathing (myself) yesterday, you were having breakfast.*
Da bambino, mio fratello *si divertiva* molto.	*As a child, my brother used to enjoy himself a lot.*

Here are three reflexive verbs conjugated fully in the **imperfetto**:

	ALZARSI		METTERSI		DIVERTIRSI	
io	mi	alzavo	mi	mettevo	mi	divertivo
tu	ti	alzavi	ti	mettevi	ti	divertivi
lui / lei / Lei	si	alzava	si	metteva	si	divertiva
noi	ci	alzavamo	ci	mettevamo	ci	divertivamo
voi	vi	alzavate	vi	mettevate	vi	divertivate
loro	si	alzavano	si	mettevano	si	divertivano

IL PRONOME DIMOSTRATIVO *QUESTO*

The pronoun forms of the demonstrative adjective **questo** are as follows:

Aggettivo			Pronome	
quest*o* libro	*this book*	→	**quest***o*	*this one*
Questo libro è interessante. Quest'impermeabile è caro.			Questo è interessante. Questo è caro.	
quest*i* libri	*these books*	→	**quest***i*	*these ones*
Questi libri sono interessanti. Questi impermeabili sono cari.			Questi sono interessanti. Questi sono cari.	
quest*a* giacca	*this jacket*	→	**quest***a*	*this one*
Questa giacca è nuova. Quest'operaia è molto brava.			Questa è nuova. Questa è molto brava.	
quest*e* giacche	*these jackets*	→	**quest***e*	*these ones*
Queste giacche sono nuove. Queste operaie sono molto brave.			Queste sono nuove. Queste sono molto brave.	

IL SUO

You have been using the possessive adjectives **il mio** and **il tuo** throughout the course. In this chapter you have encountered another possessive adjective, **il suo**. Here is a summary of all the possessive adjective forms you have learned so far:

Singolare	Plurale	
MASCHILE		
il mio amico	**i miei** amici	*my*
il tuo amico	**i tuoi** amici	*your (fam.)*
il suo amico	**i suoi** amici	*his/her*
il Suo amico	**i Suoi** amici	*your (pol.)*
FEMMINILE		
la mia amica	**le mie** amiche	*my*
la tua amica	**le tue** amiche	*your (fam.)*
la sua amica	**le sue** amiche	*his/her*
la Sua amica	**le Sue** amiche	*your (pol.)*

Don't forget that, referring to family members, the article is dropped when the noun is *singular* and *unmodified*:

Singular and unmodified	Plural and/or modified
Come si chiama *tuo* fratello?	Dove sono *i tuoi* fratelli?
Questa è *mia* zia.	*La mia* zia ricca abita in Italia.
Dov'è *Suo* cugino?	Dove sono *i Suoi* cugini?
Mirella è *sua* cugina.	Mirella e Paola sono *le sue* cugine.

• The third-person possessive **il suo** renders the following English meanings:

HIS

| Maria è l'amica di Roberto. | Maria è *la sua* amica. | → | *his friend (f.)* |
| Loro sono gli amici di Roberto. | Sono *i suoi* amici. | → | *his friends (m.)* |

HER

| È il compleanno di Carla. | È *il suo* compleanno. | → | *her birthday* |
| Loro sono gli amici di Roberta. | Sono *i suoi* amici. | → | *her friends (m.)* |

YOUR (POL.)

È *il Suo* compleanno, signor Rossi?	È *il Suo* compleanno?	→	*your birthday*
È *la Sua* collega, signor Rossi?	È *la Sua* collega?	→	*your colleague*
Sono *i Suoi* amici, signor Rossi?	Sono *i Suoi* amici?	→	*your friends (m.)*
Sono *le Sue* amiche, signora Dini?	Sono *le Sue* amiche?	→	*your friends (f.)*

• Polite forms do not have to be capitalized: **il Suo compleanno** *or* **il suo compleanno.**

GRANDE

Like **buono** and **bello,** the adjective **grande** *(big, large, great)* can be put before or after the noun it modifies. When it is put before the noun, its forms vary in the following ways:

• The optional form **gran** can be used before a singular noun beginning with a consonant:

BEFORE		AFTER
un **gran** libro	un **grande** libro	un libro **grande**
una **gran** donna	una **grande** donna	una donna **grande**

- But before a masculine singular noun beginning with **z** or **s** + *consonant*, the form **grande** must be used:
  un **grande** scrittore   uno scrittore **grande**

- Before a vowel, the form **grand'** may be used:
  una **grand'**opera   un'opera **grande**

- In the plural, **grandi** is used both before and after:
  due **grandi** libri   due libri **grandi**
  due **grandi** donne   due donne **grandi**

- Note the usual adjustments that must be made to the preceding articles:
  uno zio grande (recall that **uno** is used before **z** in the masculine singular)
  but
  un grande zio (**un** is used before **g** in the masculine singular)

- Finally, note that the position of **grande** can be used to convey a difference in meaning:
  È un gran libro.   *It's a great book.*
  È un libro grande.   *It's a big book.*

- You will learn to be sensitive to this stylistic feature with practice. Just keep in mind that **grande** means *great* when the adjective is placed before a noun.

APPLICAZIONE

R. Da bambino/a! Rispondi alle seguenti domande in modo appropriato, seguendo il modello.

> **MODELLO:** A che ora ti alzavi da bambino/a?
> *Da bambino/a, mi alzavo alle sette e mezzo / otto / …*

1. A che ora si alzava tuo fratello / tua sorella da bambino/a?
2. Cosa vi mettevate per andare a scuola da bambini?
3. Si divertivano i tuoi amici da bambini?
4. Come si chiamava il tuo miglior amico / la tua miglior amica?

S. Quali? Questi! Con un compagno / una compagna, crea brevi dialoghi nel modo indicato, seguendo i modelli.

> **MODELLO 1:** romanzi
> [appropriate form of the demonstrative pronoun]
> TU: *Quali romanzi volevi comprare ieri?*
> COMPAGNO/A: *Questi.*

1. libro
2. matita
3. guanti
4. scarpe
5. volume di saggistica

6. sciarpa
7. volumi di narrativa
8. maglie

> **MODELLO 2:** romanzo / di tuo fratello
>> TU: *È questo il romanzo di tuo fratello?*
>> COMPAGNO/A: *Sì, è il suo romanzo.*

9. poesia / di tuo fratello
10. amica / di Maria
11. cugina / di Paolo
12. genitori / della tua amica

T. Secondo te… Con un compagno / una compagna, crea brevi dialoghi nel modo indicato, seguendo il modello.

> **MODELLO:** *Il nome della rosa* / Umberto Eco / romanzo
>> TU: *Secondo te, Il nome della rosa di Umberto Eco è veramente grande come romanzo?*
>> COMPAGNO/A: *Sì, è veramente un gran romanzo.*

>> Luigi Pirandello / scrittore
>> TU: *Secondo te, Luigi Pirandello è veramente grande come scrittore.*
>> COMPAGNO/A: *Sì, è veramente un grande scrittore.*

1. *I promessi sposi* / Alessandro Manzoni / romanzo
2. «L'infinito» / Giacomo Leopardi / poesia
3. Elsa Morante / scrittrice
4. Galileo Galilei / scienziato *(scientist)*
5. Michelangelo Buonarroti / artista *(m.)*
6. *Il Barbiere di Siviglia* / Gioacchino Rossini / opera
7. Antonio Vivaldi / compositore *(composer)*
8. Sofia Loren / attrice *(actress)*
9. *La dolce vita* / Fellini / film

U. A tutti la parola! Indica tre cose che tu volevi fare da bambino/a.

> **MODELLO:** *Da bambino/a volevo sempre cantare, volevo sempre giocare con altri bambini e volevo leggere i fumetti.*

1. Indica tre cose che…
   a. tu volevi fare da bambino/a.
   b. tu dovevi fare da bambino/a.
   c. tu non potevi fare da bambino/a.

2. Da bambino/a…
   a. a che ora ti alzavi dal lunedì al venerdì?
   b. cosa ti mettevi di solito per andare a scuola?
   c. come ti divertivi?

SCRITTORI E SCRITTRICI!

Letteratura italiana! Rispondi alle seguenti domande.

1. Hai mai letto qualche opera letteraria italiana? Quale?
2. Conosci qualche scrittore famoso italiano / scrittrice famosa italiana? Chi?
3. Quale genere di letteratura preferisci? Perché?

Come abbiamo indicato nel terzo capitolo, i primi[1] grandi scrittori d'Italia erano i tre maestri[2] del Medioevo[3], e cioè, Dante Alighieri, l'autore della *Divina commedia*, Francesco Petrarca, l'autore del *Canzoniere,* e Giovanni Boccaccio, l'autore del *Decamerone.*

Ma sono anche conosciute in tutto il mondo le opere letterarie di grandi scrittori e scrittrici contemporanei[4] come Eugenio Montale, Luigi Pirandello, Natalia Ginzburg, Umberto Eco, Elsa Morante e Italo Calvino.

Qui basta menzionare[5] cinque grandi opere di fama internazionale[6] in ordine cronologico[7]: *La locandiera*[8] (1733), grande commedia del teatro italiano di Carlo Goldoni (1707–1793), *I promessi sposi* (1825), romanzo del grande scrittore del romanticismo[9] italiano Alessandro Manzoni (1785–1873), *Sei personaggi in cerca d'autore* (1921), dramma moderno del grande drammaturgo[10] Luigi Pirandello (1867–1936), e *La luna e i falò* (1950) e *La ciociara* (1957), rispettivamente[11] dei due grandi scrittori del Novecento[12] Cesare Pavese (1908–1950) e Alberto Moravia (1907–1991).

Comprensione! Rispondi alle seguenti domande.

il Medioevo	the Middle Ages
il romanticismo	Romanticism
il Novecento	the twentieth century

1. Chi sono i tre grandi maestri del Medioevo?
2. Chi sono alcuni scrittori o scrittrici italiani/e le cui opere *(whose works)* sono conosciute in tutto il mondo?
3. Cosa ha scritto Carlo Goldoni?
4. Chi ha scritto *I promessi sposi?*
5. Chi era Luigi Pirandello?
6. Che cosa ha scritto?
7. Chi erano Cesare Pavese e Alberto Moravia?
8. Cosa hanno scritto?

[1]*the first* [2]*masters* [3]*Middle Ages* [4]*contemporary* [5]*it is enough to mention*
[6]*international fame* [7]*in chronological order* [8]*The Innkeeper* [9]*Romanticism*
[10]*playwright* [11]*respectively* [12]*twentieth century*

MOMENTO CREATIVO 2

V. In una libreria! In coppie, mettete in scena la seguente situazione.

CLIENTE:	[Cerca un libro, ma non sa quale comprare.]
COMMESSO/A:	[Chiede al cliente quali sono le sue preferenze.]
CLIENTE:	[Indica alcune preferenze.]
COMMESSO/A:	[Consiglia diversi tipi di libro in base alle preferenze espresse dal *(expressed by)* cliente.]
CLIENTE:	[Decide di comprare uno dei libri indicati, dicendo il perché *(saying why)*.]

FASE 2: ASCOLTO E I NUMERI

ASCOLTO

A. Ascolta attentamente la vignetta sull'audio cercando di determinare le seguenti cose:

1. come si chiama il/la cliente
2. in quale negozio si trova
3. cosa sta cercando
4. perché

B. Adesso cerca di ricostruire la conversazione con altri studenti a piacere.

I NUMERI

I NUMERI ORDINALI 2

11°	undicesimo
12°	dodicesimo
13°	tredicesimo

To form any ordinal number after *tenth*, just add the suffix **-esimo** to the corresponding cardinal number in the following way:

11th	**undici**	+	**esimo**	=	**undicesimo**	
12th	**dodici**	+	**esimo**	=	**dodicesimo**	
124th	**centoventiquattro**	+	**esimo**	=	**centoventiquattresimo**	

If the cardinal number ends in **-trè** or **-sei**, retain the final vowel (without the accent mark):

23rd	**ventitrè**	+	**esimo**	=	**ventitreesimo**
53rd	**cinquantatrè**	+	**esimo**	=	**cinquantatreesimo**
26th	**ventisei**	+	**esimo**	=	**ventiseiesimo**
56th	**cinquantasei**	+	**esimo**	=	**cinquantaseiesimo**

Recall that ordinal numbers are adjectives:

il ventitreesimo posto	*the twenty-third place*
la centesima volta	*the hundredth time*

For this reason, the numerical form of the ordinal includes a vowel indicating the appropriate agreement:

il 23° posto
la 100ª volta

C. Svolgi i seguenti esercizi, seguendo i modelli.

> **MODELLO 1:** 23rd / puntata *(episode of a series)*
> *È la ventitreesima puntata.*

1. 11th / puntata
2. 15th / volta
3. 26th / lezione
4. 33rd / capitolo *(chapter)*
5. 50th / compleanno di mio padre
6. 126th / volume
7. 234th / puntata
8. 500th / volta
9. 1000th / volta

> **MODELLO 2:** Enrico / 4th
> *Enrico Quarto* [Henry the Fourth]

10. Luigi / 14th *(Louis the Fourteenth)*
11. Enrico / 8th
12. Giovanni / 23rd *(John the Twenty-third)*
13. Elisabetta / 2nd

I SECOLI

D. Qual è l'equivalente di ciascun'espressione?

> **MODELLO:** il Duecento
> *il tredicesimo secolo*

il Duecento	=	il tredicesimo secolo	=	*the thirteenth century*
il Trecento	=	il quattordicesimo secolo	=	*the fourteenth century*

1. il Trecento
2. il Novecento
3. l'Ottocento
4. il quindicesimo secolo
5. il sedicesimo secolo
6. il Seicento
7. il Settecento

PRIMA DI LEGGERE

A. Sogni! Rispondi alle seguenti domande.

1. Tu sai che cosa è un sogno?
2. Hai mai fatto un sogno romantico?
3. Descrivilo *(Describe it)*.

B. Volare! Qualcuno dovrebbe trovare *(obtain)* su disco o su cassetta la canzone «*Nel blu dipinto di blu*», e poi portarla in classe per farla sentire a tutta la classe *(to allow the whole class to listen to it)*.

Lettura: Nel blu dipinto di blu!

Penso che un sogno° così non ritorni mai più°: Mi dipingevo° le mani e la faccia° di blu, poi d'improvviso° venivo dal vento rapito°, e incominciavo a volare° nel cielo infinito.

> Volare...oh, oh!
> cantare...oh, oh, oh, oh!
> nel blu dipinto di blu
> felice di stare lassù°

E volavo, volavo felice più in alto del sole° ed ancora più su, mentre il mondo pian piano° spariva° lontano laggiù°, una musica dolce suonava soltanto per me.

> Volare...oh, oh!
> cantare...oh, oh, oh, oh!
> nel blu dipinto di blu
> felice di stare lassù

Ma tutti i sogni nell'alba° svaniscon° perché, quando tramonta, la luna° li porta con sé. Ma io continuo a sognare negli occhi° tuoi belli, che sono blu come il cielo trapunto di stelle°.

> Volare...oh, oh!
> cantare...oh, oh, oh, oh!
> nel blu dipinto di blu
> felice di stare quaggiù°

E continuo a volare felice più in alto del sole ed ancora più su, mentre il mondo pian piano scompare° negli occhi tuoi blu; la tua voce è una musica dolce che suona per me.

> Volare...oh, oh!
> cantare...oh, oh, oh, oh!
> nel blu dipinto di blu,
> felice di stare lassù...
> Nel blu degli occhi tuoi blu,
> felice di stare quaggiù, con te!

dream / will never come back / I was painting / face / suddenly / I was being snatched away by the wind / to fly

up there

higher than the sun

little by little / was disappearing / down below

at dawn / disappear

when the moon sets / eyes

dotted with stars

down here

disappears

(«Nel blu dipinto di blu» di Domenico Modugno)

DOPO LA LETTURA

C. Verbi, verbi! Completa la seguente riproduzione *(reproduction)* della canzone dalla quale mancano, però *(from which are missing, however),* le forme verbali all'imperfetto e gli infiniti *(infinitives)*.

Penso che un sogno così non ritorni mai più. Mi _____ le mani e la faccia di blu, poi d'improvviso _____ dal vento rapito, e _____ a _____ nel cielo infinito.

_____…oh, oh! _____…oh, oh, oh, oh!
nel blu dipinto di blu
felice di _____ lassù

E _____, _____ felice più in alto del sole ed ancora più su, mentre il mondo pian piano _____ lontano laggiù, una musica dolce _____ soltanto per me.

_____…oh, oh! _____…oh, oh, oh, oh!
nel blu dipinto di blu
felice di _____ lassù

Ma tutti i sogni nell'alba svaniscon perché, quando tramonta, la luna li porta con sé. Ma io continuo a _____ negli occhi tuoi belli, che sono blu come il cielo trapunto di stelle.

_____…oh, oh! _____…oh, oh, oh, oh!
nel blu dipinto di blu
felice di _____ quaggiù

E continuo a _____ felice più in alto del sole ed ancora più su, mentre il mondo pian piano scompare negli occhi tuoi blu; la tua voce è una musica dolce che suona per me.

_____…oh, oh! _____…oh, oh, oh, oh!
nel blu dipinto di blu,
felice di _____ lassù
Nel blu degli occhi tuoi blu,
felice di _____ quaggiù, con te!

D. A tutti la parola! Rispondi alle seguenti domande.

1. Ti è piaciuta questa canzone? Perché sì/no?
2. Tu ti sogni spesso? Come sono i tuoi sogni?
3. Racconta un sogno tuo particolarmente memorabile *(memorable)*.
4. Conosci altre canzoni italiane? Quali? Chi le canta? Come sono?

$\mathcal{S}$INTESI

A. Situazioni tipiche! Scegli la risposta adatta.

1. Che… porta?
   a. taglia
   b. vetrina
2. Come mi sta questa gonna?
   a. Le sta molto bene.
   b. Le stanno molto bene.
3. Come mi stanno questi pantaloni?
   a. Le sta molto bene.
   b. Le stanno molto bene.
4. Le serve…
   a. questo romanzo?
   b. questi romanzi?
5. Mi servono…
   a. queste scarpe.
   b. questa sciarpa.

B. Perfetto o imperfetto? Metti il verbo al passato prossimo o all'imperfetto secondo il caso.

1. Ieri pomeriggio, mia sorella _____ (andare) in centro.
2. Due settimane fa io _____ (comprare) un impermeabile nuovo.
3. _____ (Esserci) una camicetta in vetrina.
4. La camicetta _____ (avere) un colore blu come il blu della canzone di Modugno.
5. Purtroppo noi _____ (vendere) tutte le camicette in quel colore.
6. Da bambino io _____ (alzarsi) sempre presto.

C. Bellissimo! Sostituisci alle frasi in corsivo (italics) la forma dell'aggettivo in -issimo.

> **MODELLO:** Ho comprato un vestito *molto bello*.
> Ho comprato un vestito bellissimo. / Ho comprato un bellissimo vestito.

1. La tua giacca è *molto bella*.
2. Questo vestito è *molto lungo*.
3. Hai un'amica *molto simpatica*.
4. Come mai porti una camicetta *così bianca*?
5. Mia sorella è *molto felice*.
6. Noi siamo *molto stanchi*.
7. Questo è un romanzo *veramente grande*.

D. È la penna di Roberto? Rispondi nel modo indicato, seguendo il modello.

> **MODELLO:** È la penna di Roberto?
> *Sì, è la sua penna.*

1. Sono le scarpe di Franco?
2. Sono i libri della signora Giusti?
3. È il cappello di tua sorella?
4. È la camicia di tuo fratello?
5. Sono i fumetti di Maria?

E. Cultura italiana! Accoppia gli elementi delle due colonne in modo logico.

1. Gli italiani vanno a comprare i capi di…
2. In Italia si usa…
3. L'Italia è famosa per la moda…
4. I primi grandi scrittori d'Italia erano…
5. Carlo Goldoni ha scritto…
6. Luigi Pirandello era…

a. il sistema metrico.
b. sin dal Rinascimento.
c. Dante, Petrarca e Boccaccio.
d. vestiario sia nelle boutiques che nei grandi magazzini.
e. un grande drammaturgo.
g. *La locandiera.*

F. Avvio allo scrivere! Scrivi un breve componimento *(composition)* di circa 100–150 parole sul seguente tema: «Un sogno che non potrò mai dimenticarmi» *(A dream that I will never be able to forget)*. Poi leggilo a tutta la classe.

G. Momento creativo! Intervista il tuo compagno / la tua compagna. Chiedigli/le…

1. dove compra i suoi capi di vestiario.
2. che genere di libro preferisce.
3. qual è il suo romanzo preferito.
4. qual è la sua poesia preferita.
5. qual è il suo scrittore preferito / la sua scrittrice preferita.

EXPLORE!
For this chapter's activity, go
to http://adesso.heinle.com

LESSICO UTILE

NOMI

l'abbigliamento   *clothing*
la borsa   *purse*
la calza   *stocking*
il calzino   *sock*
la camicetta   *blouse*
la camicia   *shirt*
il cappello   *hat*
il cappotto   *coat*
la cintura   *belt*
il colore   *color*
la cravatta   *tie*
la fantascienza   *science fiction*
il fumetti   *comics*
il genere   *genre*

la giacca   *jacket*
il giallo   *detective/mystery story*
la gonna   *skirt*
l'impermeabile   *raincoat, overcoat*
l'intenzione   *intention*
la libreria   *bookstore*
il modello   *model*
la narrativa   *fiction, prose*
l'opera   *work*
il paio   *pair*
i pantaloni   *pants*
la poesia   *poetry, poem*
la rivista   *magazine*

il romanzo   *novel*
il romanzo rosa   *love story, romance novel*
la saggistica   *nonfiction; essays*
lo scrittore / la scrittrice   *writer*
lo spionaggio   *espionage*
lo stile   *style*
lo stivale   *boot*
la taglia   *size*
il teatro   *plays, theater*
il tipo   *type*
il vestito   *dress; suit*
la vetrina   *store window*
il volume   *volume, book*

AGGETTIVI

arancione   *orange*
azzurro   *blue*
bianco   *white*
blu   *navy blue*
celeste   *light blue*
diverso   *different, diverse*
femminile   *feminine, women's*

giallo   *yellow*
grigio   *gray*
letterario   *literary*
marrone   *brown*
maschile   *masculine, men's*
nero   *black*
popolare   *popular*

rosa   *pink*
rosso   *red*
sicuro   *sure*
ultimo   *last*
verde   *green*
viola   *purple*

VERBI

costare   *to cost*
portare   *to wear; to carry*

provarsi   *to try on*
tornare   *to return*

volare   *to fly*

AVVERBI

completamente   *completely*

prima   *before*

ALTRI VOCABOLI / ESPRESSIONI

alcuni/e   *several, a few*
assieme a   *together with*
avere intenzione di   *to have the intention to*
come   *like, as*
da quando   *ever since*

di solito   *usually*
in saldo   *on sale*
mi dispiace   *I'm sorry*
Non c'è di che!   *Don't mention it!*
Peccato!   *Too bad!*

per di più   *what's more, moreover*
questo   *this*
servire a   *to need*
stare bene a...   *to look good on...*
suo   *his/her*

Comunicazione

- carrying out transactions at food stores
- indicating quantity
- talking about food
- using traditional sayings and proverbs

Cultura

- types of food stores
- food shopping in Italy
- Italian proverbs

Strutture e vocabolario

- words referring to fruits, vegetables, and other kinds of food
- the partitive
- more about possessive adjectives and pronouns
- the demonstrative adjective and pronoun **quello**
- how to use **riuscire a**
- more about the imperfect
- verbs in the pluperfect
- about fractions

10

VORREI UN PO' DI FRUTTA!

See the Internet activity in this chapter.

DIALOGO 1

TEMA 1

Carrying out a transaction at a food store / Indicating quantity

Ieri Giorgio stava facendo un po' di spesa° in un negozio di generi alimentari°…   *was food shopping* / food store*

COMMESSO:	Prego, signore, desidera?
GIORGIO:	Vorrei un po' di frutta.
COMMESSO:	Va bene. Abbiamo delle mele° fresche°. Vale la pena di comprarle°. Sono squisite°!
GIORGIO:	Sono veramente fresche?
COMMESSO:	Certo.
GIORGIO:	Ha anche dell'uva° fresca?
COMMESSO:	No, abbiamo venduto tutta l'uva che avevamo ieri prima di mezzogiorno.
GIORGIO:	Allora, va bene così, grazie. Quanto viene°?
COMMESSO:	In tutto, diecimila lire. Ecco il Suo scontrino.

apples / fresh / It's worthwhile to buy them. / delicious (exquisite)

grapes

How much does it come to?

A. Comprensione! Le seguenti affermazioni sono false. Correggile in modo appropriato, seguendo il modello.

> **MODELLO:** Ieri Giorgio stava facendo delle spese in centro.
> *No, stava facendo un po' di spesa in un negozio di generi alimentari.*

1. La spesa di Giorgio è costata duemila lire.
2. Alla fine il commesso ha dato una bolletta a Giorgio.
3. Il giorno prima avevano venduto tutte le mele prima di mezzogiorno.
4. Ieri avevano tanta uva fresca.
5. Giorgio voleva tanta frutta.
6. Secondo il commesso, valeva la pena di comprare l'uva.

---

*Note that *food shopping* is rendered by **fare la spesa,** whereas *shopping* (in general) is rendered by **fare delle spese.**

ATTIVITÀ D'ESPANSIONE 1

▶• DA IMPARARE 1

valere la pena	*to be worthwhile*
[Past part. **valso**. Conjugated with **essere**.]	
Vale la pena.	*It is worthwhile.*
fresco	*fresh*
squisito	*delicious*

Note that **uva** is singular in Italian but plural in English: *grapes*.

B. Certo! Con un compagno / una compagna, crea brevi dialoghi, seguendo il modello.

> **MODELLO:** mele
>
> TU: *Scusi, vale la pena di comprare queste mele?*
> COMPAGNO/A: *Certo! Sono squisite e fresche.*

1. mele
2. uva
3. formaggio

4. dolci
5. gelato
6. prosciutto

▶• DA IMPARARE 2

far(e) la spesa	*to do food shopping*
il supermercato	*supermarket*
il mercato	*outdoor market*

C. Intervista! Chiedi al tuo compagno / alla tua compagna dove fa la spesa generalmente. Segui il modello.

> **MODELLO:**
> TU: *Dove fai la spesa generalmente?*
> COMPAGNO/A: *Faccio la spesa in un negozio di generi alimentari.*

Chiedi al tuo compagno / alla tua compagna…
1. dove fa la spesa generalmente.
2. quando (in quale giorno) fa la spesa.
3. se ha mai fatto la spesa ad un mercato in Italia.

▶• DA IMPARARE 3: FRUTTA

l'arancia	*orange*	**la mela**	*apple*
la banana	*banana*	**la pera**	*pear*
la ciliegia	*cherry*	**la pesca**	*peach*
la fragola	*strawberry*	**l'uva**	*grapes*
il limone	*lemon*		

►• DA IMPARARE 4

quello *(m., sing.)*	*that one*
quella *(f., sing.)*	*that one*
quelli *(m., pl.)*	*those ones*
quelle *(f., pl.)*	*those ones*

D. In un negozio di alimentari! In coppie, create brevi dialoghi, seguendo i modelli.

> **MODELLO 1:** mele
>
> TU: *Vorrei delle mele.*
> COMPAGNO/A: *Queste o quelle?*
> TU: *Quelle* [The ones] *che ho comprato ieri.*

1. arance
2. uva [*be careful!*]
3. banane
4. pesche
5. pere
6. limoni

> **MODELLO 2:** mele
>
> TU: *Vale veramente la pena di comprare queste mele?*
> COMPAGNO/A: *Sì. Sono freschissime!*

7. pesche
8. banane
9. uva [*be careful again!*]
10. formaggio

MODI DI DIRE E DI COMUNICARE 1

►• VERDURA

i broccoli	*broccoli*
la carota	*carrot*
il fagiolino	*string bean*
il fagiolo	*bean*
la patata	*potato*
il pisello	*pea*
il pomodoro	*tomato*
gli spinaci	*spinach*

▶• ALTRI CIBI°

la carne	*meat*
il pane	*bread*
il pesce	*fish*

▶• UNA VENTINA!

una decina	*around ten*
una ventina	*around twenty*
una trentina	*around thirty*

Simply add the suffix **-ina** to the number as shown:
quaranta → **quarant- + ina** → **quarantina**

But note:

una dozzina	*a dozen*

▶• DIFFERENZE!

Note the following differences:

- **L'uva** is singular in Italian, but plural in English:
  L'uva **ti fa molto bene.**   *Grapes are good for you.*

- **Gli spinaci** is plural in Italian, but singular in English:
  Gli spinaci **ti fanno molto bene.**   *Spinach is good for you.*

- Recall from Chapter 3 that the definite article is used with nouns referring to things in general:
  Le mele **sono rosse.**   *Apples are red.*
  Mi piacciono *le banane.*   *I like bananas.*

- The word for *vegetables (in general)* is singular in Italian, **la verdura**:
  La verdura **ti fa bene.**   *Vegetables are good for you.*

- The word to refer to *specific vegetables* is plural, **le verdure**:
  Non mi piacevano *le verdure* **che hanno servito ieri.**   *I didn't like the vegetables that they served yesterday.*

- Finally, note that the metric system of weights is used in Italy:

il grammo	*gram*
l'ettogrammo (l'etto)	*hectogram (100 grams)*
il chilogrammo (il chilo)	*kilogram (1000 grams)*

APPLICAZIONE

E. In un negozio di generi alimentari! Osserva le seguenti
immagini *(figures)*. Poi rispondi alle seguenti domande: (1) Che cibo *(food)* è?
(2) Quanto pesa / pesano? Segui il modello.

MODELLO: *Sono delle banane.*
Pesano un chilo.

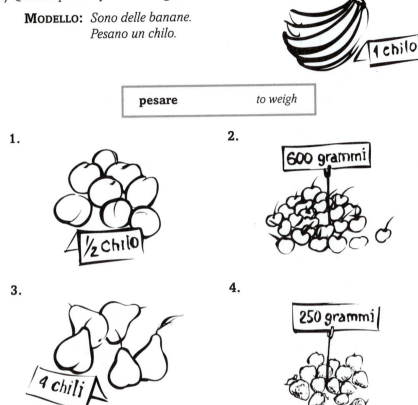

| pesare | to weigh |

1.

2.

600 grammi

½ chilo

3.

4.

250 grammi

4 chili

F. Vorrei dei fagioli! Con un compagno / una compagna, crea brevi
dialoghi, seguendo i modelli.

MODELLO 1: fagioli / 450 grammi
                        TU: *Vorrei dei fagioli, per favore.*
       COMMESSO/A: *Quanti ne vuole?*
                        TU: *Quattrocento cinquanta grammi.*

| **Quanti ne vuole?** | *How many of them do you want?*[*] |

1. fagiolini / 6 etti
2. pomodori / 800 grammi
3. patate / 5 chili

4. piselli / 500 grammi
5. carote / 800 grammi

---

[*]This structure will be dealt with formally in Chapter 11.

MODELLO 2: banane / circa *(around)* 10
           COMMESSO/A: *Vuole anche delle banane?*
                TU: *Sì, una decina.*

6. carote / circa 15   **9.** arance / circa 25
7. pomodori / circa 20   **10.** mele / circa 12
8. pere / circa 10

G. A tutti la parola! Indica…

1. tre frutte che ti piacciono molto.
2. tre verdure che ti piacciono molto.
3. una frutta o una verdura che non ti piaceva da bambino/a, ma che ora ti piace.
4. una frutta o una verdura che ti piaceva da bambino/a, ma che ora non ti piace più.
5. se preferisci mangiare la carne o il pesce, o se non ti piace né la carne né il pesce.
6. che tipo di pane preferisci.

APPUNTI DI GRAMMATICA 1

IL PARTITIVO 1

The preposition **di** + *definite article* renders the idea of *some* or *any*. The structure is known as the **partitivo**.

Ho comprato *dei* **piselli.**	= **di + i piselli**	*I bought some peas.*
Vorrei *del* **formaggio.**	= **di + il formaggio**	*I would like some cheese.*
Ho comprato *dei* **piselli.**	= **di + i piselli**	*I bought some peas.*
Chi vuole *dello* **zucchero?**	= **di + lo zucchero**	*Who would like some sugar?*
Vorrei *degli* **spinaci.**	= **di + gli spinaci**	*I would like some spinach.*
Vorrei *della* **frutta.**	= **di + la frutta**	*I would like some fruit.*
Ha *dell'* **uva?**	= **di + l'uva**	*Do you have any grapes?*
Ha *delle* **mele?**	= **di + le mele**	*Do you have any apples?*

• Note that with mass singular nouns, **un po' di** can replace this structure, rendering more precisely the idea of *a little / a bit of*:

Vorrei *un po' di* **frutta.**   *I would like a bit of fruit.*
Ho mangiato *un po' di* **carne.**   *I ate a little meat.*

• Grammatically, the partitive is the plural of the indefinite article:

Singular	Plural	
un romanzo	dei romanzi	*some novels*
un amico	degli amici	*some friends*
uno studente	degli studenti	*some students*
una studentessa	delle studentesse	*some students*
un'amica	delle amiche	*some friends*

Il Partitivo Negativo

In the negative, the **partitivo** is normally dropped:

Affirmative	Negative	
Voglio *del* formaggio.	Non voglio formaggio.	*I do not want any cheese.*
Ho comprato *dei* piselli.	Non ho comprato piselli.	*I didn't buy any peas.*
Prendo *dello* zucchero.	Non prendo zucchero.	*I don't take any sugar.*

Aggettivi Possessivi

In previous chapters, you learned how to use three possessive adjectives: **il mio, il tuo,** and **il suo**. The remaining possessive adjectives are **il nostro** *(our)*, **il vostro** *(your, pl.)*, and **il loro** *(their)*. Here is the entire system of **aggettivi possessivi**:

Singolare	Plurale	
Maschile		
il mio amico	**i miei** amici	*my*
il tuo amico	**i tuoi** amici	*your (fam.)*
il suo amico	**i suoi** amici	*his/her*
il Suo amico	**i Suoi** amici	*your (pol.)*
il nostro amico	**i nostri** amici	*our*
il vostro amico	**i vostri** amici	*your (pl.)*
il loro amico	**i loro** amici	*their*
Femminile		
la mia amica	**le mie** amiche	*my*
la tua amica	**le tue** amiche	*your (fam.)*
la sua amica	**le sue** amiche	*his/her*
la Sua amica	**le Sue** amiche	*your (pol.)*
la nostra amica	**le nostre** amiche	*our*
la vostra amica	**le vostre** amiche	*your (pl.)*
la loro amica	**le loro** amiche	*their*

• Note that **loro** is an invariable structure:

il *loro* libro	i *loro* libri
la *loro* matita	le *loro* matite

• In the plural, the **vostro** form is usually used when addressing a group of people, though a familliar/polite distinction is sometimes maintained: **il vostro / il Loro**:

Familiar	Polite
Quando è *il vostro* compleanno?	Signor Marchi, signora Dini, quando è *il Loro* compleanno?

Don't forget that when referring to family members, the article is dropped when the noun is *singular* and *unmodified*:

Singular and Unmodified	Plural and/or Modified
Come si chiama *vostro* fratello?	Dove sono *i vostri* fratelli?
Questa è *nostra* zia.	*La nostra* zia ricca abita in Italia.
Dov'è *vostro* cugino?	Dove sono *i vostri* cugini?

• The exception is **loro**, for which the article is always retained:

Singular and Unmodified	Plural and/or Modified
Come si chiama *il loro* fratello?	Dove sono *i loro* fratelli?
Questa è *la loro* zia.	*La loro* zia ricca abita in Italia.
Dov'è *il loro* cugino?	Dove sono *i loro* cugini?

• Replacing the definite with the indefinite article renders the English structure *of mine, of yours,* etc.:

Lui è *un nostro* amico.	*He's a friend of ours.*
Maria è *una loro* cugina.	*Maria is a cousin of theirs.*

• In the plural the article is generally omitted:

Loro sono *nostri* amici.	*They are friends of ours.*
Maria e Paola sono *loro* cugine.	*Maria and Paola are cousins of theirs.*

• Finally, with reflexive verbs, the possessive adjective is best omitted because it is implied:

Io mi metto la mia giacca.	=	**Io mi metto la giacca.**
Lui si prova la sua camicia.	=	**Lui si prova la camicia.**

Questi sono nostri amici.

L'AGGETTIVO DIMOSTRATIVO: *QUELLO*

In the previous chapter, you encountered the demonstrative adjective **questo**. In this chapter you have encountered its counterpart, **quello** *(that / those)*. Note that **quello** has forms that are similar to those of the definite article:

	L'articolo determinativo	Quello	
MASCULINE FORMS	**Before z, s + consonant**		
	lo zio	**quello** zio	*that uncle*
	lo studente	**quello** studente	*that student*
	gli zii	**quegli** zii	*those uncles*
	gli studenti	**quegli** studenti	*those students*
	Before a vowel		
	l'anello	**quell'**anello	*that ring*
	gli anelli	**quegli** anelli	*those rings*
	Before any other consonant		
	il guanto	**quel** guanto	*that glove*
	i guanti	**quei** guanti	*those gloves*
FEMININE FORMS	**Before any consonant**		
	la collana	**quella** collana	*that necklace*
	le collane	**quelle** collane	*those necklaces*
	Before any vowel		
	l'opera	**quell'**opera	*that opera*
	le opere	**quelle** opere	*those operas*

- As usual, do not forget to make all appropriate adjustments:

quegli stivali nuovi	*but*	**quei nuovi stivali**
quell'impermeabile bello	*but*	**quel bell'impermeabile**

APPLICAZIONE

H. Al supermercato! Con un compagno / una compagna, crea brevi dialoghi, seguendo il modello.

> **MODELLO:** patate
> > TU (COMMESSO/A): *Vuole delle patate?*
> > > COMPAGNO/A: *No, non mangio patate!*

1.	limoni	**6.**	fagioli
2.	pesce	**7.**	spinaci
3.	ciliege	**8.**	broccoli
4.	carne	**9.**	uva
5.	pane	**10.**	patate

I. In giro per i negozi di via Dante! Con un compagno / una compagna, crea altri brevi dialoghi, seguendo i modelli.

> **MODELLO 1:** romanzo rosa / gialli
>> Tu (COMMESSO/A): *Vuole un romanzo rosa?*
>> COMPAGNO/A: *No, vorrei dei gialli.*

1. giacca / pantaloni
2. vestito / guanti
3. carota / spinaci
4. orologio / orecchini
5. giornale / riviste
6. volume di poesia / romanzi di spionaggio

> **MODELLO 2:** libro
>> Tu (COMMESSO/A): *Vuole questo libro?*
>> COMPAGNO/A: *No, vorrei quel libro.*

7. giallo
8. riviste
9. stivali
10. cappotto
11. calze
12. orecchini

J. Al ristorante! Adesso immagina di essere un cameriere / una cameriera. Con un compagno / una compagna, crea brevi dialoghi, seguendo il modello.

> **MODELLO:** pane
>> Tu (CAMERIERE/A): *Vuole un po' di pane?*
>> COMPAGNO/A: *No, non mangio mai pane.*

1. carne
2. formaggio
3. prosciutto
4. frutta
5. caffè [*Be careful with the verb used!*]
6. crema

K. Di chi è? In coppie, svolgete i seguenti compiti, seguendo i modelli.

> **MODELLO 1:** penna / ours
>> Tu: *Di chi è quella penna?*
>> COMPAGNO/A: *È la nostra penna.*

1. borsa / *hers*
2. vestito / *ours*
3. stivali / *ours*
4. riviste / *yours (pl.)*
5. pantaloni / *yours (pl.)*
6. impermeabili / *theirs*
7. gonne / *theirs*
8. giacca / *ours*

> **MODELLO 2:** ragazza / amica mia e di mia sorella
>> Tu: *Chi è quella ragazza?*
>> COMPAGNO/A: *È un'amica mia e di mia sorella. È una nostra amica.*

9. ragazza / amica di Paolo
10. uomini / amici tuoi e di tuo fratello
11. donne / professoresse di Marco
12. commesso / cugino di Maria

> **MODELLO 3:** conoscere / *her brother* / *her sister*
>> Tu: *Hai conosciuto suo fratello?*
>> COMPAGNO/A: *No, ho conosciuto sua sorella.*

13. vedere / *his uncle* / *his aunt*
14. telefonare / *their cousin (m.)* / *their father*
15. aspettare / *our cousins (f.)* / *your brothers*
16. conoscere / *their aunt* / *their mother*

I NEGOZI DI GENERI ALIMENTARI!

Negozi di alimentari! Rispondi alle seguenti domande.

1. Quale orario *(schedule)* seguono i negozi di generi alimentari nella tua città?
2. In quale giorno / quali giorni della settimana sono chiusi i negozi?
3. Dove si tende *(does one tend)* a fare la spesa nella tua città, nei supermercati o in altri negozi di generi alimentari?

In gran parte dell'Italia, i negozi di generi alimentari seguono il seguente orario:
7:30/8:00 – 13:00
16:00/17:00 – 20:00

Alcuni negozi sono chiusi il giovedì. In molte città sono chiusi anche il lunedì mattina. In tutti i negozi d'Italia è illegale lasciare il negozio senza lo scontrino.

Anche in Italia oggi si tende a fare la spesa nei supermercati, specialmente nei centri urbani. Ma continuano[1] ad essere molto popolari i *mercati,* generalmente il mercoledì o il sabato.

In alcune città, come Firenze, questi mercati sono permanenti[2].

Comprensione!

Rispondi alle seguenti domande.

1. Che cosa sono i mercati?
2. Dove si tende a fare la spesa oggi in Italia?
3. In quali giorni della settimana ci sono, di solito, i mercati?
4. Che cosa è illegale in Italia?
5. Che orario seguono i negozi di generi alimentari?

[1]*they continue* [2]*permanent (i.e., located in specific sites and open for business at specified hours and days)*

L. Sondaggio! Due o tre studenti dovranno fare il seguente sondaggio e poi indicare i risultati ricavati a tutta la classe.

Quale fattore determina *(Which factor determines)* dove fai la spesa?
1. il prezzo del cibo
2. il tipo di negozio (supermercato, negozio, ecc.)
3. dove è situato *(situated)* il negozio (vicino a casa, ecc.)
4. altri fattori…

MOMENTO CREATIVO 1

M. Sono fresche? In coppie, mettete in scena la seguente situazione.

Un/Una cliente sta facendo la spesa. Lui/Lei chiede come sono diversi tipi di frutta e di verdura *(Sono fresche? Quanto costano all'etto?* ecc.). Il commesso / La commessa risponde in modo appropriato. Alla fine il/la cliente incontra un vecchio amico / una vecchia amica che pure *(also)* sta facendo la spesa. Chiacchierano per un po' di tempo e poi decidono di fare qualcosa insieme più tardi.

TEMA 2

· · · · · · · · ·

Talking about food / Using proverbial language

Mentre: *While* / Eh già!: *Yeah!* / Però: *However* / non riesco a trovare: *I can't find* / quello che voglio: *what I want* / olio d'oliva: *olive oil*

parecchio tempo: *quite a while*

Time is money.
Maybe another time.
No question (Surely)!

DIALOGO 2

Mentre° Giorgio stava finendo di fare la spesa al negozio di generi alimentari, ha incontrato un vecchio amico, Bruno.

GIORGIO: Bruno, come va? Anche tu stai facendo un po' di spesa?

BRUNO: Eh già°! Però°, questa è la prima volta che faccio la spesa in questo negozio.

GIORGIO: La frutta qui è freschissima, anche se alcune volte non riesco a trovare° quello che voglio°.

BRUNO: Cosa hai comprato?

GIORGIO: Delle mele. E tu?

BRUNO: Un po' di formaggio, alcune arance e due litri di olio d'oliva°.

GIORGIO: Allora, che fai di bello?

BRUNO: Senti, è parecchio tempo° che non ci vediamo. Perché non vieni a casa mia stasera o domani sera per cena?

GIORGIO: Non è possibile. Sono troppo impegnato in questo periodo. Sai come dice il proverbio, no? «Il tempo è denaro»°.

BRUNO: Sarà per un'altra volta°.

GIORGIO: Senz'altro°! Ciao!

BRUNO: Arrivederci!

N. Comprensione!   Rispondi alle seguenti domande.

1. Cosa stava facendo Giorgio quando ha incontrato Bruno?
2. Cosa stava facendo Bruno?
3. Cosa ha comprato Bruno?
4. Quanto tempo è che Giorgio e Bruno non si vedono?
5. Com'è Giorgio in questo periodo?

ATTIVITÀ D'ESPANSIONE 2

▶• DA NOTARE 1

dei libri	=	qualche libro	=	*some books*
degli amici	=	qualche amico	=	*some friends*
delle banane	=	qualche banana	=	*some bananas*

▶• DA NOTARE 2

avevi comprato	*you had bought*
avevo comprato	*I had bought*

O. Sì, è vero!   In coppie, create brevi dialoghi, seguendo il modello.

MODELLO: pere

TU: *È vero che ieri avevi comprato delle pere?*
COMPAGNO/A: *Sì, è vero. Avevo comprato qualche pera.*

1. arance
2. pesche
3. fagioli

4. limoni
5. banane
6. fragole

▶• DA NOTARE 3

È il tuo libro?	**Sì, è *il mio*.**	*Yes, it's mine.*
Sono i vostri cugini?	**Sì, sono *i nostri*.**	*Yes, they're ours.*

P. Sì, è il mio!   Rispondi alle seguenti domande, seguendo il modello.

MODELLO: È il tuo compleanno?
Sì, è il mio.

1. È il loro padre?
2. È il vostro amico?
3. Sono le sue pantofole?
4. È il tuo orologio?
5. Sono i loro guanti?

MODI DI DIRE E DI COMUNICARE 2

▶• PROVERBI!

Il tempo è denaro.	*Time is money.*
Meglio tardi che mai.	*Better late than never.*
L'abito non fa il monaco.	*The habit does not make the monk.*
	(Clothes do not make the man.)
Sbagliando s'impara.	*One learns through one's mistakes.*
Tutto il mondo è paese.	*The world is one village.*
	(Things are the same the world over.)

▶• RIUSCIRE A...

Riuscire a means *to be able to do something* in the sense of *having the capacity to do it*:

Non riesco a fare tutto!	*I can't do everything!*
Loro non sono riusciti a fare tutto.	*They weren't able to do everything (e.g., because they were ill).*

This verb is conjugated exactly like **uscire**: **riuscire = ri + uscire**:

PRESENTE INDICATIVO	PASSATO PROSSIMO
Io non riesco a fare tutto!	**Maria non è riuscita a venire ieri!**
Tu non riesci a fare tutto!	**Loro non sono riusciti a venire ieri!**

APPLICAZIONE

Q. Proverbi! Indica il proverbio adatto, seguendo il modello.

> **MODELLO:** Non ho più tempo da perdere!
> *Il tempo è denaro!*

1. Ho consegnato quel compito in ritardo!
2. Che sbaglio che ho fatto! Ma ho imparato *(learned)* a stare zitto/a!
3. Il mio amico non è quello che sembra *(what he seems to be)*!
4. Anche a quegli studenti stranieri *(foreign)* piacciono le vacanze *(vacation)*!

R. Riesco a parlare bene l'italiano! Indica tre cose che...

1. riesci a fare con grande facilità *(facility)*.
2. non sei mai riuscito/a a fare bene.
3. riuscivi a fare da bambino/a, ma che adesso non riesci a fare più, o che riesci a fare con difficoltà *(difficulty)*.

APPUNTI DI GRAMMATICA 2

IL PARTITIVO 2

There are other kinds of partitive structures, in addition to the one you learned on page 256.

- With count nouns, i.e., with nouns that can be put into the plural, three kinds of partitive can be used:

DI + DEFINITE ARTICLE (as you learned on page 256):

un libro	dei libri	*some books*
uno studente	degli studenti	*some students*
una penna	delle penne	*some pens*
un'amica	delle amiche	*some friends*

ALCUNI/E (this means, more precisely, *a few, several*):

un libro	alcuni libri	*some / a few / several books*
uno studente	alcuni studenti	*some / a few / several students*
una penna	alcune penne	*some / a few / several pens*
un'amica	alcune amiche	*some / a few / several friends*

QUALCHE + SINGULAR NOUN:

un libro	qualche libro	*some / a few / several books*
uno studente	qualche studente	*some / a few / several students*
una penna	qualche penna	*some / a few / several pens*
un'amica	qualche amica	*some / a few / several friends*

NOTE: the structure in this case is singular, **qualche libro**, but its meaning is plural, *some books.*

- With noncount or mass nouns, i.e., with nouns that normally do not have a plural form, two kinds of partitive can be used (as you learned on page 256):

DI + DEFINITE ARTICLE:

il formaggio	del formaggio	*some cheese*
lo zucchero	dello zucchero	*some sugar*
la carne	della carne	*some meat*
l'acqua	dell'acqua	*some water*

UN PO' DI:

il formaggio	un po' di formaggio	*some / a little / a bit of cheese*
lo zucchero	un po' di zucchero	*some / a little / a bit of sugar*
la carne	un po' di carne	*some / a little / a bit of meat*
l'acqua	un po' di acqua	*some / a little / a bit of water*

NOTE: **qualche** cannot be used with noncount nouns!

IL PRONOME DIMOSTRATIVO: *QUELLO*

The pronoun forms of **quello** are as follows:

Aggettivo			Pronome	
quel negozio	*that store*	→	**quello**	*that one*
Quel negozio è in via Dante.			**Quello è in via Dante.**	
Quel commesso è simpatico.			**Quello è simpatico.**	
quei negozi	*those stores*	→	**quelli**	*those ones*
Quei negozi sono in via Dante.			**Quelli sono in via Dante.**	
Quei commessi sono simpatici.			**Quelli sono simpatici.**	
quello studente	*that student*	→	**quello**	*that one*
Quello studente è bravo.			**Quello è bravo.**	
quell'orologio	*that watch*	→	**quello**	*that one*
Quell'orologio è nuovo.			**Quello è nuovo.**	
quegli studenti	*those students*	→	**quelli**	*those ones*
Quegli studenti sono bravi.			**Quelli sono bravi.**	
quella pera	*that pear*	→	**quella**	*that one*
Quella pera è fresca.			**Quella è fresca.**	
quell'arancia	*that orange*	→	**quella**	*that one*
Quell'arancia è buona.			**Quella è buona.**	
quelle pere	*those pears*	→	**quelle**	*those ones*
Quelle pere sono fresche.			**Quelle sono fresche.**	

In summary, there are only four pronoun forms of **quello**:

	Singular	Plural
MASC.	quello	quelli
FEM.	quella	quelle

I PRONOMI POSSESSIVI

Possessive pronouns have the same forms as their corresponding adjectives:

Aggettivo			Pronome	
il mio amico	my friend	→	il mio	mine
la nostra amica	our friend	→	la nostra	ours
i suoi amici	his/her friends	→	i suoi	his/hers
le loro amiche	their friends	→	le loro	theirs

Oggi è il mio compleanno.	**Quando è il tuo?**	*When is yours?*
Ecco la mia amica.	**Dov'è la vostra?**	*Where is yours?*

With few exceptions, the article is always used with the pronoun forms, even if it is dropped in corresponding adjective forms:

Ecco mia madre.	**Dov'è la tua?**	*Where's yours?*
Claudia è nostra cugina.	**Chi è la vostra?**	*Who's yours?*

ANCORA SULL'IMPERFETTO

FORME PROGRESSIVE

As in the present indicative, there exists a progressive form of the **imperfetto** that corresponds exactly to the ongoing action expressed by the English forms *I was writing, you were writing,…*

Cosa *leggevi* ieri?	*What were you reading yesterday?*
or	
Cosa *stavi leggendo* ieri?	*What were you reading yesterday?*

As you know, the progressive form of a verb is made up of two separate parts: (1) the auxiliary verb **stare**, and (2) the gerund of the verb. In the case of the imperfect progressive, the auxiliary is conjugated in the imperfect. So the only new thing you must learn is how to conjugate **stare** in the imperfect.

Here are three verbs conjugated fully in the **imperfetto progressivo**:

	PARLARE		SCRIVERE		FINIRE	
io	stavo	parlando	stavo	scrivendo	stavo	finendo
tu	stavi	parlando	stavi	scrivendo	stavi	finendo
lui / lei / Lei	stava	parlando	stava	scrivendo	stava	finendo
noi	stavamo	parlando	stavamo	scrivendo	stavamo	finendo
voi	stavate	parlando	stavate	scrivendo	stavate	finendo
loro	stavano	parlando	stavano	scrivendo	stavano	finendo

Recall from the previous chapter that reflexive verbs can also have a progressive form:

Lui non *si stava divertendo*.   *He wasn't enjoying himself.*
Io *mi stavo annoiando*.   *I was getting bored.*
Sandra e io *ci stavamo*   *Sandra and I were getting bored.*
annoiando.

VERBI IRREGOLARI

Of the verbs you have encountered so far, only the following have irregular forms in the **imperfetto indicativo**:

bere	bevevo, bevevi, beveva, bevevamo, bevevate, bevevano
dare	davo, davi, dava, davamo, davate, davano
dire	dicevo, dicevi, diceva, dicevamo, dicevate, dicevano
essere	ero, eri, era, eravamo, eravate, erano
fare	facevo, facevi, faceva, facevamo, facevate, facevano
stare	stavo, stavi, stava, stavamo, stavate, stavano

Note the forms of **esserci** and **piacere** in the imperfect:

C'era anche una giacca in   *There was also a jacket in the window.*
vetrina.
C'erano anche gli stivali in   *There were also boots in the window.*
vetrina.
Da bambino/a *mi piaceva* il   *I used to like milk as a child.*
latte.
Da bambino/a *ti piacevano*   *You used to like comics as a child.*
i fumetti.

IL TRAPASSATO PROSSIMO

In essence, the difference between the **passato prossimo** and the **imperfetto** is one of completed vs. incompleted (i.e., repeated, continued for a while) past action:

COMPLETED / PERFECT ACTION	INCOMPLETE / IMPERFECT ACTION
Ieri ho dormito tutto il giorno.	**Ieri mentre dormivo, tu studiavi.**
(Yesterday I slept all day.)	*(Yesterday while I was sleeping, you were studying.)*
Due anni fa siamo andati a Roma.	**Ogni anno andavamo a Roma.**
(Two years ago we went to Rome.)	*(Every year we used to go to Rome.)*
Ieri ho parlato all'insegnante.	**Ieri stavo parlando all'insegnante, quando tu mi hai chiamato.**
(Yesterday I spoke to the instructor.)	*(Yesterday I was speaking to the instructor when you called me.)*

- Recall that for some verbs, like **sapere,** you will have to ask yourself the question: Is the action imperfect (continuous) or not?

Ho saputo che sei italiano ieri (per la prima volta).
(I found out you are Italian yesterday [for the first time].)

Sapevo che eri italiano (e lo so ancora).
(I knew you were Italian [and I still do].)

- The modal verbs **dovere, potere,** and **volere** have the following meanings in the imperfect. (See p. 237 for information about imperfect forms of these verbs.)

Potevo uscire, ma…   *I could / was able to go out, but…*
Dovevo uscire, ma…   *I was supposed to go out, but…*
Volevo uscire, ma…   *I wanted to go out, but…*

The pluperfect indicative, **il trapassato prossimo**, allows you to express an action that occurred before the action indicated by the **passato prossimo** or the **imperfetto**:

PAST ACTION	ACTION THAT OCCURRED BEFORE IT
Ho mangiato la pasta. *(I ate the pastry.)*	Dopo che *avevo mangiato* la pasta, ho mangiato un panino. *(After I had eaten the pastry, I ate a sandwich.)*
Da bambino *leggevo* sempre i fumetti. *(As a child, I always used to read the comics.)*	Da bambino andavo a dormire solo dopo che *avevo letto* i fumetti. *(As a child, I used to go to bed only after I had read the comics.)*

This tense, therefore, corresponds exactly to the action expressed by the English forms *I had eaten, you had written*. The **trapassato** is a compound tense made up of two separate parts: (1) the imperfect of the auxiliary verb **avere** or **essere**, and (2) the past participle:

Auxiliary Verb		Past Participle
avevo	+	finito
ero	+	andato/a

So you already know everything you need to know in order to conjugate verbs in the **trapassato**: (1) how to form past participles, (2) which verbs are conjugated with **avere** or **essere**, and (3) how to conjugate **avere** and **essere** in the **imperfetto.**

Here are three verbs fully conjugated for you in the **trapassato**: (1) a verb conjugated with **avere**, (2) a verb conjugated with **essere**, and (3) a reflexive verb:

	(1) COMPRARE		(2) ANDARE		(3) DIVERTIRSI	
io	avevo	comprato	ero	andato/a	mi ero	divertito/a
tu	avevi	comprato	eri	andato/a	ti eri	divertito/a
lui / lei / Lei	aveva	comprato	era	andato/a	si era	divertito/a
noi	avevamo	comprato	eravamo	andati/e	ci eravamo	divertiti/e
voi	avevate	comprato	eravate	andati/e	vi eravate	divertiti/e
loro	avevano	comprato	erano	andati/e	si erano	divertiti/e

Note the forms of **esserci** and **piacere** in the **trapassato**:

C'era già *stato* **un problema tra di loro.**
(*There had already been a problem between them.*)
Non *mi era piaciuto/a.*
(*I hadn't liked it.*)

C'erano già *stati* **dei problemi tra di loro.**
(*There had already been some problems between them.*)
Non *mi erano piaciuti/e.*
(*I hadn't liked them.*)

APPLICAZIONE

S. In giro per i negozi del centro! In coppie, svolgete i seguenti esercizi e compiti, seguendo i modelli.

MODELLO 1: libro / d'informatica
TU (COMMESSO/A): *Desidera un libro?*
COMPAGNO/A: *Sì, ha dei libri d'informatica?*

1. giacca / di seta
2. impermeabile / per l'autunno
3. romanzo / rosa
4. volume / di saggistica

MODELLO 2: patate / circa 20
TU (COMMESSO/A): *Vuole alcune patate?*
COMPAGNO/A: *Sì, una ventina.*

5. arance / circa 10
6. mele / circa 12
7. limoni / circa 15
8. banane / circa 20

MODELLO 3: libri d'informatica / di matematica
TU (COMMESSO/A): *Ha dei libri d'informatica?*
COMPAGNO/A: *No, ma abbiamo qualche libro di matematica.*

9. volumi di narrativa / di saggistica
10. libri di scrittori medioevali / di scrittori contemporanei
11. impermeabili per l'autunno / per la primavera
12. dischi di Modugno / di Celentano

T. Vuole anche del pane? In coppie, svolgete i seguenti esercizi, seguendo i modelli.

MODELLO 1: pane / carne
TU (COMMESSO/A): *Vuole anche del pane?*
COMPAGNO/A: *No, ma vorrei un po' di carne.*

1. zucchero / formaggio
2. prosciutto / pasta
3. verdura / olio d'oliva
4. uva / latte

MODELLO 2: camicia
TU (COMMESSO/A): *Vuole quella camicia?*
COMPAGNO/A: *Sì, voglio proprio quella.*

5. impermeabile
6. cappello
7. stivali
8. orecchini
9. stile
10. camicia

U. La lista di Giorgio! Ecco la lista delle cose che Giorgio voleva comprare ieri al negozio di generi alimentari. Però dalla sua lista mancano i partitivi. Completa la lista in modo appropriato. Segui il modello.

MODELLO: _____ pane
del pane / un po' di pane

_____ limone [*Be careful! The fact that* limone *is singular means that Giorgio used* qualche.]
qualche limone

Cose da comprare ...
1 .... pane
2 .... latte
3 .... formaggio
4 .... mele
5 .... arance
6 .... pesca
7 .... pera
8 .... pomodori
9 .... fagiolo

V. Verbi e pronomi! Con un compagno / una compagna, crea brevi dialoghi nel modo indicato, seguendo i modelli.

MODELLO 1: tuo / vestito / suo
TU: *Era il tuo, quel vestito?*
COMPAGNO/A: *No, non era il mio, era il suo.*

1. tuo / giacca / suo
2. suo / impermeabile / vostro

3. suo / camicia / mio
4. tuo /pantaloni / loro

Modello 2: leggere / tu / un libro
TU: *Cosa leggevi tu ieri?*
COMPAGNO/A: *Stavo leggendo un libro.*

5. fare / tu / i compiti
6. dire / il professore / molte cose
7. bere / il tuo amico / un cappuccino
8. guardare / i tuoi amici / un programma interessante

W. Da bambino/a! Indica...

1. tre cose che potevi fare da bambino/a, ma che ora non puoi fare più.
2. tre cose che dovevi fare da bambino/a, ma che ora non devi fare più.
3. tre cose che volevi fare da bambino/a, ma che ora non vuoi fare più.
4. tre cose che sapevi fare da bambino/a, ma che ora non sai fare più.

PROVERBI!

Indovina i proverbi! Accoppia i proverbi a sinistra con le loro interpretazioni a destra.

_____ **1.** La lingua batte dove il dente duole.

_____ **2.** Il tempo è denaro.

_____ **3.** L'abito non fa il monaco.

a. Il tempo è prezioso.

b. Le persone si conoscono prendendo in considerazione le loro qualità *(qualities)* personali.

c. Quando abbiamo un dolore *(pain, worry)*, tendiamo a parlarne *(talk about it)*.

I proverbi di una cultura costituiscono le sue percezioni più fondamentali sulla natura del comportamento umano[1]. Prendiamo, come esempio, il proverbio italiano: *La lingua batte dove il dente duole*[2]. Chi non ha mai avuto il mal di denti[3] non potrà capire questa espressione. Quando parla, beve o mangia, chi ha mal di denti tende inevitabilmente a mettere la lingua sul dente che gli fa male[4]. Per analogia[5], quando si ha un dolore o una preoccupazione che vogliamo nascondere[6], si finisce sempre con il parlarne[7]. In questo modo questo proverbio descrive un aspetto intrinseco[8] del comportamento umano che tutti riconoscono[9].

Ecco un altro proverbio interessante: *L'abito non fa il monaco*[10]. Un monaco si veste con un abito tutto particolare[11]. Ma, come dice il proverbio, questo non garantisce[12] la spiritualità del monaco, la quale[13] deve venire dall'interno[14] della persona stessa. In altre parole, per meglio conoscere qualcuno non bisogna solo prendere in considerazione[15] il suo «abito esterno[16]»; bisogna prendere in considerazione le sue qualità[17] personali.

Comprensione! Rispondi alle seguenti domande.

1. Che cosa costituiscono i proverbi di una cultura?
2. Come si veste un monaco?
3. Cosa bisogna fare per meglio conoscere una persona?
4. Cosa si finisce per fare quando abbiamo un dolore o una preoccupazione che vogliamo nascondere?
5. Cosa descrivono i proverbi?
6. Conosci qualche proverbio? Spiegalo.

[1]*human behavior* [2]*The tongue touches where the tooth hurts.* [3]*toothache* [4]*on the tooth that hurts* [5]*By analogy* [6]*to hide* [7]*one always ends up talking about it* [8]*intrinsic* [9]*recognize* [10]*Clothes do not make the monk.* [11]*of a particular kind* [12]*guarantee* [13]*which* [14]*from inside* [15]*to take into consideration* [16]*external* [17]*qualities*

MOMENTO CREATIVO 2

X. In un negozio di alimentari! In gruppi di tre, mettete in scena la seguente situazione.

Commesso/a: Chiede al/alla cliente quello che vuole.
   Cliente: Indica i cibi che vuole (frutta, verdure, carne, ecc.).
Commesso/a: Indica quanto costano *(I piselli costano 5.000 lire l'etto.)*.
   Cliente: Dopo che ha fatto la spesa incontrerà *(will meet)* un amico/un'amica.
   Amico/a: Propone di fare qualcosa *(Perché non andiamo all'opera insieme stasera?, ecc.)*.
   Cliente: Risponde negativamente, citando *(quoting)* un proverbio adatto.

FASE 2: ASCOLTO E I NUMERI

ASCOLTO

A. Ascolta attentamente la vignetta sull'audio cercando di determinare le seguenti cose:

1. il nome della persona che sta facendo la spesa
2. cosa compra
3. chi incontra alla fine
4. cosa decidono di fare insieme

B. Adesso cerca di ricostruire la conversazione con altri studenti a piacere.

I NUMERI

LE FRAZIONI

In Italian, fractions are formed in the same way as they are in English:

$\dfrac{2}{3}$	→	**due**	*cardinal*
	→	**terzi**	*ordinal*

Note that the denominator is in the plural form if the numerator is greater than 1.

$1/3$	**un terzo**
$3/4$	**tre quarti**
$7/8$	**sette ottavi**

Exception:

½	**metà** *(noun)* / **mezzo** *(adj.)*

Ne voglio la metà.   *I want half (of it).*
Voglio mezza pizza.   *I want half of the pizza.*

C. Scrivi in parole le seguenti frazioni, seguendo il modello.

> **MODELLO:** $^3/_4$
> *tre quarti*

1. $^2/_5$ **4.** $^{11}/_{25}$ **7.** $^{123}/_{500}$
2. $^3/_7$ **5.** $^4/_5$ **8.** $^1/_2$ cake
3. $^9/_{10}$ **6.** $^5/_8$ **9.** $^1/_2$ of that cake

FASE 3: LETTURA

PRIMA DI LEGGERE

A. In un supermercato! Rispondi alle seguenti domande.

1. Ti piace fare la spesa al supermercato? Perché sì/no?
2. Fai la spesa da solo/a o in compagnia (con chi)?
3. Se non sei tu a fare la spesa *(if it is not you who goes food shopping)* a casa tua, chi é che la fa *(who does it)*? Perché?

Lettura: Marcovaldo va al supermercato!

Una di queste sere Marcovaldo stava portando a spasso° la famiglia. Essendo senza soldi, il loro spasso era guardare gli altri fare spese.

Il supermarket funzionava col «self-service». C'erano quei carrelli°, ogni cliente spingeva° il suo carrello e lo riempiva° di ogni bendiddio°. Anche Marcovaldo prese° un carrello, uno sua moglie e uno ciascuno i suoi quattro bambini. Cosa succede°?

A un punto in cui le corsie° di molti reparti° convergevano°, da ogni sbocco° veniva fuori un bambino di Marcovaldo, tutti spingendo carrelli carichi° come bastimenti mercantili°. Ognuno° aveva avuto la stessa idea.

(Libera riduzione e libero adattamento da: Marcovaldo, o le stagioni in città di Italo Calvino)

was taking for a walk

carts / was pushing
filling it / bounty, plenitude
got

happens

At a point where the aisles / departments / converged / opening

filled / merchant ships / Each one

DOPO LA LETTURA

B. Comprensione! Rispondi alle seguenti domande.

1. Cosa stava facendo Marcovaldo?
2. Perché la famiglia di Marcovaldo guardava gli altri fare le spese?
3. Che cosa prese Marcovaldo nel supermercato?
4. Che cosa succede?

C. A tutti la parola! Rispondi alle seguenti domande.

1. Trovi che questo brano è molto curioso *(funny)*? Perché sì/no?
2. Quali sono, secondo te, i motivi per cui in un supermercato si compra di più *(the reasons why one buys more in a supermarket)*?

   a. il risparmio *(savings)*
   b. le luci
   c. la musica
   d. l'abbondanza dei prodotti *(vast amount of products)*
   e. altro

3. La nostra società ci crea dei bisogni non essenziali. Sai indicarne alcuni?

SINTESI

A. Situazioni tipiche! Scegli la risposta adatta.

1. Vorrei un po' di…
   a. verdura.
   b. neve.

2. Vorrei anche dell'…
   a. arance.
   b. uva.

3. Quanto…
   a. viene?
   b. piace?

4. Ecco il Suo…
   a. scontrino.
   b. fresco.

5. Non…trovare quello che voglio.
   a. riesco a
   b. posso

6. Vorrei due…d'olio.
   a. grammi
   b. litri

B. Fare la spesa! Ecco una lista delle cose che devi comprare. Dalla lista mancano i partitivi. Completala inserendo i partitivi adatti. Segui il modello.

MODELLO: patate
alcune patate / delle patate
fagiolo
qualche fagiolo

Cose da comprare...

1. _____ carote
2. _____ piselli
3. _____ pomodoro
4. _____ fagiolini
5. _____ uva
6. _____ limone
7. _____ fragole
8. _____ arance
9. _____ carne
10. _____ pesce
11. _____ pane

C. In un negozio di alimentari! Rispondi alle seguenti domande, seguendo il modello.

> **MODELLO:** Quali sono le sue banane, queste o quelle?
> *Quelle sono le sue.*

1. Qual è la loro carne, questa o quella?
2. Quali sono le vostre ciliege, queste o quelle?
3. Quali sono i suoi pomodori, questi o quelli?
4. Quali sono le sue banane, queste o quelle?

D. Verbi, verbi! Metti i verbi al *passato prossimo*, all' *imperfetto* o al *trapassato*, secondo il caso.

1. Maria _____ (uscire) quando Franco _____ (arrivare).
2. Da bambina, io _____ (alzarsi) sempre dopo che _____ (alzarsi) i miei genitori.
3. Mi ricordo che il cibo _____ (costare) meno quando io _____ (essere) giovane.
4. Ieri io _____ (dovere) andare in centro per comprare un regalo.
5. Mentre tu _____ (fare) un compito ieri, io _____ (leggere) il giornale.

E. Cultura italiana!
Spiega *(Explain)* o elabora *(elaborate)* nelle tue proprie parole le seguenti cose e/o i seguenti proverbi. Segui il modello.

> **MODELLO:** un proverbio
> *Un proverbio costituisce una percezione fondamentale sul comportamento umano.*

1. un negozio di generi alimentari
2. lo scontrino
3. il mercato
4. Meglio tardi che mai.
5. L'abito non fa il monaco.
6. La lingua batte dove il dente duole.
7. Sbagliando s'impara.
8. Tutto il mondo è paese.

F. Momento creativo!
Intervista il tuo compagno / la tua compagna, seguendo il modello.

> **MODELLO:** Chiedigli/le…dove fa la spesa.
> TU: *Dove fai la spesa?*
> COMPAGNO/A: *Generalmente vado al supermercato.*

Chiedigli/le…
1. dove fa la spesa.
2. quali sono i suoi cibi preferiti.
3. quali cibi odia *(hates)*.
4. se conosce qualche proverbio interessante.

EXPLORE!
For this chapter's activity, go to http://adesso.heinle.com

LESSICO UTILE

NOMI

l'**arancia** *orange*
la **banana** *banana*
i **broccoli** *broccoli*
la **carne** *meat*
la **carota** *carrot*
il **chilogrammo** *kilogram*
il **cibo** *food*
la **ciliegia** *cherry*
il **denaro** *money*
l'**ettogrammo** *hectogram*
il **fagiolino** *string bean*

il **fagiolo** *bean*
la **fragola** *strawberry*
il **grammo** *gram*
il **latte** *milk*
il **limone** *lemon*
il **litro** *liter*
la **mela** *apple*
il **mercato** *outdoor market*
l'**olio d'oliva** *olive oil*
il **pane** *bread*
la **patata** *potato*

la **pera** *pear*
il **periodo** *period (of time)*
la **pesca** *peach*
il **pesce** *fish*
il **pisello** *pea*
il **pomodoro** *tomato*
il **proverbio** *proverb*
gli **spinaci** *spinach*
il **supermercato** *supermarket*
l'**uva** *grapes*
la **verdura** *vegetables*

AGGETTIVI

fresco *fresh*

parecchio *quite (a bit of)*

squisito *delicious; exquisite*

VERBI

pesare *to weigh*

riuscire a *to be able to*

trovare *to find*

ALTRI VOCABOLI / ESPRESSIONI

Eh già! *Yeah!*
fare la spesa *to shop for food*
loro *their*
mentre *while*

il **negozio di generi**
  alimentari *foodstore*
nostro *our*
però *however*

quello *that one*
senz'altro *surely*
valere la pena *to be worthwhile*
vostro *your (pl.)*

ROMA!

Una qualsiasi discussione della civiltà italiana non può escludere° un commento su Roma, la «città eterna». Situata° a circa 20 chilometri dal mare sulle rive° del Tevere°, sopra° una serie di colli° in mezzo ad una pianura ondulata°, Roma ha l'aspetto° di una grande metropoli che è, allo stesso tempo, ricca di storia e preistoria. È questa la rende° praticamente unica° nella civiltà umana.

    Secondo la tradizione, Roma fu fondata° nel 754 a.C.° Dopo il periodo classico dell'Impero Romano, la città eterna diventò° il nucleo° di un altro impero, e cioè, quello della chiesa cattolica.

exclude
Situated / banks
Tiber / on top of / series of hills /
   wavy plain / appearance
renders it / unique
was founded / B.C. (avanti
   Cristo) / became / hub (nucleus)

Come dice un vecchio proverbio, «tutte le strade portano a Roma»!

Gli antichi Romani fondarono una delle più grandi civiltà della storia. Costruirono strade, fortezze e città attraverso il loro intero Impero.

ancient / even today / notable
was built

It underwent restorations
temple / dedicated / gods
are buried / one finds
tomb / who died

battles / ferocious animals / It
* became / place / martyrdom*
eighteenth century / began /
* elliptic shape / spectators*
corridors and passageways /
* were used / was chosen*
took shape / nineteenth century
one really realizes
epochs

Sooner or later

Due monumenti dell'antica° Roma tuttoggi° notevoli° sono il Panteon e il Colosseo. Il Panteon fu costruito° nel 27 a.C. da Marco Agrippa, genero di Augusto. Fu ricostruito dall'imperatore Adriano e poi dagli imperatori Settimio Severo e Caracalla. Ebbe restauri° anche nel Rinascimento. Il Panteon è un tempio° che gli antichi romani dedicavano° a tutte le loro divinità°. Ma è anche un tempio dove sono sepolte° delle persone illustri. Nel Panteon romano ci si trova°, per esempio, la tomba° di Raffaello, grande artista morto° nel 1520.

Il Colosseo fu costruito nel 72 d.C. dall'imperatore Vespasiano per spettacoli pubblici e per i combattimenti° tra gladiatori e animali feroci°. Diventò° poi il luogo° di martirio° dei primi cristiani. Nel Medioevo fu trasformato in fortezza, e nel Settecento° iniziarono° i lavori di restauro. Il Colosseo ha una forma ellittica° e può contenere circa 50 mila spettatori°. Sotto l'arena ci sono corridoi e passaggi° che venivano usati° nell'organizzazione degli spettacoli.

Logicamente, Roma fu scelta° la capitale del nuovo stato italiano che si formò° nell'Ottocento° fra il 1861 e il 1870 ed è, oggi, il centro politico della nazione. Camminando per le strade di Roma ci si rende veramente conto° delle diverse epoche° storiche dell'umanità. Da una strada all'altra si passa dall'Antichità, al Medioevo, al Rinascimento, al Barocco, al Classicismo, al Romanticismo, fino al più recente postmodernismo! Prima o poi° tutti devono vedere Roma. Come dice un vecchio proverbio, «tutte le strade portano a Roma»!

A. Comprensione! Rispondi alle seguenti domande.

1. Che cosa non può escludere un qualsiasi commento sulla civiltà italiana? Perché?
2. Descrivi com'è situata la città di Roma.
3. Che tipo di aspetto ha?
4. Perché è unica questa città?
5. Che cosa diventò dopo il periodo classico?
6. Descrivi il Panteon (struttura fisica, tipi di funzioni che aveva, ecc.).
7. Adesso descrivi il Colosseo.
8. Com'è la Roma moderna?

B. A tutti la parola! Rispondi alla seguente domanda.

Sei mai stato/a a Roma? Se sì, racconta le tue impressioni alla classe. E se no, immagina di essere a Roma. Osserva la foto e descrivi quello che vedi.

Il Foro era il nucleo del sistema politico degli Antichi Romani, poiché era il posto dove I Senatori Romani si incontravano per dibattere le questioni importanti della loro epoca.

Comunicazione

- talking about television programs
- referring to future events

Cultura

- Italian television and radio
- Italian visual artists

Strutture e vocabolario

- how to differentiate between **lavorare** and **funzionare**, and between **scorso** and **prossimo**
- verbs in the future
- direct-object pronouns
- the use of **ne**
- the use of **volerci**
- opposites
- more about the negative partitive

11

C'È UN NUOVO PROGRAMMA!

See the Internet activity in this chapter.

DIALOGO 1

Maria e suo fratello, Roberto, stanno guardando la TV. Ma i due non sono mai d'accordo° sul tipo di programma da guardare. *they never agree*

MARIA: Stasera su RAI Due* comincerà un nuovo programma a puntate°. Lo voglio guardare, va bene? *series*

ROBERTO: No, no! Tra poco ci sarà un'importante partita° di pallacanestro° su un altro canale°! Ti giuro° che dopo la partita guarderemo tutti i programmi televisivi che vuoi tu! *match, game / basketball*
channel / I swear to you

MARIA: Mio caro Roberto, tu la guardi troppo, la televisione! Ho letto sul giornale poco tempo fa che un'inchiesta° condotta° negli Stati Uniti ha trovato che quelli che passano più di un'ora al giorno a guardare la televisione tendono a diventare° pigri°! *survey, study / conducted*
to become / lazy

ROBERTO: La tua tattica° non funzionerà°! Sono quasi le venti e la partita sta per cominciare! *tactic / won't work*

MARIA: Ma il telecomando° ce l'ho io°! Quindi, decido io° quello che guarderemo! *remote control / is in my hands / I'll decide*

ROBERTO: Uffa! Ma dopo il tuo programma, mi devi promettere†° che guarderemo la partita, va bene? *promise*

MARIA: Va bene!

A. Comprensione! Rispondi alle seguenti domande.

1. Su che cosa non sono mai d'accordo Maria e Roberto?
2. Che cosa comincerà stasera su RAI Due?
3. Che cosa giura Roberto?
4. Che cosa ha trovato un'inchiesta condotta negli Stati Uniti?
5. Chi ha il telecomando?

**Radio Audizioni Italiane* (Italy's public television channels are RAI 1, 2, 3.)

†Conjugated like **mettere** [Past part.: **promesso**].

ATTIVITÀ D'ESPANSIONE 1

▶• DA NOTARE 1

guarderai	*you will watch*
guarderò	*I will watch*

▶• DA NOTARE 2

il programma	*Lo* **guarderò.**	*I'll watch it.*
i programmi	*Li* **guarderò.**	*I'll watch them.*
la partita	*La* **guarderò.**	*I'll watch it.*
le partite	*Le* **guarderò.**	*I'll watch them.*

▶• PROGRAMMI!

il documentario	*documentary*
l'intervista	*interview*
il programma a puntate	*series, soap opera*
il programma sportivo	*sports program*
la pubblicità	*advertising, commercials*
lo spettacolo	*variety show*
il telefilm	*TV movie*
il telegiornale	*TV newscast*
il telequiz	*TV game show*

B. Guardiamo la TV! Con un compagno / una compagna, crea brevi dialoghi, seguendo i modelli.

> **MODELLO 1:** il programma a puntate
> TU: *Guarderai il programma a puntate?*
> COMPAGNO/A: *Sì, lo guarderò.*

1. i nuovi programmi
2. la partita di pallacanestro

3. tutte le partite che sono in televisione
4. il programma sulla nuova inchiesta

> **MODELLO 2:** tu
> TU: *Tu sei pigro?*
> COMPAGNO/A: *No, ma da bambino/a ero molto pigro/a.*

pigro	*lazy*

5. tu
6. tua sorella / tuo fratello

7. i tuoi amici
8. le tue amiche

MODELLO 3: i programmi a puntate / twice per week

TU: *Guardi mai i programmi a puntate?*

CAMPAGNO/A: *Sì, li guardo due volte alla settimana.*

al giorno	*per day*
alla settimana	*per week*
al mese	*per month*

9. i telefilm / *twice per month*
10. i programmi a puntate / *once per day*
11. i programmi sportivi / *two or three times per week*
12. il telegiornale / *three or four times per day*

MODI DI DIRE E DI COMUNICARE 1

▶• FUNZIONARE VS. LAVORARE

The verb **funzionare** means *to work* in the sense of *to function, to operate. To work*, in the sense of *labor*, is rendered by **lavorare**:

LAVORARE
Lui lavora in un negozio di alimentari.
Dove lavora Maria?

FUNZIONARE
Il mio orologio non funziona.
Le tue tattiche non funzioneranno.

▶• CHE VUOI TU!

A common way to emphasize something in Italian is to put it at the end of the sentence:

Domani guarderemo i programmi televisivi che vuoi tu!
Tomorrow we'll watch the programs that you want!

Guarderemo i programmi che dico io!
We'll watch the programs that I say.

▶• *SCORSO E PROSSIMO*

l'anno scorso	*last year*
la settimana scorsa	*last week*
l'anno prossimo	*next year*
la settimana prossima	*next week*

APPLICAZIONE

C. Voglio guardare un telefilm! Con un compagno / una compagna, crea brevi dialoghi, seguendo il modello.

> **MODELLO:** telefilm / prossimo / settimana
> > **TU:** *Vuoi guardare un telefilm stasera?*
> > **COMPAGNO/A:** *No, lo guarderò la prossima settimana / la settimana prossima.*
>
> telefilm / scorso / settimana
> > **TU:** *Vuoi guardare un telefilm stasera?*
> > **COMPAGNO/A:** *No, l'ho guardato la scorsa settimana / la settimana scorsa.*

1. telefilm / prossimo / lunedì
2. programma a puntate nuovo / scorso / settimana
3. programma sportivo / prossimo / domenica
4. spettacolo / scorso / domenica
5. telequiz / prossimo / settimana

D. Funzionare o lavorare? Scegli il verbo adatto nella sua forma appropriata secondo il caso.

> **MODELLO:** Il mio orologio non _____ mai.
> *Il mio orologio non funziona mai.*

1. Mio fratello _____ per RAI Due, nel reparto *(department)* delle interviste.
2. Mia sorella _____ per un'azienda *(company)* di pubblicità.
3. Il mio televisore non _____ quasi mai.
4. Le tattiche di tua sorella non hanno mai _____.

E. Ecco il programma che voglio vedere io! Esprimi le seguenti cose enfaticamente, seguendo il modello.

> **MODELLO:** Io guarderò quel programma.
> *Guarderò quel programma io!*

1. Io ho il telecomando.
2. Anche tu hai guardato quel programma la settimana scorsa.
3. Solo mia sorella guarda sempre quei brutti programmi.
4. Anche noi guarderemo quel telefilm domani sera.

F. A tutti la parola! Rispondi alle seguenti domande.

1. Quanto tempo passi a guardare la TV ogni giorno? Perché?
2. Secondo te, la televisione ha un effetto negativo *(negative effect)* sui bambini? Perché sì/no?
3. Secondo te, la pubblicità ha un effetto negativo sulle persone? Perché sì/no?

APPUNTI DI GRAMMATICA 1

IL FUTURO SEMPLICE 1

In the dialogue and activities, you encountered verbs in the simple future tense:

La prossima volta guarderemo…	*Next time we will watch…*
Passeranno cinque ore al giorno…	*They'll spend five hours per day…*

As in English, this tense refers to future actions and events. In Italian, the **futuro semplice** also conveys the concepts of *going to do something* and *will be doing something*:

Fra una settimana arriverà mia zia.
→ *In a week my aunt will arrive.*
→ *In a week my aunt is going to arrive.*
→ *In a week my aunt will be arriving.*

Ti chiamerò stasera.
→ *I will call you tonight.*
→ *I'll be calling you tonight.*
→ *I am going to call you tonight.*

To conjugate regular verbs in the **futuro**:

• Drop the **-e** of the infinitive suffix, and change the **a** of the infinitive suffix of first-conjugation verbs to **e**:

First Conjugation	Second Conjugation	Third Conjugation
parlare	leggere	finire
↓	↓	↓
parler-	legger-	finir-

• Add the endings **-ò, -ai, -à, -emo, -ete, -anno**:

parlare	→	**parler-**	→	**parlerò, parlerai, ecc.**
leggere	→	**legger-**	→	**leggerò, leggerai, ecc.**
finire	→	**finir-**	→	**finirò, finirai, ecc.**

• Here are three verbs conjugated fully in the **futuro semplice**:

	PARLARE	LEGGERE	FINIRE
io	parlerò	leggerò	finirò
tu	parlerai	leggerai	finirai
lui / lei / Lei	parlerà	leggerà	finirà
noi	parleremo	leggeremo	finiremo
voi	parlerete	leggerete	finirete
loro	parleranno	leggeranno	finiranno

- As always, do not forget to differentiate between familiar and polite forms:

Roberto, cosa *guarderai* stasera?	*Roberto, what will you (fam.) be watching tonight?*
Signora Dini, cosa *guarderà* stasera?	*Mrs. Dini, what will you (pol.) be watching tonight?*
Roberto, Maria, cosa *guarderete*?	*Roberto, Maria, what will you (fam.) be watching?*
Signor e signora Dini, cosa *guarderanno*?	*Mr. and Mrs. Dini, what will you (pol.) be watching?*

PRONOMI DI COMPLEMENTO OGGETTO 1

In the dialogue, Maria's line **Lo voglio guardare** *(I want to watch it)* contains a direct-object pronoun **(pronome di complemento oggetto / pronome di oggetto diretto)**. In Italian, this type of pronoun comes right before a *conjugated* verb (i.e., a verb that is in the present, the present perfect, future, etc.):

Stasera guarderò quel programma.	**Stasera *lo* guarderò.**	*Tonight I'll watch it.*
Domani chiamerò *tua sorella*.	**Domani *la* chiamerò.**	*Tomorrow I'll call her.*
Tu non conosci *quegli studenti*?	**Tu non *li* conosci?**	*You don't know them?*

Here are the direct-object pronouns:

		Pronome	Esempio
SING.	**1ST**	**mi** *(me)*	**Roberto non mi chiama mai.** *(Roberto never calls me.)*
	2ND	**ti** *(you)*	**Maria ti chiama sempre.** *(Maria always calls you.)*
	3RD	**lo** *(him/it)*	**Non lo conosco.** *(I don't know him.)*
		la *(her/it)*	**Non la conosco.** *(I don't know her.)*
		La *(you, pol.)*	**Signor Rossi, La chiamo domani.** *(Mr. Rossi, I'll call you tomorrow.)*
PL.	**1ST**	**ci** *(us)*	**Lui ci chiama sempre.** *(He always calls us.)*
	2ND	**vi** *(you)*	**Io non vi conosco.** *(I don't know you.)*
	3RD	**li** *(them, m.)*	**Quegli studenti? Non li conosco.** *(Those students? I don't know them.)*
		le *(them, f.)*	**Quelle studentesse? Non le conosco.** *(Those students? I don't know them.)*

Note that third-person forms can replace entire object phrases:

Roberto vuole *il libro di Eco.*   Roberto *lo* vuole.
Maria guarderà *la televisione.*   Maria *la* guarderà.
Io non compro mai *i fumetti.*   Io non *li* compro mai.
Non conosco *quelle ragazze.*   Non *le* conosco.

NE

The word **ne**, *some (of it, them)*, can replace several partitive structures (review Chapter 10). Like the direct-object pronoun, it is placed right before the verb:

• It replaces **di + l'articolo determinativo**:

Vuoi *dei libri?*   Sì, *ne* voglio.   *Yes, I would like some.*
Comprerai *della*   No, non *ne*   *No, I won't buy any.*
carne?   comprerò.

• It replaces the noun in partitive phrases with **qualche**, **alcuni/e**, and **un po' di**:

Vorrei *alcuni libri.*   } *Ne* vorrei *alcuni.*   *I would like some.*
Vorrei *qualche libro.*   }
Prendo *alcune banane.*   } *Ne* prendo *alcune.*   *I'll take some.*
Prendo *qualche banana.*   }
Comprerò *un po' di*   *Ne* comprerò *un po'.*   *I will buy some / a bit.*
carne.
Prendo *un po' di*   *Ne* prendo *un po'.*   *I'll have some / a little.*
zucchero.

• It replaces the noun in numerical and quantitative expressions:

Vorrei *due mele.*   *Ne* vorrei *due.*   *I would like two (of them).*

Conosco *molte persone.*   *Ne* conosco *molte.*   *I know many (of them).*

• Note the forms of *one*:

Prenderò solo *un*   *Ne* prenderò solo   *I'll take only one.*
tramezzino.   uno.
Prenderò solo *una*   *Ne* prenderò solo   *I'll take only one.*
frutta.   una.

• Here are some important quantitative terms you have encountered so far:

abbastanza	*enough*
grande	*big, large*
molto / tanto	*a lot*
piccolo	*little, small*
poco	*few, a little*
troppo	*too much*

Com'è la macchina?	{	È molto grande. È piccola.
Quanto pane vuoi?	{	Ne voglio molto. Ne voglio poco. Ne voglio abbastanza.
Quanto costa?	{	Poco. Molto. Troppo.

APPLICAZIONE

G. Domani! Con un compagno / una compagna, svolgi i seguenti esercizi, seguendo il modello.

> **MODELLO:**   TU: cosa / comprare / tua sorella
>   COMPAGNO/A: mia sorella / comprare / un vestito nuovo
>   TU: *Cosa comprerà tua sorella domani?*
>   COMPAGNO/A: *Mia sorella comprerà un vestito nuovo.*

1.   TU: con chi / parlare / tu
   COMPAGNO/A: io / parlare / con il professore d'informatica

2.   TU: con chi / pranzare / voi
   COMPAGNO/A: noi / pranzare / con i nostri amici

3.   TU: chi / incontrare / i tuoi amici
   COMPAGNO/A: i miei amici / incontrare / il loro professore

4.   TU: a chi / scrivere / tu
   COMPAGNO/A: io / scrivere / a una mia cugina

5.   TU: cosa / leggere / la classe d'italiano
   COMPAGNO/A: la classe d'italiano / leggere / una poesia di Ungaretti

6.   TU: cosa / vendere / i tuoi genitori
   COMPAGNO/A: i miei genitori / vendere / la loro macchina

7.   TU: con chi / uscire / tu
   COMPAGNO/A: io / uscire / con una mia amica

8.   TU: a che ora / partire / voi
   COMPAGNO/A: noi / partire / verso mezzogiorno

H. Mi chiamerai domani? Rispondi alle domande usando le forme appropriate del pronome di complemento.

> MODELLO: (Tu) mi chiamerai domani?
>   *Sì, (io) ti chiamerò domani.*
>   Maria aspetterà suo fratello domani?
>   *Sì, lo aspetterà.*

1. (Tu) mi aspetterai domani?
2. (Voi) ci inviterete alla festa la prossima settimana?
3. Maria incontrerà la sua amica domani?
4. E dopo incontrerà suo cugino?
5. Tuo fratello chiamerà i suoi amici domani?

I. Domani! Adesso forma frasi appropriate, seguendo i modelli.

> **MODELLO 1:** Marco / chiamare
> *Marco, ti chiamerò domani.*

1. Maria / chiamare
2. Signora Rossi / incontrare
3. Gianni e Maria / aspettare
4. Professor Micheli / aspettare
5. ragazzi / incontrare

> **MODELLO 2:** il programma / guardare
> *Il programma? Lo guarderò domani.*

6. la giacca / comprare
7. i romanzi / leggere
8. le interviste / guardare
9. il telegiornale / guardare
10. il caffè / prendere

J. Vuoi dei libri? Forma frasi appropriate, seguendo il modello.

> **MODELLO:** Vuoi dei libri? / due
> *Sì, ne voglio due.*
> Vuoi della carne? / molta
> *Sì, ne voglio molta.*

1. Vuoi delle matite? / quattro
2. Vuoi del pane? / un po'
3. Vuoi qualche disco? / alcuni
4. Vuoi qualche mela? / una o due

K. A tutti la parola! Rispondi alle seguenti domande.

1. Cosa studierai l'anno prossimo?
2. Hai una macchina? Se sì, com'è la tua macchina, grande o piccola?
3. Quanto mangi generalmente a pranzo e a cena, molto, poco,…?
4. Quanto costa un biglietto per il cinema nella tua città, poco, troppo,…?

▶ ● TACCUINO CULTURALE 1

LA TV E LA RADIO IN ITALIA!

La televisione in Italia! Rispondi alle seguenti domande.

1. Hai mai visto un programma televisivo italiano?
2. Se sì, quale? Descrivilo *(Describe it)*.
3. Tu sai che differenza c'è tra le TV di stato e le TV private?

In Italia ci sono tre canali pubblici, e cioè, le TV di stato[1]: RAI Uno, RAI Due e RAI Tre. Ma da alcuni anni ci sono[2] parecchie TV private che trasmettono[3] molta pubblicità.

[1]*state-run TV* [2]*for several years there have been* [3]*transmit*

Ogni città italiana ha le sue TV private. In città grandi, i telespettatori[4] possono scegliere[5] fra una ventina di canali differenti, e hanno diverse possibilità di avere TV via-cavo[6].

Anche le radio private sono molto numerose. Una caratteristica delle radio private è che trasmettono molta musica e gli ascoltatori[7] possono telefonare ai *disk-jockey* per chiedere di mandare in onda[8] le loro canzoni preferite.

Comprensione! Rispondi alle seguenti domande.

1. Quali sono le TV di stato in Italia?
2. Cosa trasmettono le TV private?
3. Fra che cosa possono scegliere i telespettatori in città grandi?
4. Sono molte le radio private in Italia?
5. Qual è una caratteristica interessante delle radio private?

---

[4]*viewers* [5]*choose* [6]*cable TV* [7]*listeners* [8]*to broadcast, put on the air*

L. Sondaggio! Due o tre studenti dovranno fare il seguente sondaggio e poi indicare i risultati a tutta la classe:

Che cosa preferisci guardare in televisione?

1. interviste
2. spettacoli
3. telefilm
4. programmi sportivi
5. telequiz
6. documentari

7. telegiornale
8. pubblicità
9. programmi a puntate
10. altri programmi
11. niente

MOMENTO CREATIVO 1

M. Pubblicità! Con uno o due studenti, crea brevi annunci pubblicitari *(TV commercials)*, seguendo il modello. Poi, recitateli davanti alla classe.

Modello: orologio da polso *(wristwatch)*
Cari telespettatori, avete bisogno di un orologio da polso?
Ne abbiamo molti! Sono tutti bellissimi!
Il loro prezzo? Solo ottantamila lire l'uno!

1. orologio da signora
2. bicicletta
3. orologio da bambini
4. televisore

DIALOGO 2

RADIO
TELEVISIONE
ITALIANA

Alla fine° del programma a puntate…   *end*

ROBERTO:	Adesso che è terminato° il tuo programma, guardiamo la partita, va bene?

is finished

MARIA: Ma, veramente, su RAI Uno c'è, secondo la *Guida*°, un   *TV guide*
affascinante° episodio drammatico sulla vita di   *fascinating*
Michelangelo che anche tu dovresti° guardare!   *even you should*

ROBERTO: Uffa!

MARIA: Zitto! Sta per cominciare!

UN'ANNUCIATRICE°   *announcer*
DELLA RAI UNO: Signore e signori, sono le ventidue precise. Adesso andrà
in onda° il teledramma° a puntate *La vita di Michelangelo*.   *on the air / TV drama (docudrama)*
Buon divertimento°!   *Enjoy!*

MARIA: Certo che Michelangelo è stato davvero° uno dei più   *truly*
grandi artisti della storia! Che fai, Roberto? Birbante°! Hai   *You sneak!*
cambiato° il canale!   *You changed*

ROBERTO: Zitta! La partita è quasi finita°!   *is almost over*

MARIA: In questa famiglia ci vuole° veramente tanta pazienza!   *is required (needed)*

N. Comprensione! Accoppia gli elementi delle due colonne in modo logico.

1. _____ Appena che il programma era terminato…
2. _____ Secondo la *Guida*, c'era…
3. _____ Secondo Maria, Roberto dovrebbe *(should)*…
4. _____ Il programma su Michelangelo è andato in onda…
5. _____ Michelangelo è stato davvero…
6. _____ A un certo punto…
7. _____ Roberto ha potuto vedere solo…
8. _____ Secondo Maria, nella sua famiglia…

a. guardare il teledramma su RAI Uno.
b. Roberto voleva vedere la partita di pallacanestro.
c. ci vuole tanta pazienza.
d. uno dei più grandi artisti della storia.
e. Roberto ha cambiato il canale.
f. la fine della partita.
g. un episodio drammatico sulla vita di Michelangelo su RAI Uno.
h. alle ventidue precise.

ATTIVITÀ D'ESPANSIONE 2

▶• VOLERCI

Ci vuole tempo.	*Time is needed. / It takes time.*
Ci è voluto tempo.	*Time was needed. / It took time.*
Ci vogliono due ore **per arrivare.**	*Two hours are needed to arrive.*
Ci sono volute due ore **per arrivare.**	*Two hours were needed to arrive.*

O. Ci vuole tanto tempo! Con un compagno / una compagna, crea brevi dialoghi, seguendo i modelli.

> **MODELLO 1:** tempo / per fare quel compito / tanto
> TU: *Quanto tempo ci vuole per fare quel compito?*
> COMPAGNO/A: *Ci vuole tanto tempo.*
> tempo / per fare tutto / tre ore
> TU: *Quanto tempo ci vuole per fare tutto?*
> COMPAGNO/A: *Ci vogliono tre ore.*

1. tempo / per finire quel compito / un'ora
2. tempo / per scrivere quella lettera / tante ore
3. tempo / per completare quell'inchiesta / due o tre settimane
4. tempo / per completare quel sondaggio / solo una giornata

Adesso esprimete le stesse cose al passato…

> **MODELLO 2:** tempo / per fare quel compito / tanto
> TU: *Quanto tempo ci è voluto per fare quel compito?*
> COMPAGNO/A: *Ci è voluto tanto tempo.*
>
> tempo / per fare tutto / tre ore
> TU: *Quanto tempo ci è voluto per fare tutto?*
> COMPAGNO/A: *Ci sono volute tre ore.*

5. tempo / per finire quel compito / un'ora
6. tempo / per scrivere quella lettera / tante ore
7. tempo / per completare quell'inchiesta / due o tre settimane
8. tempo / per completare quel sondaggio / solo una giornata

▶• DA NOTARE 1

il programma	*L'*ho già guardat*o*.	*I've watched it already.*
i programmi	*Li* ho già guardat*i*.	*I've watched them already.*
la partita	*L'*ho già guardat*a*.	*I've watched it already.*
le partite	*Le* ho già guardat*e*.	*I've watched them already.*

Vuoi dei dischi?	No, non voglio *nessun disco.*	*I don't want any records.*
Vuoi degli orologi?	No, non voglio *nessun orologio.*	*I don't want any watches.*
Vuoi degli scontrini?	No, non voglio *nessuno scontrino.*	*I don't want any receipts.*
Vuoi delle mele?	No, non voglio *nessuna mela.*	*I don't want any apples.*

P. No, l'ho già guardato! Con un compagno / una compagna, crea brevi dialoghi, seguendo i modelli.

> **MODELLO 1:** comprare / quel vestito
> TU: *Comprerai quel vestito?*
> COMPAGNO/A: *No, lo ho già comprato.*

1. comprare / quei dischi
2. guardare / quel teledramma
3. leggere / quelle poesie
4. ascoltare / quella canzone

> **MODELLO 2:** comprare / *some bananas*
> TU: *Comprerai delle banane?*
> COMPAGNO/A: *No, non comprerò nessuna banana.*

5. comprare / *some beans*
6. cantare / *some songs*
7. guardare / *some programs*
8. comprare / *some oranges*

MODI DI DIRE E DI COMUNICARE 2

▶• CONTRARI

As you have seen, **pigro** is an adjective meaning *lazy*. Its opposite is **energico,** meaning *energetic*. Associating adjectives in terms of opposites is an effective way of remembering them. Here are some common adjectives arranged as opposites. You have already encountered many of them in the first ten chapters. The new ones are glossed for you.

Aggettivo	Contrario	Aggettivo	Contrario
alto	basso	interessante	noioso *(boring)*
bello	brutto	magro *(skinny)*	grasso *(fat)*
buono / bravo	cattivo	pigro / stanco	energico *(energetic)*
felice	triste *(sad)*	ricco	povero
generoso	avaro *(stingy)*	simile *(similar)*	differente / diverso *(different)*
giovane / nuovo	vecchio *(old)*	simpatico	antipatico *(unpleasant)*

▶• PAROLE TIPO *ANNUNCIATORE*

L'annunciatore is the masculine form corresponding to **l'annunciatrice**, which you encountered in the dialogue on page 293. Here are other pairs of words with the same type of gender pattern:

Maschile		Femminile	
l'attore	*actor*	l'attrice	*actress*
il pittore	*painter (m.)*	la pittrice	*painter (f.)*
lo scultore	*sculptor*	la scultrice	*sculptress*

il dipinto	*painting*
la scultura	*sculpture*
rappresentare	*to represent*
recitare	*to act, recite, play (a part)*
amare	*to love*

APPLICAZIONE

Q. No, no, è proprio il contrario! Svolgi i seguenti esercizi e compiti, seguendo il modello.

> **MODELLO:** Questo programma è interessante.
> *No, questo programma è noioso.*

1. Quell'attore è alto e magro, e anche triste e povero.
2. Quegli spettacoli sono simili, ma noiosi.
3. Il nostro televisore è nuovo.
4. Tutti gli attori in quel telefilm sono ricchi, belli e giovani.
5. I bambini che guardano sempre la TV sono pigri, cattivi e antipatici.

R. Artisti! Indica…

1. tre attori / attrici che recitano molto bene, secondo te.
2. tre pittori / pittrici famosi/e e poi discuti alcuni dei loro dipinti.
3. tre scultori / scultrici famosi/e e poi discuti alcune delle loro sculture.

APPUNTI DI GRAMMATICA 2

IL FUTURO SEMPLICE 2

Note that the **i** of verbs ending in **-ciare** and **-giare** is not retained in the formation of the future:

comin*ci*are	→	comincer-	→	comincerò, comincerai…
man*gi*are	→	manger-	→	mangerò, mangerai…

Verbs ending in **-care** and **-gare** are written with an **h** to show the retention of the hard sounds:

cer*care*	→	cer*cher-*	→	cer*cher*ò, cer*cher*ai,...
pa*gare*	→	pa*gher-*	→	pa*gher*ò, pa*gher*ai,...

Note the future forms of **esserci** and **piacere**:

Ci sarà un bel programma fra un minuto.	*There will be a nice program in a minute.*
Ci saranno due telefilm stasera su RAI Uno.	*There will be two TV movies tonight on RAI One.*
Ti piacerà quel programma!	*You will like that program!*
No, non *mi piacerà*!	*No, I will not like it!*
Ti piaceranno quegli attori!	*You will like those actors!*
No, non *mi piaceranno*!	*No, I will not like them!*

Finally, here are three reflexive verbs conjugated fully in the **futuro semplice**:

	ALZARSI		METTERSI		DIVERTIRSI	
io	mi	alzerò	mi	metterò	mi	divertirò
tu	ti	alzerai	ti	metterai	ti	divertirai
lui / lei / Lei	si	alzerà	si	metterà	si	divertirà
noi	ci	alzeremo	ci	metteremo	ci	divertiremo
voi	vi	alzerete	vi	metterete	vi	divertirete
loro	si	alzeranno	si	metteranno	si	divertiranno

PRONOMI DI COMPLEMENTO OGGETTO 2

In compound tenses, the past participle agrees in gender and number with the direct-object pronoun. This agreement pattern is obligatory with third-person forms: **lo, li, la, le**:

Roberto ha comprato *quella giacca*.	**Roberto *l*'ha comprat*a*.**
Maria ha voluto *quel libro*.	**Maria *l*'ha voluto.**
Io non ho comprato *i biglietti*.	**Io non *li* ho comprat*i*.**
Io non ho comprato *le patate*.	**Io non *le* ho comprat*e*.**

- Only the forms **lo** and **la** can be apostrophized:
  Roberto *l*'ha comprat*o*.
  Maria *l*'ha volut*a*.

- In all other cases the above agreement pattern is optional:

Maria, *ti* ha chiamato ieri Claudia?	**Maria, *ti* ha chiamat*a* ieri Claudia?**
Sì, *mi* ha chiamato.	**Sì, *mi* ha chiamat*a*.**

- This agreement pattern extends to **ne**:

Ho comprato *della frutta*.	*Ne* **ho comprat***a*.
Ho preso *alcune banane*.	*Ne* **ho pres***e* *alcune*.
Ho mangiato *un po' di carne*.	*Ne* **ho mangiat***a* *un po'*.
Abbiamo mangiato *tre mele*.	*Ne* **abbiamo mangiat***e* *tre*.

IL PARTITIVO NEGATIVO

Recall from the previous chapter that, in general, there are no negative partitive structures corresponding to the affirmative ones:

Voglio *delle* **mele.**	**Non voglio mele.**
Prendo *un po' di* **zucchero.**	**Non prendo zucchero.**
Ho mangiato *qualche banana*.	**Non ho mangiato banane.**

- On page 295, however, you encountered the use of an optional negative partitive structure rendering the English *not…any*:

Non c'è *nessun* **programma.**	*There aren't any programs.*
Non voglio *nessuna* **banana.**	*I don't want any bananas.*

- This structure is made up of **nessuno** + *singular noun*, and can be used *only* with count nouns. Treat **nessuno** as if it were made up of **ness-** + *indefinite article*:

ness*un* libro	ness*uno* zio	ness*una* ragazza	ness*un'*amica

Hai *dei libri***?**	**No, non ho** *nessun libro*.
	(No, I don't have any books.)
Hai mangiato *alcune mele***?**	**No, non ho mangiato** *nessuna mela*.
	(No, I haven't eaten any apples.)
C'è *qualche ragione* **per questo?**	**No, non c'è** *nessuna ragione* **per questo.**
	(No, there isn't any reason for this.)
Hai *molti amici?*	**No, non ho** *nessun amico*.
	(No, I don't have any friends.)
Hai *molti zii?*	**No, non ho** *nessuno zio*.
	(No, I don't have any uncles.)

- As mentioned, this structure cannot be used with noncount nouns:

Vuoi della carne?	**No, non voglio carne.**
	(No, I don't want any meat.)
Vuoi un po' di pane?	**No, non voglio pane.**
	(No, I don't want any bread.)

PAROLE TIPO *PROGRAMMA*

Nouns ending in **-amma** that are of Classical Greek origin are all masculine.
To pluralize them, change *-amma* to *-ammi*.

Singular	Plural	
l'anagramma	gli anagrammi	*anagram(s)*
il diagramma	i diagrammi	*diagram(s)*
il dramma	i drammi	*drama(s)*
il programma	i programmi	*program(s)*
il telegramma	i telegrammi	*telegram(s)*

APPLICAZIONE

S. Una guida TV!

Osserva la pagina tratta da *(taken from)* una guida televisiva italiana. Poi, svolgi i seguenti esercizi, seguendo i modelli.

⬤ RAIUNO [01]

6.00 EURONEWS ◊ **6.30 TG1** (anche alle 7.00, 7.30, 8.00, 8.30, 9.00, 9.30 e 11.30) ◊ **6.45 UNOMATTINA** ◊ **7.35 TGR ECONOMIA** ◊ **9.35 IL VAGABONDO DELLA CITTÀ MORTA** Film (avv., 1948) con Robert Young, Marguerite Chapman ★★ *[4920078]* ◊ **11.10 I CONSIGLI DI VERDEMATTINA** *[6984900]*

12.25	**CHE TEMPO FA**
12.30	**TG1 FLASH** *[86875]*
12.35	**LA SIGNORA IN GIALLO** TF "Rose gialle per una lady" *[6005542]*
13.30	**TELEGIORNALE** *[78959]*
13.55	**COVER** *[3046829]*
14.00	**TG1 ECONOMIA**
14.10	**ADIOS GRINGO** Film (western, 1965) con Giuliano Gemma, Evelyn Stewart. Regia di Giorgio Stegani ★★ *[1990962]*
15.55	**SOLLETICO** Varietà per ragazzi: Il fantastico mondo di Richard Scarry - Duck tales - Iron Man - Zorro *[5993511]*
17.50	**OGGI AL PARLAMENTO** *[2461813]*
18.00	**TG1** *[26233]*
18.10	**ITALIA SERA** Attualità *[420252]*
18.50	**LUNA PARK** con Rosanna Lambertucci *[5041639]*
19.35	**CHE TEMPO FA**

20.00	**TELEGIORNALE** *[79523]*
20.40	**CALCIO: ITALIA-BELGIO** Da Cremona: incontro amichevole. *Prima delle due amichevoli che la nazionale di Sacchi disputerà in vista dei prossimi Campionati Europei, in programma in Inghilterra dall'8 giugno. Gli azzurri sono attesi da un girone difficile: dovranno vedersela con Germania, Russia e Repubblica Ceca. Il Belgio, escluso dai Campionati Europei, è un avversario che permetterà di evidenziare lo stato di forma del gruppo azzurro.* *[9262097]*
22.50	**TG1** *[5385243]*
22.55	**PORTA A PORTA** Attualità con Bruno Vespa. *[9868788]*

24.00 TG1 NOTTE ◊ **0.25 AGENDA -ZODIACO** ◊ **0.30 VIDEOSAPERE** Magico e nero - Media/Mente ◊ **1.00 SOTTOVOCE** ◊ **1.15 LA TORTA IN CIELO** Film (fant., 1973) con Paolo Villaggio, Didi Perego. Regia di Lino Del Fra ★★★ *[6040634]* ◊ **2.50 IL CAPPELLO SULLE VENTITRÉ** ◊ **4.05 DOC MUSIC CLUB** ◊ **4.30 DIPLOMI UNIVERSITARI A DISTANZA**

MODELLO 1: 14, 10
> 1. [Identify the program.]
> *Alle 14,10 ci sarà il film «Adios Gringo»*
> *su RAI Uno.*
> 2. [Guess what it is probably about.]
> *Sarà un telefilm.*
> 3. [Say whether or not you will like it.]
> *Probabilmente mi piacerà / non mi piacerà.*

1.	17,50	**3.**	15,55	**5.**	20,40
2.	19,35	**4.**	20,00		

MODELLO 2: «Che Tempo Fa»
> 1. [Say when the show will start.]
> *Questo programma comincerà alle 12,25 su RAI Uno.*
> 2. [Say when it will end.]
> *Finirà alle 12,30.*

6.	«TGR Economia»	**9.**	«Luna Park»
7.	«Porta a Porta»	**10.**	«Agenda-Zodiaco»
8.	«Italia Sera»		

T. Mangerò un po' di frutta! Con un compagno / una compagna, svolgi i seguenti esercizi, seguendo i modelli.

MODELLO 1:
> Tu: cosa / mangiare / tu / a mezzogiorno
> COMPAGNO/A: io / mangiare / un po' di frutta
> Tu: *Cosa mangerai tu a mezzogiorno?*
> COMPAGNO/A: *Io mangerò un po' di frutta.*

1.
Tu: dove / cercare / tu / un lavoro
COMPAGNO/A: io / cercare / un lavoro / in città

2.
Tu: chi / pagare / il conto

COMPAGNO/A: loro / pagare / il conto

3.
Tu: quando / esserci / quei programmi

COMPAGNO/A: quei programmi / esserci / domani sera

4.
Tu: quando / alzarsi / tu / domani mattina

COMPAGNO/A: io / alzarsi / alle sei e venti

5.
Tu: cosa / mettersi / tuo fratello / per andare alla festa
COMPAGNO/A: mio fratello / mettersi / un vestito qualsiasi

MODELLO 2: quelle patate / due settimane fa
> Tu: *Hai comprato quelle patate ieri?*
> COMPAGNO/A: *No, le avevo già comprate due settimane fa.*

6. quei dischi / un mese fa
7. quella bicicletta / la settimana scorsa
8. quel libro / due giorni fa
9. quelle matite / alcuni giorni fa
10. quell'orologio / un anno fa

U. Ne ho già mangiata troppa! Con un compagno / una compagna, svolgi i seguenti esercizi, seguendo i modelli.

MODELLO 1: della carne / troppo / sì

            TU: *Hai mangiato della carne?*

  COMPAGNO/A: *Sì, ne ho già mangiata troppa.*

      delle pesche / nessuno / no

            TU: *Hai mangiato delle pesche?*

  COMPAGNO/A: *No, non ho mangiato nessuna pesca.*

1. del pesce / troppo / sì
2. dell'uva / un po' / sì
3. delle patate / molto / sì
4. qualche ciliegia / troppo / sì
5. dei piselli / nessuno / no
6. delle fragole / nessuno / no

MODELLO 2: risolvere / anagramma

            TU: *Hai risolto quegli anagrammi?*

  COMPAGNO/A: *No, non li ho risolti.*

7. fare / diagramma
8. vedere / dramma
9. guardare / programma
10. scrivere / telegramma

▶● TACCUINO CULTURALE 2

L'ARTE ITALIANA!

Artisti italiani!

Rispondi alle seguenti domande.

1. Conosci qualche artista (pittore / pittrice, scultore / scultrice) italiano/a?
2. Chi?
3. Conosci qualche sua opera importante? Quale/i?

Dal Rinascimento ad oggi, l'Italia vanta[1] dei grandi artisti rinomati[2] in tutto il mondo. Ce ne sono veramente tanti. Qui basterà indicarne alcuni.

[1]*boasts* [2]*renowned*

Artista	Date	Importanza
FILIPPO BRUNELLESCHI	(1377–1446)	inventore[3] della prospettiva architettonica[4]
DONATELLO	(c. 1386–1466)	grande scultore
MASACCIO	(1401–c. 1428)	grande pittore che lanciò[5] un nuovo stile di pittura
SANDRO BOTTICELLI	(c. 1445–1510)	grande pittore, la cui *Nascita di Venere*[6] è conosciuta in tutto il mondo
LEONARDO DA VINCI	(1452–1519)	grande artista e scienziato[7], tanto[8] famoso quanto Michelangelo; tra le sue opere: *La Gioconda*[9] e *L'ultima cena*
MICHELANGELO BUONARROTI	(1475–1564)	forse il più grande artista di tutti i tempi; tra le sue opere: il *David*, la *Pietà* e gli affreschi[10] della Cappella Sistina
RAFFAELLO	(1483–1520)	dopo Michelangelo e da Vinci, l'artista rinascimentale più conosciuto
GIANLORENZO BERNINI	(1598–1680)	grande architetto e scultore del Barocco
GIORGIO DE CHIRICO	(1888–1928)	grande pittore surrealista che dipingeva scene di grandi piazze
AMEDEO MODIGLIANI	(1884–1920)	pittore e scultore famoso per le sue forme corporee allungate[11]

Comprensione! Accoppia gli elementi delle due colonne.

1. _____ Modigliani
2. _____ Brunelleschi
3. _____ Donatello
4. _____ de Chirico
5. _____ Bernini
6. _____ Masaccio
7. _____ Botticelli
8. _____ Raffaello
9. _____ Leonardo
10. _____ Michelangelo

a. architetto e scultore del Barocco
b. pittore di grandi piazze surrealiste
c. famoso per le sue forme allungate
d. dopo Michelangelo e da Vinci, l'artista rinascimentale più conosciuto
e. Ha dipinto *La Gioconda*.
f. Ha dipinto gli affreschi della Cappella Sistina.
g. Ha dipinto *La nascita di Venere*.
h. inventore della prospettiva architettonica
i. Lanciò un nuovo stile di pittura durante il Rinascimento.
j. grande scultore rinascimentale

---

[3]*inventor*   [4]*architectonic perspective*   [5]*launched*   [6]*Birth of Venus*
[7]*scientist*   [8]*just as*   [9]*Mona Lisa*   [10]*frescoes*   [11]*elongated body forms*

V. L'arte italiana in classe! Diversi studenti dovranno portare in classe un esempio di un'opera di uno degli artisti menzionati nel *Taccuino culturale.* Poi, alla fine, ci sarà una discussione in classe.

1. Di che cosa tratta ciascuna opera figurativa (scultura, dipinto, ecc.)?
2. Mi piace / Non mi piace, perché…

MOMENTO CREATIVO 2

W. Il telegiornale! Diversi studenti / Diverse studentesse dovranno preparare il telegiornale (da leggere poi davanti alla classe) in base a uno dei seguenti titoli *(headlines).*

> MODELLO: Attore famoso arriva in Italia.
> *Signore e signori, buonasera. Un attore famoso, Patrick Hudson, è arrivato in Italia con un'attrice americana, Debbie Smith. I due abitano adesso in Italia e lavorano per la RAI. Aspettano il loro primo figlio.*

1. Professore famoso arriva negli Stati Uniti.
2. Hollywood ha una nuova stella.
3. Ci sarà un altro incontro tra il presidente italiano e il presidente americano.

FASE 2: ASCOLTO

ASCOLTO

A. Ascolta attentamente la vignetta sull'audio cercando di determinare le seguenti cose:

1. che tipo di prodotto *(product)* viene pubblicizzato *(is being advertised)*
2. quanto costa
3. quali sono le sue caratteristiche più importanti
4. a chi è indirizzato *(to whom it is directed)*

B. Adesso cerca di ricostruire la vignetta a piacere.

PRIMA DI LEGGERE

A. Che vuol dire? Prova ad indovinare cosa significa ciascuna delle seguenti espressioni, accoppiando gli elementi delle due colonne.

1. _____ la realizzazione dei programmi televisivi
2. _____ secondo quali criteri pratici si muove
3. _____ di quali macchine si serve
4. _____ a quali controlli si sottopone
5. _____ trasmettere in diretta
6. _____ trasmettere in differita

a. *what are its practical operations*

b. *what controls apply to it*

c. *to transmit live*

d. *to transmit delayed*

e. *the making of TV programs*

f. *what mechanisms it employs*

making
practical criteria
does it operate / does it use
controls
does it submit to

live, directly
events
as they unfold

possesses

Such a
has been substituted
delayed transmission
taping of an event

Lettura: La fabbrica dei programmi televisivi

Come funziona la fabbrica° dei programmi televisivi? Secondo quali criteri pratici° si muove°, di quali «macchine» si serve°, che cosa può fare, a quali controlli° esterni e interni si sottopone°?

Una delle caratteristiche più importanti della televisione, se non la più importante, è la possibilità di trasmettere in diretta° gli avvenimenti°, di trasmetterli cioè nel momento in cui si verificano°. Questa capacità, che soltanto la televisione possiede°, è stata utilizzata parzialmente.

A tale° possibilità di trasmettere in diretta, si è sostituita° quella di trasmettere in dif-ferita°, cioè in ritardo sul momento delle registrazioni di un fatto°.

(Libera riduzione da: *La televisione* di I. Cipriani)

DOPO LA LETTURA

B. Vero o falso? Cipriani dice che…

1. la televisione è una fabbrica.
2. la televisione non ha né criteri pratici né controlli ai quali si sottopone.
3. la possibilità di trasmettere in diretta è la caratteristica più importante della televisione.
4. la possibilità di trasmettere in differita implica una trasmissione in ritardo sul momento delle registrazioni di un fatto.

C. Discussione! Rispondi alle seguenti domande.

1. Secondo te, si può stare senza la televisione oggi? *(Can one live without TV today?)* Perché sì/no?
2. Come sarà la televisione in futuro?

SINTESI

A. Situazioni tipiche! Scegli la risposta adatta.

1. Vorrei guardare quel nuovo…
   a. programma a puntate.
   b. programma alla radio.

2. La tua tattica…
   a. non funzionerà.
   b. non lavorerà.

3. Il programma sta per…
   a. andare in onda.
   b. davvero.

4. Perché…il canale?
   a. è quasi finito
   b. hai cambiato

5. In questa famiglia, ci vuole…
   a. pazienza.
   b. due telecomandi.

6. In questa famiglia, ci vogliono…
   a. pazienza.
   b. due telecomandi.

B. Guarderai la partita? Con un compagno / una compagna, svolgi i seguenti compiti, seguendo i modelli.

> **MODELLO 1:** guardare / la partita
> TU: *Guarderai la partita?*
> COMPAGNO/A: *Sì, la guarderò.*
> TU: *Ma, non l'hai già guardata?*

1. ascoltare / le nuove canzoni alla radio
2. guardare / quei nuovi programmi
3. leggere / tutte quelle cose
4. mangiare / quel panino

> **MODELLO 2:** comprare / delle banane / tre o quattro
> TU: *Comprerai delle banane?*
> COMPAGNO/A: *Sì, ne comprerò tre o quattro.*

5. leggere / qualche poesia / uno o due
6. comprare / alcuni dischi / due o tre
7. comprare / delle patate / una dozzina
8. prendere / del caffè / un po'

C. Felice o triste? Descrivi un tuo vicino / una tua vicina *(neighbor)* di casa.

Secondo te, lui / lei è…
1. alto/a o basso/a?
2. felice o triste?
3. interessante o noioso/a?
4. simpatico/a o antipatico/a?
5. energico/a o pigro/a?

D. Cultura italiana! Rispondi alle seguenti domande.

1. Quanti canali di stato ci sono in Italia?
2. Che cosa possono scegliere i telespettatori nelle grandi città?
3. Qual è una caratteristica delle radio private italiane?
4. Nomina cinque grandi artisti italiani.
5. Indica i titoli di tre grandi opere figurative italiane.

E. Avvio allo scrivere! Prepara una guida dei programmi televisivi locali. Includici giorno, canale, orario, tipo di programma, titolo e descrizione.

F. La televisione! Lavorando in gruppi di due o tre persone, preparate insieme una delle seguenti vignette. Ciascun gruppo dovrà poi recitare la propria vignetta davanti alla classe.

1. Un annuncio pubblicitario *(TV commercial)*
2. Il telegiornale
3. Un episodio basato su un popolare programma a puntate (per esempio: *Seinfeld in Italia*)

EXPLORE!
For this chapter's activity, go to http://adesso.heinle.com

LESSICO UTILE

NOMI

l'affresco *fresco*
l'anagramma *anagram*
l'artista *artist*
l'attore / l'attrice *actor / actress*
il canale *channel*
il diagramma *diagram*
il dipinto *painting*
il divertimento *enjoyment*
il documentario *documentary*
il dramma *drama*
l'episodio *episode*

la fine *end*
l'inchiesta *survey, study*
l'intervista *interview*
la pallacanestro *basketball*
la partita *match, game*
la pazienza *patience*
il pittore / la pittrice *painter*
la pubblicità *advertising*
lo scultore / la scultrice *sculptor / sculptress*
la scultura *sculpture*

lo spettacolo *variety show, spectacle*
la tattica *tactic*
il telecomando *remote control*
il teledramma *TV drama, docudrama*
il telefilm *TV movie*
il telegiornale *TV newscast*
il telegramma *telegram*
il telequiz *TV game show*

AGGETTIVI

affascinante *fascinating*
avaro *stingy*
basso *short*
differente *different*
drammatico *dramatic*

energico *energetic*
grasso *fat*
magro *skinny*
noioso *boring*
pigro *lazy*

prossimo *next*
simile *similar*
triste *sad*
vecchio *old*

VERBI

amare *to love*
cambiare *to change*
diventare *to become*
funzionare *to function, work*

giurare *to swear, pledge*
lavorare *to work*
promettere *to promise*
rappresentare *to represent*

recitare *to act, recite, play (a part)*
tendere *to tend*
terminare *to end*
volerci *to be needed, (to take time)*

ALTRI VOCABOLI / ESPRESSIONI

davvero *truly*
essere d'accordo *to agree*

programma a puntate *series (program)*

programma sportivo *sports program*

Comunicazione

- talking about the future
- talking about zodiac signs and horoscopes

Cultura

- astrology in Italy
- Italian scientists

Strutture e vocabolario

- how to use **voler bene a** and **darsi del tu**
- compass directions
- the many uses of **da**
- more about the future tense and the future perfect
- indirect-object pronouns **qualcuno, ciascuno, ognuno**
- how to use **convenire a**
- more about the verb **piacere**

12

DI CHE SEGNO È?

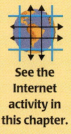

See the Internet activity in this chapter.

DIALOGO 1

TEMA 1

Talking about the future

Stefano e Sonia sono amici ormai° da anni. Ma Stefano è molto timido°, e allora per sapere se Sonia veramente gli vuole bene°, decide di andare da una chiromante° che si trova a sud° di casa sua.

by now / shy
loves him
fortuneteller / south

CHIROMANTE: Mi dica°, signore!

STEFANO: Signora, sono un giovane in crisi°, dal punto di vista affettivo°. Prima vorrei sapere se la mia fidanzata, Sonia, veramente mi vuole bene, e poi, se mi sposerà° in futuro.

CHIROMANTE: Nella sfera di cristallo° vedo che Lei vuole molto bene a Sonia.

STEFANO: Sì, sì!

CHIROMANTE: Di che segno° è la Sua fidanzata?

STEFANO: È un Ariete°.

CHIROMANTE: Sonia è una ragazza bella, intelligente e simpatica, vero?

STEFANO: Sì, sì, e le voglio molto bene. Ma, signora, mi deve dire se Sonia vuole bene a me.

CHIROMANTE: Certo che Le vuole bene. Non può che essere così°!

STEFANO: Ah, Lei mi ha fatto veramente felice!

May I help you? (lit.: Tell me)
crisis / from an emotional standpoint
she will marry me
crystal ball

sign
Aries

It cannot help but be this way!

A. Comprensione! Completa la seguente parafrasi del dialogo con le parole adatte nelle loro forme appropriate.

Stefano e Sonia sono amici ormai _____[1] anni. Stefano è un giovane molto _____[2], e allora per sapere se Sonia veramente gli vuole _____[3], decide di andare da una _____[4]. La chiromante si trova a _____[5] di casa sua.

Stefano dice alla chiromante che lui è un giovane in _____[6], dal punto di vista _____[7]. Prima vorrebbe sapere *(he would like to know)* se la sua fidanzata gli vuole bene e poi se lo _____[8] in futuro. La chiromante guarda nella sua _____[9] di cristallo e vede che Stefano vuole molto bene a Sonia. Lei dice che Sonia è una ragazza bella, _____[10] e simpatica. Stefano vuole poi sapere se Sonia vuole bene a _____[11]. E la chiromante risponde: «Certo che _____[12] vuole bene». «Non può che essere _____[13]!» Alla fine Stefano è veramente _____[14].

ATTIVITÀ D'ESPANSIONE 1

▶• DA NOTARE 1

First	Then
Prima guarderò la TV,	*poi* studierò.

▶• DA NOTARE 2

andrò	*I will go*
andrai	*you will go*
dalla chiromante	*to the fortuneteller*
dal dottore	*to the doctor*
da Stefano	*to / at Stefano's place*

B. *Andrò dalla chiromante!* Svolgi i seguenti compiti nel modo indicato, seguendo il modello.

> **MODELLO:** Dove andrai oggi?
> scuola / chiromante
> *Prima andrò a scuola e poi andrò dalla chiromante.*

Dove andrai oggi?
1. lezione / medico
2. trattoria / Maria
3. Gianni / casa
4. biblioteca / chiromante
5. medico / supermercato

▶• DA NOTARE 3

voler bene a	*to love; to like (someone)*
Stefano mi vuole bene.	*Steven loves me.*
Sonia ti ha sempre voluto bene.	*Sonia has always loved you.*

Stefano vuole bene...		
a me	→	**Stefano *mi* vuole bene.**
a te	→	**Stefano *ti* vuole bene.**
a lui / a Giorgio / al suo amico	→	**Stefano *gli* vuole bene.**
a lei / a Sonia / alla mia amica	→	**Stefano *le* vuole bene.**
a noi	→	**Stefano *ci* vuole bene.**
a voi	→	**Stefano *vi* vuole bene.**
a loro / agli amici	→	**Stefano *gli* vuole bene.**

C. Mí vuole bene! Adesso svolgi i seguenti compiti, seguendo i modelli.

MODELLO 1: Sonia vuole bene a me.
Sonia mi vuole bene.

1. Sonia vuole bene a te.
2. Mio padre ha sempre voluto bene a noi.
3. Mia madre vuole bene a voi.
4. Io voglio bene ai miei amici.
5. Stefano ha sempre voluto bene a Sonia.

MODELLO 2: a Marcello
Io voglio bene a Marcello. Gli voglio bene adesso e gli ho sempre voluto bene.

6. a mia madre
7. a mio padre
8. ai miei amici

9. a te
10. a voi

D. Sì, le ho dato la penna! In coppie, create brevi dialoghi, seguendo il modello.

MODELLO: la penna / alla tua amica
TU: *Hai dato la penna alla tua amica?*
COMPAGNO/A: *Sì, le ho dato la penna.*

1. la cartella / al tuo amico
2. il libro / a me

3. le matite / a noi
4. i dischi / ai tuoi amici

MODI DI DIRE E DI COMUNICARE 1

▶• DARSI DEL TU

Throughout the first eleven chapters you have been using both the informal (**tu** forms) and formal (**Lei** forms) registers of address. To initiate, request, or suggest a change in the level of formality to the familiar, the appropriate expression is:

dare / darsi del tu	*(lit.) to give the **tu** form; to be on familiar terms*
Ci diamo del tu, va bene?	*Let's be on familiar terms, OK?*
Loro si danno del tu.	*They're on familiar terms.*
Io do del tu al professore.	*I'm on familiar terms with the professor.*

▶• DA NORD A SUD

▶• GLI USI DI *DA*

In addition to its basic meaning *from,* the preposition **da** has several other meanings and uses:

• It means *at* or *to* in expressions such as *at/to the fortuneteller*:

Stefano è andato *dalla chiromante*.	*Steven went to the fortuneteller.*
Devo andare *dal dottore*.	*I have to go to the doctor.*
Sono *da Maria*.	*I'm at Mary's house.*

• In previous chapters you saw its use in expressions such as:

un orologio da polso	*wristwatch*
un vestito da signora	*lady's dress*

In such cases it means *for*: *a watch for the wrist; a dress for a lady.*

• Finally, you have encountered **da** in expressions such as:

da bambino/a	*as a child*
da giovane	*as a youth*

APPLICAZIONE

E. A chi dai del tu? Lavorando in coppia, indica a chi dai del tu, seguendo il modello.

> **MODELLO:** al professore / alla professoressa
> COMPAGNO/A: *Tu dai del tu al professore / alla professoressa?*
> TU: *Sì, ci diamo del tu. / No, non ci diamo del tu.*

1. al professore / alla professoressa
2. allo studente / alla studentessa accanto a te
3. ai tuoi genitori
4. al medico di famiglia
5. ai tuoi parenti

F. Da... ! Con un compagno / una compagna, svolgi i seguenti compiti nel modo indicato, seguendo i modelli.

> **MODELLO 1:** vestito / sera / nord
>
> TU: *Dove comprerai il vestito da sera?*
> COMPAGNO/A: *Lo comprerò presso un negozio che si trova a nord.*

presso	*at*

1. orologio / donna / sud
2. orologio / polso / nord
3. scarpe / sera / ovest
4. pantaloni / uomo / est
5. pantaloni / donna / nord

MODELLO 2: medico

> Tu: *Dove sei andato/a ieri?*
>
> COMPAGNO/A: *Sono andato/a dal medico.*
>
> scuola
>
> Tu: *Dove sei andato/a ieri?*
>
> COMPAGNO/A: *Sono andato/a a scuola.*

6. Claudia
7. università
8. chiromante

9. agenzia
10. zia
11. Sonia

MODELLO 3: bambino/a / cinema

> Tu: *Dove andavi da bambino/a?*
>
> COMPAGNO/A: *Andavo spesso al cinema.*

12. bambino/a / nonni
13. giovane / Italia

14. ragazzo/a / Roma
15. bambino/a / biblioteca

APPUNTI DI GRAMMATICA 1

VERBI IRREGOLARI E VERBI MODALI AL FUTURO

To conjugate **andare**, **avere**, **dovere**, **potere**, **sapere**, **vedere**, and **vivere** in the future, drop both the final vowel and the first vowel of the infinitive suffix, and then add the usual endings:

andare	→	andr-	→	andrò, andrai, andrà,...

andare	→	andr-	→	andrò, andrai, andrà, andremo, andrete, andranno
avere	→	avr-	→	avrò, avrai, avrà, avremo, avrete, avranno
dovere	→	dovr-	→	dovrò, dovrai, dovrà, dovremo, dovrete, dovranno
potere	→	potr-	→	potrò, potrai, potrà, potremo, potrete, potranno
sapere	→	sapr-	→	saprò, saprai, saprà, sapremo, saprete, sapranno
vedere	→	vedr-	→	vedrò, vedrai, vedrà, vedremo, vedrete, vedranno
vivere	→	vivr-	→	vivrò, vivrai, vivrà, vivremo, vivrete, vivranno

The other verbs you have encountered that have irregular future forms are conjugated as follows:

bere	berrò, berrai, berrà, berremo, berrete, berranno
dare	darò, darai, darà, daremo, darete, daranno
dire	dirò, dirai, dirà, diremo, direte, diranno
essere	sarò, sarai, sarà, saremo, sarete, saranno
fare	farò, farai, farà, faremo, farete, faranno
rimanere	rimarrò, rimarrai, rimarrà, rimarremo, rimarrete, rimarranno
stare	starò, starai, starà, staremo, starete, staranno
venire	verrò, verrai, verrà, verremo, verrete, verranno
volere	vorrò, vorrai, vorrà, vorremo, vorrete, vorranno
volerci	ci vorrà, ci vorranno

Note the use of modal verbs in the **futuro semplice**:

Dovrò studiare di più.   *I'll have to study more.*
Non potrò venire.   *I won't be able to come.*
Anche lui vorrà studiare.   *He too will want to study.*

PRONOMI DI COMPLEMENTO DI TERMINE

In the preceding dialogue and exercises, you encountered indirect-object pronouns **(pronomi di complemento di termine)**. Like the direct-object pronouns (review Chapter 11), these pronouns come right before a *conjugated* verb (i.e., a verb that is in the present, present perfect, future, etc.):

		Pronome	Esempio
SING.	**1ST**	mi *(to me)*	**Stefano mi dice tutto.** *(Stefano tells me everything.)*
	2ND	ti *(to you)*	**Sonia ti parlerà domani.** *(Sonia will speak to you tomorrow.)*
	3RD	gli *(to him)*	**Io gli consegnerò il compito domani.** *(I will hand in the assignment to him tomorrow.)*
		le *(to her)*	**Non le ho scritto.** *(I didn't write to her.)*
		Le *(to you, pol.)*	**Signor Rossi, Le telefonerò domani.** *(Mr. Rossi, I'll phone you tomorrow.)*
PL.	**1ST**	ci *(to us)*	**Lui ci scrive sempre.** *(He always writes to us.)*
	2ND	vi *(to you)*	**Io non vi telefono mai.** *(I never phone you.)*
	3RD	gli *(to them)*	**Non gli ho ancora scritto.** *(I haven't written to them yet.)*

• The third-person plural has the alternate forms **gli** and **loro**. If **loro** is used, it must be put after the verb:

Maria dà *loro* i libri.   **Maria *gli* dà i libri.**
(Maria gives them the books.)   *(Maria gives them the books.)*

• In contemporary spoken Italian, the tendency is to use mainly the **gli** form.

PRONOMI DI COMPLEMENTO OGGETTO VS. PRONOMI DI COMPLEMENTO DI TERMINE

As you can see, the direct- and indirect-object pronoun forms differ only in third-person singular and plural forms:

		Direct	Indirect
SING.	**1ST**	**mi** *(me)*	**mi** *(to me)*
	2ND	**ti** *(you)*	**ti** *(to you)*
	3RD	**lo** *(him/it)*	**gli** *(to him)*
		la *(her/it)*	**le** *(to her)*
		La *(you, pol.)*	**Le** *(to you, pol.)*
PL.	**1ST**	**ci** *(us)*	**ci** *(to us)*
	2ND	**vi** *(you)*	**vi** *(to you)*
	3RD	**li** *(them, m.)*	**gli** *(to them)*
		le *(them, f.)*	

Note as well that there is no agreement in compound tenses between the past participle and the indirect object pronoun:

Direct	Agreement
Stefano ha comprato *quella giacca.*	Stefano *l'*ha (*la* ha) comprat*a.*
Loro hanno mangiato *le lasagne.*	Loro *le* hanno mangiat*e.*

Indirect	No Agreement
Stefano ha parlato *alla professoressa.*	Stefano *le* ha parlato.
Loro hanno scritto *alle loro cugine.*	Loro *gli* hanno scritto.

ANCORA SULL'USO DI *DA*

In the dialogue, you encountered the use of the preposition **da** in a temporal clause:

Sono amici ormai *da anni.*   *They've been friends for years.*

In such clauses **da** renders both *since* and *for*, allowing you to express an action that has been, or was, going on for a while.

Abito a Roma *dal 1972.*	*I have been living in Rome since 1972.*
Studio l'italiano *da settembre.*	*I have been studying Italian since September.*
Sta studiando *da otto ore.*	*He/She has been studying for eight hours.*

As you can see, the English *I have been studying, you have been living…*, is rendered in Italian by the present (indicative or progressive).

- If, however, you want to express *I will be studying…, you will be living*, you must use the future tense:

fino a	*until*

Abiterò a Roma *fino al 2010*.	*I will be living in Rome until 2010.*
Abiterò a Roma *per dieci anni*.	*I will be living in Rome for ten years.*
Studierò *fino a domani*.	*I will be studying until tomorrow.*
Studierò *per otto ore*.	*I will be studying for eight hours.*

- Recall that the prepositions **tra** or **fra** are used to express *I will be leaving, going…in + time expression*:

Partiremo *tra otto ore*.	*We will be leaving in eight hours (in eight hours' time).*
Andranno **via** *fra un'ora*.	*They will be going away in an hour (in an hour's time).*

PAROLE TIPO *CRISI*

Nouns ending in **-si** in the singular are of Classical Greek origin. They are all feminine, and they do not change in the plural:

Singolare		Plurale	
la crisi	*crisis*	**le crisi**	*crises*
la tesi	*thesis*	**le tesi**	*theses*
l'ipotesi	*hypothesis*	**le ipotesi**	*hypotheses*
l'analisi	*analysis*	**le analisi**	*analyses*

QUALCUNO, CIASCUNO, OGNUNO

As you may have noticed in previous chapters, **qualcuno**, **ciascuno**, and **ognuno** function as both pronouns and adjectives. As adjectives, their forms correspond to the indefinite article:

Pronomi	
Qualcuno **ti ha chiamato.**	*Someone called you.*
Ciascuno **lo vuole.**	*Each one (Everyone) wants it.*
Ognuno **lo vuole.**	*Each one (Everyone) wants it.*

Aggettivi	
qualc*un* altro	*someone else (m.)*
qualc*un'*altra	*someone else (f.)*
ciasc*una* ragazza	*each girl*
ciasc*un* amico	*each friend (m.)*
ciasc*un'*amica	*each friend (f.)*

APPLICAZIONE

G. Che tempo farà? Esprimi il contrario, seguendo il modello.

> **MODELLO:** A nord farà freddo.
> *A sud, invece, farà caldo.*

settentrionale	*northern*
meridionale	*southern*
occidentale	*western*
orientale	*eastern*

1. A sud farà brutto tempo.
2. Nell'Italia settentrionale pioverà.
3. A est ci sarà molta afa.
4. Nelle regioni orientali la temperatura andrà su *(up)*.
5. A ovest ci sarà la nebbia.
6. Nelle regioni occidentali nevicherà.
7. A ovest farà bel tempo.
8. A nord farà caldo.

H. Cosa berrai tu? Con un compagno / una compagna, svolgi i seguenti compiti nel modo indicato, seguendo i modelli.

> **MODELLO 1:**   TU: cosa / bere / tu
> COMPAGNO/A: Io / bere / un cappuccino
> TU: *Cosa berrai tu?*
> COMPAGNO/A: *Io berrò un cappuccino.*

1.   TU: cosa / dare / tu / al professore
   COMPAGNO/A: gli / dare / il compito

2.   TU: cosa / dire / voi / alla professoressa
   COMPAGNO/A: le / dire / tutto

3.   TU: dove / volere andare / loro / per le vacanze
   COMPAGNO/A: loro / volere andare / in Francia

4.   TU: dove / vivere / voi / in futuro
   COMPAGNO/A: noi / vivere / qui

5.   TU: dove / stare / voi / in futuro
   COMPAGNO/A: noi / stare / in questa città

6.   TU: dove / rimanere / tuo fratello / domani
   COMPAGNO/A: mio fratello / rimanere / a casa

> **MODELLO 2:** andare in Italia / *fam., sing.*
> TU: *Andrai in Italia?*
> COMPAGNO/A: *Sì, andrò in Italia.*

7. andare a Parigi / *fam., pl.*
8. dovere studiare molto per l'esame / *fam., sing.*
9. potere uscire stasera / *pol., sing.*
10. avere molto da fare stasera / *fam., sing.*

I. Mi telefonerai domani? Rispondi alle domande, sostituendo alle parti in corsivo le forme appropriate del pronome di complemento di termine.

> **MODELLO:** (Tu) telefonerai *a me* domani?
> —*Sì, (io) ti telefonerò domani.*

1. (Tu) scriverai *a me* fra poco?
2. Consegnerai il compito *alla professoressa* domani?
3. Darai quel libro *al professore* tra poco?
4. Telefonerai *a noi* domani?
5. Scriverai *a loro* la prossima settimana?

J. Pronome oggetto o di termine? Sostituisci alle parti in corsivo la forma appropriata del pronome. Segui i modelli.

> **MODELLO 1:** Telefonerò *a Sonia.*
> *Le telefonerò.*
> Ho chiamato *Sonia.*
> *L'ho chiamata.*

1. Ho comprato *quella giacca.*
2. Ho dato la giacca *alla mia fidanzata.*
3. Venderemo *la macchina.*
4. Avevo già scritto *quelle lettere.*
5. Abbiamo parlato *alla professoressa.*
6. Abbiamo chiamato *la professoressa.*

> **MODELLO 2:** Hai chiamato *tua sorella*?
> *Sì, l'ho chiamata.*

7. Hai studiato *il francese*?
8. Hai scritto *ai tuoi parenti*?
9. *Mi* hai telefonato?
10. Hai telefonato *all'amico di tuo fratello*?
11. Hai letto *il romanzo rosa*?
12. Hai dato il romanzo *alla tua amica*?

K. Plurali! Volgi (Change) le seguenti frasi al plurale, seguendo il modello.

> **MODELLO:** Quella studentessa scriverà la sua tesi su Umberto Eco.
> *Quelle studentesse scriveranno le loro tesi su Umberto Eco.*

1. Quel professore ha spiegato *(explained)* la sua interessante analisi ieri.
2. Quella studentessa scriverà la tesi in italiano.
3. L'ipotesi di quella scienziata è molto interessante.
4. La crisi è molto grave *(serious).*

L. Parliamone! Esprimi le seguenti cose con frasi intere, seguendo il modello.

> **MODELLO:** since 1989
> *Vivo qui dal 1989.*

Vivo qui...

1. since January
2. for nine months
3. since Thursday
4. since this morning
5. for a few days
6. for a couple of weeks

Vivrò qui...

7. until 2008
8. until Friday
9. for six years
10. forever

Partiremo...

11. in an hour
12. in ten minutes
13. in a day's time
14. in summer
15. in October

L'ASTROLOGIA ALL'ITALIANA!

Di che segno è? Con un compagno / una compagna, crea brevi dialoghi, seguendo il modello.

MODELLO: tuo cugino

TU: *Di che segno è tuo cugino?*

COMPAGNO/A: *Mio cugino è un Acquario.*

1. tua sorella / tuo fratello
2. la tua miglior amica / il tuo miglior amico
3. tu
4. tua madre / tuo padre
5. tuo cugino / tua cugina
6. tuo nonno / tua nonna

Oggi in Italia, come in molti altri paesi[1], c'è la mania per l'astrologia. La maggior parte[2] della gente dice di non crederci, ma su quasi tutti i giornali italiani troviamo l'oroscopo del giorno o della settimana. Anche in televisione, tutte le sere, una persona legge l'oroscopo del giorno dopo!

Lo Zodiaco		
l'Ariete *(m.)*	21 marzo–20 aprile	*Aries*
il Toro	21 aprile–21 maggio	*Taurus*
i Gemelli	22 maggio–21 giugno	*Gemini*
il Cancro	22 giugno–22 luglio	*Cancer*
il Leone	23 luglio–23 agosto	*Leo*
la Vergine	24 agosto–23 settembre	*Virgo*
la Bilancia	24 settembre–23 ottobre	*Libra*
lo Scorpione	24 ottobre–22 novembre	*Scorpio*
il Sagittario	23 novembre–21 dicembre	*Sagittarius*
il Capricorno	22 dicembre–20 gennaio	*Capricorn*
l'Acquario	21 gennaio–18 febbraio	*Aquarius*
i Pesci	19 febbraio–20 marzo	*Pisces*

Ecco i segni di alcuni famosi personaggi italiani:

Segno	Personaggio	Nascita
Ariete	Leonardo da Vinci	5 aprile 1452
Cancro	Giuseppe Garibaldi	4 luglio 1807
Capricorno	Giovanni Pascoli	31 dicembre 1855
Acquario	Franco Zeffirelli	12 febbraio 1923
Pesci	Michelangelo Buonarroti	6 marzo 1475

Comprensione! Rispondi alle seguenti domande.

1. Quale mania c'è oggi in Italia, come in molti altri paesi?
2. Che cosa dice la maggior parte della gente?
3. Che c'è su quasi tutti i giornali italiani?
4. Che c'è in televisione tutte le sere?
5. Di che segno è ciascuno dei seguenti personaggi famosi: da Vinci, Michelangelo, Garibaldi, Zeffirelli, Pascoli?

[1]*countries*   [2]*majority*

MOMENTO CREATIVO 1

M. Dalla chiromante! In coppie, mettete in scena la seguente situazione.

Una persona va dalla chiromante per sapere quale sarà il suo futuro nell'ambito *(area)* del lavoro e dell'amore. La chiromante gli/le chiederà diverse cose *(Quando sei nato/a? Come si chiama il tuo fidanzato / la tua fidanzata? Che tipo di lavoro vuoi fare?)*. Alla fine la chiromante dirà qualcosa di totalmente inaspettato *(unexpected)*.

TEMA 2
Talking about horoscopes

sciocchezze: *silliness, trivialities*
You're better off going / psycho-analyst

to waste

DIALOGO 2

Stefano incontra Sonia vicino all'università.

STEFANO: Senti, Sonia, sono stato da una chiromante!

SONIA: Stefano, ma perché dici sempre delle sciocchezze°?

STEFANO: No, no, è proprio vero. Sono andato dalla chiromante per sapere se tu mi sposerai un giorno…

SONIA: Che tipo! Ti conviene andare° da uno psicanalista°, non da una chiromante!

STEFANO: Sei proprio un Ariete!

SONIA: Senti, Stefano, adesso ho una lezione importante sulla vita di alcuni scienziati italiani, e quindi non ho tempo da sprecare°. Stasera quando avrò finito di fare i compiti, ti chiamerò, va bene?

STEFANO: D'accordo!

N. Comprensione! Rispondi alle seguenti domande.

1. Cosa voleva sapere Stefano dalla chiromante?
2. Dove gli conviene andare, secondo Sonia?
3. Cosa ha Sonia adesso?
4. Ha tempo da sprecare Sonia?
5. Sonia, quando chiamerà Stefano?

ATTIVITÀ D'ESPANSIONE 2

O. Quando sei nato/a? Seguendo il modello, chiedi al tuo compagno / alla tua compagna…

> **MODELLO:** quando è nato/a
> > TU: *Quando sei nato/a?*
> > COMPAGNO/A: *Sono nato/a il 15 settembre.*

1. quando è nato/a
2. com'è personalmente *(alto, simpatico, ecc.)*

▶• DA NOTARE

Ti conviene *(fam.).*	*It is worth your while.*
Le conviene *(pol.).*	*It is worth your while.*
Mi conviene.	*It is worth my while.*
Ti è convenuto. / Ti conveniva.	*It was worth your while.*
Le è convenuto. / Le conveniva.	*It was worth your while.*
Mi è convenuto. / Mi conveniva.	*It was worth my while.*
Ti converrà *(fam.).*	*It will be worth your while.*
Le converrà *(pol.).*	*It will be worth your while.*
Mi converrà.	*It will be worth my while.*

P. Sì, forse mi conviene! Con un compagno / una compagna, crea brevi dialoghi, seguendo il modello.

> MODELLO: tu / psicanalista / presente
> > TU: *Ti conviene andare da uno psicanalista?*
> > COMPAGNO/A: *Sì, forse mi conviene.*
>
> Lei / psicanalista / futuro
> > TU: *Le converrà andare da uno psicanalista?*
> > COMPAGNO/A: *Sì, forse mi converrà.*

1. tu / chiromante / presente
2. Lei / medico / futuro
3. Lei / psicanalista / passato

4. tu / dottore / presente
5. Lei / psicanalista / futuro

MODI DI DIRE E DI COMUNICARE 2

SPOSARSI

The verb **sposare** means *to marry (someone)*, whereas **sposarsi** means *to get married (to someone)*.

Io sposerò Sonia.   *I will marry Sonia.*
Io mi sposerò con Sonia.   *I'll be getting married to Sonia.*

CONVENIRE

Convenire means *to be worthwhile*. **Convenire** is conjugated like **venire**.

CONVENIRE

Pres. Ind.:	**convengo, convieni, conviene, conveniamo, convenite, convengono**
Past Part.:	**convenuto (è convenuto)**
Fut.:	**converrò, converrai, converrà, converremo, converrete, converranno**

For practical purposes, use this verb mainly with an indirect object or indirect-object pronoun in the third person singular:

Non conviene a Maria. — *It's not worth Maria's while.*
Non ti converrà. — *It will not be worth your while.*
Non ci è convenuto. — *It was not worth our while.*
Non converrà ai tuoi genitori. — *It will not be worth your parents' while.*
No, non gli converrà. — *No, it will not be worth their while.*

APPLICAZIONE

Q. Le conviene? Con un compagno / una compagna, svolgi i seguenti compiti nel modo indicato, seguendo i modelli.

> MODELLO 1: a Sonia / andare dal medico
> > TU: *A Sonia conviene andare dal medico?*
> > COMPAGNO/A: *Sì, le conviene.*

1. a Stefano / andare dalla chiromante
2. a tua sorella / andare dal medico
3. ai tuoi genitori / viaggiare in Italia
4. a te / andare a lezione
5. a voi / andare a dormire

> MODELLO 2: a Stefano / andare dallo psicanalista
> > TU: *A Stefano è convenuto andare dallo psicanalista?*
> > COMPAGNO/A: *Sì, gli è convenuto.*

6. a Stefano / sposarsi
7. a tua sorella / sposare Marco
8. ai tuoi amici / andare a lezione
9. a te/tornare a casa
10. a voi / andare dalla chiromante

R. Gli converrà? Con un compagno / una compagna, svolgi i seguenti compiti, seguendo il modello.

> MODELLO: a Stefano / chiamare Sonia
> > TU: *A Stefano converrà chiamare Sonia?*
> > COMPAGNO/A: *Sì, gli converrà.*

1. a Sonia / sposarsi
2. al tuo amico / sposare Carmela
3. ai tuoi amici / andare dal medico
4. a te / tornare a casa
5. a voi / andare dalla chiromante

APPUNTI DI GRAMMATICA 2

ANCORA SUI PRONOMI DI COMPLEMENTO

With modal constructions, both the direct- and the indirect-object pronouns, as well as **ne,** can come before the modal verb or can be attached to the infinitive:

La voglio comprare.   **Voglio comprarla.**
Gli voglio parlare.   **Voglio parlargli.**
Ne dovrà comprare due.   **Dovrà comprarne due.**

- In compound tenses, agreement is made only when the direct-object pronouns or **ne** precede the modal verb:

Agreement	No agreement
*L'*ho volut*a* comprare. *Ne* ha dovut*e* comprare due.	Ho voluto comprarla. Ha dovuto comprarne due.

- Recall that there is no agreement with the indirect-object pronouns:
  Gli ho voluto telefonare.   **Ho voluto telefonargli.**
  Le hai dovuto dare il compito.   **Hai dovuto darle il compito.**

- Object pronouns are always attached to **ecco**:
  Eccomi!   *Here I am!*
  Eccoli!   *Here they are!*
  Eccone due!   *Here are two of them!*

ANCORA SUL FUTURO

In clauses beginning with **se** and **quando**, it is customary to make the verb tenses in the sentence agree: future with future, present with present:

Se tu *comprerai* [future] quelle pesche, non ti *piaceranno* [future].   *If you buy those peaches, you won't like them.*
Se tu *fai* [present] quello, io non ti *parlo* [present] più.   *If you do that, I won't speak to you again.*
Quando *arriveranno* [future], *andranno* [future] subito al cinema.   *When they arrive, they will go to the movies right away.*

However, as in English, present and future can be mixed in everyday spoken Italian:

Se tu *compri* [present] quelle pesche, non ti *piaceranno* [future].
Se tu *fai* [present] quello, io non ti *parlerò* [future] più.
Quando *arrivano* [present], *andranno* [future] subito al cinema.

IL FUTURO ANTERIORE

If a future action occurred before some other action, the future perfect **(il futuro anteriore)** is used:

dopo che	=	*after*
appena (che)	=	*as soon as*

Dopo che *avrò mangiato*, uscirò.   *After eating (After I have eaten), I'll be going out.*
Appena *saranno arrivati*, mangeremo.   *As soon as they arrive (As soon they have arrived), we will be eating.*

The **futuro anteriore** is a compound tense made up of two separate parts: (1) the future of the auxiliary verb **avere** or **essere**, and (2) the past participle:

Auxiliary verb	Past participle
↓	↓
avrò	finito
sarò	andato/a

So you already know everything you need to know in order to conjugate verbs in the **futuro anteriore**: (1) how to form past participles, (2) which verbs are conjugated with **avere** or **essere**, and (3) how to conjugate **avere** and **essere** in the **futuro.**

Here are three verbs fully conjugated for you in the **futuro anteriore**: (1) a verb conjugated with **avere**, (2) a verb conjugated with **essere**, and (3) a reflexive verb:

	(1) COMPRARE		(2) ANDARE		(3) DIVERTIRSI	
io	avrò	comprato	sarò	andato/a	mi sarò	divertito/a
tu	avrai	comprato	sarai	andato/a	ti sarai	divertito/a
lui / lei / Lei	avrà	comprato	sarà	andato/a	si sarà	divertito/a
noi	avremo	comprato	saremo	andati/e	ci saremo	divertiti/e
voi	avrete	comprato	sarete	andati/e	vi sarete	divertiti/e
loro	avranno	comprato	saranno	andati/e	si saranno	divertiti/e

• Note the forms of **esserci** and **piacere** in the **futuro anteriore**:
Ci sarà stato / a.   *Ci saranno stati / e.*
Non *ti sarà piaciuto / a.*   **Non** *ti saranno piaciuti / e.*

IL FUTURO USATO PER ESPRIMERE LA PROBABILITÀ

The **futuro semplice** and the **futuro anteriore** are also used in Italian to express probability:

Quell'orologio costerà un occhio della testa.	*That watch probably costs / must cost (lit.) an eye of the head [an arm and a leg].*
Giovanni sarà già andato via.	*Giovanni has probably already gone away. / John must have already gone away.*
Chi sarà quella persona?	*Who could that person be?*

PIACERE

Since Chapter 1 you have been using **piacere** in the first and second persons to express *liking something* or *someone*:

I like / liked…	You *(fam.)* like / liked…	You *(pol.)* like / liked…
Mi piace il panino.	Ti piace il panino.	Le piace il panino.
Mi piacciono i panini.	Ti piacciono i panini.	Le piacciono i panini.
Mi è piaciuta la torta.	Ti è piaciuta la torta.	Le è piaciuta la torta.
Mi sono piaciuti i piselli.	Ti sono piaciuti i piselli.	Le sono piaciuti i piselli.
Mi piacerà la partita.	Ti piacerà la partita.	Le piacerà la partita.

Now that you know the other indirect-object pronouns, you can say *he likes / liked*, etc., *she likes / liked,* etc.

Gli piace la torta.	**Gli piacciono le banane.**	*He likes / liked…*
Gli è piaciuto quel libro.	**Gli sono piaciute quelle scarpe.**	
Gli piaceva la scuola.	**Gli piacevano molte cose.**	
Gli piacerà quel dipinto.	**Gli piaceranno quei dipinti.**	
Le piace la torta.	**Le piacciono le banane.**	*She likes / liked…*
Le è piaciuto quel libro.	**Le sono piaciute quelle scarpe.**	
Ci piace la torta.	**Ci piacciono le banane.**	*We like / liked…*
Ci è piaciuto quel libro.	**Ci sono piaciute quelle scarpe.**	
Vi piace la torta.	**Vi piacciono le banane.**	*You (pl.) like / liked…*
Vi è piaciuto quel libro.	**Vi sono piaciute quelle scarpe.**	
Gli piace la torta.	**Gli piacciono le banane.**	*They like / liked…*
Gli è piaciuto quel libro.	**Gli sono piaciute quelle scarpe.**	

• Recall that **piacere** is used with other kinds of indirect-object structures.

A me **piacerà andare in Italia.**	*Mi* **piacerà andare in Italia.**
A te **piacevano i fumetti.**	*Ti* **piacevano i fumetti.**
A Maria **piace la torta.**	*Le* **piace la torta.**
Ai bambini **piacciono i dolci.**	*Gli* **piacciono i dolci.**
A noi **piacerà la partita.**	*Ci* **piacerà la partita.**
A voi **piacciono quelle scarpe.**	*Vi* **piacciono quelle scarpe.**

PAROLE TIPO *PSICANALISTA*

Nouns ending in **-ista** can be either masculine or feminine. Note their corresponding forms:

Maschile		Femminile	
Sing.	Pl.	Sing.	Pl.
l'artista	gli artisti	l'artista	le artiste
il barista	i baristi	la barista	le bariste
il musicista	i musicisti	la musicista	le musiciste
lo psicanalista	gli psicanalisti	la psicanalista	le psicanaliste

- Recall that the masculine form **lo** (plural **gli**) is used before masculine nouns beginning with **z**, **s** plus consonant, and **gn (gli gnocchi)**. As you have seen, it is also used in front of **ps**: **lo psicanalista** (plural **gli psicanalisti**).

- Recall the corresponding indefinite article and demonstrative adjective forms:
lo psicanalista	**uno** psicanalista	**quello** psicanalista
gli psicanalisti	**degli** psicanalisti	**quegli** psicanalisti

APPLICAZIONE

S. Eccola! Con un compagno / una compagna, crea brevi dialoghi, seguendo il modello.

> **MODELLO:** tu / volere / comprare / quella giacca
> TU: *Vuoi comprare quella giacca?*
> COMPAGNO/A: *Sì, voglio comprarla.*
> TU: *Eccola.*

1. tu / volere / leggere / quel libro
2. Lei / volere / comprare / quella rivista
3. tu / volere / vedere / quei pantaloni
4. Lei / volere / vedere / quelle scarpe

T. Eccolo! Ripeti le seguenti frasi in modo equivalente, facendo tutte le modifiche necessarie.

> **MODELLO:** Ho dovuto darti il mio indirizzo.
> *Ti ho dovuto dare il mio indirizzo.*
> Se fai quello, non ti parlerò.
> *Se farai quello, non ti parlerò.*

1. Ho voluto mangiarne alcune.
2. Ho dovuto telefonarti tardi.
3. Ho dovuto telefonargli.
4. Abbiamo voluto parlarle.
5. Abbiamo voluto chiamarle.
6. Se arrivi prima delle sei, andremo al cinema.

U. Verbi e nomi! Con un compagno / una compagna, crea brevi dialoghi, seguendo i modelli.

> **MODELLO 1:** TU: tu / cosa / fare / studiare
> COMPAGNO/A: io / parlare / il mio amico
> TU: *Cosa farai dopo che avrai studiato?*
> COMPAGNO/A: *Parlerò con il mio amico, probabilmente.*

1. TU: tu / cosa / fare / leggere il libro
   COMPAGNO/A: io / andare / a dormire
2. TU: lui / dove / andare / alzarsi
   COMPAGNO/A: lui / andare / dalla chiromante
3. TU: loro / cosa / fare / mangiare
   COMPAGNO/A: loro / uscire

4.   Tu: voi / cosa / fare / lavorare
     Compagno/a: noi / divertirsi

5.   Tu: lei / dove / andare / arrivare
     Compagno/a: lei / andare / al cinema

     Modello 2: persona / musicista
                 Tu: *Quella persona è musicista?*
         Compagno/a: *Sì, sarà, probabilmente, musicista.*

6. uomo / psicanalista
7. donne / psicanaliste
8. uomini / artisti
9. studentesse / artiste

V. A voi piace…? Con un compagno / una compagna, crea brevi dialoghi, seguendo il modello. *[Use any tense of **piacere** you feel is appropriate.]*

     Modello: a voi / quella musica
                 Tu: *A voi piace quella musica? / Vi piace quella musica?*
                       musica?
         Compagno/a: *Sì, a noi piace quella musica. / Sì, ci piace quella*
                       musica.

     or:
                 Tu: *Vi è piaciuta quella musica?*
         Compagno/a: *Sì, ci è piaciuta quella musica.*

1. a loro / gli spaghetti   **4.** a tuo fratello / andare in Italia
2. a voi / quei programmi   **5.** a tua sorella / quei dipinti
3. a te / dormire fino a tardi   **6.** ai tuoi amici / quelle scultrici

◉ TACCUINO CULTURALE 2
SCIENZIATI ITALIANI

Scienziati Rispondi alle seguenti domande.

1. Conosci qualche scienziato italiano/scienziata italiana?
2. Chi?
3. Conosci qualche sua opera *(work)* o invenzione importante? Quale/i?

In Italia, come nel resto dell'Europa, l'idea di *scienza* nel senso moderno risale al[1] Rinascimento. All'inizio[2] di questo periodo veramente rivoluzionario troviamo diversi personaggi italiani, come da Vinci e Galileo. Infatti, dal Rinascimento ad oggi l'Italia vanta[3] tanti grandi scienziati. Qui basterà menzionarne alcuni.

[1]*goes back to*   [2]*start*   [3]*claims*

Scienziati	Date	Importanza
LEONARDO DA VINCI	1452–1519	le sue ricerche d'anatomia, zoologia, biologia e ingegneria fondarono[4] il metodo scientifico
GALILEO GALILEI	1564–1642	fu[5] tra i primi ad applicare[6] la matematica alla scienza; infatti molti lo considerano il fondatore[7] del moderno metodo sperimentale[8]; perfezionò[9] il telescopio
EVANGELISTA TORRICELLI	1608–1647	inventò[10] il barometro
LUIGI GALVANI E ALESSANDRO VOLTA	1737–1798 1745–1827	fecero grandi scoperte[11] nel campo dell'elettricità; infatti oggi si usano parole basate sui loro nomi come *galvanizzare*[12] *e voltaggio*[13]
GUGLIELMO MARCONI	1874–1937	inventore del telegrafo senza fili[14]
ENRICO FERMI	1901–1954	aprì[15] l'era atomica[16] producendo[17] la prima reazione atomica a catena[18]

Comprensione e discussione! Rispondi alle seguenti domande.

1. Le ricerche di quale scienziato rinascimentale fondarono il metodo scientifico?
2. Chi perfezionò il telescopio? Chi inventò il barometro? E chi inventò il telegrafo senza fili?
3. Quali due grandi scienziati fecero grandi scoperte nel campo dell'elettricità?
4. Secondo te, che ruolo svolgerà la scienza *(what role will science play)* nel futuro?
5. Conosci qualche donna scienziata famosa? Chi? Che cosa ha inventato / scoperto?

[4]*founded* [5]*was* [6]*to apply* [7]*founder* [8]*experimental method* [9]*he perfected* [10]*he invented* [11]*they made great discoveries* [12]*to galvanize* [13]*voltage* [14]*wires* [15]*he opened up* [16]*atomic age* [17]*producing* [18]*atomic chain reaction*

MOMENTO CREATIVO 2

W. L'oroscopo! In base *(Based on)* al suo segno zodiacale, prepara l'oroscopo di un compagno / una compagna. Poi discutilo *(discuss it)* con il compagno / la compagna e leggilo in classe, con il suo permesso *(permission)*.

FASE 2: ASCOLTO

ASCOLTO

A. Ascolta attentamente la vignetta sull'audio cercando di determinare le seguenti cose:

1. come si chiama la persona che è andata dalla chiromante
2. perché è andato/a dalla chiromante
3. cosa gli/le chiede la chiromante
4. come sarà il suo futuro

B. Adesso cerca di ricostruire la conversazione con altri studenti a piacere.

FASE 3: LETTURA

PRIMA DI LEGGERE

A. Indovina! Indovina il significato delle seguenti espressioni.

1. la possibilità di mettervi in luce…
   a. *the chance to become enlightened*
   b. *the chance to be in the limelight*

2. un momento incantato…
   a. *an enchanted moment*
   b. *a musical minute*

3. la voglia di ributtarvi nella mischia…
   a. *the desire to mix it up again*
   b. *the desire to get back in with the crowd*

4. colpirà la vostra fantasia…
   a. *will catch your fancy*
   b. *will be fantastic*

5. nella quale sareste perdenti…
   a. *in which you will lose out*
   b. *in which you will lose time*

6. le stelle vi spingono
   a. *the stars always shine*
   b. *the stars push you on*

Lettura

IL VOSTRO OROSCOPO

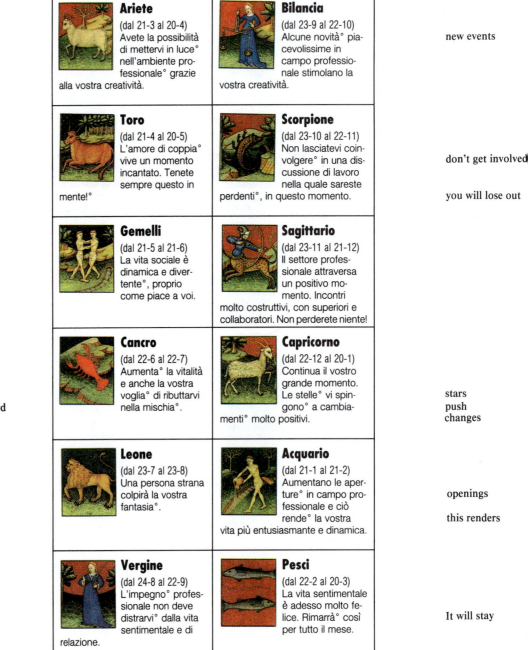

Ariete
(dal 21-3 al 20-4)
Avete la possibilità di mettervi in luce° nell'ambiente professionale° grazie alla vostra creatività.

Bilancia
(dal 23-9 al 22-10)
Alcune novità° piacevolissime in campo professionale stimolano la vostra creatività.

Toro
(dal 21-4 al 20-5)
L'amore di coppia° vive un momento incantato. Tenete sempre questo in mente!°

Scorpione
(dal 23-10 al 22-11)
Non lasciatevi coinvolgere° in una discussione di lavoro nella quale sareste perdenti°, in questo momento.

Gemelli
(dal 21-5 al 21-6)
La vita sociale è dinamica e divertente°, proprio come piace a voi.

Sagittario
(dal 23-11 al 21-12)
Il settore professionale attraversa un positivo momento. Incontri molto costruttivi, con superiori e collaboratori. Non perderete niente!

Cancro
(dal 22-6 al 22-7)
Aumenta° la vitalità e anche la vostra voglia° di ributtarvi nella mischia°.

Capricorno
(dal 22-12 al 20-1)
Continua il vostro grande momento. Le stelle° vi spingono° a cambiamenti° molto positivi.

Leone
(dal 23-7 al 23-8)
Una persona strana colpirà la vostra fantasia°.

Acquario
(dal 21-1 al 21-2)
Aumentano le aperture° in campo professionale e ciò rende° la vostra vita più entusiasmante e dinamica.

Vergine
(dal 24-8 al 22-9)
L'impegno° professionale non deve distrarvi° dalla vita sentimentale e di relazione.

Pesci
(dal 22-2 al 20-3)
La vita sentimentale è adesso molto felice. Rimarrà° così per tutto il mese.

limelight
professional sphere

couple

Keep this in mind!

fun

increase

desire
to get in with the crowd

will catch your fancy

commitment

distract you

new events

don't get involved

you will lose out

stars
push
changes

openings

this renders

It will stay

(Da: *Visto* 22 febbraio 1990)

DOPO LA LETTURA

B. Comprensione! Accoppia gli elementi delle due colonne.

1. _____ Ariete
2. _____ Toro
3. _____ Gemelli
4. _____ Cancro
5. _____ Leone
6. _____ Vergine
7. _____ Bilancia
8. _____ Scorpione
9. _____ Sagittario
10. _____ Capricorno
11. _____ Acquario
12. _____ Pesci

a. Novità piacevoli in campo professionale stimolano la vostra creatività.
b. Avrete la possibilità di mettervi in luce in ambito professionale.
c. L'amore di coppia vivrà un momento incantato.
d. Perderete se vi coinvolgerete in una discussione di lavoro.
e. vita professionale positiva, con incontri molto costruttivi con superiori e collaboratori
f. Avrete una vita sociale e dinamica, proprio come vi piace.
g. Aumenta la vostra voglia di ributtarvi nella mischia.
h. Le stelle vi spingono a molti cambiamenti.
i. Le aperture professionali sono in aumento, e ciò rende la vostra vita più dinamica.
j. Una persona strana colpirà la vostra fantasia.
k. L'impegno non deve distrarvi dalla vita sentimentale.
l. La vita sentimentale sarà felice per tutto il mese.

C. Discussione in classe! Diversi studenti dovranno portare in classe l'oroscopo tratto da un giornale o da una rivista italiana, leggendolo alla classe, dopodiché ciascuno studente / ciascuna studentessa dovrà rispondere alle seguenti domande.

1. Quali sono le tue caratteristiche personali secondo l'oroscopo?
2. Sei d'accordo?
3. Credi negli (Do you believe in) oroscopi? Perché sì/no?

⑤INTESI

A. Situazioni tipiche! Scegli la risposta corretta.

1. Domani andrò…
   a. al medico.
   b. dal medico.

2. Vuoi bene a Sonia?
   a. Sì, voglio bene a lei.
   b. Sì, mi vuole bene.

3. Ti vuole bene?
   a. Sì, mi vuole bene.
   b. Sì, ti vuole bene.

4. Mi volevi telefonare?
   a. Sì, ti telefonavo.
   b. Sì, volevo telefonarti.

5. Sonia, dove sei?
   a. Eccomi!
   b. Eccola!

B. Sonia, Sonia! Con un compagno / una compagna, svolgi i seguenti compiti, seguendo i modelli.

> **MODELLO 1:** rivelare *(reveal)* l'oroscopo…
> a Sonia
>> TU: *Hai rivelato l'oroscopo a Sonia?*
>> COMPAGNO/A: *Sì, le ho rivelato l'oroscopo.*

rivelare l'oroscopo…

1. a Sonia **3.** a me **5.** ai tuoi amici
2. a Stefano **4.** a noi

> **MODELLO 2:** scrivere…
> a Sonia
>> TU: *Hai scritto a Sonia?*
>> COMPAGNO/A: *Sì, le ho scritto.*

scrivere…

6. a Stefano **8.** a noi **10.** a loro
7. quella lettera **9.** quelle due lettere

C. Intervista! Chiedi al tuo compagno / alla tua compagna…
1. a chi dà del tu.
2. se è mai andato/a da una chiromante.
3. se ci crede negli oroscopi e perché sì/no.

D. Cultura italiana! Accoppia gli elementi delle due colonne.

1. _____ In tante parti del mondo, c'è la mania… a. l'oroscopo del giorno o della settimana.
2. _____ La maggior parte della gente dice… b. metodo sperimentale.
c. un Ariete.
3. _____ Su quasi tutti i giornali c'è… d. per l'astrologia.
4. _____ In televisione, la sera, c'è qualcuno che… e. legge l'oroscopo del giorno dopo.
5. _____ Da Vinci era… f. il telegrafo senza fili.
6. _____ La scienza moderna risale… g. al Rinascimento.
7. _____ Le ricerche di da Vinci… h. fondarono il metodo scientifico.
8. _____ Galileo è il fondatore del… i. di non credere nell'astrologia.
9. _____ Torricelli inventò… j. il barometro.
10. _____ Marconi inventò…

E. Avvio allo scrivere! Prepara l'oroscopo di una persona famosa. Leggilo in classe. Gli altri membri della classe cercheranno di indovinare chi è la persona.

F. Momento creativo! Lavorando in gruppi di due o tre persone, componete *(compose)* e poi mettete in scena davanti a tutta la classe una breve commedia (di un atto): *La chiromante va dallo psicanalista!*

EXPLORE!
For this chapter's activity, go to http://adesso.heinle.com

LESSICO UTILE

NOMI

l'**Acquario** *Aquarius*
l'**analisi** *analysis*
l'**Ariete** *Aries*
l'**astrologia** *astrology*
la **Bilancia** *Libra*
il **Cancro** *Cancer*
il **Capricorno** *Capricorn*
il/la **chiromante** *fortuneteller*
la **crisi** *crisis*
l'**est** *east*
il **futuro** *future*
i **Gemelli** *Gemini*

l'**inventore** *inventor*
l'**ipotesi** *hypothesis*
il **Leone** *Leo*
il/la **musicista** *musician*
il **nord** *north*
l'**oroscopo** *horoscope*
l'**ovest** *west*
i **Pesci** *Pisces*
lo/la **psicanalista**
    psychoanalyst
il **Sagittario** *Sagittarius*
la **scienza** *science*

lo **scienziato** / la **scienziata**
    scientist
la **sciocchezza** *silliness, triviality*
lo **Scorpione** *Scorpio*
il **segno** *sign*
la **sfera di cristallo** *crystal ball*
il **sud** *south*
la **tesi** *thesis*
il **Toro** *Taurus*
la **Vergine** *Virgo*
lo **zodiaco** *zodiac*

AGGETTIVI

affettivo *emotional, affective*
meridionale *southern*

occidentale *western*
orientale *eastern*

settentrionale *northern*
timido *shy*

VERBI

convenire a *to be worthwhile*
sposare *to marry*

sposarsi *to get married*
sprecare *to waste*

AVVERBIO

ormai *by now*

ALTRI VOCABOLI / ESPRESSIONI

a est *to the east*
a nord *to the north*
a ovest *to the west*
a sud *to the south*
ciascuno *each one, each*

da *from, as, at/to, since, for*
darsi del tu *to be on familiar*
    terms
ognuno *each one, each*
presso *at*

il punto di vista *standpoint,*
    point of view
qualcuno *someone*
volere bene a *to love; to like*

Comunicazione

- expressing commands
- giving advice
- expressing how you feel physically

Cultura

- the public-health system in Italy
- Galileo Galilei

Strutture e vocabolario

- how to use **sentirsi**
- vocabulary referring to physical states and the body
- how to distinguish between **infine** and **finalmente**, and between **sopportare** and **mantenere**
- the imperative of regular and irregular verbs
- noun suffixes **(-accio, -ino, -etto, -one)**
- the place form **ci**
- verbs followed by an infinitive

13

DAL MEDICO!

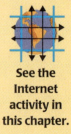

See the Internet activity in this chapter.

DIALOGO 1

TEMA 1

Expressing commands, giving advice, expressing physical states

Il signor Fausti sta male, e allora va dal suo medico, la dottoressa Fani.

FAUSTI: Dottoressa, mi sento° veramente male!   *I feel*

FANI: Mi dica!

FAUSTI: Penso di avere la febbre°. Non riesco a respirare° bene. Ho mal di gola° e mal di testa° e, infine°, ho un fortissimo° dolore al petto° che non riesco a sopportare°.

    fever / to breathe
    sore throat / headache / finally / very strong / chest pain / to bear

FANI: Apra la bocca°! La Sua gola è ovviamente molto arrossata°! Metta il termometro in bocca. Hmm…ha la febbre a 40!

    mouth / red (reddened)

FAUSTI: Allora, dottoressa?

FANI: Indubbiamente°, Lei ha l'influenza.   *Undoubtedly*

FAUSTI: Lo sapevo! Con questo tempaccio°!   *horrid weather*

FANI: Vada a casa, prenda la medicina che Le prescriverò°* e torni tra una settimana.

    I will prescribe

FAUSTI: Grazie!

A. Comprensione! Rispondi alle seguenti domande.

1. Come si sente il signor Fausti?
2. Quali sintomi *(symptoms)* ha il signor Fausti?
3. Com'è la gola del signor Fausti?
4. A quanto ha la febbre?
5. Che cosa ha il signor Fausti, secondo la dottoressa Fani, e che cosa gli prescrive?

---

*Prescrivere is conjugated like scrivere.

ATTIVITÀ D'ESPANSIONE 1

▶• SENTIRSI

sentirsi bene	*to feel well*
sentirsi male	*to feel bad*
sentirsi forte	*to feel strong*
sentirsi debole	*to feel weak*

B. Come si sente? Con un compagno / una compagna, crea brevi dialoghi, seguendo il modello.

> **MODELLO:** bene e molto forte
> > MEDICO: *Mi dica, come si sente?*
> > PAZIENTE: *Dottore / Dottoressa, mi sento bene e molto forte.*

1. male e un po' debole
2. un po' debole e ho la febbre
3. forte ma ho mal di gola
4. bene ma ho mal di testa

C. Dal medico! Con un compagno / una compagna, crea brevi dialoghi, seguendo i modelli.

> **MODELLO 1:** avere mal di gola / aprire la bocca
> > PAZIENTE: *Dottore / Dottoressa, ho mal di gola.*
> > MEDICO: *Apra la bocca!*

Polite forms			
Apra...!	*Open...!*	**Prenda...!**	*Take...!*
Metta...!	*Put...!*	**Respiri...!**	*Breathe...!*

1. avere la febbre / mettere il termometro in bocca
2. avere mal di testa / prendere un'aspirina
3. avere un dolore al petto / respirare forte
4. avere mal di gola / aprire la bocca

> **MODELLO 2:** avere mal di gola / aprire la bocca
> > FRATELLO: *Ho mal di gola.*
> > SORELLA: *Apri la bocca!*

Familiar forms			
Apri...!	*Open...!*	**Prendi...!**	*Take...!*
Metti...!	*Put...!*	**Respira...!**	*Breathe...!*

5. avere la febbre / mettere il termometro in bocca
6. avere mal di testa / prendere un'aspirina
7. avere un dolore al petto / respirare forte
8. avere mal di gola / aprire la bocca

il raffreddore	*common cold*
il riposo	*rest*
lo starnuto	*sneeze*
starnutire	*to sneeze*
lo stomaco	*stomach*
il mal di stomaco	*stomach ache*
lo stress	*stress*
la tensione	*tension*
la tosse	*cough*

D. Dottore / Dottoressa! Con un compagno / una compagna, crea brevi dialoghi, seguendo il modello.

> **Modello:** avere mal di gola e mal di testa / avere il raffreddore
> Paziente: *Dottore / Dottoressa, ho mal di gola e mal di testa.*
> Medico: *Lei avrà il raffreddore!*
> [Note the future of probability.]

1. starnutire molto / avere il raffreddore
2. soffrire di stress e tensione / avere bisogno di riposo
3. avere la tosse e mal di gola / avere l'influenza
4. avere mal di stomaco / avere bisogno di riposo

MODI DI DIRE E DI COMUNICARE 1

▶• *INFINE* vs. *FINALMENTE*

Note that **infine** means *finally* in a series…

Prima apra la bocca, poi metta il termometro in bocca e infine prenda questo!	*First open your mouth, then put the thermometer in your mouth, and, finally, take this!*

whereas **finalmente** means *finally* in the sense of *at last*:

Finalmente, non ho più mal di testa!	*Finally, I don't have a headache anymore!*

▶• *SOPPORTARE* vs. *MANTENERE*

Sopportare is a *false cognate*. It does not mean *to support* but *to bear, to put up with*. *To support* is rendered by:

mantenere	*to support someone materially*
appoggiare	*to support someone intellectually*
Io mantengo la mia famiglia.	*I support my family.*
Io appoggio le tue idee.	*I support your ideas.*

Appoggiare is conjugated like **mangiare**, and **mantenere** is conjugated very much like **venire**:

MANTENERE	
PRES. IND.:	**mantengo, mantieni, mantiene, manteniamo, mantenete, mantengono**
PAST PART.:	**mantenuto**
FUT.:	**manterrò, manterrai, manterrà, manterremo, manterrete, manterranno**

▶•Il corpo

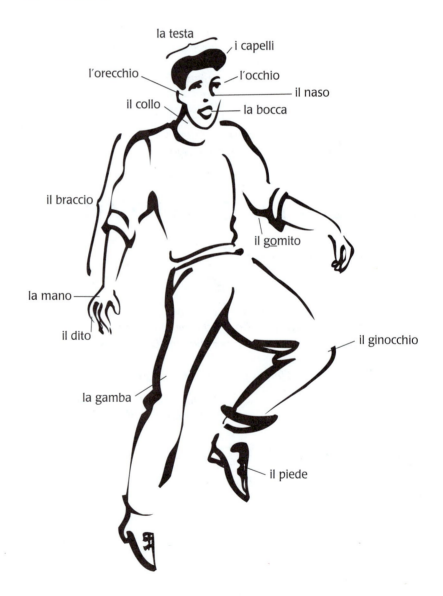

la testa
i capelli
l'orecchio
l'occhio
il naso
il collo
la bocca
il braccio
il gomito
la mano
il dito
il ginocchio
la gamba
il piede

The nouns **il braccio**, **il dito**, and **il ginocchio** are masculine in the singular but change to feminine in the plural. Note that their plural form ends in **-a**[*]:

Singolare	Plurale
il braccio	le braccia
il braccio lungo	le braccia lunghe
il dito	le dita
il dito lungo	le dita lunghe
il ginocchio	le ginocchia
il ginocchio debole	le ginocchia deboli

Note that **la mano** is feminine and that its plural form is **le mani**.

▶•FARE MALE°

To Hurt

Use the indirect-object pronouns with this expression as follows:

Mi fa male la testa.	*My head hurts.*
Mi fanno male le dita.	*My fingers hurt.*
Ti fa male lo stomaco.	*Your (fam.) stomach hurts.*
Ti fanno male le dita.	*Your (fam.) fingers hurt.*
Le fa male la gamba.	*Your (pol.) leg hurts.*
Le fanno male le gambe.	*Your (pol.) legs hurt.*
Gli fa male il ginocchio.	*His knee hurts.*
Gli fanno male le gambe.	*His legs hurt.*
ecc.	

APPLICAZIONE

E. Come si dice…? Di' le seguenti cose, seguendo il modello.

> **MODELLO:** io
> le gambe
> *Mi fanno male le gambe.*
>
> tu
> il braccio
> *Ti fa male il braccio.*

1. io
   a. lo stomaco
   b. le gambe

2. tu
   a. la bocca
   b. le dita

3. lui
   a. la testa
   b. gli occhi

4. lei
   a. le mani
   b. il collo

5. voi
   a. la bocca
   b. le braccia

6. noi
   a. le dita
   b. le ginocchia

---

[*]This ending is a remnant of Latin neuter plurals (**memorandum** → **memoranda**).

F. Dal medico! Inserisci negli spazi le parole adatte.

1. Un incidente stradale (A traffic accident)!
   mani / gomito / gambe
     Medico: Cosa Le fa male?
     Paziente: Mi fanno male le _____!
     Medico: Cos'altro le fa male, il _____?
     Paziente: No, ma mi fanno male i piedi e le _____.

2. Troppo mangiare e poco dormire!
   stomaco / occhi / capelli
     Paziente: Dottore, mi fa male lo _____ .
     Medico: Lei ha gli _____ arrossati e i _____ un po' arruffati
           (unkempt).
     Paziente: Forse avrò mangiato troppo e dormito poco!

3. Una caduta (A fall)!
   testa / naso / collo
     Medico: Ha mal di _____, vero?
     Paziente: Sì, e mi fa male anche il _____.
     Medico: E vedo che anche il Suo _____ è in brutte condizioni!

4. Riposo, riposo!
   braccia / ginocchia / riposo
     Paziente: Dottoressa, mi fanno male le _____; sono veramente molto
           stanco.
     Medico: Le fanno male anche le _____?
     Paziente: Sì. C'è qualche problema, dottoressa?
     Medico: Forse no. Lei avrà bisogno semplicemente di molto _____.

G. Ho le braccia lunghe! Intervista il tuo compagno / la tua compagna. Lui/Lei dovrà rispondere in modo appropriato.

lungo	*long*
corto	*short*

Chiedigli/le…
1. di descrivere le sue braccia e le sue gambe (Ho le braccia lunghe, corte, ecc.).
2. di descrivere i suoi capelli e i suoi occhi.
3. di descrivere le sue mani e i suoi piedi.

H. A tutti la parola! Rispondi alle seguenti domande.

1. Come curi (do you look after, cure) il raffreddore e l'influenza?
2. Sei mai stato/a in ospedale (hospital)? Per quale motivo?
3. Ti piacerebbe (Would you like) esercitare (to practice) la professione di medico? Perché sì/no?

APPUNTI DI GRAMMATICA 1

L'IMPERATIVO 1

In the dialogue and activities, you have encountered the imperative. As in English, the imperative allows you to express commands, give advice, and so on, in a direct way:

Apra la bocca! *Open your mouth!*
Torni domani! *Come back tomorrow!*

There are five forms of the imperative, which correspond to the **tu**, **Lei**, **noi**, **voi**, and **Loro** forms. To conjugate regular verbs in the **imperativo**:

• drop the infinitive suffix, and note that with third-conjugation verbs you must once again distinguish between verbs with or without the **-isc**:

torn*are*	→	torn-	apr*ire*	→	apr-
prend*ere*	→	prend-	fin*ire*	→	fin-

• add the following endings:

	TORNARE	PRENDERE	APRIRE	FINIRE
tu	torn*a*	prend*i*	apr*i*	fin*isci*
Lei	torn*i*	prend*a*	apr*a*	fin*isca*
noi	torn*iamo*	prend*iamo*	apr*iamo*	fin*iamo*
voi	torn*ate*	prend*ete*	apr*ite*	fin*ite*
Loro	t*o*rn*ino*	pr*e*nd*ano*	*a*pr*ano*	fin*iscano*

• As discussed in previous chapters, the third-person plural form of address is used in very formal situations. When giving a command to a group of people, the tendency today is to use the second-person plural:

In general	Very polite
Aprite i vostri libri!	Aprano i Loro libri!

• As in the present indicative, verbs ending in **-ciare** and **-giare** are not written with a double **i**; and verbs ending in **-care** and **-gare** require an **h** before **i**:

	COMINCIARE	MANGIARE	CERCARE	PAGARE
tu	comincia	mangia	cerca	paga
Lei	cominci	mangi	cerchi	paghi
noi	cominciamo	mangiamo	cerchiamo	paghiamo
voi	cominciate	mangiate	cercate	pagate
Loro	comincino	mangino	cerchino	paghino

- The imperative forms of **leggere**, and of similar second-conjugation verbs, are pronounced as written: **leggi** (*soft* g), **legga** (*hard* g).

TEMPACCIO!

As you know, the word for *weather* is **il tempo**. The form **tempaccio**, with the suffix **-accio**, conveys the idea of *bad, ugly, horrid weather*. This suffix can be used with other nouns in the same way:

quel ragazz*accio*	*that bad, mean boy*
quei ragazz*acci*	*those bad, mean boys*
la parol*accia*	*the bad word, the dirty word*

The suffixes **-ino** and **-etto** convey the idea of smallness:

quel ragazz*ino*	*that little boy*
la giacch*etta*	*the small jacket* [Note the use of **h** to show the hard **c** sound.]
i guant*ini*	*the small gloves*

And the suffix **-one** conveys the idea of bigness:

quel ragazz*one*	*that big boy*
i guant*oni*	*the big gloves*

Caution must be exercised when using and interpreting these suffixes. For example, **il libretto** is not a *small book* but an *opera libretto* or *bankbook*.

CI

Throughout this book you have been using expressions such as **c'è**, **ci sono**, and **ci sarà**, in which **ci** means *there*. In general, this particle can replace any word or phrase that expresses location or place:

Siete stati *a Roma*?	**Sì, *ci* siamo stati.**
(Have you been to Rome?)	*(Yes, we've been there.)*
Vai spesso *in Italia*?	**Sì, *ci* vado spesso.**
(Do you go to Italy often?)	*(Yes, I go there often.)*
Hai messo la penna *nel banco*?	**Sì, *ci* ho messo la penna.**
(Have you put the pen in the desk?)	*(Yes, I've put it there.)*

- Note that there is no agreement between **ci** and the past participle in compound tenses. **Ci** also replaces expressions such as *to the doctor, to Maria's house*, etc.:

Vai *dal medico*?	**Sì, *ci* vado.**
Andrai *da Maria*?	**Sì, *ci* andrò.**

- But **ne** is used to replace expressions such as *from the doctor, from Maria's place*, etc.

Going to	Coming from
Vai _dal medico?_	**Vieni _dal medico?_**
	(Are you coming from the doctor?)
Sì, _ci_ vado.	**Sì, _ne_ vengo.**
	(Yes, I'm coming from there.)
Andrai _da Maria?_	**Verrai _dalla casa di Maria?_**
	(Will you be coming from Maria's house?)
Sì, _ci_ andrò.	**Sì, _ne_ verrò.**
	(Yes, I'll be coming from there.)

APPLICAZIONE

I. Consigli e ordini! Svolgi i seguenti compiti, seguendo i modelli.

MODELLO 1: Di' al signor Fausti di…
aprire la bocca.
Signor Fausti, apra la bocca!

Di' al signor Fausti di…
1. tornare tra una settimana.
2. prendere due aspirine al giorno.
3. finire gli antibiotici.
4. dormire almeno otto ore al giorno.
5. cercare di rimanere calmo.

MODELLO 2: Consiglia il tuo amico di…
mangiare la frutta.
Alessandro, mangia la frutta!

Consiglia il tuo amico di…
6. appoggiare le tue idee.
7. lavorare di meno.
8. sposare la sua fidanzata.
9. prendere gli antibiotici.
10. cominciare a studiare.

MODELLO 3: Consiglia tua sorella e tuo fratello (insieme) di…
cantare quella nuova canzone.
Cantate quella nuova canzone!

Consiglia tua sorella e tuo fratello (insieme) di…
11. comprare la bicicletta.
12. finire i compiti.
13. dormire più a lungo la domenica.
14. pulire la casa.
15. leggere insieme.

J. Ordini e consigli! Svolgi i seguenti compiti, seguendo i modelli.

MODELLO 1: Di' ai tuoi amici di…
andare al cinema (con te)
Andiamo al cinema!

Di' ai tuoi amici di…
1. scrivere ai parenti.
2. pulire la casa.
3. pranzare insieme.
4. aspettare il professore.
5. entrare in classe.

MODELLO 2: Di' al signor e alla signora Fausti di…
lavorare di meno.
Lavorino di meno!

Di' al signor e alla signora Fausti di…

6. tornare tra un mese.
7. cercare di rimanere calmi.
8. dormire di più.

9. telefonare al medico.
10. mangiare più frutta.

K. Reazioni e opinioni! Svolgi i seguenti esercizi, seguendo il modello.

MODELLO: Che brutto film!
Che filmaccio!

1. Che brutta musica!
2. Che vestito piccolo!
3. Che mani grandi!
4. Che brutto lavoro!

5. Che piccola macchina!
6. Che cappello grande!
7. Che giacca piccola!
8. Che brutti spettacoli!

L. Sì, ci sono stato/a! Con un compagno / una compagna, crea brevi dialoghi, seguendo il modello.

MODELLO: andare all'estero
TU: *Sei andato/a all'estero?*
COMPAGNO/A: *Sì, ci sono andato/a.*

1. andare a Firenze
2. stare in centro
3. tornare dal centro

4. andare dalla chiromante
5. tornare dall'Europa

REGIONE LAZIO
Servizio Sanitario Nazionale
Unità Sanitaria Locale ......RM03.....

DICHIARAZIONE di VARIAZIONE SCELTA

VALIDITÀ   da 19/02/994   a ----------

ASSISTITO

COGNOME E NOME PETRONI SANDRA   DATA NASCITA 09/10/963
CODICE FISCALE PTRSDR63R49H501N   CODICE REGIONALE 002670313
VIA/PIAZZA VIA DEGLI ACERI 136
COMUNE ROMA   PROV. RM   CAP.

MEDICO

COGNOME E NOME PELLICCIONI MARINA   CODICE REGIONALE 598797
VIA/PIAZZA VIA CASTANI   009
COMUNE ROMA   RM03   PROV. RM   CAP. 00172

DATA DICHIARAZIONE 19/02/94

DICHIARANTE

L'IMPIEGATO ADDETTO E TIMBRO U.S.L.

COPIA PER L'ASSISTITO

IL SERVIZIO SANITARIO ITALIANO

La tessera medica! Rispondi alle seguenti domande.

1. In Italia c'è il Servizio Sanitario Nazionale. Sai che cosa è?
2. C'è qualcosa di simile *(similar)* in America?
3. Come paghi una visita medica?

In Italia l'assistenza medica[1] è garantita[2] a tutti i cittadini[3] dalla nascita fino alla fine della vita. Ogni cittadino ha una tessera medica[4] con un numero personale che certifica[5] la sua iscrizione[6] al Servizio Sanitario Nazionale (SSN). La tessera dà a ogni persona il diritto[7] a visite gratuite[8] presso[9] un medico convenzionato[10].

Il SSN garantisce[11] accesso a medicine, a visite specialistiche[12], a esami diagnostici[13] e a ricoveri ospedalieri[14], con rimborso[15] di spese[16] totale per certi farmaci[17] e servizi, e parziale per altri.

Comprensione! Rispondi alle seguenti domande.

1. Che cosa ha ogni cittadino italiano?
2. Che cosa certifica la tessera medica?
3. Che cosa dà la tessera medica a ogni cittadino?
4. Cosa garantisce il SSN?
5. Il rimborso di spese per i farmaci e i servizi medici è totale o parziale?

[1]*health assistance* [2]*guaranteed* [3]*citizens* [4]*health card* [5]*certifies* [6]*enrollment* [7]*right* [8]*free visits* [9]*at* [10]*participating doctor* [11]*guarantees* [12]*specialized visits* [13]*tests* [14]*hospital stays* [15]*reimbursement* [16]*expenses* [17]*drugs, medicines*

M. Discussione in classe! Sei d'accordo o no? Spiega la tua risposta.

1. Ogni cittadino ha diritto all'assistenza medica gratuita.
2. Ogni cittadino dovrebbe pagare *(should pay)* il proprio medico e poi chiedere un rimborso.
3. Il ricovero in un ospedale dovrebbe essere parzialmente a carico *(partially paid for)* del paziente.

MOMENTO CREATIVO 1

N. *Dal medico!* In coppie, imitate il dialogo a pagina 335, mettendo in scena una visita medica *(doctor's visit)* in cui *(in which)* il/la paziente ha una malattia *(sickness)* particolare [*choose any sickness or condition; you may need to consult a dictionary for appropriate vocabulary*].

il dialogo a pagina 335

DIALOGO 2

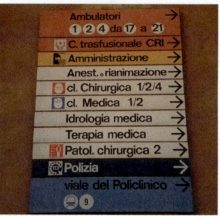

La settimana dopo, il signor Fausti porta suo figlio, Pierino, dalla dottoressa Fani, che ha il suo studio° in via Galileo Galilei, 27.

PIERINO: Papà, ho paura!
   FANI: Non devi preoccuparti°, Pierino! Non ti farò male! Sta' tranquillo°!
FAUSTI: Che cosa ha mio figlio?
   FANI: Niente di grave°. Solo una piccola infezione. Tenga°* Suo figlio fermo°, mentre io gli faccio un'iniezione° al braccio destro°. Pierino, chiudi gli occhi!
PIERINO: Ahi, mi ha fatto male! *(Il bambino comincia a piangere.°†)*
   FANI: Su, su°, Pierino, fa' il grande°! Adesso, signor Fausti, dia questa medicina a Suo figlio due volte al giorno, prima dei pasti°.
FAUSTI: Grazie mille, dottoressa!

O. *Comprensione!* Correggi le seguenti frasi, che sono tutte false, in un modo appropriato.

1. Lo studio della dottoressa Fani è in via Leonardo da Vinci.
2. Pierino ha un forte raffreddore.
3. La dottoressa dice al padre di tener fermo il bambino mentre gli mette in bocca il termometro.
4. Dopo che la dottoressa Fani ha fatto l'iniezione, Pierino comincia a ridere *(laugh)*.
5. Pierino deve prendere la medicina un paio di volte alla settimana.

***Tenere**, conjugated like **mantenere**.
† Irregular verb: Pres: **piango, piangi, piange, piangiamo, piangete, piangono**. Past part.: **pianto**.

office (professional)

worry (preoccuparsi) / calm

serious / Keep, Hold
still / injection / right

to cry
Come now / be brave (lit.: be grown-up) / meals

ATTIVITÀ D'ESPANSIONE 2

▶• DA NOTARE

Familiar forms		
Mangia!	**Non mangiare!**	*Don't eat!*
Apri!	**Non aprire!**	*Don't open!*
Leggi!	**Non leggere!**	*Don't read!*

Polite forms		
Mangi!	**Non mangi!**	*Don't eat!*
Apra!	**Non apra!**	*Don't open!*
Legga!	**Non legga!**	*Don't read!*

P. Pierino! Di' il contrario, seguendo il modello.

> **MODELLO:** Pierino, chiudi gli occhi!
> *Pierino, non chiudere gli occhi!*

1. Pierino, apri la bocca!
2. Signor Fausti, prenda questa medicina!
3. Pierino, finisci la medicina!
4. Signor Fausti, finisca la medicina!
5. Pierino, mangia la frutta!
6. Signor Fausti, legga il giornale!

MODI DI DIRE E DI COMUNICARE 2

▶• A DESTRA / A SINISTRA

la destra	*right hand*
a destra	*to the right*
destro	*right (adj.)*
il braccio destro	*right arm*
la sinistra	*left hand*
a sinistra	*to the left*
sinistro	*left (adj.)*
la gamba sinistra	*left leg*

APPLICAZIONE

Q. Mi fa male quello destro! Rispondi alle seguenti domande nel modo indicato, seguendo il modello.

MODELLO: Quale braccio ti fa male? / destro
Mi fa male quello destro! (The right one hurts!)

1. Quale gamba ti fa male? / destro
2. Quale piede ti fa male? / sinistro
3. Quale occhio ti fa male? / destro
4. Quale mano ti fa male? / sinistro
5. Dov'è lo studio del medico? / a destra

6. Dov'è via Galileo? / a sinistra
7. Dov'è il centro? / a destra
8. Che mano usi per scrivere?
9. Che mano non riesci a usare bene?

R. A tutti la parola! Rispondi alle seguenti domande.

il/la dentista	dentist

1. Hai un medico di famiglia? Come si chiama?
2. Hai paura del dentista? Perché sì/no?
3. Secondo te, quante volte all'anno bisogna andare dal medico per una visita?
4. Vorresti *(Would you like to)* fare il medico? Perché sì/no?
5. Vorresti fare il dentista? Perché sì/no?

APPUNTI DI GRAMMATICA 2

L'IMPERATIVO 2

Of the verbs you have encountered so far, the following have irregular imperative conjugations.

andare	va', vada, andiamo, andate, v<u>a</u>dano
avere	abbi, abbia, abbiamo, abbiate, <u>a</u>bbiano
bere	bevi, beva, beviamo, bevete, b<u>e</u>vano
dare	da', dia, diamo, date, d<u>i</u>ano
dire	di', dica, diciamo, dite, d<u>i</u>cano
essere	sii, sia, siamo, siate, s<u>i</u>ano
fare	fa', faccia, facciamo, fate, f<u>a</u>cciano
mantenere	mantieni, mantenga, manteniamo, mantenete, mant<u>e</u>ngano
rimanere	rimani, rimanga, rimaniamo, rimanete, rim<u>a</u>ngano
sapere	sappi, sappia, sappiamo, sappiate, s<u>a</u>ppiano
stare	sta', stia, stiamo, state, st<u>i</u>ano
tenere	tieni, tenga, teniamo, tenete, t<u>e</u>ngano
uscire	esci, esca, usciamo, uscite, <u>e</u>scano
venire	vieni, venga, veniamo, venite, v<u>e</u>ngano

L'IMPERATIVO NEGATIVO

Like all other tenses, the imperative is rendered negative by inserting **non** before the verb. In the second-person singular, however, the infinitive is used in place of the regular form:

Affirmative Imperative		Negative Imperative	
2ND PERSON (TU FORM)		**2ND PERSON (TU FORM)**	
Va' via!	*Go away!*	**Non andare via!**	*Don't go away!*
Mangia il pane!	*Eat the bread!*	**Non mangiare il pane!**	*Don't eat the bread!*
3RD PERSON (LEI FORM)		**3RD PERSON (LEI FORM)**	
Vada via!	*Go away!*	**Non vada via!**	*Don't go away!*
Mangi il pane!	*Eat the bread!*	**Non mangi il pane!**	*Don't eat the bread!*
1ST PERSON (NOI FORM)		**1ST PERSON (NOI FORM)**	
Andiamo via!	*Let's go away!*	**Non andiamo via!**	*Let's not go away!*
Mangiamo il pane!	*Let's eat the bread!*	**Non mangiamo il pane!**	*Let's not eat the bread!*
2ND PERSON (VOI FORM)		**2ND PERSON (VOI FORM)**	
Andate via!	*Go away!*	**Non andate via!**	*Don't go away!*
Mangiate il pane!	*Eat the bread!*	**Non mangiate il pane!**	*Don't eat the bread!*
3RD PERSON (LORO FORM)		**3RD PERSON (LORO FORM)**	
Vadano via!	*Go away!*	**Non vadano via!**	*Don't go away!*
Mangino il pane!	*Eat the bread!*	**Non mangino il pane!**	*Don't eat the bread!*

COMINCIARE A...

Cominciare is followed by **a** in front of an infinitive: **Il bambino comincia a piangere**. As you know, some verbs, like the modals, do not require a preposition in front of an infinitive:

Verb + Infinitive	
dovere	Dovrò andare da un altro medico.
potere	Non ha potuto prendere l'antibiotico.
preferire	Preferiamo stare a casa.
sapere	Io non so parlare il francese.
volere	Vogliono andare dal medico.

Other verbs require either **a** or **di**. You will learn which verbs use one or the other preposition as you go along.

Verb + *a* + Infinitive	
cominciare	Ha cominciato *a* piangere.
mettersi	Domani mi metterò *a* studiare molto.
riuscire	Non riesco *a* sopportare il mal di testa.

Verb + *di* + Infinitive	
cercare	Cercheremo *di* finire il compito prima delle sette.
decidere	Lui ha deciso *di* andare da un altro medico.
finire	Maria finirà *di* prendere gli antibiotici domani.
pensare	Loro pensano *di* andare da un altro medico.

APPLICAZIONE

S. Consigli e ordini! Svolgi i seguenti compiti, seguendo il modello.

MODELLO: Di'…
- al signor Fausti di andare a casa.
- a Pierino di andare a casa.
- a Pierino e a sua sorella, Sandra, di andare a casa.
- al signor e alla signora Fausti di andare a casa.

Signor Fausti, vada a casa!
Pierino, va' a casa!
Pierino e Sandra, andate a casa!
Signor e signora Fausti, vadano a casa!

1. avere pazienza
2. bere più latte
3. dare l'indirizzo al medico
4. dire la verità
5. essere forte
6. fare la colazione regolarmente
7. stare calmo
8. venire fra una settimana

T. Pierino, non stare fermo! Adesso di' il contrario! Segui il modello.

MODELLO: Pierino, sta' fermo!
Pierino, non stare fermo!

1. Pierino, sta' lì *(there)*!
2. Maria, finisci il compito!
3. Signora Fausti, stia lì!
4. Signor Fausti, apra la bocca!
5. Marco, va' da un altro medico!
6. Pierino e Sandra, andate a casa!
7. Signor e signora Fausti, diano la medicina al Loro figlio!
8. Pierino, bevi il latte!

U. Che ha fatto Pierino ieri? Completa ciascuna frase con la preposizione adatta, se è necessaria.

Pierino…
1. ha cominciato _____ piangere quando il medico gli ha fatto l'iniezione.
2. non ha finito _____ prendere la medicina.
3. ha deciso _____ rimanere a casa.
4. voleva _____ andare da un altro medico.
5. ha preferito _____ leggere i fumetti, invece di andare a giocare con gli amici.
6. non riusciva _____ sopportare il mal di stomaco.

► ● TACCUINO CULTURALE 2

GALILEO GALILEI

Chi era Galileo? Quanto sai sulla vita di Galileo?

1. Galileo nacque *(was born)*…
   a. a Pisa.
   b. a Firenze.

2. Galileo morì *(died)*…
   a. a Pisa.
   b. a Arcetri.

3. Galileo andò *(went)* in prigione *(to prison)* perché…
   a. sosteneva *(he maintained)* che la terra *(earth)* girava *(circled)* intorno al sole.
   b. aveva ucciso *(he had killed)* una persona.

4. Galileo scoprì *(discovered)*…
   a. leggi fisiche *(physical laws)* importanti.
   b. leggi matematiche importanti.

Galileo Galilei nacque a Pisa il 15 febbraio del 1564 e morì ad Arcetri, un piccolo paese vicino a Firenze, nel 1642. Galileo è uno dei più importanti personaggi nello sviluppo[1] della scienza moderna.

La lista delle sue conquiste[2] intellettuali e delle sue invenzioni è impressionante. Difese[3] la teoria[4] di Copernico che la terra gira intorno al sole, per cui andò in prigione. Con il suo telescopio iniziò[5] l'era scientifica dell'astronomia, scoprendo[6] le macchie solari[7], le fasi di Venere[8] e gli anelli di Saturno[9]. Ma forse il suo contributo più importante alla scienza è la sua scoperta[10] che esistono leggi fisiche che si possono formulare in termini matematici[11].

Comprensione! Rispondi alle seguenti domande.

1. Dove e in quale anno nacque Galileo?
2. Che cosa difese?
3. Che cosa iniziò con il suo telescopio?
4. Che cosa scoprì *(discovered)* con il suo telescopio?
5. Qual è, forse, il suo contributo più importante?

---

[1]*development* [2]*conquests* [3]*He defended* [4]*theory* [5]*he began* [6]*discovering* [7]*sunspots*
[8] *phases of Venus* [9]*Saturn's rings* [10]*discovery* [11]*in mathematical terms*

MOMENTO CREATIVO 2

V. Consigli per il tuo compagno / la tua compagna!

Consiglia il tuo compagno / la tua compagna di fare 5 o 6 cose per la sua salute *(health)*.

> **MODELLO:** Per la tua salute *(health)*…
> *mangia meno carne!*
> *va' a dormire presto la sera!*
> *ecc.*
> [Minimum: 5–6 sentences per student]

FASE 2: ASCOLTO

ASCOLTO

A. Ascolta attentamente la vignetta sull'audio cercando di determinare le seguenti cose:

1. come si chiama il/la paziente
2. quali sintomi ha
3. cosa gli/le dice il medico
4. che malattia ha

B. Adesso cerca di ricostruire la conversazione con altri studenti a piacere.

FASE 3: LETTURA

PRIMA DI LEGGERE

A. Indovina! Indovina il significato delle seguenti parole, frasi e/o espressioni.

1. su un treno in corsa
   a. *on a moving train*
   b. *in a training course*

2. spaventato
   a. *terrified*
   b. *spaced out*

3. con voce agitata
   a. *with an aged voice*
   b. *with an agitated voice*

4. lo scompartimento
   a. *compartment*
   b. *disappearance*

5. C'è una signora svenuta.
   a. *A woman has fainted.*
   b. *A woman has disappeared.*

Lettura: Scusate, c'è un medico qui?

Ecco una barzelletta° divertente°!   joke / enjoyable

Su un treno in corsa° ad un certo momento un   moving train
signore, spaventato°, si affaccia° ad uno   terrified / peeks into
scompartimento° e con voce agitata° chiede: compartment / agitated voice
—Scusate, c'è un medico qui? Nello scompartimento
accanto c'è una signora svenuta°!   fainted
—No, signore, ma prenda questa bottiglia d'acqua—
dice uno dei viaggiatori°.   travelers
—Grazie, molte grazie!—dice il signore con un
profondo sospiro di sollievo°. Immediatamente   deep sigh of relief
apre la bottiglia e, tra lo stupore generale°, beve a   to everyone's surprise
lungo° con evidente soddisfazione. Poi pulendosi   takes a long sip
la bocca con la mano, dice rinfrancato°:   reinvigorated
—Vi sono infinitamente grato°! Io sono molto   infinitely grateful
sensibile° ed impressionabile e non riesco a   sensitive
sopportare° la vista° di una persona svenuta!   I can't stand / sight

(Libera riduzione da: *Leggiamo e conversiamo* di G. Battaglia)

DOPO LA LETTURA

B. Comprensione! Accoppia gli elementi delle due colonne in modo logico.

1. _____ Su un treno in corsa…
2. _____ Il signore si affaccia…
3. _____ Con voce agitata, il signore chiede:
4. _____ Nello scompartimento accanto c'è…
5. _____ Uno dei viaggiatori dice:
6. _____ Tra lo stupore generale…
7. _____ Con un profondo sospiro di sollievo,…
8. _____ Pulendosi la bocca con la mano,…

a. ad uno scompartimento.
b. una signora svenuta.
c. «Prenda questa bottiglia d'acqua».
d. il signore beve a lungo con evidente soddisfazione.
e. c'è un signore spaventato.
f. il signore dice: «Io sono molto sensibile ed impressionabile».
g. il signore dice: «Grazie, molte grazie».
h. «Scusate, c'è un medico qui?»

C. A tutti la parola! Tu conosci qualche barzelletta medica? Se sì, raccontala in italiano con l'aiuto del tuo / della tua insegnante.

SINTESI

A. Situazioni tipiche! Scegli la risposta adatta.

1. Non riesco a…
  a. sopportare il dolore.
  b. mantenere il dolore.

2. Ho mal di…
  a. respiro.
  b. stomaco.

3. Che brutto tempo!
  a. Che tempaccio!
  b. Che tempone!

4. Che ragazzo grande!
  a. Che ragazzino!
  b. Che ragazzone!

5. Il dottor Moretti ha il suo…in via Galileo.
  a. studio
  b. ufficio

6. La bambina comincia…
  a. di piangere.
  b. a piangere.

B. Dottore / Dottoressa! Con un compagno / una compagna, svolgi i seguenti compiti, seguendo i modelli.

> **MODELLO 1:** mal di gola / aprire la bocca
> TU: *Dottore / Dottoressa, ho mal di gola.*
> COMPAGNO/A: *Apra la bocca!*

1. un dolore al ginocchio / prendere un'aspirina
2. mal di stomaco / bere il latte
3. mal di gola / mettere il termometro in bocca
4. mal di testa / chiudere gli occhi

> **MODELLO 2:** essere dal medico
> TU: *Sei stato/a dal medico?*
> COMPAGNO/A: *Sì, ci sono stato/a.*

5. andare dalla chiromante
6. venire dal dentista
7. andare a Milano
8. tornare da Milano

C. Non chiudere la bocca! Di' il contrario, seguendo il modello.

> **MODELLO:** Pierino, chiudi la bocca.
> *Pierino, non chiudere la bocca!*

Pierino,…

1. sta' qui.
2. fa' il compito.
3. vieni qui.

4. sii bravo.
5. abbi pazienza.
6. bevi il latte.

Signor Fausti,…

7. tenga il braccio di suo figlio.
8. stia fermo.

9. prenda questa medicina.
10. dia questa medicina a suo figlio.

D. Ordini e consigli! Svolgi i seguenti compiti, seguendo il modello..

> **MODELLO:** Di' al tuo / alla tua paziente di aprire la bocca.
> *Apra la bocca!*

Di' al tuo / alla tua paziente di…
1. dire la verità.
2. mettere il termometro in bocca.
3. chiudere la bocca.
4. andare a casa.
5. prendere un'aspirina.
6. stare fermo/a.
7. respirare.
8. bere molta acqua.
9. tornare domani per un altro appuntamento.

Di' a tuo fratello di…
10. stare fermo.
11. bere il latte.
12. fare il bravo *(be good)*.
13. non mangiare sempre le banane.
14. non guardare sempre la TV.
15. avere pazienza.

E. Cosa fai quando hai mal di testa? Chiedi al tuo compagno / alla tua compagna le seguenti cose. Lui/Lei dovrà rispondere in modo appropriato.

Chiedigli/le…
1. cosa fa quando ha mal di testa.
2. cosa fa quando ha mal di stomaco.
3. cosa fa quando ha il raffreddore.

F. Cultura italiana! Vero o falso?

1. In Italia l'assistenza medica è garantita a ogni cittadino dalla nascita fino alla fine della vita.
2. La tessera medica certifica l'iscrizione al Servizio Sanitario Nazionale.
3. La tessera medica garantisce il diritto a visite gratuite presso un medico convenzionato.
4. Il Servizio Sanitario Nazionale garantisce accesso alle farmacie.

G. Avvio allo scrivere! Prepara una descrizione dei sintomi di una particolare malattia. Poi leggila in classe. Gli altri membri della classe dovranno cercare di indovinare quale malattia hai descritto.

H. Momento creativo! Lavorando in gruppi di due o tre persone, componete e poi mettete in scena davanti a tutta la classe una breve commedia (di un atto): *Il medico pignolo!*

EXPLORE!
For this chapter's activity, go to http://adesso.heinle.com

LESSICO UTILE

NOMI

l'**antibiotico**   *antibiotic*
la **bocca**   *mouth*
il **braccio**   *arm* (*pl.* **le braccia**)
i **capelli**   *hair*
il **collo**   *neck*
il/la **dentista**   *dentist*
il **dito**   *finger* (*pl.* **le dita**)
il **dolore**   *pain*
il **farmaco**   *drug, medicine*
la **febbre**   *fever*
la **gamba**   *leg*
il **ginocchio**   *knee*
   (*pl.* **le ginocchia**)

la **gola**   *throat*
il **gomito**   *elbow*
l' **infezione**   *infection*
l'**influenza**   *flu*
l' **iniezione**   *injection*
la **mano**   *hand* (*pl.* **le mani**)
la **medicina**   *medicine*
il **naso**   *nose*
l'**occhio**   *eye*
il **petto**   *chest*
il **piede**   *foot*
il **raffreddore**   *common cold*

il **riposo**   *rest*
lo **starnuto**   *sneeze*
lo **stomaco**   *stomach*
lo **studio**   *professional office*
lo **sviluppo**   *development*
la **tensione**   *tension*
il **termometro**   *thermometer*
la **tessera**   *card*
la **testa**   *head*
la **tosse**   *cough*

AGGETTIVI

arrossato   *reddened*
debole   *weak*

destro   *right*
grave   *serious*

sinistro   *left*
tranquillo   *tranquil, calm*

VERBI

appoggiare   *to support*
   (*intellectually*)
mantenere   *to support*
   (*materially*)

piangere   *to cry*
preoccuparsi   *to worry*
prescrivere   *to prescribe*
respirare   *to breathe*

sentirsi   *to feel*
sopportare   *to bear, put up with*
starnutare/starnutire   *to sneeze*
tenere   *to keep, hold*

AVVERBI

finalmente   *at last, finally*

indubbiamente   *undoubtedly*

infine   *finally*

ALTRI VOCABOLI / ESPRESSIONI

il **dolore al petto**   *chest pain*
il **mal di gola**   *sore throat*

il **mal di stomaco**
   stomach ache

il **mal di testa**   *headache*

Comunicazione

- talking about departure at an airport
- checking in at an airport

Cultura

- vacation trends among Italians

Strutture e vocabolario

- how to express location
- double object pronouns; tonic pronouns
- reflexive pronouns followed by direct-object pronouns
- the imperative of reflexive verbs
- vocabulary related to airports, airplanes, and vacations
- the imperative with object pronouns
- prepositional noun phrases

See the Internet activity in this chapter.

ALL'AEROPORTO!

DIALOGO 1

TEMA 1

Airport conversation

traveler

trip / abroad

Un viaggiatore° e una viaggiatrice, marito e moglie, sono appena arrivati all'aeroporto per un viaggio° all'estero°.

luggage

We'll send on / right away / suitcases / hand luggage

Let's hope / we don't have to go through / customs

Calm down / nervous / Give me

I've already given them to you.

travelers' checks

I have them.

There it is (over there) / check-in counter / airline

VIAGGIATORE: Sai, cara, abbiamo portato veramente troppo bagaglio°!

VIAGGIATRICE: Non ti preoccupare! Consegneremo° subito° le valige°, e così ci rimarrà solo il bagaglio a mano°.

VIAGGIATORE: Speriamo° di non dover* passare° la dogana° quando arriveremo!

VIAGGIATRICE: Calmati°, caro! Non essere nervoso°! Dammi° i passaporti e i biglietti!

VIAGGIATORE: Te li ho già dati°. Non ti ricordi?

VIAGGIATRICE: Eh già, è vero. E gli assegni turistici°?

VIAGGIATORE: Li ho io°.

VIAGGIATRICE: Bene. Ecco là° il banco d'accettazione° della nostra linea aerea°.

VIAGGIATORE: Andiamo!

A. Vero o falso? Correggi le frasi false in modo appropriato.

1. I due viaggiatori sono colleghi di lavoro.
2. Sono appena arrivati alla stazione.
3. Secondo l'uomo, i due hanno portato poco bagaglio.
4. L'uomo spera di non dover passare la dogana quando arriveranno.
5. La donna ha dato i passaporti e i biglietti all'uomo.
6. L'uomo ha gli assegni turistici.

---

*When two infinitives are in sequence, it is considered to be good style to drop the final **-e** of the first one.

ATTIVITÀ D'ESPANSIONE 1

▶● DA NOTARE 1

calmarsi	*to calm down*
alzarsi	*to get up*
Calmati!	*Calm down!*
Alzati!	*Get up!*

B. Calmati, va bene? Di' al tuo compagno / alla tua compagna prima di partire di…

> **MODELLO:** calmarsi
> *Calmati, va bene?*

1. alzarsi presto per andare all'aeroporto.
2. divertirsi all'estero.
3. mettersi la giacca.
4. ricordarsi di fare delle spese all'estero.
5. provarsi qualche vestito alla moda all'estero.

▶● DA NOTARE 2

***Ti* ho dato il bagaglio a mano?**	→	**Sì, *me lo* hai dato.**	*Yes, you gave it to me.*
***Ti* ho dato i passaporti?** *ecc.*	→	**Sì, *me li* hai dati.**	*Yes, you gave them to me.*

C. Due viaggiatori! Due viaggiatori sono appena arrivati all'aeroporto. Con un compagno / una compagna, ricrea la loro conversazione, seguendo il modello.

> **MODELLO:** il bagaglio
> TU: *Ti ho dato il bagaglio?*
> COMPAGNO/A: *Sì, me lo hai dato.*

1. il bagaglio a mano
2. le valige
3. i biglietti
4. i passaporti
5. gli assegni turistici

D. All' aeroporto! Indica tutte le cose che tutti noi dobbiamo fare appena arriviamo all'aeroporto.

1. controllare se abbiamo portato tutto il bagaglio
2. consegnare le valige
3. prendere il caffè
4. controllare se abbiamo tutto il bagaglio a mano
5. passare la dogana, se è necessario
6. controllare se abbiamo portato il passaporto
7. controllare se abbiamo portato i biglietti
8. cercare il banco d'accettazione
9. leggere il giornale

MODI DI DIRE E DI COMUNICARE 1

▶• DOV'È?

dietro	*behind*	**davanti**	*in front of*
dentro	*inside*	**fuori**	*outside*
a destra	*to the right*	**a sinistra**	*to the left*
lì / là	*there*	**qui**	*here*
vicino	*near*	**lontano**	*far*
sopra	*above, on top*	**sotto**	*below, under*
accanto	*next to*		

Note the following patterns:

VICINO
Marco abita vicino.
(Marco lives nearby.)

VICINO A
Lui abita vicino all'aeroporto.
(He lives near the airport.)

LONTANO
Loro abitano lontano.
(They live far away.)

LONTANO DA
Loro abitano lontano dall'aeroporto.
(They live far from the airport.)

DAVANTI
Marco abita davanti.
(Marco lives in front.)

DAVANTI A
Marco abita davanti a noi.
(Marco lives in front of us.)

DIETRO
Marco è seduto dietro Maria.
(Marco is seated behind Maria.)

DIETRO DI (+ PRONOUN)
Marco è seduto dietro di lei.
(Marco is seated behind her.)

▶• DA RICORDARE

in anticipo	*early*
in orario	*on time*
in ritardo	*late*

APPLICAZIONE

E. No, abita lontano! Due viaggiatori sono nella sala d'aspetto, parlando del più e del meno *(making small talk)*, ma contraddicendosi a vicenda *(but contradicting each other in turn)*. Ricrea la loro conversazione.

> **MODELLO:** La nostra amica abita vicino a noi.
> *No, non è vero. Abita lontano da noi.*

1. La tua casa è a destra della mia.
2. Tu abiti davanti a mia sorella.
3. Piazza Navona è dietro casa tua.

4. Il nostro collega di lavoro preferisce abitare vicino al centro.
5. Tua zia abita lontano.
6. I tuoi amici abitano davanti a te.

F. Dov'è la finestra? Il tuo compagno / La tua compagna dovrà indicare la posizione o località delle seguenti cose e persone. Seguite il modello.

> MODELLO: la finestra
>
> TU: *Dov'è la finestra?*
> COMPAGNO/A: *È accanto a te. / È davanti al professore. / …*

1. la finestra
2. la porta
3. la lavagna
4. il tuo compagno / la tua compagna
5. il tuo libro d'italiano
6. il professore

G. A tutti la parola! Indica le seguenti cose.

1. tre cose che bisogna fare prima di andare all'aeroporto
2. tre cose che bisogna portare all'aeroporto
3. tre cose che ti piace fare all'aeroporto
4. tre cose che non ti piace fare all'aeroporto

APPUNTI DI GRAMMATICA 1

PRONOMI DOPPI...

In previous chapters you have learned to distinguish between direct- and indirect-object pronouns.

Direct		
Ho comprato *quella valigia* ieri.	→	*L'*ho comprat*a* ieri.
Chiamerò *voi* domani.	→	*Vi* chiamerò domani.

Indirect		
Ho scritto *a mia cugina* ieri.	→	*Le* ho scritto ieri.
Telefonerò *a voi* domani.	→	*Vi* telefonerò domani.

When both direct- and indirect-object pronouns are needed, the following rules apply:

• The indirect object pronoun precedes the direct-object pronoun.
  Ho comprato *a voi quella valigia.* → ***Ve la* ho comprat*a*.**

- As you may have noticed above, the indirect pronoun forms **mi**, **ti**, **ci**, and **vi** become **me**, **te**, **ce**, and **ve** before **lo**, **la**, **li**, **le**, and **ne**:

Gianni *mi* ha dato *i biglietti*.	→	Gianni *me li* ha dati.
Ti ho scritto *quella lettera* due anni fa.	→	*Te l'* ho scritta due anni fa.
Ci daranno *il biglietto* all'aeroporto.	→	*Ce lo* daranno all'aeroporto.
Vi hanno portato *le valige*.	→	*Ve le* hanno portate.
Mi ha dato *degli assegni*.	→	*Me ne* ha dati (alcuni).

- Note that the agreement pattern between past-participle and direct-object pronouns still holds.

- The indirect pronoun forms **gli** *(to him, to them)* and **le** *(to her)* both become **glie-** before **lo**, **la**, **li**, and **le**, and is attached to them to form one word:

Maria *gli* ha dato *il biglietto*.	→	Maria *glielo* ha dato.
Io *le* ho già consegnato *i compiti*.	→	Io *glieli* ho già consegnati.
Noi *gli* abbiamo dato *la penna*.	→	Noi *gliel'*abbiamo data.
Alessandro *le* ha comprato *le scarpe*.	→	Alessandro *gliele* ha comprate.
Le ho comprato *due valige*.	→	*Gliene* ho comprate due.

PRONOMI RIFLESSIVI

Similar rules apply to the reflexive pronouns:

Io *mi* metto sempre *il cappello*.	→	Io *me lo* metto sempre.
Maria, perché non *ti* sei messa *i guanti*?	→	Maria, perché non *te li* sei messi?
Gianni non *si* lava mai *le mani*.	→	Gianni non *se le* lava mai.
Noi *ci* siamo messi *gli stivali*.	→	Noi *ce li* siamo messi.
Voi *vi* siete messi *la cravatta*.	→	Voi *ve la* siete messa.
Loro *si* sono lavati *le mani*.	→	Loro *se le* sono lavate.

As you can see, in compound tenses the agreement between direct-object pronoun and past participle holds as well for reflexive verbs:

Regular Pattern = agreement with subject		New Pattern = agreement with pronoun
Maria *si* è provat*a* il cappotto.	→	Maria *se lo* è provat*o*.
Marco *si* è mess*o* i guanti.	→	Marco *se li* è mess*i*.

CI

Note that similar rules apply to **ci** *(there)* before **lo**, **la**, **li**, or **le**:

Ho messo *la penna nella cartella* ieri.	→	*Ce la* (*Ce l'*) ho mess*a* ieri.
Abbiamo trovato *quel libro in casa*.	→	*Ce lo* abbiamo trovat*o*.

L' IMPERATIVO DEI VERBI RIFLESSIVI

As you saw in the dialogue and **Attività d'espansione**, reflexive pronouns are attached to the familiar forms of the imperative:

Familiar Forms	Polite Forms	
Alzati!	Si alzi!	*Get up!*
Divertitevi!	Si divertano!	*Enjoy yourselves!*

- Note that the stress stays where it was before the reflexive-pronoun attachment:

Divertiamoci! *Let's have fun!*
Ricordatevi! *Remember!*

- Here are four reflexive verbs conjugated fully in the imperative:

	ALZARSI	METTERSI	DIVERTIRSI	PULIRSI
tu	alzati	mettiti	divertiti	pulisciti
Lei	si alzi	si metta	si diverta	si pulisca
noi	alziamoci	mettiamoci	divertiamoci	puliamoci
voi	alzatevi	mettetevi	divertitevi	pulitevi
Loro	si alzino	si mettano	si divertano	si puliscano

SEDERSI

The verb **sedersi** *(to sit, to be seated)* will come in handy in airport situations. It has the following irregular forms:

SEDERSI
PRES. IND.: **mi siedo, ti siedi, si siede, ci sediamo, vi sedete, si siedono**
IMPER.: **siediti, si sieda, sediamoci, sedetevi, si siedano**

APPLICAZIONE

H. Pronomi, pronomi! Aiuto! Per meglio conoscere i pronomi, svolgi i seguenti esercizi. Segui il modello.

> **MODELLO:** Mi dai il passaporto?
> *Me lo dai?*

1. Mi porti la valigia?
2. Ti ho dato il bagaglio a mano?
3. Ci porteranno la valigia?
4. Vi daranno i biglietti?
5. Gli hai portato la valigia?
6. Le hai dato le informazioni?

I. Prima dell'imbarco! Con un compagno / una compagna, svolgi i seguenti compiti nel modo indicato, seguendo i modelli.

> MODELLO 1: tu / dare / la valigia / a me
> > TU: *Tu hai dato la valigia a me?*
> > COMPAGNO/A: *Non ho sentito. Ripeti, per favore!*
> > TU: *Mi hai dato la valigia?*
> > COMPAGNO/A: *Sì, te la ho data. / Sì, te l'ho data.*

> | sentire | to hear |
> | --- | --- |

1. tu / dare / il passaporto / a me
2. Roberta / dare / i biglietti / a lui
3. io / dare / la giacca / a voi
4. noi / dare / delle riviste / a loro

> **Modello 2:** tu *(m.)* / mettersi / quella giacca nuova
> > TU: *Tu ti sei messo quella giacca nuova?*
> > COMPAGNO/A: *Sì, me la sono messa.*

5. tu *(f.)* / mettersi / quelle scarpe nuove
6. Giorgio / mettersi / quegli stivali nuovi
7. Maria / mettersi / quegli orecchini nuovi
8. i tuoi amici / mettersi / i guanti

J. Ti ho dato i biglietti? Con un compagno / una compagna, svolgi i seguenti compiti, seguendo il modello.

> MODELLO: Ti ho dato i biglietti?
> > *Sì, me li hai dati.*
> > Hai dato il passaporto a tua sorella?
> > *Sì, gliel'ho dato.*

1. Ci hanno dato le valige?
2. Hai trovato il tuo bagaglio a mano?
3. Hai portato i documenti a tua madre?
4. Maria si è messa gli orecchini?

K. Alzati! Adesso di' alle seguenti persone di fare le cose indicate. Segui il modello.

> MODELLO: *Di'…*
> > a Marco di alzarsi.
> > *Marco, alzati!*

Di' …
1. al signor Marchi di sedersi.
2. a Roberta di sedersi.
3. a Franco e Betty di sedersi.
4. al signor e alla signora Fausti di sedersi.
5. a Sonia di mettersi la giacca.
6. al signor Giusti di mettersi il cappotto.

VACANZE ALL'ITALIANA!

Vacanze! Rispondi alle seguenti domande.

1. Quante volte all'anno ti concedi *(do you allow yourself)* una vacanza? In quale mese / In quali mesi?
2. Dove preferisci andare in vacanza? Perché?
3. Con quale mezzo di trasporto parti per le tue vacanze?
   a. con l'automobile
   b. con il treno
   c. con l'autocorriera *(travel bus)*
   d. con altri mezzi

Gli italiani sono un popolo[1] di turisti e vacanzieri[2]. Le statistiche* rivelano che gli italiani si concedono[3] una vacanza almeno[4] due volte all'anno, specialmente durante la Pasqua e il Ferragosto.

Negli ultimi anni la propensione[5] alle vacanze è più che raddoppiata[6]: il 26% (percento) della popolazione si permetteva almeno una vacanza nel 1967, e quasi il 60% se la permette oggigiorno[7].

Quasi la metà degli italiani parte per le vacanze in automobile, il 12% preferisce il treno, il 6% l'aereo, il 6% l'autocorriera, il 4% la nave[8] e il 2% altri mezzi.

Vero o falso?

1. Gli italiani sono un popolo di turisti e vacanzieri.
2. Le statistiche rivelano che gli italiani si concedono una sola vacanza all'anno.
3. Gli italiani non viaggiano mai durante la Pasqua.
4. Negli ultimi anni la propensione alle vacanze è raddoppiata in Italia.
5. Quasi la metà degli italiani parte per le vacanze in automobile.

---

[1]*people, population* [2]*vacationers* [3]*allow themselves* [4]*at least* [5]*propensity* [6]*more than doubled* [7]*nowadays* [8]*boat*

---

*Figures taken from a poll published by the polling agency DOXA.

l. Sondaggio! Due o tre studenti dovranno fare il seguente sondaggio e poi indicare i risultati ricavati a tutta la classe.

1. Quante volte all'anno vai in vacanza?
   a. una
   b. due
   c. …

2. Con chi preferisci andare in vacanza?
   a. con la famiglia
   b. con gli amici
   c. …

3. In quale periodo dell'anno preferisci andare in vacanza?
   a. in estate
   b. in inverno
   c. …

4. Quale mezzo usi generalmente per andare in vacanza?
   a. automobile
   b. treno
   c. aereo
   d. autocorriera
   e. …

MOMENTO CREATIVO 1

M. All'aeroporto Leonardo da Vinci! Lavorando in coppie, mettete in scena la seguente situazione.

Due viaggiatori della stessa famiglia arrivano all'aeroporto Leonardo da Vinci di Roma. I due però non trovano il loro bagaglio. Segue una discussione *(An argument ensues)*. Ma alla fine la situazione si risolve in modo favorevole *(is resolved satisfactorily)*.

DIALOGO 2

Al banco d'accettazione dell'Alitalia.

IMPIEGATA: Prego! I Loro biglietti e passaporti, per favore.
VIAGGIATRICE: Ecco a Lei.
IMPIEGATA: I Loro biglietti sono solo di andata°, vero?
VIAGGIATORE: No, impossibile! Guardi che c'e qualche errore! I nostri biglietti sono di andata e ritorno°.
IMPIEGATA: Mi scusino°! Ho sbagliato io!
VIAGGIATRICE: Meno male!
IMPIEGATA: Loro sono in classe turistica°. In questo volo° non è permesso fumare°. Ecco le Loro carte d'imbarco°. La sala d'aspetto° è qui a sinistra. La partenza° è prevista° tra un'ora all'uscita° 5. Buon viaggio!

In aereo°, circa un'ora dopo, la voce di un assistente di volo° dice...

ASSISTENTE DI VOLO: I passeggeri° sono pregati° di allacciare° le cinture di sicurezza° per il decollo°. Il comandante° informa che l'atterraggio° è previsto tra sette ore.
VIAGGIATRICE: Finalmente!

one-way

round-trip
Excuse me! (Loro form)

economy class / flight
smoking is not allowed / boarding passes / departure lounge / departure / is scheduled / gate

plane / flight attendant

passengers / are kindly requested / to fasten / seatbelts / takeoff / captain / landing

N. Comprensione! Completa la seguente parafrasi del dialogo con le parole adatte nelle loro forme appropriate.

Al banco d'_____[1] dell'Alitalia, un'impiegata chiede ai due viaggiatori i loro _____[2] e i loro passaporti. L'impiegata pensa, inizialmente, che i biglietti siano *(are)* solo di andata. Il viaggiatore le dice che c'è qualche _____[3]. L'impiegata si scusa, perché aveva ovviamente _____[4].

I biglietti sono per la classe _____[5]. E in questo volo non è _____[6] fumare. Dopo aver ricevuto *(After having received)* le loro _____[7] d'imbarco, i due viaggiatori vanno all'_____[8] 5.

In _____[9], la voce di un _____[10] di volo dice ai passeggeri di _____[11] le cinture di sicurezza per il _____[12]. Il comandante informa i passeggeri che l'atterraggio è _____[13] tra sette ore dopo il decollo.

ATTIVITÀ D'ESPANSIONE 2

▶• DA NOTARE 1

	Scusarsi	To excuse oneself, to be sorry
SINGULAR	**Scusami!**	*Excuse me (fam.)!*
	Mi scusi!	*Excuse me (pol.)!*
PLURAL	**Scusatemi!**	*Excuse me (fam.)!*
	Mi scusino!	*Excuse me (pol.)!*

O. Al banco d'accettazione! Svolgi i seguenti compiti, seguendo il modello.

> **MODELLO:** Un impiegato si scusa nei confronti di *(to)* un viaggiatore.
> *Mi scusi, ho sbagliato io!*

1. Un'impiegata si scusa nei confronti di un viaggiatore.
2. Un impiegato si scusa nei confronti di due viaggiatori.
3. Un viaggiatore si scusa nei confronti di sua moglie.
4. Una viaggiatrice si scusa nei confronti dei suoi figli.

▶• DA NOTARE 2

Franco, mangia *quel panino*!	→	**Mangialo!**	*Eat it!*
Sonia, telefona *a tuo fratello*!	→	**Telefonagli!**	*Phone him!*

P. Finiscilo! Di' al tuo compagno / alla tua compagna che prima di partire deve…

> **MODELLO:** finire il compito.
> *Finiscilo!*

1. preparare le valige.
2. cercare il passaporto.
3. aspettare la mamma.
4. telefonare agli amici.
5. finire i compiti.

▶• DA NOTARE 3

In cabina!

gli auricolari	*headphones*	**il posto**	*seat*
il corridoio	*aisle*	**la toletta**	*toilet*
il finestrino	*window*		

Q. In cabina! Immagina di essere un assistente / un'assistente di volo. Svolgi i seguenti compiti, seguendo il modello.

> **MODELLO:** Di' a un passeggero che il suo posto è vicino al finestrino.
> *Scusi, il Suo posto è vicino al finestrino.*

1. Indica a un passeggero dov'è la toletta.
2. Chiedi a un passeggero / una passeggera se vuole cambiare *(to change)* posto.
3. Di' ai passeggeri di allacciarsi le cinture di sicurezza per il decollo.
4. Informa i passeggeri che il comandante prevede l'atterraggio fra qualche minuto.
5. Chiedi a un passeggero se vuole gli auricolari.
6. Informa i passeggeri che non è permesso fumare in questo volo.

MODI DI DIRE E DI COMUNICARE 2

▶• ALL'AEROPORTO!

l'arrivo	*arrival*
la partenza	*departure*
la coincidenza	*connection*
la prenotazione	*reservation*
il documento	*document*
il modulo	*form (to fill out)*
niente da dichiarare	*nothing to declare*
qualcosa da dichiarare	*something to declare*
la valuta straniera	*foreign currency*
vietato fumare	*no smoking*

▶• FARE IL BIGLIETTO

To buy a travel ticket is rendered by **fare il biglietto**.

FARE IL BIGLIETTO
**Ieri ho fatto il biglietto
per New York.**

COMPRARE
**Non ho ancora comprato
il biglietto per l'opera.**

▶• IN VACANZA!

al mare *at / to the sea*

in campagna *in / to the country*

in montagna *in / to the mountains*   **alla spiaggia / in spiaggia** *at / to the beach*

APPLICAZIONE

R. Che cos'è? Esprimi le seguenti cose con le parole o le espressioni appropriate.

1. il contrario di partenza
2. il contrario di *È permesso fumare!*
3. i soldi di un altro paese
4. il contrario di qualcosa da dichiarare
5. bisogna compilarlo *(to fill out)* alla dogana
6. ne abbiamo bisogno quando ci presentiamo al banco d'accettazione o alla dogana
7. bisogna farla prima di andare all'aeroporto

S. A tutti la parola! Descrivi una vacanza ideale…

1. al mare *(sea)*
2. in campagna
3. in montagna
4. in spiaggia *(beach)*

commentando su *(commenting on)*…

    a. spese di viaggio.
    b. spese di alloggio *(overnight expenses)*.
    c. tipi di attività.
    d. possibilità di riposarsi *(relax)*.

APPUNTI DI GRAMMATICA 2

PRONOMI TONICI

In many of the previous chapters you have been using a type of object pronoun known as a **pronome tonico**. As you may have noticed, this type comes after a verb or a preposition. The following chart summarizes all the forms of the **pronome tonico** and **atonico**:

Direct-Object Forms		Indirect-Object Forms	
BEFORE	**AFTER**	**BEFORE**	**AFTER**
mi	me	mi	a me
ti	te	ti	a te
lo	lui	gli	a lui
la	lei	le	a lei
La	Lei	Le	a Lei
ci	noi	ci	a noi
vi	voi	vi	a voi
li/le	loro	gli	(a) loro

Pronomi tonici are used:

- after prepositions:
  Devi venire *con me*.   *You have to come with me.*
  Questo biglietto è *per te*.   *This ticket is for you.*

- for emphasis:
  Lei scrive solo *a me*.   *She writes only to me.*
  Voglio parlare *a te*, va bene?   *I want to speak to you, OK?*

- when several pronouns are required, so as to avoid ambiguity:
  Ha telefonato *a me*, non *a te*.   *He phoned me, not you.*
  Chiamerò *lui*, non *te*.   *I'll call him, not you.*

L' IMPERATIVO CON I PRONOMI

Direct- and indirect-object pronouns as well as **ne** and **ci** *(there)* are attached to the familiar forms of the imperative:

Familiar Forms			Polite Forms	
TU FORMS			**LEI** FORMS	
Telefona *a me*!	→	**Telefona*mi*!**	***Mi* telefoni!**	*Phone me!*
Porta *il* passaporto!	→	**Porta*lo*!**	***Lo* porti!**	*Bring it!*
Scrivi *a tuo zio*!	→	**Scrivi*gli*!**	***Gli* scriva!**	*Write to him!*
Mangia *alcune* mele!	→	**Mangia*ne* alcune!**	***Ne* mangi *alcune*!**	*Eat some!*
NOI FORMS				
Telefoniamo *a loro*!	→	**Telefoniamo*gli*!**	*Let's phone them!*	
Beviamo *il latte*!	→	**Beviamo*lo*!**	*Let's drink it!*	
Andiamo *in* Italia!	→	**Andiamo*ci*!**	*Let's go there!*	
VOI FORMS	→		**LORO** FORMS	
Spedite *le* valige!	→	**Spedite*le*!**	***Le* spediscano!**	*Send them on!*
Tenete *i* passaporti!	→	**Tenete*li*!**	***Li* tengano!**	*Hold them!*
Portate *due* valige!	→	**Portate*ne* due!**	***Ne* portino *due*!**	*Bring two of them!*
Andate all'aeroporto!	→	**Andate*ci*!**	***Ci* vadano!**	*Go there!*

Recall that the verbs **andare**, **dare**, **dire**, **fare**, and **stare** have apostrophized **tu** forms. When **mi**, **ti**, **lo**, **la**, **li**, **le**, **ci**, and **ne** are attached to these forms, the first consonant is doubled:

Di' + **mi**	→	**Dimmi la verità!**	*Tell me the truth!*
Fa' + **ti**	→	**Fatti un caffè!**	*Make yourself a coffee!*
Da' + **lo**	→	**Dallo a me!**	*Give it to me!*
Da' + **le**	→	**Dalle la penna!**	*Give her the pen!*
Sta' + **ci**	→	**Stacci!**	*Stay there!*
Fa' + **ne**	→	**Fanne!**	*Make some!*

This does not apply to the pronoun form **gli**:

Di' + **gli**	→	**Digli la verità!**	*Tell him / them the truth!*
Da' + **gli**	→	**Dagli i biglietti!**	*Give him / them the tickets!!s!*

PREPOSIZIONI SEGUITE DA GRUPPI NOMINALI

Throughout this book, you have been using prepositional noun phrases—e.g., **in macchina**, **in centro**, **a casa**—from which the definite article is missing. As you may have noticed, prepositional noun phrases can have two forms: either with or without the article. Those with the article convey a sense of definiteness; those without, a sense of indefiniteness. The article is required if a modifier, such as an adjective, is added to the phrase:

Without Article	With Article
Andremo *in macchina*.	Andremo *nella macchina* di Marco.
Loro vivono *in città*.	Noi viviamo *nella città* di Firenze.

• Note the following:

At/To a country	At/To a city
in Italia	a Roma
in Spagna	a Madrid
in Russia	a Mosca
in Cina	a Pechino

• But note the use of the definite article when the noun is modified or plural:

negli Stati Uniti	*in the United States*
nell'Italia settentrionale	*in northern Italy*
nella Francia meridionale	*in southern France*
nella Spagna antica	*in ancient Spain*

APPLICAZIONE

T. All'aeroporto! Ecco le domande che diverse persone ti fanno al banco d'accettazione. Rispondi nel modo indicato con i pronomi tonici. Segui i modelli.

> **MODELLO 1:** I biglietti! Te li hanno dati?
> *Sì, li hanno dati a me!*

1. La valigia! Ce l'hanno portata?
2. Gli assegni! Ve li hanno dati?
3. Il passaporto! Te lo ha dato?
4. Le carte d'imbarco a tua sorella! Gliele hanno date?
5. Le carte d'imbarco a tuo fratello! Gliele hanno date?

> **MODELLO 2:** Daranno il passaporto *a te* o a tua sorella?
> *Lo daranno a me, non a lei!*

6. Daranno la carta d'imbarco *a me* o a voi?
7. Daranno il posto vicino al finestrino *a te* o al tuo amico?
8. Daranno gli auricolari a loro o *a te*?
9. Daranno i biglietti *a tuo padre* o a tua madre?
10. Daranno la carta d'imbarco *a Daniela* o a Cristoforo?

U. Prima di andare in aereo! Di' le seguenti cose, seguendo i modelli.

> **MODELLO 1:** Di' a Roberta di finire il panino.
> *Roberta, finiscilo!*

1. Di' a Roberta di prendere la carta d'imbarco.
2. Di' a Franco di chiamarti.
3. Di' alla signora Rossi di cercare la carta d'imbarco.
4. Di' al signor Verdi di andare al banco d'accettazione.
5. Di' a Roberta e Marco di cercare la valigia.
6. Di' ai tuoi genitori di chiamarti.

> **MODELLO 2:** Da' il passaporto *a me*!
> *Dammi il passaporto!*

7. Da' il passaporto *a lui*.
8. Da' la valigia *a tua sorella*.
9. Di' la verità *a me*.
10. Da' *il passaporto* a me!
11. Da' *la carta d'imbarco* a lui!
12. Di' a lei *il numero del volo!*

V. All'aeroporto! Completa ciascuna frase con una preposizione semplice *(in, a, ecc.)* o articolata *(nel, alla, ecc.)*, secondo il caso.

1. In quella sala d'aspetto, servono il caffè solo _____ banco, ma nell'altra lo servono anche _____ tavolo.
2. _____ bar di quell'aeroporto, servono un caffè veramente squisito.
3. L'aeroporto non è vicino _____ centro.
4. Per andare _____ centro, devi uscire a sinistra _____ aeroporto.
5. Generalmente vado _____ macchina all'aeroporto.
6. Appena avrò preso *(picked up)* il mio amico _____ aeroporto, andrò _____ casa. Ma lui andrà _____ casa della sua fidanzata.

W. A tutti la parola! Indica se sei mai andato/a ai posti indicati. Segui il modello.

> **MODELLO:** Londra
> *Sono andato/a a Londra nel 1996.*
> *Non sono mai andato/a a Londra.*

1. Parigi
2. Francia
3. Italia

4. Roma
5. Russia occidentale
6. Africa settentrionale

TACCUINO CULTURALE 2

VACANZE ALL'ITALIANA!

Vacanze, vacanze! Indovina…

1. quali sono i mesi più popolari in Italia per andare in vacanza.
2. dove la maggioranza degli italiani preferisce andare in vacanza…
   a. in montagna.
   b. al mare.
   c. a visitare altre città.
3. che cosa è una *pensione*.

Le statistiche* registrano[1] che oltre il 50% degli italiani preferisce andare in villeggiatura[2] in agosto e il 26% in luglio. Le vacanze fatte negli altri mesi dell'anno sono a destinazioni straniere[3].

È anche interessante notare che il 59% degli italiani preferisce la vacanza al mare, il 20% in montagna e solo il 13% desidera visitare altre città. Oltre un terzo (35%) degli italiani alloggia[4] in albergo[5], in pensione o in un villaggio turistico[6]. La maggioranza[7] preferisce il campeggio[8] o la roulotte[9].

La pensione è molto simile al *bed and breakfast* inglese. La differenza sta nel fatto che nel costo della pensione sono generalmente inclusi il pranzo e la cena. La pensione è ideale, quindi, per una vacanza con la famiglia.

[1]*register, record* [2]*on vacation in the country* [3]*foreign destinations* [4]*stays* [5]*hotel* [6]*tourist resort* [7]*majority* [8]*camping* [9]*trailer*

---

*Taken from a DOXA poll.

Comprensione e discussione! Rispondi alle seguenti domande.

Comprensione...

1. Cosa registrano le statistiche?
2. Quando fanno vacanza a destinazioni straniere gli italiani?
3. Dove preferisce fare le vacanze la maggioranza degli italiani?
4. Com'è una pensione?

Discussione...

5. In quale mese dell'anno preferisci fare la tua vacanza? Perché?
6. Preferisci andare in villeggiatura o visitare destinazioni straniere? Perché?
7. Come preferisci alloggiare? Perché?
8. Quale città italiana vorresti visitare? Perché?

MOMENTO CREATIVO 2

X. In cabina! Lavorando in gruppi, mettete in scena la seguente situazione.

Gli assistenti di volo stanno preparando i passeggeri per il decollo. Improvvisamente uno dei passeggeri si alza dal suo posto perché ha paura di volare. Allora, uno degli assistenti cerca di convincerlo/la *(tries to convince him/her)* che non e' pericoloso viaggiare in aereo. Ma il passeggero continua ad avere paura e allora gli altri assistenti devono fare qualcosa per calmarlo/la *(to calm him/her)*.

FASE 2: ASCOLTO

ASCOLTO

A. Ascolta attentamente la conversazione sull'audiocassetta cercando di determinare le seguenti cose:

1. chi sono i passeggeri
2. con quale linea aerea e con quale volo viaggeranno
3. dove andranno e perché
4. quali posti hanno ricevuto

B. Adesso cerca di ricostruire la conversazione con altri studenti a piacere.

PRIMA DI LEGGERE

A. Provo fastidio! Indica le tue impressioni.

1. Quando mi devo mettere in coda *(in a line)* ai passeggeri,…
   a. provo fastidio *(I become annoyed)*.
   b. non provo fastidio.

2. Quando sono nella sala d'aspetto, desidero…
   a. spazio *(space)* e solitudine *(solitude)* intorno a me.
   b. essere in compagnia *(with company)*.

3. Io…la calca *(crowds)*.
   a. amo
   b. odio *(hate)*

4. Per me, il numero dell'uscita…
   a. non ha nessun significato.
   b. ha un particolare significato (perché sono superstizioso/a, ecc.).

5. Quando sono seduto/a nella sala d'aspetto, tengo *(I keep)* il bagaglio…
   a. tra le gambe.
   b. accanto a me.

6. Per me, andare all'aeroporto è una cosa…
   a. gioiosa *(happy)*.
   b. noiosa.

Lettura: All'aeroporto!

Il volo di Roma era chiamato!

Dopo qualche istante[1], provavo il fastidio[2] di dovermi mettere in coda tra i passeggeri, sulla rampa[3] che saliva[4] all'uscita numero tre.

Desideravo intorno a me, il più possibile, spazio e solitudine. Appena invecchia[5], uno odia la calca. Che cos'è? L'impressione che manchi il respiro[6]? Oppure, odiamo questo simbolo della vita che continua, dell'umanità che cresce[7], di un mondo in cui c'è sempre meno posto per noi, e da cui presto dovremo sparire[8]?

E perché riflettevo[9] sul fatto che tre fosse[10] il numero dell'uscita? Un numero può avere importanza, nel susseguirsi degli avvenimenti[11]: a volte ignoriamo[12] il motivo[13] e continuiamo a ignorarlo fino alla fine della nostra vita; a volte, invece, lo sappiamo perfettamente: ma poi, dimentichiamo.

Mi ero seduto presso l'uscita numero tre, in un angolo della gabbia vetrata[14], sul basso divano di vimpelle[15]. Tenevo[16] la valigetta tra le gambe, non tanto[17] per non occupare un posto o, più esattamente, un mezzo posto che, dal punto di vista giuridico[18], spettava[19] solo alla persona fisica di un altro passeggero, quanto per evitare[20] di sentirmi interpellare[21]: "Scusi, sa?" e di incontrare lo sguardo[22] di qualcuno che mi avrebbe pregato di spostare[23] la valigetta.

Era il tardo pomeriggio di una giornata d'aprile, serena sì, ma ventosa[24], ancora fredda. .Gli aeroporti, dentro, si assomigliano tutti[25]. Immaginavo di trovarmi in un paese straniero, dove le possibilità di riconoscere[26] qualcuno e di essere riconosciuto erano ridotte al minimo[27].

(Da: *L'attore* di Mario Soldati)

---

[1]*instant* [2]*I experienced the hassle (annoyance)* [3]*ramp* [4]*went up* [5]*As one ages* [6]*one's losing one's breath* [7]*growing numbers of people* [8]*disappear* [9]*I was reflecting* [10]*was* [11]*chain of events* [12]*we are unaware of* [13]*reason* [14]*a corner of the glass cage* [15]*fake leather couch* [16]*I kept* [17]*not because* [18]*by right* [19]*belonged* [20]*as much as to avoid* [21]*being asked* [22]*make eye contact* [23]*would have asked me to move* [24]*windy* [25]*all resemble each other* [26]*chances of recognizing* [27]*were reduced to a minimum*

DOPO LA LETTURA

B. Comprensione! Rispondi alle seguenti domande.

1. Che cosa provava Soldati dopo qualche istante?
2. Che cosa desiderava?
3. Cosa succede *(happens)* a una persona quando invecchia?
4. Che significato ha un numero, secondo Soldati?
5. Dove si era seduto Soldati?
6. Dove teneva la sua valigetta?
7. In che periodo dell'anno si trovava all'aeroporto Soldati?
8. Come sono gli aeroporti secondo lui?

C. Discussione in classe! Rispondi alle seguenti domande.

1. Questa lettura descrive un aeroporto tipico, secondo te? Perché sì/no?

2. Descrivi le tue impressioni quando ti trovi in un aeroporto e/o nella cabina di un aereo.
   a. Provi fastidio?
   b. Ti piace stare in coda?
   c. Che cosa fai se riconosci qualcuno all'aeroporto?
   d. Quali sono le tue impressioni prima del decollo?
   e. Quali sono le tue impressioni durante il viaggio?
   f. Quali sono le tue impressioni durante l'atterraggio?

3. Ti piace viaggiare? Quali posti vuoi visitare? Perché?

SINTESI

A. Situazioni tipiche! Scegli la risposta adatta.

1. Non ti preoccupare! Ci è…
   solo il bagaglio a mano.
   a. voluto
   b. rimasto

2. Non è necessario passare…
   a. la dogana.
   b. la sala d'aspetto.

3. I Loro biglietti sono solo di andata?
   a. No, sono solo di ritorno.
   b. No, sono di andata e ritorno.

4. La partenza…
   a. è prevista tra qualche minuto.
   b. è finito.

5. I passeggeri sono pregati di…
   a. allacciare le cinture di sicurezza.
   b. dormire.

B. Pronomi, pronomi! Svolgi i seguenti compiti, seguendo il modello.

MODELLO: Di' a Roberto di alzarsi.
Roberto, alzati!
Di' a Carlo di portare la valigia.
Carlo, portala!

Di'…

1. a Roberto di calmarsi.
2. a Roberto e Maria di sedersi.
3. ai passeggeri di sedersi.
5. al signor Di Stefano di cercare il banco d'accettazione.

C. Di solito… Indica le cose che fai o non fai….

1. quando viaggi.
2. quando sei in vacanza.
3. quando sei in aereo.

D. La carta d'imbarco! Ecco la carta d'imbarco di un viaggiatore.

1. A quale aeroporto ha ricevuto la carta d'imbarco?
2. Qual è il numero del suo volo?
3. Qual è il giorno del volo?
4. A quale uscita deve andare?
5. Quale posto ha ricevuto?

E. A tutti la parola! Rispondi alle seguenti domande.

1. Hai paura di viaggiare in aereo?
2. Quali paesi hai visitato?
3. Quali ti sono piaciuti? Perché? Quali non ti sono piaciuti? Perché?
4. Hai una linea aerea preferita? Quale? Perché?
5. Con quali linee hai volato *(flown)*? Come era ognuna?
6. Secondo te, si dovrebbe proibire il fumo *(should smoking be prohibited)* in aereo? Perché sì/no?

F. Cultura italiana! Rispondi alle seguenti domande.

1. Quante vacanze all'anno si concedono gli italiani, secondo le statistiche?
2. Qual è il mezzo preferito degli italiani per andare in vacanza?
3. La maggior parte degli italiani preferisce andare in vacanza in quale mese?
4. Dove preferisce passare le vacanze, la maggioranza degli italiani?
5. La gran parte degli italiani preferisce alloggiare *(to lodge)* in albergo o in campeggio?

G. Momento creativo! Prepara un dépliant *(brochure)* per una delle due seguenti opportunità di viaggio:

1. In Messico al sole!
2. In Italia per studiare l'italiano!

Poi presentalo alla classe. Il dépliant considerato da tutti il più originale vincerà un premio *(prize)*.

EXPLORE!
For this chapter's activity, go to http://adesso.heinle.com

LESSICO UTILE

NOMI

l'aereo *plane*
l'aeroporto *airport*
l'arrivo *arrival*
l'assegno turistico
  traveler's check
l'assistente di volo
  flight attendant
l'atterraggio *landing*
gli auricolari *headphones*
il bagaglio *baggage*
il campeggio *camping*
la coincidenza *connection*
il/la comandante *captain*

il corridoio *aisle*
il decollo *takeoff*
il documento *document*
la dogana *customs*
l'errore *error*
il finestrino *window*
il modulo *form (to fill out)*
la partenza *departure*
il passaporto *passport*
il passeggero/ la passeggera
  passenger
la pensione *boardinghouse/*
  bed and breakfast

il posto *seat*
la prenotazione *reservation*
la toletta *toilet (on a plane)*
il/la turista *tourist*
l'uscita *gate, exit*
la valigia *suitcase*
il viaggiatore / la viaggiatrice
  traveler
il viaggio *trip*
la voce *voice*
il volo *flight*

AGGETTIVO

nervoso *nervous*

VERBI

allacciare *to fasten*
calmarsi *to calm down*
fumare *to smoke*
informare *to inform*

scusarsi *to excuse oneself,*
  to be sorry
sedersi *to sit, to be seated*

sentire *to hear*
spedire *to send (on)*
sperare *to hope*

AVVERBI

accanto *next to*
davanti *in front*
dentro *inside*

dietro *behind*
diritto *straight ahead*
sopra *above*

sotto *under*
subito *right away*

ALTRI VOCABOLI / ESPRESSIONI

al mare *to/at the sea*
alla spiaggia / in spiaggia
  at/to the beach
l'assistente di volo
  flight attendant
il bagaglio a mano
  hand luggage
il banco d'accettazione
  check-in counter
la carta d'imbarco
  boarding pass
la cintura di sicurezza
  seatbelt

la classe turistica
  economy class
di andata e ritorno
  round-trip
essere pregato di
  to be kindly requested
essere previsto
  to be scheduled
fare il biglietto
  to buy a (travel) ticket
in campagna *in/to the country*
in montagna
  in/to the mountains

la linea aerea *airline*
niente da dichiarare *nothing*
  to declare
qualcosa da dichiarare
  something to declare
la sala d'aspetto *departure*
  lounge; waiting room
la valuta straniera
  foreign currency
vietato fumare *no smoking*

Comunicazione

- writing letters in Italian
- describing events in the distant past

Cultura

- letter writing
- Italian newspapers

Strutture e vocabolario

- vocabulary associated with letter writing and mailing
- the past absolute of regular verbs
- adverbs of manner
- how to use **il proprio**
- more about double pronouns

See the Internet activity in this chapter.

CARA SILVIA...

15

DIALOGO 1

Daniela Borrelli è a casa nel suo studio dove era andata un po' di tempo fa per scrivere una lettera. A un certo momento entra Claudio, suo marito.

CLAUDIO: Che fai, Daniela?

DANIELA: Ho appena finito di scrivere una lettera alla mia migliore amica, Silvia. Non ci vediamo da sei anni. Ho ricevuto° poco tempo fa da un'altra amica una bellissima notizia° su di lei°.

CLAUDIO: Ah, sì? Di che cosa si tratta°?

DANIELA: Tieni°! Leggila!

I have received

piece of good news / about her
What's it all about?
Here you are!

Cara Silvia,

    Sono ormai sei anni che non ci vediamo e sento molto la tua mancanza°. Ti ricordi quando andammo insieme a Roma molti anni fa? Passammo due settimane bellissime, no?

    Ho saputo che ti sei sposata, e recentemente° ho ricevuto la bella notizia che stai aspettando° un bambino. Insieme a Claudio, mio marito, ti invio° mille auguri e felicitazioni°. Fammi poi° sapere se sarà maschio o femmina°! Fatti viva°!

                          Affettuosamente,
                          Daniela

I miss you a lot

recently

you're expecting / I send

congratulations, felicitations / eventually / a boy or a girl / Keep in touch!

A. Comprensione! Rispondi alle seguenti domande.

1. Dove era andata Daniela un po' di tempo fa?
2. Che cosa aveva appena finito di fare Daniela?
3. Quanti anni sono che Daniela non vede Silvia?
4. Che cosa ha saputo poco tempo fa Daniela?
5. Quale bella notizia ha ricevuto Daniela?
6. Che cosa vuole sapere Daniela da Silvia?

ATTIVITÀ D'ESPANSIONE 1

▶• DA NOTARE 1

trattarsi	*to be about*
Di che cosa si tratta?	*What is it about?*
sentire la mancanza di	*to miss someone*
farsi vivo	*to keep in touch (lit.: to make oneself alive)*

B. A tutti la parola! Adesso rispondi alle seguenti domande.

1. In quale stanza *(room)* vai quando vuoi scrivere una lettera?
2. Hai ricevuto recentemente qualche bella notizia?
3. Di che cosa si trattava?
4. Con chi non ti vedi da anni?
5. Perché non si è fatto vivo/a quella persona, secondo te?
6. Di chi senti la mancanza di più quando viaggi?

▶• DA NOTARE 2

ho lavorato	→	**lavorai**	*I worked*
sono andato/a	→	**andai**	*I went*
ha lavorato	→	**lavorò**	*he/she worked*
è andato/a	→	**andò**	*he/she went*

C. Sei andato/a in Italia? Con un compagno / una compagna, svolgi i seguenti esercizi, seguendo i modelli.

> **MODELLO 1:** andare / in Italia / da bambino/a
> TU: *Sei mai andato/a in Italia?*
> COMPAGNO/A: *Ci andai da bambino/a.*

1. lavorare / presso una ditta *(company)* italiana / tanti anni fa
2. tornare / in Italia / nel 1988
3. andare / in Europa / tre anni fa
4. abitare / a Roma / molti anni fa

> **MODELLO 2:** tuo fratello / andare / in Italia / da bambino
> TU: *Tuo fratello è mai andato in Italia?*
> COMPAGNO/A: *Anche lui ci andò da bambino.*

5. tua sorella / lavorare / presso una ditta italiana / tanti anni fa
6. tuo padre / tornare / in Italia / nel 1988
7. tuo fratello / andare / in Europa / tre anni fa
8. la tua amica / abitare / a Roma / molti anni fa

D. Silvia risponde alla lettera di Daniela! Completa la lettera di
Silvia a Daniela. Poi leggila in classe.

Cara Daniela,

_____

_____

_____

_____

                              Bacioni,

                              Silvia

MODI DI DIRE E DI COMUNICARE 1

▶• PER SCRIVERE...

la busta   la carta   la cartolina   la gomma

l'inchiostro   la matita   la pagina   la penna

il computer   la riga   il taccuino

▶• ALL'UFFICIO POSTALE!

l'affrancatura	*postage*
per via aerea	*airmail*
la posta	*mail*
impostare / imbucare	*to mail*
inviare / mandare / spedire	*to send*

▶• SPEDIAMO UNA CARTOLINA!

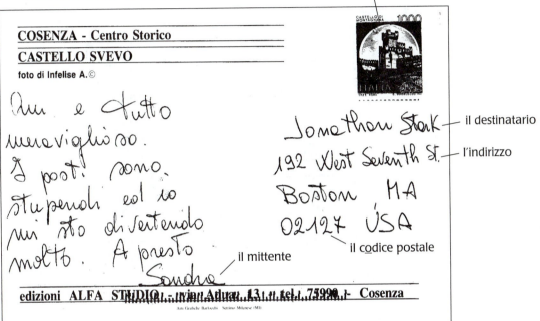

il francobollo

COSENZA - Centro Storico

CASTELLO SVEVO

foto di Infelise A.©

il destinatario

l'indirizzo

il codice postale

il mittente

edizioni ALFA STUDIO - invia Atua... 13 - tel. 75990 - Cosenza

APPLICAZIONE

E. Che cos'è? Scegli la risposta adatta.

1. Ho bisogno di…per scrivere una lettera.
   a. carta
   b. cartolina
2. Ho spedito due…a mia zia ieri.
   a. carte
   b. cartoline
3. Mi serve una…perché ho fatto un errore.
   a. pagina
   b. gomma

4. Questa penna non scrive più.
   a. Ci manca l'inchiostro.
   b. Ci manca la gomma.
5. Non uso più penne o matite per scrivere. Ormai uso solo…
   a. il computer.
   b. la riga.
6. Ho scritto qualcosa rapidamente nel mio…
   a. taccuino.
   b. francobollo.

F. Francobolli, buste,...! Crea frasi liberamente con le seguenti parole e espressioni, seguendo il modello.

> **MODELLO:** la busta
>
> *Mi sono dimenticato/a di mettere il mio indirizzo sulla busta.*

1. francobollo
2. affrancatura
3. codice postale
4. posta

5. mittente
6. destinatario
7. per via aerea
8. imbucare

G. Cose da comprare per scrivere...! Completa la seguente lista in modo logico.

> Cose da comprare per scrivere...
>
> 1. della carta da scrivere
> 2. una penna
>
> *[continua]*

H. A tutti la parola! Rispondi alle seguenti domande.

1. Quante lettere / cartoline scrivi all'anno?
2. A chi le scrivi?
3. Da chi ricevi posta di solito?
4. Da chi vorresti *(would you like)* ricevere posta e perché?
5. Preferisci scrivere o telefonare? Perché?

APPUNTI DI GRAMMATICA 1

IL PASSATO REMOTO 1

In Silvia's letter and the activities above, you encountered a past tense known as the past absolute, **il passato remoto**:

Andammo insieme a Roma molti anni fa.	*We went to Rome many years ago.*
Passammo due settimane bellissime.	*We spent two great weeks.*

Like the **passato prossimo**, the **passato remoto** describes actions completed in the past, and sometimes may be used interchangeably with the **passato prossimo** to describe actions such as the following:

Passato prossimo

Sono andato al cinema due giorni fa.

Lui ha lavorato presso una ditta italiana nel 1990.

Passato remoto

Andai al cinema due giorni fa.

Lui lavorò presso una ditta italiana nel 1990.

- Italians in different regions prefer one tense or the other. In northern Italy the **passato prossimo** is preferred, whereas in many parts of central and southern Italy the **passato remoto** is preferred.

- However, if the action has occurred in close relation to the present—as signaled by such adverbs as **appena, già, ancora**—only the **passato prossimo** can be used:

Passato prossimo

È appena arrivata la posta.
The mail has just arrived.

Ha già scritto quella lettera.
He has already written that letter.

Non hanno ancora finito di scrivere.
They haven't finished writing yet.

- Any action that has occurred within the same day also excludes the use of the **passato remoto**:

Passato prossimo

Sono andato in biblioteca due minuti fa.
I went to the library two minutes ago.

Ho mangiato la pizza a mezzogiorno.
I ate the pizza at noon.

- The **passato remoto** is used especially to describe completed actions in the distant past and historically significant events:

Passato prossimo = *Recent past*

Alessandro è andato a scuola ieri.

Siamo arrivati qui alcuni anni fa.

Passato remoto = *Distant past*

Daniela andò in Italia molti anni fa.

Noi arrivammo negli Stati Uniti nel 1970.

To conjugate regular verbs in the **passato remoto**:

- Drop the infinitive suffix:

First Conjugation	Second Conjugation	Third Conjugation
parlare	vendere	finire
↓	↓	↓
parl-	vend-	fin-

• Add the following endings:

	PARLARE	VENDERE	FINIRE
io	parlai	vendei / vendetti	finii
tu	parlasti	vendesti	finisti
lui / lei / Lei	parlò	vendè / vendette	finì
noi	parlammo	vendemmo	finimmo
voi	parlaste	vendeste	finiste
loro	parlarono	venderono / vendettero	finirono

• Verbs ending in **-ciare** and **-giare** retain the **i**:

mangiai	*I ate*	**cominciai**	*I started*
mangiasti	*you ate*	**cominciasti**	*you started*

• Reflexive verbs are conjugated in the same way:

mi alzai	*I got up*	**mi divertii**	*I enjoyed myself*
ti alzasti	*you got up*	**ti divertisti**	*you enjoyed yourself*
si alzò	*he/she got up*	**si divertì**	*he/she enjoyed himself/herself*
ci alzammo	*we got up*	**ci divertimmo**	*we enjoyed ourselves*
vi alzaste	*you got up*	**vi divertiste**	*you enjoyed yourselves*
si alzarono	*they got up*	**si divertirono**	*they enjoyed themselves*

AVVERBI

Adverbs of manner—*clearly, slowly, frequently*—are formed by adding **-mente** to the feminine form of the corresponding adjective in the following way:

• If the adjective ends in **-e,** just add **-mente**:

Aggettivo	Avverbio	
elegante	**elegantemente**	*elegantly*
felice	**felicemente**	*happily*

• If the adjective ends in **-o,** change the ending to **-a** and add **-mente**:

Aggettivo	Avverbio	
vero	**veramente**	*truly*
chiaro	**chiaramente**	*clearly*
affettuoso	**affettuosamente**	*affectionately*

- If the adjective ends in **-ale**, **-ile**, or **-are** in the singular, drop the **-e** before adding **-mente**:

Aggettivo	Avverbio	
generale	generalmente	*generally*
gentile	gentilmente	*kindly*
popolare	popolarmente	*popularly*

APPLICAZIONE

1. Il mio vecchio amico parla sempre del passato! Ricrea quello che il tuo amico ti ha detto ieri, seguendo il modello.

MODELLO: Nel 1972, io (andare) _____ in Francia e (vendere) _____ la casa.
Nel 1972, io andai in Francia, e vendetti la casa.

Ti ricordi?

1. Nel 1972, io (tornare) _____ in America, (cominciare) _____ a lavorare e poi (sposarsi) _____.
2. Poi, nel 1977 io (vendere) _____ la casa e (partire) _____ per un soggiorno *(stay)* in Spagna.
3. E anche tu (andare) _____ in America nel 1972, (sposarsi) _____ e (cominciare) _____ a lavorare per la Ford, non è vero?
4. E poi, se mi ricordo bene, tu (vendere) _____ la casa e (partire) _____ per un soggiorno in Messico nel 1977, non è vero?
5. Ti ricordi che mia moglie (andare) _____ in Australia nel 1979 e (cominciare) _____ a lavorare presso una ditta australiana?
6. Lei (ricevere) _____ tante buone notizie dai suoi parenti in Inghilterra e allora (partire) _____ per l'Inghilterra nel 1980.
7. E poi ti ricordi che io e mia moglie (andare) _____ in Francia nel 1981, dove (finire) _____ di costruire una casa in campagna, ma che (vendere) _____ l'anno dopo?
8. E mi ricordo che anche tu e tua moglie (partire) _____ per la Francia nel 1981, dove (cominciare) _____, tutti e due, a lavorare presso la Ditta Morel, e (ricevere) _____ un buono stipendio *(wages)*, non è vero?
9. E, infine, mi ricordo che i miei amici (cominciare) _____ a lavorare presso la Ford nel 1985 e (finire) _____ di costruire la loro casa l'anno dopo.
10. E, se non sbaglio *(if I'm not mistaken)*, i tuoi amici migliori (vendere) _____ la loro casa nel 1986 e poi (tornare) _____ in Italia, non è vero?

J. Hai spedito la lettera? Prima di andare all'ufficio postale, tua madre ti chiede le seguenti cose. Rispondi alle sue domande nel modo indicato col passato remoto.

> **MODELLO:** Hai spedito *la lettera al professore*? / molte settimane fa
> *Gliela spedii molte settimane fa.*

1. Tu e tuo fratello avete mandato *la cartolina agli zii*? / un anno fa
2. I tuoi amici hanno inviato *la lettera ai loro parenti*? / molto tempo fa
3. Hai ricevuto *la lettera di Paolo*? / parecchio tempo fa
4. I tuoi amici hanno ricevuto *il nostro invito*? / il mese scorso
5. Hai spedito *quella cartolina*? / tanto tempo fa

K. Dove andasti? Chiedi al tuo compagno / alla tua compagna cosa fece *(he/she did)* anni fa quando andò all'estero. Lui/Lei dovrà rispondere in modo appropriato, seguendo il modello.

> **MODELLO:** Chiedigli/le dove andò (anni fa).
> Tu: *Dove andasti?*
> COMPAGNO/A: *Andai in Italia / in vacanza…*

Chiedigli/le…
1. dove andò.
2. se viaggiò in aereo.
3. quando arrivò (nel mattino, nel pomeriggio, ecc.).
4. quali posti visitò.
5. quando tornò.
6. se si divertì.

L. Come si dice? Prima costruisci l'avverbio adatto, e poi forma una frase che ne illustri il significato *(that illustrates its meaning)*, seguendo il modello.

> **MODELLO:** in modo regolare
> *regolarmente*
> *Scrivo lettere regolarmente.*

1. in modo gentile
2. in modo economico
3. in modo sbadato
4. in modo popolare
5. in modo preciso

LETTERE ALL'ITALIANA!

Cosa vuol dire? Ecco varie componenti *(components)* di diversi tipi di lettere. Identificale, seguendo il modello.

> **Modello:** Cara Silvia,
> *salutation, informal letter*

1. Caro Marco,
2. Carissima Silvia,
3. Mia cara Silvia,
4. Mio caro Marco,
5. Gentile Sig. Marchi:
6. Gentile Signora Rossi:
7. Spettabile Ditta *(name)*:
8. Spettabile Banca *(name)*:

Intestazione (Heading / Address)

Luogo (Place) e data

Roma, 4 aprile 1997

Spett.le Ditta Cardona
Via Garibaldi, 72
00164 Roma

*Contenuto (Contents) (Note the use of **voi** forms when writing in general)*

la vostra direttrice ci ha informato recentemente che il nostro ordine non vi è ancora pervenuto *(arrived)*. Quindi, lo abbiamo rispedito *(sent again)*.

Vi porgiamo *(we offer)* i nostri saluti

Saluti

Firma (Signature)

P. Landi
P. Landi

Affettuosamente!
Ecco diversi modi di concludere una lettera. Indica cosa vuol dire ciascuna espressione e in quale tipo di lettera (formale, informale) può essere usata.

Ciao,	Cordiali saluti,
Tuo/Tua,	La saluto cordialmente,
Un bacio,	Le porgo i miei saluti,
Baci,	Distinti saluti,
Un abbraccio,	Con affetto,

M. Comprensione! Rispondi alle seguenti domande.

1. Quando ha scritto la lettera il signor Landi?
2. A chi l'ha scritta?
3. Perché l'ha scritta?
4. Come saluta alla fine?
5. Chi ha firmato la lettera?

N. Lettere, lettere! Adesso scrivi una lettera alle seguenti persone / ditte. Non dimenticarti di includerci…

a. il luogo e la data
b. un'intestazione qualsiasi [*make up Italian addresses*]
c. un saluto appropriato
d. la tua firma

1. alla Ditta Cristaldi (di Milano)
2. alla signora Rossi (di Firenze)
3. ad un amico / un'amica (di Napoli)

Appena avrai finito di scriverle, falle vedere *(show them)* agli altri studenti e leggile in classe.

MOMENTO CREATIVO 1

O. Caro/a …! Scrivi una lettera a un compagno / una compagna, dicendogli/le qualcosa in confidenza *(secret)*. Poi leggi la lettera in classe. Il compagno / la compagna dovrà rispondere oralmente a quello che hai scritto.

TEMA 2

• • • • • • • • •

Letter writing / Describing events in the distant past (continued)

di nuovo: *again*

job (place to work)
May I (read it)?
Here you are!

DIALOGO 2

Un'ora dopo, Daniela è ancora nel suo studio. Entra di nuovo° Claudio.

CLAUDIO: Ma che fai ancora qui, Daniela?
DANIELA: Ho scritto un'altra lettera.
CLAUDIO: A chi?
DANIELA: Come? Ti sei dimenticato? Cerco un altro posto°.
CLAUDIO: Posso°?
DANIELA: Certo! Eccola°!

Montecatini, 15 settembre 1997

Spett.le Ditta ITAL-ELETTRONICA
Viale Quattro Novembre, 34
51016 Montecatini

la sottoscritta°, residente a Montecatini, chiede di
essere assunta°* per il posto di ragioniere° offerto
tramite avviso° comparso° sul giornale.

La sottoscritta ha buona conoscenza dell'inglese e
attualmente° è impiegata presso la Ditta Cristaldi,
che però intende°† lasciare per migliorare la propria°
posizione°.

La sottoscritta allega° curriculum vitae, fotografia e
fotocopia del diploma††. E ringrazia° e saluta distinta-
mente,

Daniela Borrelli
Daniela Borrelli

undersigned

hired / accountant, clerk

advertised (lit.: offered through an ad) / which appeared

presently

intends / own, very

position

encloses

thanks

P. Comprensione! Rispondi alle seguenti domande.

1. Dov'è ancora Daniela un'ora dopo?
2. Che cosa cerca?
3. Per quale posto chiede di essere assunta?
4. Di che cosa ha buona conoscenza Daniela?
5. Dov'è impiegata attualmente?
6. Perché intende lasciare la Ditta Cristaldi?

ATTIVITÀ D'ESPANSIONE 2

▶• DA NOTARE 1

il proprio cappotto	*(my, your…) own coat*
i propri amici	*(my, your…) own friends*
la propria giacca	*(my, your…) own jacket*
le proprie amiche	*(my, your…) own friends*

---

*Participio passato del verbo **assumere**.
†Infinito: **intendere**; participio passato: **inteso**.
††Pl.: **i diplomi**.

▶• DA NOTARE 2

Mi puoi dare *quella penna?*	**Sì, posso dartela.**	
Ci puoi dare *quelle matite?*	**Sì, posso darvele.**	
Da' *la lettera a me!*	**Dammela!**	*Give it to me!*
Da' *il taccuino a lui!*	**Daglielo!**	*Give it to him!*
Da' *quelle lettere a me!*	**Dammele!**	*Give them to me!*

Q. Certo! Svolgi i seguenti compiti, seguendo i modelli.

> **MODELLO 1:** È veramente tua, quella giacca?
> *Certo! È la mia propria giacca!*

1. È veramente sua, quella cravatta?
2. È veramente tuo, quel cappello?
3. È veramente tua, quella macchina?
4. Sono veramente suoi, quei dischi?
5. Sono veramente sue, quelle scarpe?
6. Sono veramente tue, quelle riviste?

> **MODELLO 2:** Mi puoi fare un favore?
> *Sì, posso fartelo!*

7. Ci puoi dare quel taccuino?
8. Mi puoi scrivere una lettera?
9. Gli puoi mandare una cartolina?
10. Le puoi spedire questa lettera?

R. Roberto, dammele! Svolgi i seguenti compiti, seguendo il modello.

> **MODELLO:** Di' a Roberto di dare quelle cartoline a te.
> *Roberto, dammele!*

Di' a Roberto di dare…
1. i francobolli a te.
2. le matite a noi.
3. i taccuini a lui.
4. le buste a lei.
5. la posta a te.
6. l'indirizzo a noi.

S. Gentile Signora Borrelli,… Un rappresentante *(representative)* della Ditta ITAL-ELETTRONICA risponde alla lettera di Daniela. Completa la sua lettera. Poi leggila in classe.

Montecatini, 1 ottobre 1997

Gentile Signora Borrelli,

_____

_____

_____

_____

_____

Con i più cordiali saluti,

T. Rossi

T. Rossi

MODI DI DIRE E DI COMUNICARE 2

▶• PAROLE UTILI!

la posta elettronica	*e-mail*
il fax (il facsimile)	*fax*

▶• I TELEGRAMMI

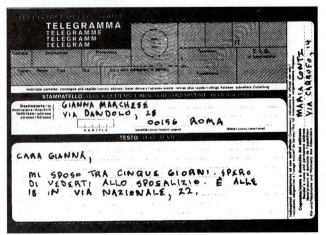

APPLICAZIONE

T. Hai la posta elettronica? Rispondi alle seguenti domande.

1. Come preferisci mandare la tua corrispondenza, attraverso *(through)* la posta normale, la posta elettronica o i fax? Perché?
2. Chi ha mandato il telegramma riprodotto a pagina 395?
3. Per quale ragione lo ha mandato?
4. A chi lo ha mandato?
5. Qual è il suo indirizzo?

APPUNTI DI GRAMMATICA 2

ANCORA SUI PRONOMI DOPPI

Recall that object pronouns can be attached to the infinitive in modal constructions. The same holds for double pronouns:

Devo scrivere *una lettera a lui*.	→	***Gliela* devo scrivere.** **Devo scriver*gliela*.**
Vuoi dare *quel francobollo a me*?	→	***Me lo* vuoi dare?** **Vuoi dar*melo*?**

Recall as well that pronouns are attached to **Ecco**:

Eccotela!	*Here it is for you (fam.)!*
Eccovela!	*Here it is for you (pl.)!*

L'IMPERATIVO CON I PRONOMI DOPPI

Recall that object pronouns are attached to familiar imperative forms. The same holds true for double pronouns:

Familiar Forms			Polite Forms	
TU FORMS			**LEI** FORMS	
Porta *il passaporto a me*!	→	**Porta*melo*!**	***Me lo* porti!**	*Bring it to me!*
Scrivi *quella cartolina a tuo zio*!	→	**Scrivi*gliela*!**	***Gliela* scriva!**	*Write [it] to him!*
Prendi *per me alcune mele*!	→	**Prendi*mene* alcune!**	***Me ne* prenda alcune!**	*Get me some!*
NOI FORMS				
Portiamo *il passaporto a lui*!	→	**Portiamo*glielo*!**		*Let's bring it to him!*
Scriviamo *quella cartolina a loro*!	→	**Scriviamo*gliela*!**		*Let's write it to them!*
VOI FORMS			**LORO** FORMS	
Portate *due valige a me*!	→	**Portate*mene* due!**	***Me ne* portino due!**	*Bring me two of them!*
Scrivete *la lettera a lui*!	→	**Scrivete*gliela*!**	***Gliela* scrivano!**	*Write it to him!*

Recall that the verbs **andare**, **dare**, **dire**, **fare**, and **stare** have apostrophized **tu** forms, and that when **mi**, **ti**, **lo**, **la**, **li**, **le**, **ci**, and **ne** are attached to these forms, the first consonant is doubled:

Di' + mi + la →	**Dimmela!**	*Tell it to me!*
Fa' + ti + lo →	**Fattelo!**	*Make it for yourself!*
Da' + gli + lo →	**Daglielo!**	*Give it to him!*

FORME NEGATIVE

Finally, recall that the infinitive form of the verb is used in the second-person singular when the sentence is negative, and note that pronouns can be placed before or attached to the familiar negative forms:

Affirmative Imperative	Negative Imperative
2ND PERSON (**TU** FORM)	2ND PERSON (**TU** FORM)
Porta*melo*.	**Non *me lo* portare.** **Non portar*melo*.**
Scrivi*gliela*.	**Non *gliela* scrivere.** **Non scriver*gliela*.**
Di*mmela*.	**Non *me la* dire.** **Non dir*mela*.**
3RD PERSON (**LEI** FORM)	3RD PERSON (**LEI** FORM)
***Me lo* porti.** ***Gliela* scriva.** ***Me la* dica.**	**Non *me lo* porti.** **Non *gliela* scriva.** **Non *me la* dica.**
1ST PERSON (**NOI** FORM)	1ST PERSON (**NOI** FORM)
Portiamo*glielo*.	**Non *glielo* portiamo.** **Non portiamo*glielo*.**
2ND PERSON (**VOI** FORM)	2ND PERSON (**VOI** FORM)
Portate*mene*.	**Non *me ne* portate.** **Non portate*mene*.**
3RD PERSON (**LORO** FORM)	3RD PERSON (**LORO** FORM)
***Me ne* portino.** ***Gliela* scrivano.**	**Non *me ne* portino.** **Non *gliela* scrivano.**

APPLICAZIONE

U. Pronomi, pronomi! Aiuto per l'ultima volta! Svolgi i seguenti compiti per meglio conoscere i pronomi, seguendo i modelli.

MODELLO 1: Vuoi dare quel taccuino a me?
[Use both formulas.]
Vuoi darmelo?
Me lo vuoi dare?

Vuoi dare…

1. quelle matite a me?
2. quella posta a noi?
3. quei francobolli a lei?
4. due penne a me [*be careful!*]?

MODELLO 2: Ecco un taccuino per te!
Eccotelo!

Ecco…

5. una matita per te!
6. i francobolli per lui!
7. i francobolli per lei!
8. i francobolli per Lei!

V. Alessandro, scrivila a me! Svolgi i seguenti compiti nel modo indicato. Segui i modelli.

MODELLO 1: Di' a Alessandro di scrivere quella lettera a te.
[Step 1: Replace the direct object with its corresponding pronoun.]
Alessandro, scrivi quella lettera *a me!*
Alessandro, scrivila a me!
[Step 2: Replace the indirect object with its corresponding pronoun.]
Alessandro, scrivi quella lettera a me!
Alessandro, scrivimi quella lettera!
[Step 3: Replace both.]
Alessandro, scrivi quella lettera a me!
Alessandro, scrivimela!

Di' a Alessandro di…

1. mandare quella posta a te.
2. dare la penna a te.
3. fare un favore a suo fratello.
4. dire la verità a sua madre.

Di' alla signora Rossi di…

5. mandare quella posta a voi.
6. dare la penna a te.
7. fare un favore a suo fratello.
8. dire la verità a noi.

MODELLO 2: Di' a Alessandro di non scrivere quella lettera a te.
[Use both formulas.]
Alessandro, non scrivermela!
Alessandro, non me la scrivere!

Di' a Alessandro di non…

9. mandare quella posta a te.
10. dare la penna a te.
11. fare un favore a suo fratello.
12. dire la verità a sua madre.

Di' alla signora Rossi di non…

13. mandare quella posta a voi.

14. dare la penna a te.

15. fare un favore a suo fratello.

16. dire la verità a sua madre.

I GIORNALI IN ITALIA!

Giornali! Rispondi alle seguenti domande.

1. Tu leggi il giornale regolarmente? Quale?
2. Secondo te, qual è il maggiore giornale americano? Perché?
3. Hai mai letto qualche giornale italiano? Se sì, quale? Paragona *(Compare)* il giornale che hai letto a uno tipico americano.

il quotidiano	*daily newspaper*
di larga diffusione	*wide circulation*

L'Italia è il paese del giornale! In quel paese si pubblicano[1] oltre 70 quotidiani[2], tra cui quelli di partito[3] *(Il Popolo, L'Unità, Avanti, L'Umanità, Il Secolo d'Italia)*, di economia *(Il Sole, 24 Ore, Il Fiorino, Ore 12)* e di sport *(La Gazzetta dello Sport, Il Corriere dello Sport, Stadio, Sport Sud, Tuttosport)*.

Il *Corriere della Sera*, pubblicato a Milano, è uno dei maggiori giornali italiani. Si può considerare l'equivalente del *New York Times*. Due altri quotidiani di larga diffusione[4] sono *La Repubblica* e *Il Messaggero*.

Comprensione! Rispondi alle seguenti domande.

1. Quanti quotidiani si pubblicano in Italia?
2. Quali giornali sono di partito?
3. Quali giornali si <u>o</u>ccupano di *(are concerned with)* economia?
4. Quali giornali si occupano di sport?
5. Qual è uno dei maggiori quotidiani d'Italia?
6. Quali sono due quotidiani di larga diffusione?

---

[1]*are published* [2]*daily newspapers* [3]*political party* [4]*wide circulation*

MOMENTO CREATIVO 2

W. Amici d'infanzia! Lavorando in coppie, mettete in scena la seguente situazione.

Uno studente / Una studentessa lavora presso un ufficio postale. Un altro studente / Un'altra studentessa vuole spedire diverse cose (una cartolina, una raccomandata, ecc.). A un certo momento i due si accorgono *(realize)* che sono amici d'infanzia *(childhood friends)*. E allora cominciano a parlare del passato. Il dialogo termina quando uno dei due propone una serata insieme (al cinema, all'opera, ecc.).

FASE 2: ASCOLTO

ASCOLTO

A. Ascolta attentamente la vignetta sull'audio cercando di determinare le seguenti cose:

1. chi sta scrivendo una lettera
2. a chi la sta scrivendo
3. che tipo di lettera è
4. che cosa vuole fare la persona

B. Adesso cerca di ricostruire la conversazione con altri studenti a piacere.

FASE 3: LETTURA

PRIMA DI LEGGERE

A. Un amico/Un'amica di penna! Rispondi alle seguenti domande.

1. Tu hai mai ricevuto una lettera da un amico / un'amica di penna? Se sì, come si chiama? Dove vive? Di che cosa parlate nelle vostre lettere?
2. Tu sai chi è Charlie Brown? Ti piacciono i giornalini a fumetti *(comic books)*? Come si chiama il cane di Charlie Brown?
3. Quali giornalini a fumetti ti piacciono?

Lettura:
Charlie Brown riceve una lettera!

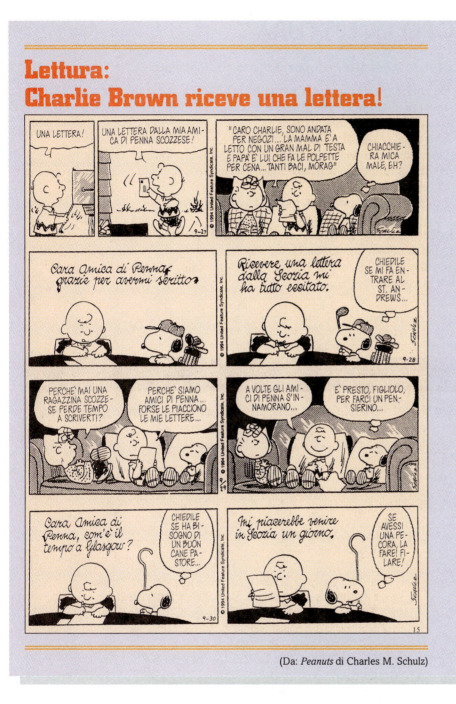

(Da: *Peanuts* di Charles M. Schulz)

l'amico / l'amica di penna	*pen pal*	**eccitarsi**	*to become excited*
		innamorarsi	*to fall in love*
il cane pastore	*sheepdog*	**farci un pensierino**	*to even think about it*
le polpette	*meatballs*		
la pecora	*sheep*	**la farei filare**	*I would make it obey*
scozzese	*Scottish*		

DOPO LA LETTURA

B. Comprensione! Rispondi alle seguenti domande.

1. Da chi riceve una lettera Charlie Brown?
2. Dov'era andata l'amica di penna di Charlie Brown?
3. Cosa aveva avuto sua madre?
4. Che cosa aveva fatto suo padre?
5. Dove vorrebbe *(would)* entrare Snoopy?
6. Perché la ragazzina scozzese «perde tempo» a scrivere a Charlie Brown?
7. Chi s'innamora a volte?
8. Dove vorrebbe andare un giorno Charlie Brown?

C. Lettera a un amico / un'amica di penna! Scrivi a un amico / un'amica di penna immaginario/a *(imaginary)* una lettera simile a quella che ha ricevuto o che ha scritto Charlie Brown. Invitalo/la a casa tua. Leggi la lettera in classe.

SINTESI

A. Lettere! Completa ciascuna lettera in un modo logico e appropriato.

1.

> _____
> luogo e data
>
> _____
> intestazione
>
> con questa lettera vorrei ringraziarLa molto per la merce *(merchandise)* che ci ha mandato il 15 settembre. Allego un assegno *(I enclose a check)* a questa lettera.
>
> _____
> saluti
>
> _____
> firma

2.

_____
luogo e data

_____
intestazione

    ho appena ricevuto la tua lettera oggi, e mi sono subito messa a scriverti una risposta. Sono contenta che verrai a Roma tra un mese. Ti aspetto con ansia *(anxiously)*.

_____
saluti

_____
firma

3.

_____
luogo e data

_____
intestazione

    il sottoscritto, residente a Venezia, chiede di essere assunto come ragioniere. E, quindi, allega il suo curriculum più recente, una fotocopia dei suoi diplomi e una fotografia.

_____
saluti

_____
firma

B. Verbi!
Con un compagno / una compagna, svolgi i seguenti compiti, seguendo il modello.

> **MODELLO:** tuo fratello / andare / in Italia
>> TU: *Tuo fratello è mai andato in Italia?*
>> COMPAGNO/A: *Sì, ci andò tanti anni fa.*

1. tua sorella / andare / in Francia
2. i tuoi amici / andare / in Italia
3. voi / lavorare / presso una ditta italiana
4. loro / studiare / all'università di Roma

C. Pronomi!
Con un compagno / una compagna, svolgi i seguenti compiti, seguendo i modelli.

> **MODELLO 1:** dare / la penna / a me
>> TU: *Hai dato la penna a me?*
>> COMPAGNO/A: *No, non te l'ho data.*
>> TU: *Allora, dammela!*

1. scrivere / quella lettera / a lui
2. fare / quel favore / a me
3. dare / la posta / a lei
4. dare / quelle cartoline / a noi

> **MODELLO 2:** professore / dare / la penna / a me
>> TU: *Professore, ha dato la penna a me?*
>> COMPAGNO/A: *No, non gliel'ho data.* [gliel o = Le + lo]
>> TU: *Allora, me la dia!*

5. signor Giusti / scrivere / quella lettera / a lui
6. professoressa Grande / portare i biglietti / a loro
7. signor Torcelli / dare / la posta / a lei
8. signora Rossi / dare / quelle cartoline / a noi

D. Cultura italiana!

Scrivi / Componi…
1. un saluto formale.
2. un saluto informale.
3. un'intestazione ad un amico.
4. un'intestazione ad una ditta.

EXPLORE!
For this chapter's activity, go to http://adesso.heinle.com

E. Avvio allo scrivere!
Scrivi una lettera a un altro studente / a un'altra studentessa invitandolo/la a fare qualcosa insieme a te durante il weekend. Poi leggi la lettera in classe.

F. Momento creativo!
Lavorando in gruppi di due o tre persone, componete e poi mettete in scena davanti a tutta la classe una breve commedia (di un atto):

> *Un incontro fatidico* (fateful) *all'ufficio postale!*

LESSICO UTILE

NOMI

l'affrancatura *postage*
l'avviso *classified newspaper ad*
la busta *envelope*
la cartolina *postcard*
il codice postale *postal code*
il destinatario *addressee*
la ditta *company*
le felicitazioni
   congratulations, felicitations
la femmina *female, girl*

la firma *signature*
la fotocopia *photocopy*
la fotografia *photograph*
il francobollo *stamp*
la gomma *eraser*
l'inchiostro *ink*
l'indirizzo *address*
l'intestazione *heading,*
   address

il maschio *male, boy*
il/la mittente *sender*
la notizia *piece of news*
la posta *mail*
la posta elettronica *e-mail*
il quotidiano *daily newspaper*
il ragioniere *accountant, clerk*
il/la sottoscritto/a *undersigned*

VERBI

assumere *to hire*
imbucare *to mail*
impostare *to mail*

intendere *to intend*
inviare *to send*
mandare *to send*

ricevere *to receive*
ringraziare *to thank*
trattarsi *to be about*

AVVERBI

affettuosamente
   affectionately

attualmente *currently, presently*

recentemente *recently*

ALTRI VOCABOLI / ESPRESSIONI

di nuovo *again*
farsi vivo *to keep in touch*

per via aerea *airmail*
proprio *own, very*

sentire la mancanza di *to miss*
   someone

LE ORIGINI DELLA LINGUA ITALIANA!

spread
official / which included

homogeneous

differentiation process / continued
fall / fragmentation
gave / Romance

occurred
That is to say / subjugated by

accent / were formed
so-called

Il latino, la lingua degli antichi romani, si diffuse° gradualmente, diventando la lingua ufficiale° di tutti i popoli dell'Impero Romano, il quale comprendeva° il territorio che oggi è l'Europa.

Il latino non poteva, ovviamente, essere parlato in modo omogeneo° in tutto il territorio. Ed infatti ogni popolo lo parlava secondo la pronuncia e il vocabolario della propria lingua. Questo processo di differenziazione° continuò° in modo particolare dopo la caduta° dell'Impero Romano nel 456 d.C. La frammentazione° del latino diede°, nel Medioevo, origine alle lingue «romanze»°, e cioè, alle lingue «di Roma»: l'italiano, il portoghese, il francese, lo spagnolo, il rumeno, ecc.

Lo stesso fenomeno della frammentazione si verificò° all'interno del territorio italiano. Vale a dire°, nelle diverse regioni d'Italia i popoli sottomessi dai° romani (gli Etruschi, gli Osco-Umbri, i Veneti, i Galli, ecc.) parlavano il latino con il proprio accento° e il proprio vocabolario. In questo modo si formarono° i dialetti moderni come il toscano, il piemontese, il siciliano e il veneto. I cosiddetti° «dialetti», dunque, non sono altro che frammentazioni del latino.

Ecco il famoso Colosseo Romano.

Gli antichi romani svilupparono un sistema d'irrigazione altamente sofisticato, ostruendo acquedotti come questo.

Tuttoggi si parlano varianti regionali della lingua italiana, specialmente nei paesi e nelle campagne.

In Toscana la trasformazione linguistica del latino venne ad essere chiamata° «il volgare», e cioè, la lingua parlata dal «volgo» (dal popolo) toscano. Questo dialetto diventò prestigioso° nel Medioevo perché era capito al di fuori° della Toscana. Quando tre grandi scrittori toscani, Dante, Petrarca e Boccaccio, scrissero° le prime grandi opere letterarie dell'Italia, rispettivamente la *Divina Commedia*, il *Canzoniere* e il *Decamerone*, il volgare toscano diventò una lingua che altri italiani erano in grado di° leggere, perché tutti volevano capire queste grandi opere. Perciò°, altri scrittori italiani cominciarono ad imitarle°.

Quindi, mentre nelle diverse regioni si parlavano i dialetti locali, molti scrittori delle regioni italiane scrivevano in toscano. Il toscano diventò, perciò, la «lingua letteraria» italiana, con la quale° si scrivevano le poesie, i romanzi, i libri di storia, di filosofia e di scienza. E questa situazione durò per secoli°. A casa e con gli amici si parlava il dialetto ma per le comunicazioni ufficiali si scriveva in toscano.

Dopo il 1870, l'anno dell'unità° d'Italia, cominciò un processo graduale di diffusione della lingua letteraria nella scuola e nei mass media. I mezzi di diffusione°, infatti, hanno fatto sì° che la lingua letteraria toscana, mescolata° con elementi linguistici provenienti da° altri «volgari», diventasse° la lingua parlata e scritta da tutti gli italiani.

came to be called

became prestigious / outside of

wrote

were able to
Thus / started imitating them

with which
lasted for centuries

unification

media / have made it possible /
mixed / coming from / became

Il latino si trasformò linguisticamente nelle lingue «volgari.» Il volgare che si parlava in Toscana diventò il precursore della lingua italiana moderna.

A. Comprensione! Rispondi alle seguenti domande.

1. Quale era la lingua ufficiale di tutti i popoli dell'Impero Romano?
2. Quando cadde *(fell)* l'Impero Romano?
3. Come nacquero *(were born)* le lingue romanze?
4. Come si formarono i dialetti italiani moderni?
5. Perché diventò prestigioso il dialetto toscano nel Medioevo?
6. Perché diventò una «lingua letteraria» il dialetto toscano?
7. Qual è l'anno dell'unità d'Italia?
8. Quali fattori *(factors)* hanno portato *(have led)* al processo di diffusione della lingua letteraria?

ATTIVITÀ

B. A tutti la parola! Rispondi alle seguenti domande.

1. Hai mai letto le opere di Dante, Petrarca o Boccaccio? Se sì, quali? In inglese o in italiano?
2. Conosci un dialetto italiano? Se sì, quale? Da' alla classe qualche esempio di parole o espressioni in dialetto.

C. Momento creativo! Diversi gruppi di studenti dovranno scegliere uno o l'altro dei seguenti due temi, preparando poi una breve vignetta appropriata che non duri più di cinque minuti *(a five-minute vignette)* da recitare davanti alla classe.

1. Le prime parole dell'umanità (*humanity's first words*)
2. La prima lezione d'italiano

Comunicazione

- talking about driving and cars
- expressing conditions, hypotheses, views, uncertainty, etc.

Cultura

- Italian automobiles
- Italian highways

Strutture e vocabolario

- vocabulary referring to automobiles and to driving
- the conditional
- the conditional perfect
- **pensare**, **pensarci**, and **pensarne**
- regular verbs in the present subjunctive
- the impersonal **si**

16

See the Internet activity in this chapter.

L'AUTOMOBILE!

TEMA 1

Talking about cars

DIALOGO 1

it seems her car has
advice

Oggi Sonia dovrebbe andare a fare delle spese in centro. Ma, purtroppo, sembra che la sua macchina abbia° qualche problema meccanico. Allora, decide di telefonare a Cinzia, una sua amica, per chiederle consigli°.

noise / strange

SONIA: Sai, Cinzia, la mia macchina fa un rumore° molto strano°. Cosa dovrei fare?

CINZIA: Come ti ho detto molte volte, le macchine non si dovrebbero portare dal meccanico soltanto* quando hanno bisogno di qualche

repair / checkup / regular
believe me

riparazione°, ma anche per un controllo° regolare°!

SONIA: Ma credimi°, Cinzia, l'ho portata dal mio meccanico solo una settimana fa.

who knows / touched / by mistake

CINZIA: Ma, chissà°! Forse il tuo meccanico ha toccato° qualcosa per sbaglio°. Portala di nuovo da lui.

SONIA: Va bene.

A. Comprensione! Rispondi alle seguenti domande.

Sonia…
1. Dove dovrebbe andare?
2. Perché deve cambiare programma *(plans)*?
3. Che cosa decide di fare?
4. Che cosa fa la sua macchina?
5. Quando ha portato la macchina dal suo meccanico?

Cinzia…
6. Che cosa ha detto a Sonia molte volte?
7. Che cosa pensa che il meccanico abbia fatto?
8. Che cosa consiglia a Sonia di fare?

---

*A synonym for **solo**, meaning *only*

ATTIVITÀ D'ESPANSIONE 1

▶• DA NOTARE

SEMPLICE		PASSATO	
io scriverei	*I would write*	**io avrei scritto**	*I would have written*
tu scriveresti	*you would write*	**tu avresti scritto**	*you would have written*
		io sarei andato/a	*I would have gone*
		tu saresti andato/a	*you would have gone*

B. Scriverei, ma…! Completa ciascuna frase, seguendo il modello.

> **MODELLO:** Io scriverei…
> delle lettere, ma…
> *Io scriverei delle lettere, ma ho altre cose da fare /*
> *devo finire un compito / ecc.*

1. Oggi, io scriverei…
   a. delle lettere, ma…
   b. delle cartoline, ma…

2. L'anno scorso, tu saresti andato/a…
   a. in Italia, ma…
   b. in Francia, ma…

3. Ieri, mia sorella avrebbe fatto…
   a. delle spese, ma…
   b. tutti i suoi compiti, ma…

4. L'estate scorsa, noi saremmo andati…
   a. in vacanza in Europa, ma…
   b. in Italia per fare una gita, ma…

5. Anche voi sareste andati…
   a. in vacanza in Europa, ma…
   b. in Italia per fare una gita, ma…

6. Anche tu scriveresti…
   a. delle lettere, ma…
   b. delle cartoline, ma…

C. La mia macchina! Svolgi i seguenti compiti, seguendo il modello.

> **MODELLO:** Di' che…
> la tua macchina ha qualche problema, ma non sai cosa
> dovresti fare.
> *La mia macchina ha qualche problema, ma non so cosa*
> *dovrei fare.*

dovrei	*I should*
vorrei	*I would like*

Di' che…
1. la tua macchina fa un rumore strano, ma non sai cosa dovresti fare.
2. dovresti portare la tua macchina dal meccanico per una riparazione, ma non sai se avrai tempo.
3. vorresti portare la tua macchina dal meccanico per un controllo, ma come al solito non hai tempo.

MODI DI DIRE E DI COMUNICARE 1

▶•L'AUTOMOBILE!

il finestrino	*window*
il portabagagli (*pl.* **i portabagagli**)	*trunk*
il tergicristallo	*windshield wiper*

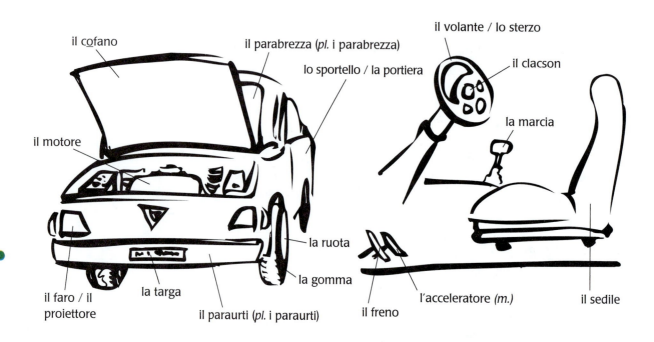

il cofano — il parabrezza (*pl.* i parabrezza) — lo sportello / la portiera — il volante / lo sterzo — il clacson — il motore — la marcia — la ruota — la gomma — la targa — l'acceleratore (*m.*) — il sedile — il faro / il proiettore — il paraurti (*pl.* i paraurti) — il freno

APPLICAZIONE

D. Problemi automobilistici! Sostituisci agli spazi le parole date nelle loro forme appropriate:

Situazione 1: Riparazioni meccaniche!
(acceleratore, clacson, volante)

Il mio meccanico ha dovuto riparare prima l'_____[1], perché la macchina non era capace di superare *(couldn't go beyond)* i 40 km. all'ora. Poi, ha aggiustato* *(he fixed)* il _____[2] perché non riuscivo a girare bene la macchina a sinistra. Infine, ha controllato il _____[3] perché non suonava bene da qualche settimana.

---

*Note that this means *to adjust, fix, repair something* such as a car or a computer. To express *to fix (prepare) a meal*, the verb **preparare** is used instead: **preparare il pranzo** = *to fix lunch.*

Situazione 2:   Un rumore strano!
                 (motore, sportello, cofano, targa)

Ieri sono andata a ritirare *(pick up)* la nuova _____¹ di quest'anno per la mia macchina. Mentre guidavo, però, ho sentito uno strano rumore nel _____² Allora ho aperto il _____³. Ma, sciaguratamente *(unfortunately)*, ho chiuso lo _____⁴ a chiave *(I locked)* allo stesso tempo. Per fortuna c'era una stazione di servizio *(gas station)* vicino.

Situazione 3:   Dal concessionario (dealer)*!*
                 (finestrino, sedile, gomma, ruota)

COMMESSO: Vuole vedere questa macchina con le _____¹ Pirelli?
CLIENTE: Va bene. Ha delle _____² bellissime. Ma non mi piacciono i suoi
           _____³.
COMMESSO: Perché?
CLIENTE: Perché sono troppo piccoli!
COMMESSO: Abbia pazienza! È una macchina sportiva. Non vede che non ha
           neanche i _____⁴ dietro, solo davanti, come tutte le macchine
           sportive?
CLIENTE: Ha ragione. Ma non mi piace! Preferisco una FIAT.

Situazione 4:   Una giornata disastrosa!
                 (paraurti, faro, parabrezza, portabagagli)

Ieri, ho rovinato *(I wrecked)* la mia macchina. Ma la colpa *(fault)* non è stata mia! Un altro automobilista ha fatto marcia indietro *(backed up)* contro *(against)* il mio _____¹! E ha rovinato i due _____². Poi, mentre portavo la macchina dal meccanico, un sasso ha picchiato *(hit)* contro il _____³ della mia macchina! Infine, quando sono arrivato/a dal meccanico, ho notato che era rovinato anche il _____ dietro!

E. A tutti la parola! Rispondi alle seguenti domande.

1. Tu guidi *(Do you drive)*? Se sì, che tipo di automobile guidi?
2. Che tipo di automobile vorresti avere? Perché? Descrivila.
3. Quante volte all'anno si dovrebbe portare la macchina dal meccanico per un controllo regolare? Da che cosa dipende *(What does it depend upon)*?

APPUNTI DI GRAMMATICA 1

IL CONDIZIONALE SEMPLICE

The conditional allows you to express actions that are subject to various conditions and states of uncertainty such as *I would go, but I'm too busy; she would not do that because she knows better.*

**Comprerei una casa,
  ma non ho abbastanza soldi.
Lui dovrebbe saldare quel debito
  prima di fare altre spese.**

*I would buy a house, but I don't have
  enough money.*
*He should pay off that debt before
  buying other things.*

The conditional is formed in exactly the same way as the future. So all the features that apply to the formation of the future apply as well to the formation of the conditional. (Review Chapter 11.)

- Drop the **-e** of the infinitive suffix, changing the **a** of the infinitive suffix of first-conjugation verbs to **e**:

First Conjugation	Second Conjugation	Third Conjugation
parlare	leggere	finire
↓	↓	↓
parler-	legger-	finir-

- Add the endings **-ei, -esti, -ebbe, -emmo, -este, -ebbero**.

parla_re_	→	**parler-**	→	**parler**_ei_, **parler**_esti_,...
legge_re_	→	**legger-**	→	**legger**_ei_, **legger**_esti_,...
fini_re_	→	**finir-**	→	**finir**_ei_, **finir**_esti_,...

- Here are four verbs conjugated in the **condizionale semplice**:

	PARLARE	LEGGERE	FINIRE	ALZARSI
io	parlerei	leggerei	finirei	mi alzerei
tu	parleresti	leggeresti	finiresti	ti alzeresti
lui / lei / Lei	parlerebbe	leggerebbe	finirebbe	si alzerebbe
noi	parleremmo	leggeremmo	finiremmo	ci alzeremmo
voi	parlereste	leggereste	finireste	vi alzereste
loro	parlerebbero	leggerebbero	finirebbero	si alzerebbero

Note that, as in the future, the **i** of verbs ending in **-ciare** and **-giare** is not retained in the formation of the conditional:

comin_ciare_	→	**comincer-**	→	**comincerei, cominceresti**, ecc.
man_giare_	→	**manger-**	→	**mangerei, mangeresti**, ecc.
ecc.				

Verbs ending in **-care** and **-gare** are written with an **h** to show the retention of the hard sounds:

cercare	→	**cercher-**	→	**cercherei, cercheresti**, ecc.
pagare	→	**pagher-**	→	**pagherei, pagheresti**, ecc.

VERBI IRREGOLARI

The patterns that apply to the formation of irregular verbs in the future apply as well to the formation of irregular verbs in the conditional. (See Chapter 12.)

- To conjugate **andare**, **avere**, **dovere**, **potere**, **sapere**, **vedere**, and **vivere** in the future or conditional, drop both the final vowel and the vowel of the infinitive suffix, and then add the usual endings.

  andare   →   **andr-**   →   **andrei, andresti, andrebbe,...**

- The other verbs with irregular future forms have corresponding conditional forms.

Verb	Future	Conditional
bere	berrò, berrai,...	berrei, berresti,...
dare	darò, darai,...	darei, daresti,...
dire	dirò, dirai,...	direi, diresti,...
essere	sarò, sarai,...	sarei, saresti,...
fare	farò, farai,...	farei, faresti,...
rimanere	rimarrò, rimarrai,...	rimarrei, rimarresti,...
stare	starò, starai,...	starei, staresti,...
tenere (mantenere, ottenere)	terrò, terrai,...	terrei, terresti,...
venire (convenire)	verrò, verrai,...	verrei, verresti,...
volere	vorrò, vorrai,...	vorrei, vorresti,...

IL CONDIZIONALE PASSATO (COMPOSTO)

The conditional perfect expresses a hypothetical action that would have occurred under certain conditions:

Avrei comprato una Lancia, ma non avevo abbastanza soldi.
I would have bought a Lancia, but I didn't have enough money.

Sarei andata in centro ieri, ma non ho avuto il tempo.
I would have gone downtown yesterday, but I didn't have time.

The conditional perfect is a compound tense made up of two separate parts: (1) the conditional of the auxiliary verb **avere** or **essere**, and (2) the past participle:

Auxiliary Verb	Past Participle
↓	↓
avrei	finito
sarei	andato/a

You have already learned everything you need to know in order to conjugate verbs in this tense. You know: (1) how to form past participles, (2) which verbs are conjugated with **avere** or **essere**, and (3) how to conjugate **avere** and **essere** in the conditional.

Here are three verbs fully conjugated in the conditional perfect: (1) a verb conjugated with **avere**, (2) a verb conjugated with **essere**, and (3) a reflexive verb:

	(1) COMPRARE		(2) ANDARE		(3) DIVERTIRSI	
io	avrei	comprato	sarei	andato/a	mi sarei	divertito/a
tu	avresti	comprato	saresti	andato/a	ti saresti	divertito/a
lui / lei / Lei	avrebbe	comprato	sarebbe	andato/a	si sarebbe	divertito/a
noi	avremmo	comprato	saremmo	andati/e	ci saremmo	divertiti/e
voi	avreste	comprato	sareste	andati/e	vi sareste	divertiti/e
loro	avrebbero	comprato	sarebbero	andati/e	si sarebbero	divertiti/e

CONDIZIONI E IPOTESI

- *I would do something, but...*
  Comprerei quella macchina, ma non ho soldi.
  I would buy that car, but I don't have money.

- *I would have done something, but...*
  Avrei comprato quella macchina, ma non avevo soldi.
  I would have bought that car, but I didn't have money.

With modal verbs:

- *I should do something, but...*
  Dovrei comprare quella macchina, ma non ho soldi.
  I should buy that car, but I don't have money.

- *I should have done something, but...*
  Avrei dovuto comprare quella macchina, ma non avevo soldi.
  I should have bought that car, but I didn't have money.

- *I could do something, but...*
  Potrei comprare quella macchina, ma non mi piace.
  I could buy that car, but I don't like it.

- *I could have done something, but...*
  Avrei potuto comprare quella macchina, ma non mi è piaciuta.
  I could have bought that car, but I didn't like it.

- *I would like to do something, but...*
  Vorrei comprare quella macchina, ma non ho la patente.
  I would like to buy that car, but I don't have a license.

- *I would have liked to do something, but...*
  Avrei voluto comprare quella macchina, ma non avevo la patente.
  I would have liked to buy that car, but I didn't have a license.

- *I would like...*
  Vorrei una macchina nuova.
  Mi piacerebbe una macchina nuova.
  I would like a new car.

• *I would have liked something, but…*
  Avrei voluto una macchina nuova, ma non avevo soldi per comprarla.
  Mi sarebbe piaciuta una macchina nuova, ma non avevo soldi per comprarla.
  I would have liked a new car, but I didn't have money to buy one.

ALTRI USI DEL CONDIZIONALE

• The conditional is also used to convey politeness or modesty when requesting or saying something:

Scusi, mi potrebbe aiutare?	*Excuse me, could you help me?*
Non saprei cosa dire.	*I wouldn't know what to say.*

• After phrases such as *according to…* or *in his/her opinion…* to convey uncertainty:

Secondo il giornale, il numero di macchine sarebbe aumentato di molto.	*According to the newspaper, the number of cars has gone up a lot.*
Secondo lui, gli italiani guiderebbero molto bene.	*According to him, Italians are good drivers.*

APPLICAZIONE

F. Condizioni e ipotesi! Rispondi alle seguenti domande, seguendo il modello.

> **MODELLO:** Quando verresti? / domani
> *Verrei domani.*

1. Quanto vorresti spendere? / poco
2. Dove potrebbero andare i tuoi amici? / in Italia
3. Chi verrebbe alla festa? / io e mia sorella
4. Quando cominceresti a lavorare? / fra un anno
5. Dove vivrebbe il tuo amico? / in Francia

G. Se tu avessi più soldi (*If you had more money*)**, cosa faresti?**
Rispondi a piacere usando i verbi dati. Segui il modello.

> **MODELLO:** Se io avessi più soldi… / cominciare
> *comincerei a viaggiare di più*

Se io avessi più soldi…

1. pagare
2. cominciare
3. mettersi a

4. finire
5. fare

Adesso rispondi nel modo indicato.

> **MODELLO:** cominciare / tu
> *Anche tu cominceresti a viaggiare di più.*

1. pagare / tu
2. cominciare / lui
3. mettersi a /noi

4. finire / voi
5. fare / loro

H. Condizioni e ipotesi! Rispondi alle seguenti domande, seguendo il modello.

> **MODELLO:** Perché non hai comprato una macchina nuova? / non avevo soldi
> *Io avrei comprato una macchina nuova, ma non avevo soldi.*

1. Perché non hai pagato quel debito? / non avevo soldi
2. Perché tuo fratello non è andato in Italia? / doveva lavorare
3. Perché i tuoi amici non si sono divertiti in vacanza? / ha fatto brutto tempo in montagna
4. Perché voi non avete telefonato? / siamo stati veramente impegnati
5. Perché non sei venuto alla festa? / la mia macchina non è partita *(didn't start)*

I. Cosa avresti voluto fare da bambino/a? Rispondi a piacere usando il verbo al condizionale o al condizionale passato, secondo il caso. Segui il modello.

> **MODELLO:** Cosa avresti voluto imparare da bambino (ma non hai imparato)?
> *Avrei voluto imparare a suonare il pianoforte.*

1. Dove saresti potuto/a andare recentemente (ma non sei andato/a)?
2. Cosa avresti dovuto fare la settimana scorsa (ma non hai fatto)?
3. Cosa avresti voluto fare recentemente (ma non hai fatto)?
4. Cosa ti piacerebbe studiare in futuro? Perché?
5. Cosa ti sarebbe piaciuto studiare quest'anno, oltre all'italiano?
6. Seconde te, come guiderebbero gli italiani? E gli americani?
7. Secondo te, perché il numero di macchine sarebbe aumentato di molto recentemente?

TACCUINO CULTURALE 1

AUTOMOBILI ITALIANE!

Macchine! Rispondi alle seguenti domande.

1. Quali macchine italiane conosci?
2. Quale macchina ti piace più delle altre? Perché?
3. Che tipo di macchina vorresti guidare in futuro? Perché?

Assieme al turismo e alla moda, l'industria automobilistica è sempre stata tra i più importanti settori[1] dell'economia italiana.

La macchina che la maggioranza[2] degli italiani guida è la FIAT, le cui lettere stanno per[3] *Fabbrica Italiana di Automobili di Torino*. Tra le cosiddette macchine di lusso[4] italiane si possono menzionare la Ferrari, l'Alfa Romeo, la Maserati, la Lancia e la Lamborghini.

Oggi, però, anche in Italia l'industria automobilistica nazionale è minacciata da[5] rivali[6] stranieri, particolarmente tedeschi o giapponesi.

[1]*sectors* [2]*majority* [3]*stand for* [4]*luxury* [5]*threatened by* [6]*rivals*

Comprensione e discussione! Rispondi alle seguenti domande.

1. Quali sono tre industrie importanti per l'Italia?
2. Che macchina guida la maggioranza degli italiani?
3. Quali sono alcune macchine di lusso italiane?
4. Quali rivali minacciano l'industria automobilistica italiana?
5. Qual è la tua macchina preferita? Perché?

MOMENTO CREATIVO 1

J. Dal meccanico! In coppie, mettete in scena la seguente situazione.

CLIENTE: [Va dal meccanico per riparazioni *(repairs)* alla sua macchina.]
MECCANICO: [Gli/Le fa una serie di domande per determinare il problema. Infine, propone di fare una riparazione che costa molto.]
CLIENTE: [Pensa che il prezzo della riparazione sia troppo alto.]

Il dialogo termina quando i due finalmente si mettono d'accordo sul prezzo della riparazione.

guasto: *malfunction* / ...indietro: *When you back up* / ...dopo: *right after* / ...moto: *I've started it* / scompare: *will disappear* / Altrimenti: *Otherwise* / esaustivo: *exhaustive*

DIALOGO 2

Dal meccanico…

SONIA: Allora, che guasto° ha?

MECCANICO: Penso che non sia grave. Quando Lei fa marcia indietro°, la macchina fa lo stesso rumore?

SONIA: No. Lo fa solo appena dopo° che l'ho messa in moto°.

MECCANICO: Senta, aspettiamo qualche giorno per vedere se il rumore scompare°. Altrimenti°, lasci la macchina qui per un controllo più esaustivo°.

SONIA: Va bene! La chiamo tra qualche giorno se fa ancora lo stesso rumore.

MECCANICO: Va bene!

K. Comprensione! Completa la seguente parafrasi del dialogo con le parole adatte nelle loro forme appropriate.

Il meccanico pensa che il problema non _____[1] grave, perché quando Sonia fa marcia _____[2] la macchina non fa nessun rumore. Infatti, lo fa solo quando mette la macchina in _____[3]. Secondo il meccanico, fra qualche giorno il _____[4] dovrebbe scomparire. Altrimenti, il meccanico consiglia a Sonia di lasciargli la macchina per un controllo più _____[5].

ATTIVITÀ D'ESPANSIONE 2

▶• DA NOTARE 1

Indicativo	Congiuntivo	
lui/lei guida	**Penso che lui/lei guidi bene.**	*I think that he/she drives well.*
loro guidano	**Penso che loro guidino bene.**	*I think that they drive well.*

▶• DA NOTARE 2

Tutti guidano bene.	=	**Si guida bene.**
Tutti bevono il caffè.	=	**Si beve il caffè.**
ecc.		

L. Cosa ne pensi? Rispondi a ogni domanda, seguendo i modelli.

MODELLO 1: Guidano bene gli italiani?
Sì, penso che guidino bene. / No, non penso che guidino bene.

1. Guidano bene gli americani?
2. Tuo padre guida bene?
3. Tua madre guida bene?
4. Generalmente i giovani guidano bene?

MODELLO 2: Tutti guidano bene in Italia?
Sì, si guida bene in Italia (in generale).

5. Tutti bevono l'espresso in Italia?
6. Tutti guardano la televisione in Italia?
7. Tutti vanno in vacanza d'estate in Italia?
8. Tutti leggono il giornale in Italia?

MODI DI DIRE E DI COMUNICARE 2

▶• GUIDARE

accelerare	*to speed up*	**mettere in moto**	*to start a car*
attraversare	*to cross*	**parcheggiare**	*to park*
l'automobilista (m./f.)	*driver, motorist*	**il parcheggio**	*parking*
l'autostrada	*highway*	**la patente (di guida)**	*driver's license*
la benzina	*gas*	**rallentare**	*to slow down*
fare marcia indietro	*to back up*	**il semaforo**	*traffic light*
frenare	*to brake*	**sorpassare**	*to pass*
girare / svoltare	*to turn*	**la stazione di servizio**	*gas station*
guidare	*to drive*	**la strada**	*road*
l'incrocio	*intersection*		

▶• PENSARE, PENSARCI, PENSARNE

As you have seen, the verb **pensare** normally requires that the verb in the subordinate clause be in the subjunctive. This verb is also used in two useful expressions: **pensarci**, which means *to think about doing something*, and **pensarne**, which means *to think about something*.

Pensi mai di andare in Italia?
Do you ever think of going to Italy?

Sì, *ci penso*.
Yes, I think about it.

Che cosa *ne pensi* della mia macchina?
What do you think about my car?

Non è un gran che!

It's no big deal!

• Remember that **ne** can replace a noun or noun phrase used in a partitive sense:

Conosci *alcune macchine italiane*?
Do you know any Italian cars?

Sì, *ne* conosco *alcune*.

Yes, I know some.

• **Ne** can also replace noun phrases beginning with **di** and meaning *about* or *of something*:

Lui parla spesso *delle macchine*?
Does he often talk about cars?

Sì, *ne* parla spesso.
Yes, he often talks about them.

La professoressa parlerà *della poesia di Dante*?
Will the professor talk about Dante's poetry?

Sì, *ne* parlerà.

Yes, she'll be talking about it.

- Remember that when **ne** replaces a partitive, and the verb is in a compound tense, there is agreement between **ne** and the past participle:

Hai guidato *alcune macchine italiane*?　　**Sì, *ne* ho guidat*e* *alcune*.**

- This agreement pattern does not apply when **ne** means *about/of it* or *them*:

Lui ha parlato spesso *delle macchine*?　　**Sì, *ne* ha parlato spesso.**

La professoressa ti ha parlato *della poesia di Dante*?　　**Sì, me *ne* ha parlato.**

APPLICAZIONE

M. La macchina! Indovina cosa è, e poi costruisci una frase appropriata con la parola o l'espressione indicata. Segui il modello.

> **MODELLO:** Fa andare la macchina più velocemente.
> *accelerare*
> *Non si deve accelerare troppo quando fa cattivo tempo.*

| **far(e) andare la macchina** | *to make the car go* |
---

1. Si va lì quando si ha bisogno di benzina.
2. Il documento che permette di guidare un'automobile.
3. L'azione *(action)* che si effettua *(which is to be carried out)* quando si vuole andare più velocemente.
4. Regola il traffico *(It regulates traffic)*.
5. L'azione che si effettua per far andare la macchina più lentamente *(slowly)*.
6. Il posto dove si può lasciare la macchina.
7. L'azione che si effettua per far andare la macchina indietro.
8. L'azione che si effettua per «far partire» la macchina.
9. Il punto dove si incontrano varie *(various)* strade.
10. L'azione che si effettua per far andare la macchina da una parte o dall'altra (a sinistra o a destra).

N. Ci penso spesso! Rispondi alle seguenti domande, seguendo il modello.

> **MODELLO:** Pensi mai di andare in Europa?
> *Sì, ci penso spesso. / No, non ci penso mai.*

1. Hai mai pensato di andare in Italia?
2. Cosa pensi degli automobilisti della tua città?
3. Hai mai lavorato presso una stazione di servizio?
4. Cosa ne pensi delle macchine italiane in generale?
5. Il tuo/La tua insegnante parla spesso di cultura italiana?
6. Quando ha parlato di letteratura italiana l'ultima volta?

APPUNTI DI GRAMMATICA 2

IL PRESENTE CONGIUNTIVO

The subjunctive **(il congiuntivo)** is a verbal mood that allows you to express a point of view, fear, doubt, hope, and so on. As you will soon learn, it is used under certain conditions for expressing virtually anything that is not conceived as factual or certain:

Penso che lei *guidi* **bene**.   *I think that she drives well.*
Credo che gli italiani *guidino* **molto bene**.   *I think that Italians drive very well.*
Dubito che tu *guidi* **sempre bene**.   *I doubt that you always drive well.*

To conjugate regular verbs in the **presente congiuntivo**:

• Drop the infinitive suffix:

First Conjugation	Second Conjugation	Third Conjugation
parlare	vendere	finire
↓	↓	↓
parl-	vend-	fin-

• Add the endings shown below. Note that **-ire** verbs with **-isc** in the conjugation of the present indicative and the imperative require the **isc** as well in the conjugation of the present subjunctive.

• Here are five verbs fully conjugated for you: (1) an **-are** verb, (2) an **-ere** verb, (3) an **-ire** verb, (4) an **-ire** verb with **-isc**, and (5) a reflexive verb.

	(1) PARLARE	(2) VENDERE	(3) DORMIRE	(4) FINIRE	(5) ALZARSI
io	parl*i*	vend*a*	dorm*a*	fin*isca*	mi alz*i*
tu	parl*i*	vend*a*	dorm*a*	fin*isca*	ti alz*i*
lui / lei / Lei	parl*i*	vend*a*	dorm*a*	fin*isca*	si alz*i*
noi	parl*iamo*	vend*iamo*	dorm*iamo*	fin*iamo*	ci alz*iamo*
voi	parl*iate*	vend*iate*	dorm*iate*	fin*iate*	vi alz*iate*
loro	p*a*rl*ino*	v*e*nd*ano*	d*o*rm*ano*	fin*iscano*	si *a*lz*ino*

- Just as in the present indicative, the **i** of verbs ending in **-ciare** and **-giare** is not doubled, and an **h** is added to verbs ending in **-care** and **-gare** to keep the hard **c** and **g** sounds:

	COMINCIARE	MANGIARE	CERCARE	PAGARE
io	cominci	mangi	cerchi	paghi
tu	cominci	mangi	cerchi	paghi
lui / lei / Lei	cominci	mangi	cerchi	paghi
noi	cominciamo	mangiamo	cerchiamo	paghiamo
voi	cominciate	mangiate	cerchiate	paghiate
loro	comincino	mangino	cerchino	paghino

- Since the endings of the **io**, **tu**, and **lui / lei / Lei** forms are the same, subject pronouns are used frequently with the singular forms of the present subjunctive to avoid confusion:

Credo che *tu* guidi bene.
Credo che *lei* guidi bene.

Uso principale

The subjunctive occurs mainly in a subordinate clause (generally introduced by **che**) when the two clauses have different subjects and the verb in the main clause expresses opinion, hope, doubt, and so on (**pensare, credere, volere, ecc.**):

Main Verb		Verb in Subordinate Clause	
Penso	che	lui *guidi* bene.	*I think that he drives well.*
Credo	che	loro *si sposino*.	*I believe that they are getting married.*
Speriamo	che	voi *parliate* italiano.	*We hope you (pl.) speak Italian.*
ecc.			

Indicative	Subjunctive
So che lui *guida* bene.	*Penso* che lui *guidi* bene.
Sono sicuro che loro *si sposano*.	*Credo* che loro *si sposino*.
Sappiamo che voi *parlate* italiano.	*Speriamo* che voi *parliate* italiano.
ecc.	

Il *si* impersonale

The impersonal **si** + *verb* construction has several English equivalents: *one, we, they, people*, etc. + *verb*:

Si guida bene in Italia.
$\Big\{$
One drives well in Italy.
They drive well in Italy.
People drive well in Italy.
etc.

Note the following rules associated with its use:

- When followed by a noun or noun phrase, the verb agrees with it in number (singular or plural):

SINGOLARE

Si *guida la FIAT* in Italia.
People drive a FIAT in Italy.
Si *mangia* bene in Italia.
People eat well in Italy.

PLURALE

Si *guidano le FIAT* in Italia.
People drive FIATs in Italy.
Si *mangiano gli spaghetti* in Italia.
People eat spaghetti in Italy.

- In compound tenses, the verb is conjugated with **essere** and the past participle agrees with the following noun or noun phrase:

Si sono vist*e le statistiche*.   *We have seen the statistics.*
Si è sempre dett*a la verità*.   *We have always told the truth.*

- When **si** is followed by a predicate adjective (i.e., an adjective that follows the verb **essere**), that adjective must be in the plural form:

Si è sicur*i* in questa città.   *One is safe in this city.*
Si è sempre felic*i* in Italia.   *One is always happy in Italy.*

APPLICAZIONE

0. Mio fratello! Tuo fratello è una persona molto sospettosa *(suspicious)*. Dubita tutto! Svolgi i seguenti compiti, seguendo il modello.

MODELLO: Mio fratello non crede che io… guido bene.
Mio fratello non crede che io guidi bene.

Mio fratello non crede che io…
1. comincio a lavorare presto.
2. pago i miei debiti.
3. spendo pochi soldi quando faccio delle spese.

Lui dubita anche che tu…
4. studi informatica quest'anno.
5. parli italiano bene.
6. compri una macchina nuova italiana.

Lui non crede che la mia amica…
7. compra una macchina italiana.
8. preferisce stare a casa il sabato sera.
9. studia chimica quest'anno.

Dubita anche che voi…
10. vi divertite quando andate in Italia.
11. studiate letteratura italiana quest'anno.
12. abitate vicino.

Infine, lui dubita che i suoi amici…
13. parlano bene l'italiano.
14. spendono molto quando escono.
15. si divertono quando escono.

P. Guidare! Con un compagno / una compagna, crea brevi dialoghi, seguendo i modelli.

> **MODELLO 1:** [al presente] guidare bene in questa città
> > TU: *Si guida bene in questa città?*
> > COMPAGNO/A: *Dubito che si guidi bene in questa città.*

1. guidare bene in Italia
2. preferire le macchine straniere in questa città
3. essere felici nel corso d'italiano
4. guidare solo le FIAT in Italia

> **MODELLO 2:** [al passato] guidare bene in questa città
> > TU: *Si guida bene in questa città?*
> > COMPAGNO/A: *No, e non si è mai guidato bene in questa città.*

5. guidare bene in Italia
6. preferire le macchine straniere in questa città
7. essere felici nel corso d'italiano

Q. A tutti la parola! Rispondi alle seguenti domande.

1. Come si guida nella tua città?
2. Perché si pensa che gli italiani non guidino bene? È vero, secondo te?
3. Quante volte all'anno si dovrebbe portare la macchina dal meccanico per un controllo?
4. Come si guida, generalmente, negli Stati Uniti?

▶● TACCUINO CULTURALE 2

AUTOSTRADE!

L'autostrada! Descrivi quello che vedi nella fotografia.

La prima autostrada fu costruita in Italia tra il 1923 e il 1925. Oggi le autostrade italiane sono tra le migliori del mondo, particolarmente per la qualità eccezionale dei loro segnali stradali[1]. Le città medie sono collegate[2] alle autostrade tramite[3] superstrade a quattro corsie[4]. In tutto, la penisola è percorsa[5] da 5.600 chilometri di autostrade.

Se si viaggia in macchina attraverso la rete[6] di autostrade italiane, allora bisognerà essere pronti[7] a pagare il pedaggio[8] ai caselli stradali[9] che si trovano alle uscite.

[1]*traffic signs* [2]*connected* [3]*by means of* [4]*four-lane* [5]*is covered by (lit. run by)* [6]*network*
[7]*to be ready* [8]*toll* [9]*tollbooths*

Generalmente, le leggi stradali[10] in Italia sono simili a quelle americane. In Italia è obbligatorio che il sorpasso si effettui solo a sinistra. Il sorpasso a destra è proibito[11], come negli Stati Uniti.

Comprensione! Rispondi alle seguenti domande.

1. Quando è stata costruita la prima autostrada in Italia?
2. Perché sono tra le migliori del mondo, le autostrade italiane?
3. Come sono collegate alle autostrade le città medie?
4. Da quanti chilometri di autostrada è percorsa l'Italia?
5. Che cosa bisogna pagare ai caselli stradali?
6. Dove si trovano i caselli?
7. Quale azione è proibita quando si guida in Italia?

[10] laws of the road   [11] forbidden

R. Segnali stradali! Ecco diversi segnali stradali comuni. Qual è l'equivalente segnale di ciascuno negli Stati Uniti?

divieto di accesso

senso unico

obbligo di arresto all'incrocio/fermata

strada sdrucciolevole (per pioggia o gelo)

S. Cartina automobilistica! Osserva la seguente cartina (small map) automobilistica.

Quali città bisogna attraversare per andare da Ventimiglia a…?
1. Genova
2. Piacenza
3. Aosta
4. Torino
5. Milano

T. A tutti la parola! Rispondi alle seguenti domande.

1. Come sono collegate le città del tuo stato / della tua provincia / della tua regione?
2. Secondo te, qual è la causa principale degli incidenti stradali (accidents)?
3. Come sono i segnali stradali della tua città?
4. Ti piacerebbe guidare in Italia? Perché sì/no?

LE AUTOSTRADE D'ITALIA
1. NORD - OVEST

MOMENTO CREATIVO 2

U. Alla scuola guida! In gruppi di tre, mettete in scena la seguente situazione.

STUDENTE/ STUDENTESSA:	[Sta imparando *(He/She is learning)* a guidare presso una scuola guida *(driving school)*. Durante una lezione sbatte contro un'altra macchina *(smashes against another car)*.]
ISTRUTTORE:	[Cerca di spiegare *(to explain)* all'altro/a automobilista com'è successo l'incidente *(how the accident happened)*.]
AUTOMOBILISTA:	[Purtroppo è una persona antipatica.]

La situazione viene risolta *(gets resolved)* in un modo inaspettato.

FASE 2: ASCOLTO

ASCOLTO

A. Ascolta attentamente la vignetta sull'audio cercando di determinare le seguenti cose:

1. chi è il/la cliente
2. che tipo di macchina guida
3. di che tipo di riparazione ha bisogno
4. che cosa decide di fare alla fine

B. Adesso cerca di ricostruire la conversazione con altri studenti a piacere.

FASE 3: LETTURA

PRIMA DI LEGGERE

A. La mia strada! Rispondi alle seguenti domande.

1. Ti ricordi com'era la tua strada quando eri piccolo/a?
2. Pensi che sia una cosa fattibile *(feasible)* mantenere *(to support)* un nonno o una nonna che è rimasto solo/rimasta sola? Perché sì/no?
3. Tu hai un nonno o una nonna che vive a casa tua?
4. Che cosa tieni *(do you keep)* nella tua stanza *(room)*?
5. Che cosa c'è lungo la tua strada?

Lettura: Nella mia strada ci sono un mucchio di automobili!

La strada della felicità° è quella dove abito io col mio papà, la mia mamma, mia sorella Patrizia, l'automobile, il cane° e il nonno, Giuseppe, che è rimasto solo e vive con noi.

Per me la strada di una città grande è come una piccola città, con intorno il mondo. La gente va e viene sul tram° che assomiglia° a un treno ma è più piccolo, o sull'autobus che assomiglia a un'automobile ma è più grande, o addirittura° sull'automobile come fa il mio papà che lavora. Invece il portalettere° adopera° il motorino° perché così fa prima, e la guardia notturna° arriva in bicicletta perché così i ladri° non la sentono° arrivare e non scappano°.

La mia strada non è grande ma ha molti occhi che sono le finestre delle case, e dietro a una di queste finestre c'è la mia stanza° col letto° dove dormo e i giochi e i libri di scuola.

Nella mia strada ci sono un mucchio° di automobili di tutte le marche° e alla sera c'è anche quella del mio papà che è molto veloce°.

(Da: *La strada della felicità*, di A. Pellicanò)

happiness
dog

streetcar
resembles
or even

letter carrier / uses / motorbike / night watchman] / thieves / hear / run away

room / bed

pile
of all makes

fast

DOPO LA LETTURA

B. Comprensione! Completa la seguente parafrasi della lettura con le parole adatte nelle loro forme appropriate.

1. Secondo Pellicanò la sua strada è quella della _____.
2. Abita lì col padre, con la madre, con la sorella, coll'auto, col cane e col nonno che è rimasto _____.
3. Per Pellicanò la strada di una città grande è come una città piccola, perché la gente va e viene sul _____ che assomiglia a un _____ piccolo, o sull'autobus che assomiglia a un'automobile grande, o addirittura sull'automobile.
4. Il portalettere adopera il _____ perché così fa prima a portare le lettere.
5. La guardia _____ arriva in bicicletta.
6. Così i _____ non la sentono arrivare e allora non _____.
7. Lungo la strada dove vive Pellicanò ci sono molte finestre, e dietro a una di queste finestre c'è la sua _____ col _____ dove dorme e i suoi _____ e i suoi libri di scuola.
8. Nella sua strada ci sono un _____ di automobili di tutte le marche e la sera c'è anche quella molto _____ di suo padre.

Rispondi alle seguenti domande.

1. Qual è, secondo te, il tema di questa lettura?
2. Vivi ancora dove vivevi da bambino/a?
   a. Se no, come te la ricordi la tua strada?
   b. Se sì, com'è la tua strada?

SINTESI

A. Situazioni tipiche! Scegli la risposta adatta.

1. Dovrei telefonare alla mia amica per…
   a. chiedergli consigli.
   b. chiederle consigli.

2. Si dovrebbe portare la macchina dal meccanico…
   a. per un controllo regolare.
   b. per qualsiasi rumore che fa.

3. Dovrei pulire… Non vedo quasi più la strada.
   a. il paraurti.
   b. il parabrezza.

4. Nella mia opinione, quella… una bella macchina.
   a. sarà
   b. sarebbe

5. La mia macchina fa un rumore strano quando…
   a. la metto in moto.
   b. è parcheggiata.

6. Pensi mai di andare all'estero?
   a. No, non ci penso mai.
   b. No, non penso mai.

1. I shouldn't have done it, but…
2. I would have bought that car, but…
3. I could have gone to Italy, but…
4. I should bring my car to the gas station, but…
5. I would like to go to Italy, but…

B. Lo dubito! Di' che dubiti le seguenti cose. Segui il modello.

MODELLO: Si guida bene in questa città.
Dubito che si guidi bene in questa città.

1. Si studiano tutte le lingue nella mia università / scuola.
2. La lezione d'italiano comincia troppo presto.
3. Bisogna portare la macchina dal meccanico ogni settimana.
4. Tutti si divertono in vacanza.

C. Intervista! Intervista il tuo compagno / la tua compagna.

Chiedigli/le…
1. se, secondo lui/lei, c'è troppo traffico oggi nelle grandi città.
2. come risolverebbe questo problema.
3. se ha la patente di guida (e quando l'ha presa).
4. se guida una macchina.
5. di chi è la macchina.
6. chi porta la macchina dal meccanico nella sua famiglia (perché).
7. se, quando guida, il suo comportamento *(behavior)* cambia (in che modo).
8. quali sono, secondo lui/lei, le cause più frequenti di incidenti stradali.

D. Cultura italiana! Vero o falso? Correggi le affermazioni che sono false.

1. Assieme al turismo e alla moda, l'industria automobilistica è sempre stata tra i più importanti settori dell'economia italiana.
2. Nessuno guida più la FIAT in Italia.
3. Le lettere di FIAT stanno per *Fabbrica Italiana di Automobili di Torino.*
4. Tra le cosiddette macchine di lusso italiane ci sono la Ferrari, l'Alfa Romeo, la Maserati, la Lancia, e la Lamborghini.
5. In Italia non è permessa la vendita di macchine straniere.
6. La prima autostrada fu costruita in Italia tra il 1925 e il 1930.
7. I segnali stradali italiani sono eccezionali.
8. La penisola italiana è percorsa da solo 590 chilometri di autostrade.
9. È proibito il sorpasso a sinistra in Italia.

E. Avvio allo scrivere! Scrivi un breve componimento in cui descrivi la prima volta che hai provato *(you tried)* a guidare. Poi leggilo alla classe.

F. Momento creativo finale! Lavorando in gruppi, componete e poi mettete in scena davanti a tutta la classe una breve commedia (di un atto) sul seguente tema:

Discussione in famiglia:
Compriamo una Maserati o una FIAT?

EXPLORE!
For this chapter's activity, go to http://adesso.heinle.com

LESSICO UTILE

NOMI

l'acceleratore *gas pedal*
l'automobilista *(m. / f.)*
  driver, motorist
la benzina *gasoline*
il clacson *car horn*
il cofano *hood*
il consiglio *advice*
il controllo *checkup, inspection*
il faro / il proiettore
  headlight
il finestrino *car window*
la gomma *tire*
il guasto *malfunction*

l'incrocio *intersection*
il meccanico *mechanic*
il motore *motor*
il parabrezza (pl. i
  parabrezza) *windshield*
il paraurti *(pl. i paraurti)*
  bumper
il parcheggio *parking*
la patente (di guida)
  driver's license
il pedaggio *toll*
il portabagagli *(pl. i*
  portabagagli) *trunk*

la riparazione *repair*
il rumore *noise*
la ruota *wheel*
lo sbaglio *mistake*
il sedile *car seat*
il semaforo *traffic light*
lo sportello / la portiera *car*
  door
la strada *road*
la targa *license plate*
il tergicristallo *windshield wiper*
il volante / lo sterzo *steering*
  wheel

AGGETTIVI

esaustivo *exhaustive*
regolare *regular*

strano *strange*

veloce *fast*

VERBI

accelerare *to speed up*
attraversare *to cross*
credere *to believe*
dubitare *to doubt*
frenare *to brake*
girare / svoltare *to turn*

guidare *to drive*
parcheggiare *to park*
pensarci *to think about*
  doing something
pensarne *to think about*
  something

rallentare *to slow down*
sembrare *to seem*
sorpassare *to pass*
toccare *to touch*

ALTRI VOCABOLI / ESPRESSIONI

altrimenti *otherwise*
essere proibito *to be*
  forbidden / prohibited

fare marcia indietro *to*
  back up
mettere in moto *to start (a car)*

per sbaglio *by mistake*
la stazione di servizio *gas*
  station

Comunicazione

- talking about sports
- comparing people or things

Cultura

- soccer
- sports in Italy

Strutture e vocabolario

- vocabulary referring to sports and sport activities
- irregular verbs in the present subjunctive
- more about the use of the subjunctive
- comparisons
- the superlative
- verbs in the past subjunctive

17

**See the
Internet
activity in
this chapter.**

LO SPORT!

DIALOGO 1

TEMA 1

Talking about sports / Comparing

fans / soccer
[soccer teams]
scores / goal (net)

Santina e suo fratello Marco, ambedue tifosi° di calcio°, stanno guardando la partita di domenica fra il Milan e la Juventus°. A un certo momento il Milan segna° una rete°.

would win

SANTINA: Te lo avevo detto che il Milan avrebbe vinto°*!
MARCO: Non è ancora finita la partita.

are left / goalkeeper
in shape, at the top of his game
team
players

SANTINA: Sì, ma mancano° solo alcuni minuti. E poi il portiere° del Milan è in forma°!
MARCO: Forse hai ragione. Il Milan è una squadra° troppo forte. I suoi giocatori° sono, oggi, i migliori d'Italia!
SANTINA: Purtroppo! Senti, Marco, appena sarà finita la partita, perché non andiamo a giocare a tennis con Gloria e Roberto?

defeat
guaranteed

MARCO: D'accordo. Ahi! Il Milan ha segnato un altro gol! La sconfitta° è ormai garantita°!

A. Comprensione! Rispondi alle seguenti domande.

1. Di quale sport sono tifosi, Santina e Marco?
2. Quale partita stavano guardando domenica?
3. Com'era il portiere del Milan?
4. Quale squadra ha i migliori giocatori d'Italia, secondo Marco?
5. Cosa voleva fare Santina dopo la partita?

---

vincere (to win): Past Part.: **vinto,** Past Abs.: **vinsi, vincesti,**...

ATTIVITÀ D'ESPANSIONE 1

▶•• DA NOTARE 1

The Present Subjunctive of *essere*	
io sia	noi siamo
tu sia	voi siate
lui / lei / Lei sia	loro siano

B. Opinioni, dubbi,… ! Esprimi un dubbio, un'opinione o un parere *(opinion)* su ciò che viene detto *(on what is said)*. Segui il modello.

> **MODELLO:** Gli italiani sono tifosi di calcio / Sembra che…
> *Sembra che gli italiani siano tifosi di calcio.*

1. Santina e Marco sono tifosi della Juventus / È possibile che…
2. Il Milan è sempre in forma / Sembra che…
3. La partita non è finita / Credo che…
4. Il portiere del Milan è in forma / Spero che…
5. La squadra del Milan è troppo forte / Non sono d'accordo che…
6. I suoi giocatori sono i migliori d'Italia / Dubito che…

▶•• DA NOTARE 2

l'alpinismo	*mountaineering, mountain climbing*
l'atletica leggera	*track and field*
l'automobilismo	*car racing*
il calcio	*soccer*
il campionato	*championship; playoffs*
il ciclismo	*biking, cycling*
il football	*football; soccer*
il golf	*golf*
l'hockey	*hockey*
il nuoto	*swimming*
la pallacanestro / il basket	*basketball*
la pallavolo	*volleyball*
il rugby	*rugby*
il tennis	*tennis*
facile	*easy*
difficile	*difficult*
divertente	*fun, enjoyable*
pericoloso/a	*dangerous*

C. È più interessante! Rispondi alle seguenti domande, seguendo il modello.

> **MODELLO:** Secondo te, quale sport è più interessante, il baseball o il calcio?
> *Secondo me, il baseball è più interessante del calcio. / Secondo me, il calcio è più interessante del baseball.*

Secondo te, quale sport…
1. è più popolare, il calcio o la pallacanestro?
2. è più difficile, il ciclismo o il nuoto?
3. è più noioso, il baseball o il calcio?
4. è più divertente, il football americano o l'hockey?
5. è più difficile fisicamente, il campionato di baseball o il campionato di hockey?
6. è più pericoloso, il football americano o l'automobilismo?

▶▪ DA NOTARE 3

piac_evole	*pleasant, pleasing*
praticare lo sport	*practice / engage in sports*

D. Qual è più piacevole per te? Rispondi alle seguenti domande, seguendo il modello.

> **MODELLO:** praticare uno sport / studiare
> *Per me è più piacevole praticare uno sport che studiare. /*
> *Per me è più piacevole studiare che praticare uno sport.*

1. praticare uno sport / fare i compiti
2. guardare una partita in TV / andare allo stadio *(stadium)*
3. giocare a baseball / giocare a calcio
4. giocare a hockey / giocare al football americano
5. praticare uno sport / guardare gli sport in TV

MODI DI DIRE E DI COMUNICARE 1

l'alpinismo

correre

il culturismo

la pallacanestro / il basket

sciare

▶● LO SPORT

correre*	to run
fare ginnastica	to work out
fare il footing	to jog
nuotare	to swim
pattinare	to skate
sciare	to ski

APPLICAZIONE

E. Che sport è? Indovina lo sport, seguendo il modello.

> **MODELLO:** È molto popolare in Europa e nell'America del Sud, e si gioca con un pallone *(ball)*.
> *il calcio*

1. Si gioca portando un pallone in mano.
2. Si gioca sul ghiaccio *(ice)*.
3. Si pratica nell'acqua.
4. È un tipo di gioco col pallone che è molto praticato in Inghilterra e in Australia.
5. È lo sport di Gabriella Sabatini.
6. È lo sport di Michael Jordan.
7. Si pratica per lo sviluppo dei muscoli *(muscle development)*.
8. Si pratica in montagna.
9. Lo sport di molte gare *(competitions)* come, per esempio, le corse.
10. Lo sport che si pratica sulla neve.

F. Football o hockey? Quale sport dei due dati preferisci di più? Segui il modello.

> **MODELLO:** football o hockey
> *Preferisco di più l'hockey perché è uno sport veloce, molto eccitante e fisicamente difficile.*

1. culturismo o ciclismo
2. tennis o sci
3. pallacanestro o pallavolo
4. atletica leggera o alpinismo
5. nuoto o golf

G. A tutti la parola! Rispondi alle seguenti domande.

1. Che tipo di agonismo *(competition)* preferisci? Perché?
2. Sai pattinare, sciare e/o nuotare? Se sì, quale preferisci di più? Perché?
3. Fai il footing regolarmente? Se sì, quando lo fai? Perché lo fai?
4. Fai ginnastica regolarmente? Se sì, che tipo fai e perché?
5. Di quale sport sei tifoso/a? Perché?
6. Quale sport pratichi? Quante volte alla settimana lo pratichi?

---

*Past Part.: **corso,** Past Abs.: **corsi, corresti,**…

APPUNTI DI GRAMMATICA 1

VERBI IRREGOLARI AL CONGIUNTIVO

Those verbs that are irregular in the present indicative are similarly irregular in the present subjunctive:

Verb	Present Indicative	Present Subjunctive
andare	vado, vai, va,…	vada, vada, vada,…
bere	bevo, bevi,…	beva, beva,…

Verb	
andare	vada, vada, vada, andiamo, andiate, vadano
avere	abbia, abbia, abbia, abbiamo, abbiate, abbiano
bere	beva, beva, beva, beviamo, beviate, bevano
dare	dia, dia, dia, diamo, diate, diano
dire	dica, dica, dica, diciamo, diciate, dicano
dovere	deva / debba, deva / debba, deva / debba, dobbiamo, dobbiate, devano / debbano
essere	sia, sia, sia, siamo, siate, siano
fare	faccia, faccia, faccia, facciamo, facciate, facciano
piacere	piaccia, piaccia, piaccia, piacciamo, piacciate, piacciano
potere	possa, possa, possa, possiamo, possiate, possano
rimanere	rimanga, rimanga, rimanga, rimaniamo, rimaniate, rimangano
sapere	sappia, sappia, sappia, sappiamo, sappiate, sappiano
sedersi	mi sieda, ti sieda, si sieda, ci sediamo, vi sediate, si siedano
stare	stia, stia, stia, stiamo, stiate, stiano
tenere (mantenere)	tenga, tenga, tenga, teniamo, teniate, tengano
uscire	esca, esca, esca, usciamo, usciate, escano
venire (convenire)	venga, venga, venga, veniamo, veniate, vengano
volere	voglia, voglia, voglia, vogliamo, vogliate, vogliano

ANCORA SUL CONGIUNTIVO

The following verbs and expressions in the main clause require the subjunctive in the subordinate clause.

Doubt / Uncertainty		
dubitare	*to doubt*	**Dubito che loro pratichino lo sport.**
non sapere	*not to know*	**Non so se loro giochino bene a calcio.**

Belief / Probability

credere	*to believe*	**Credo che loro pratichino l'atletica leggera.**
essere possibile	*to be possible*	**È possibile che lei sappia nuotare.**
essere probabile	*to be probable / likely*	**È probabile che lui sia il portiere del Milan.**
immaginare	*to imagine*	**Immagino che anche lei sappia sciare.**

Fear / Regret / Opinion

avere paura	*to fear*	**Ho paura che il Milan non vinca.**
essere peccato	*to be too bad / a pity*	**È un peccato che tu non sappia sciare.**
dispiacere	*to be sorry*	**Mi dispiace che tu non possa giocare.**
pensare	*to think*	**Penso che il calcio sia un bello sport.**
sembrare	*to seem*	**Sembra che lui sia il portiere della Juventus.**

Preferences / Desires / Expectations

convenire	*to be worthwhile*	**Conviene che tu pratichi qualche sport.**
essere bene	*to be good*	**È bene che tu sappia sciare.**
essere ora	*to be time*	**È ora che tu cominci a praticare qualche sport.**
essere utile	*to be useful*	**È utile che tu sappia sciare.**
preferire	*to prefer*	**Preferisco che lui giochi per noi, non per loro.**
volere	*to want*	**Voglio che la Juventus vinca.**

Need / Necessity

bisognare	*to be necessary*	**Bisogna che tu ti metta a praticare qualche sport.**
essere importante	*to be important*	**È importante che tu pratichi lo sport.**
essere necessario	*to be necessary*	**È necessario che si pratichi qualche sport.**

Hoping / Wishing

desiderare	*to desire, wish*	**Desidero che tu giochi a tennis con me.**
sperare	*to hope*	**Spero che tu sappia sciare.**

LA COMPARAZIONE 1

IL COMPARATIVO DI UGUAGLIANZA

The comparison of equality *(as…as)* can be expressed in two ways:

così…come	*as…as*
tanto…quanto	*as…as*

Questo giocatore è *così* bravo *come* quello.
This player is as good as that one.

Il tennis è *così* piacevole *come* il nuoto.
Tennis is as enjoyable as swimming. .

Questo giocatore è *tanto* bravo *quanto* quello.
This player is as good as that one.

Il tennis è *tanto* piacevole *quanto* il nuoto.
Tennis is as enjoyable as swimming

- Note that **così** and **tanto** can be omitted:
Questo giocatore è bravo come quello.

IL COMPARATIVO DI MAGGIORANZA

The comparison of superiority *(more / -er…than)* is expressed by:

più…di	**più…che**

Il baseball è popolare…	**Il football è *più* popolare…**	*Football is more popular…*
Il nuoto è divertente…	**Il tennis è *più* divertente…**	*Tennis is more fun…*

- Use **di** to compare two different things, people, etc.:

One Thing / Person			Another Thing / Person
IL NUOTO			**IL TENNIS**
Il nuoto	**è *più* piacevole**	***del***	**tennis.**
(Swimming	*is more pleasant*	*than*	*tennis.)*
MARIA			**PAOLO**
Maria	**è *più* simpatica**	***di***	**Paolo.**
(Maria	*is nicer*	*than*	*Paolo.)*

- Use **che** for all other cases:

Il culturismo è *più* difficile *che* piacevole. — *Bodybuilding is more difficult than it is pleasant.*

Maria è *più* intelligente *che* piacevole. — *Maria is more intelligent than she is pleasant.*

Franco pratica *più* il nuoto *che* il tennis. — *Franco swims more than he plays tennis.*

IL COMPARATIVO DI MINORANZA

The comparison of inferiority *(less…than)* is expressed by:

meno…di	meno…che

Il baseball è popolare…	Il calcio è *meno* popolare…	Soccer is less popular…
Il nuoto è divertente…	Il tennis è *meno* divertente…	Tennis is less fun…

The distinction between **di** and **che** applies as well to the **comparativo di minoranza**:

• Use **di** to compare two different things, people, etc.:

One Thing			Another Thing
IL NUOTO			**IL TENNIS**
Il nuoto	è *meno* piacevole	*del*	tennis.
(Swimming	*is less pleasant*	*than*	*tennis.)*
MARIA			**PAOLO**
Maria	è *meno* simpatica	*di*	Paolo.
(Maria	*is less charming*	*than*	*Paolo.)*

• Use **che** for all other cases:

Maria è *meno* piacevole *che* intelligente.	Maria is less pleasant than she is intelligent.
Franco pratica *meno* il nuoto *che* il tennis.	Franco swims less than he plays tennis.

IL PASSATO CONGIUNTIVO

The past subjunctive corresponds to the **passato prossimo**:

Mario *ha* sempre *praticato* il nuoto.	Penso che Mario *abbia* sempre *praticato* il nuoto.
Ieri lei *ha comprato* le scarpe.	Dubito che ieri lei *abbia comprato* le scarpe.
Due giorni fa *è andata* a Roma.	Credo che due giorni fa *sia andata* a Roma.
Ieri lei *si è messa* quella maglia.	Dubito che ieri lei *si sia messa* quella maglia.

The past subjunctive is a compound tense made up of two separate parts: (1) the present subjunctive of the auxiliary verb **avere** or **essere**, and (2) the past participle:

Auxiliary Verb	Past Participle
↓	↓
abbia	finito
sia	andato/a

So you have already learned everything you need to know in order to conjugate verbs in this tense. You know: (1) how to form past participles, (2) which verbs are conjugated with **avere** or **essere**, and (3) how to conjugate **avere** and **essere** in the present subjunctive.

Here are three verbs fully conjugated for you in the **passato congiuntivo**: (1) a verb conjugated with **avere**, (2) a verb conjugated with **essere**, and (3) a reflexive verb:

	(1) COMPRARE		(2) ANDARE		(3) DIVERTIRSI	
io	abbia	comprato	sia	andato/a	mi sia	divertito/a
tu	abbia	comprato	sia	andato/a	ti sia	divertito/a
lui / lei / Lei	abbia	comprato	sia	andato/a	si sia	divertito/a
noi	abbiamo	comprato	siamo	andati/e	ci siamo	divertiti/e
voi	abbiate	comprato	siate	andati/e	vi siate	divertiti/e
loro	abbiano	comprato	siano	andati/e	si siano	divertiti/e

APPLICAZIONE

H. Verbi, verbi a non finire! Svolgi i seguenti esercizi, seguendo il modello.

MODELLO: È necessario che io…
andare in Italia quest'anno
È necessario che io vada in Italia quest'anno.

È necessario che io…
1. andare in Francia quest'anno
2. fare ginnastica in una nuova palestra *(gym)*
3. essere in forma per la prossima partita

Bisogna che tu…
4. bere più acqua
5. fare il footing
6. essere in forma per la partita

Spero che lui…
7. andare a sciare con loro
8. potere venire con noi allo stadio
9. avere ragione che il Milan vincerà

Loro immaginano che noi…
10. dare molta importanza allo sport
11. venire a pattinare con te
12. saper sciare

Ho paura che voi…
13. non saper nuotare
14. non fare ginnastica regolarmente
15. non potere venire con noi allo stadio

È peccato che loro…
16. dover rimanere in casa oggi
17. non saper giocare a tennis
18. non poter venire allo stadio con noi

I. L'anno scorso! Adesso svolgi i seguenti esercizi in modo simile, mettendo il verbo al passato congiuntivo. Segui il modello.

> **MODELLO:** Mia sorella pensa che io…
> andare / in Italia / l'anno scorso
> *Mia sorella pensa che io sia andato in Italia l'anno scorso.*

Mia sorella pensa che io…
1. giocare / per la Juventus / l'anno scorso
2. pattinare / da solo / ieri
3. divertirsi / in montagna / l'estate scorsa

Mi dispiace che tu…
4. non vedere / la partita / domenica scorsa
5. non segnare / nemmeno una rete / l'anno scorso
6. non ricordarsi / di venire con noi / ieri

È importante che lei…
7. vincere / il campionato di tennis / l'anno scorso
8. non perdere / nemmeno una partita / l'anno scorso
9. mettersi / a giocare a tennis / da giovane

Non è vero che noi…
10. divertirsi / domenica scorsa
11. giocare a tennis / la settimana scorsa
12. fare ginnastica / in quella palestra / ieri

Ci dispiace che voi…
13. non fare ginnastica / con noi / la settimana scorsa
14. divertirsi / in montagna / l'anno scorso
15. non vedere la partita / domenica scorsa

È ora che i nostri giocatori…

16. vincere / una partita
17. non perdere / come al solito
18. riuscire / a vincere / contro una squadra brava

J. Di più, di meno,… ! Con un compagno / una compagna, svolgi i seguenti compiti nel modo indicato, seguendo i modelli.

MODELLO 1: calcio e football / piacevole

TU: *Per te, il calcio è così piacevole come il football?*
COMPAGNO/A: *Sì, per me il calcio è tanto piacevole quanto il football.*

1. hockey e pallacanestro / piacevole
2. golf e tennis / divertente
3. sciare e pattinare / facile
4. fare ginnastica e fare il footing / piacevole

MODELLO 2: calcio / football

TU: *Ti piace il calcio o il football?*
COMPAGNO/A: *Mi piace tanto il calcio quanto il football.*

5. culturismo / ciclismo
6. alpinismo / atletica leggera
7. correre / culturismo
8. gare di atletica leggera / gare di sci

K. Mi piace più… Con un compagno / una compagna, svolgi i seguenti compiti, seguendo i modelli.

MODELLO 1: calcio / football

TU: *Ti piace di più il calcio o il football?*
COMPAGNO/A: *Mi piace più il calcio del football.*
TU: *A me, invece, piace meno il calcio del football.*
sciare / pattinare
TU: *Ti piace di più sciare o pattinare?*
COMPAGNO/A: *Mi piace più pattinare che sciare.*
TU: *A me, invece, piace meno pattinare che sciare.*

1. i giocatori del Milan / i giocatori della Juventus
2. nuotare / correre
3. fare dello sport / guardare gli sport in TV
4. sci / nuoto

MODELLO 2: calcio / popolare / football

TU: *Pensi che il calcio sia più popolare del football?*
COMPAGNO/A: *No, penso che il calcio sia meno popolare del football.*

5. ciclismo / difficile fisicamente / culturismo
6. pallacanestro / piacevole / pallavolo
7. tennis / facile fisicamente / nuoto
8. calcio / popolare / hockey

IL CALCIO!

Football, rugby e calcio!

1. Hai mai visto questi tre sport (il football americano, il rugby e il calcio)?
2. Se sì, paragonali *(compare them)*, indicando quale sport preferisci e perché.

In Italia lo sport più praticato è il calcio. Il campionato di Serie A, la serie più importante, termina con la vincita[1] dello scudetto, il distintivo tricolore[2] che i vincitori porteranno sulla maglia nella stagione successiva.

Pare che il calcio sia stato il precursore[3] del rugby e del football americano. Si pensa che questi sport siano originati quando un giocatore di calcio, in un momento di frustrazione, decise di prendere il pallone in mano per segnare una rete.

Come tutti gli altri sport, il calcio è uno sport più visto che praticato. La domenica pomeriggio o sera i tifosi di tutta l'Italia stanno inchiodati[4] davanti al televisore per vedere la partita.

Comprensione! Rispondi alle seguenti domande.

1. Qual è lo sport più praticato in Italia?
2. Qual è il campionato nazionale di calcio più importante?
3. Che cos'è lo scudetto?
4. Come sono originati il rugby e il football americano?
5. Cosa fanno la domenica i tifosi di calcio?

[1]*victory*   [2]*tri-colored (red-white-green) symbol*   [3]*forerunner*   [4]*stay nailed (glued)*

L. A tutti la parola! Rispondi alle seguenti domande.

1. Cosa pensi dello sport del calcio?
2. Sai descriverne le caratteristiche?
3. Perché, secondo te, il calcio non è così popolare negli Stati Uniti come in Italia?
4. Cosa si dovrebbe fare, secondo te, per rendere il calcio più popolare in America?
5. Ti piacerebbe giocare a calcio? Perché sì/no?

MOMENTO CREATIVO 1

M. Intervista! Intervista il tuo compagno / la tua compagna. Chiedigli/le…

1. quali sport pratica e perché.
2. se vorrebbe praticarne degli altri e quali.
3. se gioca per qualche squadra (quale).
4. se ha mai visto una partita di calcio e se gli/le è piaciuta (perché sì/no).
5. come si potrebbe far diventare il calcio popolare in America.

TEMA 2

Talking about sports (continued)

DIALOGO 2

Dopo la partita di calcio, Santina e Marco vanno a giocare a tennis con Gloria e Roberto.

against

SANTINA: Allora, giochiamo in coppia, va bene? Io e Marco contro° Gloria e Roberto.

in any case

GLORIA: Va bene, tanto°, come al solito, vinceremo noi.

SANTINA: Non si sa! Oggi Marco e io siamo in forma!

GLORIA: Vedremo, vedremo!

Dopo un'ora di gioco…

Hey, guys / Let's stop. / I declare you / winners

GLORIA: Ehi, ragazzi°, sono stanca. Fermiamoci°. Vi dichiaro° vincitori°!

SANTINA: Va bene. Allora andiamo a prendere un caffè insieme, offerto dai vincitori! Va bene?

GLORIA: D'accordo!

N. Comprensione! Rispondi alle seguenti domande.

1. Dove vanno Santina e Marco dopo la partita di calcio?
2. Come vogliono giocare?
3. Chi vince di solito?
4. Chi diventa stanco/a dopo un'ora di gioco?
5. Che cosa decide di fare Gloria?
6. Chi dovrebbe offrire il caffè?

ATTIVITÀ D'ESPANSIONE 2

O. È vero? Rispondi alle seguenti domande nel modo indicato, seguendo il modello.

> **Modello:** È vero che dopo la partita di calcio, Santina e Marco sono andati a giocare a tennis? / È probabile che…
> *Sì, è probabile che dopo la partita di calcio, Santina e Marco siano andati a giocare a tennis.*

È vero che…
1. Santina e Marco hanno giocato contro Gloria e Roberto? / È possibile che…
2. vincono di solito Gloria e Roberto? / Credo che…
3. oggi hanno vinto Santina e Marco? / Penso che…
4. Gloria ha dichiarato Santina e Marco vincitori? / È probabile che…
5. sono poi andati a prendere un caffè insieme? / Sembra che…

▶● DA NOTARE

Lui è *il più* **bravo giocatore** *d'*Italia.	*He's the best player in Italy.*
Lei è *la più* **intelligente studentessa** *della* **classe.**	*She's the most intelligent student in the class.*

P. È il più bravo? Svolgi i seguenti esercizi nel modo indicato, seguendo il modello.

> **Modello:** È un bravo giocatore Gelli? / Milan
> *Sì, è il più bravo giocatore del Milan.*

1. È una bella partita? / campionato
2. È stato un gioco interessante? / anno
3. È un portiere bravo? / Serie A
4. È stata una bella rete? / partita

Q. A tutti la parola! Rispondi alle seguenti domande.

Secondo te, quest'anno chi è stato il più bravo giocatore…?
1. di hockey
2. di baseball
3. di football americano
4. di tennis
5. di calcio
6. di pallacanestro
7. del tuo sport preferito

la lotta

MODI DI DIRE E DI COMUNICARE 2

▶•▪ IL MONDO DELLO SPORT

Nomi

l'arbitro	referee	il pallone	soccer ball
l'atleta (m./f., pl. atleti)	athlete	il pareggio	draw, tie
il campo	field	la partita	game, match
la gara	(a specific) competition	la perdita	loss
il giocatore / la giocatrice	player	il punteggio	number of points, score
il gioco	game; play	lo stadio	stadium
la palestra	gymnasium	il tifoso / la tifosa	sports fan
la palla	ball (in general)		

Verbi / Espressioni

fare dello sport	to be active in sports
fare il tifo per	to be a fan of
giocare	to play
pareggiare	to tie
perdere	to lose
tirare	to throw
vincere	to win

APPLICAZIONE

R. Fare dello sport! Accoppia gli elementi delle due colonne in modo logico.

1. _____ Loro sono tifosi…
2. _____ Perché non andiamo allo…
3. _____ Qual è il punteggio necessario per…
4. _____ Quante…
5. _____ Non mi è piaciuta affatto…
6. _____ Quando giocano quelle due squadre…
7. _____ È molto dura (hard)…
8. _____ Io faccio ginnastica nella…
9. _____ Gli italiani vincono sempre qualcosa…
10. _____ Sono bravissimi gli…

a. vincere?
b. perdite ha sofferto il Milan l'anno scorso?
c. la palla del baseball.
d. palestra dell'università.
e. alle gare internazionali di ciclismo.
f. della Juventus.
g. atleti italiani nelle gare internazionali.
h. la partita finisce sempre in pareggio.
i. la partita di domenica scorsa.
j. stadio, invece di guardare la partita in TV?

S. A tutti la parola! Rispondi alle seguenti domande.

1. Hai mai vinto qualcosa nello sport (che cosa)?
2. Vai mai a sciare? Quante volte all'anno ci vai?
3. Vai mai a nuotare? Con quale frequenza?
4. Vai mai a pattinare? Dove e quando?
5. Come reagisci *(do you react)* quando la tua squadra preferita pareggia o perde una partita?
6. Pensi che sia necessario fare dello sport? Perché sì/no?
7. Sei bravo/a a correre? Hai mai partecipato *(participated)* a gare di corsa? Quali? Hai mai vinto?
8. Chi fa ginnastica o il footing regolarmente nella tua famiglia?

APPUNTI DI GRAMMATICA 2

INDICATIVO VS. CONGIUNTIVO

Recall that the subjunctive is used in a subordinate clause when main-clause verbs and expressions express anything that is not conceived as factual or certain. Note the following:

certo	*certain*
chiaro	*clear*
ovvio	*obvious*
sicuro	*sure*
vero	*true*

Indicative	**Subjunctive**
È certo che a lei piace il tennis.	È probabile che a lei piaccia il tennis.
È chiaro che lei è la più brava.	È possibile che lei sia la più brava.
È ovvio che il Milan ha vinto.	Sembra che il Milan abbia vinto.
È sicuro che la Juventus ha perso.	È possibile che la Juventus abbia perso.
È vero che tu sei il più bravo.	Dubito che tu sia il più bravo.

- The subjunctive is also required when the main clause contains an impersonal **si** construction with **dire** and similar words.

Indicative	**Subjunctive**
Loro dicono che il Milan è la squadra più forte di Serie A.	Si dice che il Milan sia la squadra più forte di Serie A.

- A negative main clause often conveys uncertainty. As a consequence, the subordinate clause should be in the subjunctive:

Indicative	Subjunctive
So che lui parla italiano.	Non so se lui parli italiano.
È chiaro che il Milan è forte.	Non è chiaro che il Milan sia forte.

- If a future action is implied in the subordinate clause, you can use the future tense itself instead of the present subjunctive:

Subjunctive	Future
Credo che lui giochi stasera.	**Credo che lui giocherà stasera.**
(I think he will play this evening.)	*(I think he will play this evening.)*

SEQUENZA DELLE AZIONI

The present subjunctive and the past subjunctive are both usually preceded by a main-clause verb in the present tense:

Main Clause	Subordinate Clause	
Dubito	**che lui giochi bene.**	*I doubt that he plays well.*
Dubito	**che lui abbia giocato bene.**	*I doubt that he played well.*
È probabile	**che il Milan vinca.**	*It's likely that Milan will win.*
È probabile	**che il Milan abbia vinto.**	*It's likely that Milan won.*

IL SUPERLATIVO

The superlative *(-est, the most, the least)* is expressed by the definite article before **più** or **meno**:

Il Milan è la squadra più forte.	*Milan is the strongest team.*
Il calcio è lo sport più popolare.	*Soccer is the most popular sport.*
I giocatori di quella squadra sono i meno popolari.	*The players on that team are the least popular.*

- Note that **di** corresponds to English *in/of* in superlative constructions:

Il Milan è la squadra più forte di Serie A.	*Milan is the strongest team in Series A.*
Il calcio è lo sport più popolare d'Italia.	*Soccer is the most popular sport in Italy.*
I giocatori di quella squadra sono i meno popolari del calcio.	*The players on that team are the least popular in soccer.*

- When the superlative construction includes the noun, do not repeat the definite article:

Maria è la più brava della classe.   **Maria è la ragazza più brava della classe.**

Il Milan è il più forte d'Italia.   **Il Milan è la squadra più forte d'Italia.**

- After a superlative, the verb in the subordinate clause must be in the subjunctive:

È lo sport più divertente che io conosca.   *It's the most enjoyable sport I know.*

È la partita più divertente che io abbia visto.   *It's the most enjoyable game I have seen.*

APPLICAZIONE

T. Verbi, verbi! Scegli la forma del verbo appropriata.

1. È necessario che anch'io…qualche sport.
   a. pratico
   b. pratichi

2. Speriamo che la nostra squadra…ieri.
   a. ha vinto
   b. abbia vinto

3. È certo che il Milan…domenica scorsa.
   a. ha vinto
   b. abbia vinto

4. È chiaro che voi…nuotare molto bene.
   a. sapete
   b. sappiate

5. Bisogna che loro…più ginnastica.
   a. fanno
   b. facciano

6. È importante che tu…il footing.
   a. fai
   b. faccia

7. È ovvio che gli Azzurri questa volta…
   a. hanno perso.
   b. abbiano perso.

8. È sicuro che in Italia…il tifo per il calcio.
   a. si fa
   b. si faccia

9. È ora che anche negli Stati Uniti… il calcio.
   a. si gioca
   b. si giochi

10. Sembra che il Milan…lo scudetto ancora quest'anno.
    a. ha vinto
    b. abbia vinto

U. È vero? Adesso metti il verbo tra parentesi al presente o al passato—indicativo o congiuntivo—secondo il caso. Segui i modelli.

> **MODELLO 1:** È vero che loro (perdere) _____ ieri.
> *È vero che loro hanno perso ieri.*

1. È possibile che (vincere) _____ quella squadra l'anno prossimo.
2. Mi ricordo che Donatelli (segnare) _____ una bellissima rete ieri.
3. Infatti, sembra che ne (segnare) _____ due.
4. È chiaro che quella squadra non (vincere) _____ mai contro la Juventus.
5. Bisogna che (vincere) _____ almeno una partita nel prossimo mese per rimanere in Serie A.
6. È ora che anche tu (fare) _____ un po' di ginnastica.
7. Sì, ma non so se io (potere) _____ farla regolarmente.
8. Sembra che non (esserci) _____ nessuna ragione per la perdita di ieri.
9. Non è affatto vero che a noi (piacere) _____ quella squadra.

> **MODELLO 2:** È lo sport più divertente che io (praticare) _____ mai.
> *È lo sport più divertente che io abbia praticato mai.*

10. È la partita più bella che io (vedere) _____ mai.
11. Questo è lo sport più divertente che io (praticare) _____ mai.
12. Quella è stata la rete più importante che loro (segnare) _____ quest'anno.
13. Quella è stata la partita più importante che la nostra squadra (vincere) _____ quest'anno.
14. Quel portiere è il più bravo che (esserci) _____ in questo momento.
15. Il tennis è lo sport più popolare che (esserci) _____ in Italia.

V. Tuttosport! Immagina di essere un/una giornalista per *Tuttosport*. Ecco i titoli *(headlines)* che hai scritto recentemente. Ripetili qui, in modo diverso, seguendo il modello.

> **MODELLO :** Il calcio è uno sport importante in Italia.
> *Il calcio è lo sport più importante d'Italia!*

1. L'automobilismo è uno sport popolare in Europa.
2. L'atletica leggera è uno sport praticato in America.
3. Il golf è uno sport meno popolare in Italia.
4. Il baseball è uno sport popolare negli Stati Uniti.
5. Lo stadio di Roma è uno stadio famoso in Italia.

GLI SPORT IN ITALIA!

Sport italiani!

1. Tu sai quali sono gli sport più popolari d'Italia?
2. Perché sono popolari seconde te?

A livello[1] internazionale, gli Azzurri (il colore usato per indicare una qualsiasi squadra nazionale italiana) hanno sempre avuto successo in diversi sport, particolarmente nel ciclismo, nell'automobilismo e nel nuoto.

Recentemente, gli italiani sono diventati tifosi di sport americani. Infatti, in televisione vengono oggi trasmesse partite di football, di hockey, di pallacanestro e di baseball in diretta dagli Stati Uniti. E sembra che siano tra i programmi televisivi più popolari. I nomi di Michael Jordan, Shaquille O'Neill, Troy Aikman, Ken Griffey, Jr. e Wayne Gretzky sono conosciuti in Italia da una nuova generazione di tifosi.

Comprensione e discussione! Rispondi alle seguenti domande.

Comprensione…
1. Come si chiamano le squadre nazionali che rappresentano l'Italia?
2. In quali sport hanno sempre avuto successo gli Azzurri?
3. Di che cosa sono diventati tifosi recentemente gli italiani?
4. Quali programmi vengono trasmessi in diretta dagli Stati Uniti?

Discussione…
5. Secondo te, lo sport oggi sta diventando «un business» internazionale? Perché sì/no?
6. Secondo te, ci sono troppi programmi di sport in televisione? Perché sì/no?

[1]*level*

MOMENTO CREATIVO 2

W. Discussione in famiglia! In coppie, mettete in scena la seguente situazione.

Un fratello e una sorella stanno discutendo lo sport negli Stati Uniti. La sorella pensa che gli sport americani siano, in gran parte, indirizzati *(directed)* agli uomini. La sorella elabora *(elaborates)* tre o quattro ragioni per sostenere la sua tesi *(to back up her thesis)*. Il fratello non è d'accordo, e quindi dovrà rispondere ad ognuna delle ragioni proposte *(put forward)* dalla sorella.

FASE 2: ASCOLTO

ASCOLTO

A. Ascolta attentamente la vignetta sull'audio cercando di determinare le seguenti cose:

1. che tipo di sport pratica ognuno dei quattro studenti nella scena
2. chi ha vinto un premio
3. perché l'ha vinto
4. che cosa decidono di fare i quattro alla fine

B. Adesso cerca di ricostruire la conversazione con altri studenti a piacere.

FASE 3: LETTURA

PRIMA DI LEGGERE

A. Sport e abitudini (habits)! Rispondi alle seguenti domande.

1. A che ora ti alzi generalmente? Perché?
2. Qual è la tua prima preoccupazione *(concern, worry)* quando ti alzi? Perché?
3. A te piace lo yogurt? Perché sì/no?
4. Quale altro tipo di «cibo sportivo» mangi? Perché?
5. Quando e dove hai imparato gli sport che pratichi?

Mio padre si alzava sempre alle quattro del mattino. La sua prima preoccupazione al risveglio° era andare a guardare se il «mezzorado» era venuto bene°.

upon waking
had turned out all right

Il mezzorado era latte acido° che lui aveva imparato° a fare in Sardegna da certi pastori°. Era semplicemente yoghurt*. Lo yoghurt in quegli anni non era ancora di moda: e non si trovava in vendita, come adesso, nelle latterie° o nei bar.

acidic
had learned / shepherds

dairy stores

A quel tempo non erano ancora di moda gli sport invernali°; e mio padre era forse, a Torino, l'unico a praticarli. Partiva, non appena cadeva un po' di neve, per Clavières, la sera del sabato con gli sci sulle spalle°. Allora non esistevano né Sestrières, né gli alberghi di Cervinia.

winter sports

with his skis on his shoulders

Gli sci, lui li chiamava «gli ski». Aveva imparato ad andare in sci da giovane, in un suo soggiorno° in Norvegia. Tornando la domenica sera, diceva sempre che però c'era brutta neve.

stay

(Da: *Lessico famigliare* di Natalia Ginzburg)

DOPO LA LETTURA

B. Comprensione! Completa la seguente parafrasi della lettura con le parole adatte nelle loro forme appropriate:

Ai tempi del padre della Ginzburg non _____ [1] gli alberghi che ci sono oggi. Oggi, invece, si trovano tanti _____ [2] per chi vuole praticare lo sci. Non appena _____ [3] la neve il padre andava sempre a sciare. Ai tempi del padre lo yogurt non si trovava nelle _____ [4]. Il padre aveva imparato a fare il mezzorado da certi _____ [5] della Sardegna. Quando cadeva la _____ [6] il padre partiva subito per Clavières. La prima _____ [7] del padre al mattino era di vedere come era venuto il mezzorado. Il padre portava sempre gli sci sulle _____ [8].

C. Discussione in classe! Rispondi alle seguenti domande.

1. Secondo te, qual è il tema principale di questo brano?
2. Secondo te, è diventato una moda praticare certi sport come lo sci, il ciclismo o l'alpinismo? Perché sì/no?

---

*Alternate spelling of **lo yogurt**.

SINTESI

A. Situazioni tipiche! Scegli la risposta adatta.

1. Quella squadra…due reti.
   a. ha segnato
   b. ha vinto

2. …alcuni minuti alla fine della partita.
   a. Mancano
   b. Vincono

3. I giocatori di quella squadra sono sempre…
   a. in ritardo.
   b. in forma.

4. Negli Stati Uniti, il football americano è più popolare…calcio.
   a. che il
   b. del

5. A me piace di più nuotare…giocare a tennis.
   a. di
   b. che

B. Sport! Rispondi alle seguenti domande, seguendo il modello.

> MODELLO: Secondo te chi è / chi è stato il più bravo / la più brava atleta di pallacanestro?
> *Secondo me il più bravo atleta di pallacanestro è stato Wilt Chamberlain.*

Secondo te, chi è / chi è stato il più bravo atleta / la più brava atleta di…
1. tennis?
2. nuoto?
3. pattinaggio *(skating)*?
4. pallacanestro?
5. atletica leggera?

C. Il mio sport preferito! Adesso indica quale dei due sport ti piace di più e poi spiega il perché. Segui il modello.

> MODELLO: calcio / football
> *Mi piace (di) più il calcio del football americano perché è meno violento / è più veloce / ecc.*

1. nuoto / sci
2. tennis / pallavolo
3. football / hockey
4. atletica leggera / ciclismo
5. pallacanestro / pallavolo
6. alpinismo / ciclismo

D. Intervista! Intervista il tuo compagno / la tua compagna.

Chiedigli/le…
1. qual è il suo sport più preferito e perché.
2. qual è il suo sport meno preferito e perché.
3. per quale squadra (di baseball, football, ecc.) fa il tifo *(is a fan)*.
4. se fa ginnastica (quante volte al giorno / alla settimana e dove la fa).
5. se fa il footing (quante volte al giorno / alla settimana e perché lo fa).
6. se sa pattinare (quando e dove pattina).
7. se sa sciare (quando e dove scia).
8. se sa nuotare (quando e dove nuota).

E. Cultura italiana! Accoppia le frasi delle due colonne.

1. _____ Il campionato più importante è quello…
2. _____ Lo sport più praticato in Italia è…
3. _____ Lo scudetto è il tricolore distintivo che…
4. _____ Il campionato termina…
5. _____ Oggi in Italia vengono trasmesse…
6. _____ La partita di calcio c'è…
7. _____ Le squadre italiane si chiamano «Gli Azzurri» perché…

a. il calcio.
b. di Serie A.
c. con la vincita dello scudetto.
d. i vincitori porteranno sulla maglia nella stagione successiva.
e. la domenica.
f. questo è il colore usato dalle squadre che rappresentano l'Italia.
g. partite in diretta dagli Stati Uniti.

F. Avvio allo scrivere! Descrivi uno dei seguenti sport, leggendo poi la tua descrizione in classe.

1. il calcio
2. il football americano
3. l'alpinismo
4. il ciclismo
5. il tennis
6. l'hockey
7. la pallacanestro
8. (un altro sport)

Includici le seguenti cose:
a. una descrizione degli atleti / delle squadre
b. come si deve fare per vincere
c. quali sono le regole *(rules)* del gioco
d. i suoi aspetti più interessanti
e. le squadre / gli atleti / i giocatori migliori attualmente
f. le squadre / gli atleti / i giocatori peggiori attualmente

G. Momento creativo! In coppie, mettete in scena la seguente situazione.

Due amici / amiche si mettono a parlare delle ultime Olimpiadi *(f. pl., Olympics)*. Ma i due sono tifosi di sport diversi.

EXPLORE!
For this chapter's activity, go to http://adesso.heinle.com

LESSICO UTILE

NOMI

l'alpinismo *mountaineering, mountain climbing*
l'arbitro *referee*
l'atleta *(m./f., pl.* **gli atleti***)* *athlete*
l'atletica leggera *track and field*
l'automobilismo *car racing*
il basket *basketball*
il calcio *soccer*
il campionato *championship, playoffs*
il campo *field*
il ciclismo *biking, cycling*
la corsa *race*

il culturismo *bodybuilding*
il football *American football; soccer*
la gara *(a specific) competition*
il giocatore / la giocatrice *player*
il gioco *game; play*
il gol *goal*
il nuoto *swimming*
la palestra *gymnasium*
la palla *ball*
la pallacanestro *basketball*
la pallavolo *volleyball*
il pallone *soccer ball*
il pareggio *draw, tie*

la partita *game, match*
il pattinaggio *skating*
la perdita *loss*
il portiere *goalkeeper*
il punteggio *number of points, score*
la rete *goal, net*
lo sci *skiing*
la sconfitta *defeat*
la squadra *team*
lo stadio *stadium*
il tifoso / la tifosa *sports fan*
la vincita *victory*
il vincitore / la vincitrice *winner*

AGGETTIVI

divertente *fun, enjoyable*
facile *easy*

garantito *guaranteed*
pericoloso *dangerous*

piacevole *pleasant, pleasing*
probabile *probable*

VERBI

correre *to run*
dichiarare *to declare*
fermarsi *to stop*
giocare *to play*
mancare *to be left, missing*

nuotare *to swim*
pareggiare *to draw, tie*
pattinare *to skate*
praticare *to practice, engage in*

sciare *to ski*
segnare *to score*
tirare *to throw*
vincere *to win*

ALTRI VOCABOLI / ESPRESSIONI

contro *against*
essere necessario *to be necessary*
essere ora *to be time*
essere peccato *to be too bad / a pity / a shame*

essere utile *to be useful*
fare dello sport *to be active in sports*
fare ginnastica *to work out*

fare il footing *to jog*
fare il tifo per *to be a fan of*
in forma *in shape, at the top of his/her game*

This chapter is designed to expose students to advanced topics in Italian grammar to prepare them for the next stage in the learning of the language. It is intended, in other words, as a "bridge" to intermediate Italian study.

The chapter is organized as follows: (1) each structure is explained in exactly the same way as any grammatical structure in the *Appunti di grammatica* sections of previous chapters; (2) an *Applicazione* section follows each explanation; (3) new vocabulary is both introduced in the explanatory sections and glossed in the *Applicazione* sections.

Strutture

- irregular verbs in the past absolute
- progressive forms of the subjunctive
- imperfect subjunctive
- relative pronouns
- passive voice
- formal pronouns
- pluperfect subjunctive
- conjunctions
- causative
- hypothetical if clauses

18

See the Internet activity in this chapter.

LEZIONE FINALE!

APPUNTI DI GRAMMATICA 1

VERBI IRREGOLARI AL PASSATO REMOTO

The **passato remoto** has more irregular verbs than any other tense. The following features and patterns will help you learn irregular verbs:

• Most of the verbs that have an irregular conjugation are **-ere** (second-conjugation) verbs.

• Of these, most undergo changes in the **io**, **lui / lei / Lei**, and **loro** forms.

			LEGGERE	SCRIVERE	PRENDERE
irregular	→	io	lessi	scrissi	presi
		tu	leggesti	scrivesti	prendesti
irregular	→	lui / lei / Lei	lesse	scrisse	prese
		noi	leggemmo	scrivemmo	prendemmo
		voi	leggeste	scriveste	prendeste
irregular	→	loro	lessero	scrissero	presero

As you can see, once you know the **io** form of these irregular verbs, you can easily predict the rest of the conjugation. Of the verbs introduced so far, the following are conjugated in this way. Note that only the **io** form is given to you here. Complete conjugations are found in the Appendix at the back of the book.

Verb	Io Form	Verb	Io Form
assumere	assunsi	crescere	crebbi
avere	ebbi	rimanere	rimasi
chiedere	chiesi	risolvere	risolsi
chiudere	chiusi	rispondere	risposi
decidere	decisi	sapere	seppi
conoscere	conobbi	scrivere (prescrivere)	scrissi
intendere	intesi	spendere	spesi
leggere	lessi	succedere	successe*
mettere (promettere, mettersi)	misi	svolgere	svolsi
nascere	nacqui	tenere (mantenere, ottenere)	tenni
perdere	persi	vedere	vidi
piangere	piansi	venire (convenire)	venni
piovere	piovve*	vivere	vissi
prendere	presi	volere (volerci)	volli

---

*These have only third-person forms.

The following verbs are irregular throughout their conjugations:

bere	bevvi, bevesti, bevve, bevemmo, beveste, bevvero
dare	diedi, desti, diede, demmo, deste, diedero
dire	dissi, dicesti, disse, dicemmo, diceste, dissero
essere	fui, fosti, fu, fummo, foste, furono
fare	feci, facesti, fece, facemmo, faceste, fecero
stare	stetti, stesti, stette, stemmo, steste, stettero

APPLICAZIONE

A. Ah, il passato! La zia parla sempre del passato! Ricrea quello che ha detto ieri. Segui il modello.

> **MODELLO:** Tanti anni fa, io…
> leggere / la *Divina Commedia*
> *Tanti anni fa, io lessi la* Divina Commedia.

Parlando di se stessa (talking about herself):
Tanti anni fa io…
1. scrivere / un romanzo
2. prendere / un appartamento a Roma
3. sapere / che mio marito voleva sposarmi
4. fare / tante cose interessanti all'università

Parlando di te:
Tanti anni fa, tu…
5. dare / un anello al tuo fidanzato / alla tua fidanzata
6. dire / al tuo fidanzato / alla tua fidanzata che volevi sposarlo/la
7. stare / senza lavorare per molto tempo

Parlando di suo marito:
Tanti anni fa, lui…
8. nascere / in una piccola città vicino a casa mia
9. chiedere / a me di sposarlo
10. decidere / di comprare una casa in campagna
11. perdere / i suoi capelli poco dopo

Parlando di te e della tua famiglia:
Tanti anni fa, voi…
12. conoscere / i vostri migliori amici
13. vivere / in Italia per qualche anno
14. vedere / tanti bei posti viaggiando in giro per l'Italia
15. rimanere / in Italia per molto tempo

Infine, parlando dei suoi due fratelli:
Tanti anni fa, loro…
16. sapere / che dovevano andare all'estero
17. rispondere / che non volevano andarci
18. risolvere / il problema in modo soddisfacente *(satisfying)*
19. rimanere / in America

B. Domande sul passato dei tuoi genitori! Rispondi alle seguenti domande, usando il passato remoto. Segui il modello.

> **MODELLO:** Dove nacque tua madre?
> *Nacque a Boston.*

1. In quale anno nacque tuo padre?
2. In quale città si conobbero i tuoi genitori?
3. Dove vissero durante la loro infanzia *(childhood)*?
4. Quando decisero di sposarsi?

APPUNTI DI GRAMMATICA 2

FORMA PROGRESSIVA DEL CONGIUNTIVO

As in the indicative, the progressive form of the present subjunctive is used to describe an ongoing action:

Credo che lui guidi bene.
I believe he drives well.

Credo che lui stia guidando in questo momento.
I believe he is driving at this moment.

Sembra che lui si diverta sempre.
It seems that he is always enjoying himself.

Sembra che lui si stia divertendo anche in questo momento.
It seems that he is enjoying himself even at this moment.

The progressive subjunctive is formed with the present subjunctive of the verb **stare** and the gerund of the verb. Here are two verbs fully conjugated for you in the progressive subjunctive:

	PARLARE	ALZARSI
io	stia parlando	mi stia alzando / stia alzandomi
tu	stia parlando	ti stia alzando / stia alzandoti
lui / lei / Lei	stia parlando	si stia alzando / stia alzandosi
noi	stiamo parlando	ci stiamo alzando / stiamo alzandoci
voi	stiate parlando	vi stiate alzando / stiate alzandovi
loro	stiano parlando	si stiano alzando / stiano alzandosi

APPLICAZIONE

C. Mio fratello! Tuo fratello è una persona molto sospettosa *(suspicious)*. Dubita tutto! Svolgi i seguenti compiti, seguendo il modello.

> **MODELLO:** Mio fratello non crede che…
> io studio l'italiano
> *Mio fratello non crede che io stia studiando l'italiano.*

Mio fratello non crede che…
1. tu studi informatica quest'anno.
2. tu compri una macchina nuova italiana in questo momento.
3. la mia amica compra una macchina italiana in questo momento.
4. voi vi divertite in quel corso.
5. anche loro si divertono in quel corso.

APPUNTI DI GRAMMATICA 3

L'IMPERFETTO CONGIUNTIVO

The imperfect subjunctive corresponds to the **imperfetto indicativo**:

Da bambino Mario praticava il tennis.
As a boy Mario used to play tennis.

Penso che da bambino Mario praticasse il tennis.
I think that as a boy Mario used to play tennis.

Una volta la Juventus era una squadra forte.
Once Juventus used to be a strong team.

Dubito che una volta la Juventus fosse una squadra forte.
I doubt that once Juventus used to be a strong team.

In other words, the **imperfetto congiuntivo** is used in a subordinate clause requiring the subjunctive to convey an action that *used to go on, was going on,* etc. Note that the main-clause verb or expression can be in the present, past, or conditional, as the case may be:

Main Clause	Subordinate Clause
PRESENT	
Dubito	**che la Juventus fosse una squadra forte l'anno scorso.**
I doubt	*that Juventus was a strong team last year.*
PAST	
Ho sempre dubitato	**che la Juventus fosse una squadra forte.**
I have always doubted	*that Juventus was a strong team.*
CONDITIONAL	
Vorrei	**che la Juventus fosse una squadra forte.**
I would like	*Juventus to be a strong team.*

The imperfect subjunctive of regular verbs is formed in a similar way to its indicative counterpart:

• Drop the **-re** of the infinitive suffix.

First Conjugation	Second Conjugation	Third Conjugation
parlare	leggere	finire
↓	↓	↓
parla-	legge-	fini-

• Add the endings **-ssi**, **-ssi**, **-sse**, **-ssimo**, **-ste**, and **-ssero**.

parla*re*	→	parla-	→	parla*ssi,* parla*ssi,* ecc.
legge*re*	→	legge-	→	legge*ssi,* legge*ssi,* ecc.
fini*re*	→	fini-	→	fini*ssi,* fini*ssi,* ecc.

• Here are four verbs conjugated fully in the **imperfetto congiuntivo**:

	PARLARE	LEGGERE	FINIRE	ALZARSI
io	parlassi	leggessi	finissi	mi alzassi
tu	parlassi	leggessi	finissi	ti alzassi
lui / lei / Lei	parlasse	leggesse	finisse	si alzasse
noi	parlassimo	leggessimo	finissimo	ci alzassimo
voi	parlaste	leggeste	finiste	vi alzaste
loro	parlassero	leggessero	finissero	si alzassero

VERBI IRREGOLARI

Those verbs that are irregular in the **imperfetto indicativo** are also irregular in the **imperfetto congiuntivo**:

Verb	Imperfect Indicative	Imperfect Subjunctive
bere	bevevo, bevevi,...	bevessi, bevessi,...
dare	davo, davi,...	dessi, dessi,...
ecc.		

bere	bevessi, bevessi, bevesse, bevessimo, beveste, bevessero
dare	dessi, dessi, desse, dessimo, deste, dessero
dire	dicessi, dicessi, dicesse, dicessimo, diceste, dicessero
essere	fossi, fossi, fosse, fossimo, foste, fossero
fare	facessi, facessi, facesse, facessimo, faceste, facessero
stare	stessi, stessi, stesse, stessimo, steste, stessero

APPLICAZIONE

D. Sarebbe bene, bisognerebbe,…! Svolgi i seguenti esercizi, seguendo il modello.

MODELLO: Bisognerebbe che io / affittare / un appartamento
Bisognerebbe che io affittassi un appartamento.

dare retta a	*to heed, pay attention to*
fare bella figura	*to cut a good figure, look good*
arredare	*to decorate, furnish*

1. Bisognerebbe che io / comprare / una casa nuova
2. Bisognerebbe che tu / dare / retta a me
3. Bisognerebbe che lui / bere / solo il latte
4. E sarebbe bene che lui / dire / sempre la verità
5. Sarebbe necessario che noi / stare / a casa di più
6. Sarebbe bene che noi / fare / bella figura alla festa
7. Bisognerebbe che voi / vivere / in campagna
8. Sarebbe bene che voi / non preoccuparsi / così tanto
9. Sarebbe bene che loro / ottenere / un prestito *(to get a loan)*
10. Sarebbe bene che loro / trasferirsi *(move)* / in campagna

E. Verbi, verbi! Scegli la forma adatta del verbo—presente, passato o imperfetto del congiuntivo—secondo il caso.

1. Ho sempre creduto che voi _____ vivere in campagna.
   a. vogliate
   b. abbiate voluto
   c. voleste

2. Credo che la casa che i tuoi genitori hanno appena comprato _____ bella.
   a. sia
   b. sia stata
   c. fosse

3. Pensavo che _____ venire anche loro.
   a. vogliano
   b. siano voluti
   c. volessero

4. Ho sempre dubitato che Giorgio _____ in grado di *(able to)* arredare la casa in modo elegante.
   a. sia
   b. sia stato
   c. fosse

5. Credevo che loro _____ una casa più comoda.
   a. comprino
   b. abbiano comprato
   c. comprassero

6. I nostri genitori vogliono che noi _____ una casa vicino a loro.
   a. compriamo
   b. abbiano comprato
   c. comprassimo

F. Da' retta a me! Con un compagno / una compagna, crea brevi dialoghi, seguendo il modello.

> **MODELLO:** comprare / quella casa
> anche i miei genitori
> > TU: *Da' retta a me! Compra quella casa!*
> > COMPAGNO/A: *Anche i miei genitori vorrebbero che io comprassi quella casa.*

1. arredare / la casa / con mobilia *(furniture)* moderna
   anche mia madre
2. trasferirsi / in campagna
   anche i miei genitori
3. pulire / la casa / più regolarmente
   anche mio padre
4. affittare / un appartamento / nel centro
   anche i miei amici
5. vendere / la casa / a buon prezzo
   anche la mia miglior amica

APPUNTI DI GRAMMATICA 4

PRONOMI RELATIVI

Unlike in English, a relative clause in Italian must always start with a relative pronoun.

---

che = *that, which, who*

La casa che abbiamo comprato è magnifica.	*The house (that) we bought is magnificent.*
Il libro che mi hai dato ieri è molto bello.	*The book (which) you gave me yesterday is very good / beautiful.*
Ecco la persona che conosce bene i computer.	*Here's the person who knows computers well.*

---

cui = *that, which, whom*
[used after a preposition]

Ecco la persona di cui ho parlato. *Here's the person I spoke about.*

---

il cui = *whose*

il cui libro	**la cui penna**
i cui libri	**le cui penne**

Ecco il computer il cui schermo non funziona.	*Here's the computer whose screen is not working.*
Abbiamo dei computer le cui stampanti sono di facile uso.	*We have computers whose printers are user-friendly.*

> che/cui = il quale
>   i quali
>   la quale
>   le quali

- Both **che** and **cui** can be replaced by **il quale** if there is an antecedent (a preceding noun phrase).

Ecco il computer il quale è di facile uso.	*Here's the computer that is user-friendly.*
Ecco i computer i quali sono di facile uso.	*Here are the computers that are user-friendly.*

> **chi** = *he/she who*

- **Chi** is always followed by a verb in the third-person singular and never has an antecedent.

Chi ha detto questo non sa niente.	*He / She who said this doesn't know anything.*
Chi lavora in quest'ufficio guadagna molto bene.	*He / She who works in this office does very well (earns a lot).*

> **quello che** = *what (that which)*

Non ho capito quello che hai detto.	*I didn't understand what you said.*
Quello che dici non è vero.	*What you are saying isn't true.*

- The idiomatic forms **quel che** or **ciò che** can replace **quello che.**

Non ho capito quel che hai detto.	*I didn't understand what you said.*
Ciò che dici non è chiaro.	*What you are saying is not clear.*

APPLICAZIONE

G. Pronomi, pronomi! Svolgi i seguenti esercizi nel modo indicato.

Che *o* cui?

1. Dov'è la copia _____ ti ho dato ieri?
2. Dove sono le forbici *(scissors)* _____ ho usato poco tempo fa?
3. Dov'è andata la collega a _____ ho dato la mia cucitrice *(stapler)*?
4. Il collega con _____ sono andato al bar ieri è una brava persona.

Il / i / la / le cui *o* quello che?

5. Il computer, _____ stampante non funziona, è vecchio.
6. Quel computer, _____ schermo *(screen)* è veramente grande, è nuovo.
7. _____ dice il nostro amico è vero.
8. Ma io non mi ricordo _____ ha detto il nostro collega.

Che *o* il quale *(nelle sue forme appropriate)?*

9. La collega, della _____ ti ho parlato, è molto intelligente.
10. Il collega, al _____ ho dato una copia del tuo lavoro, è una persona molto brava.
11. I direttori di quella ditta, ai _____ ho mandato una lettera due settimane fa, non hanno ancora risposto.
12. Le amiche, alle _____ ho promesso un lavoro nella nostra ditta, hanno deciso invece di continuare a studiare all'università.

Chi *o* quel che / ciò che?

13. _____ ha scritto quel messaggio non sa _____ dice.
14. _____ tu dici è proprio vero.
15. Non so _____ abbia detto quello, ma sono certo che _____ ha detto è falso.

APPUNTI DI GRAMMATICA 5

IL PASSIVO

In English and Italian, a sentence can be either active or passive.

ATTIVO	PASSIVO
Nora ha comprato quella casa.	**Quella casa è stata comprata da Nora.**
Nora bought that house.	*That house was bought by Nora.*
I suoi genitori compreranno quella casa.	**Quella casa sarà comprata dai suoi genitori.**
Her parents will buy that house.	*That house will be bought by her parents.*

Active sentences can be turned into corresponding passive sentences as follows:

1. Change the direct object into the subject of the passive sentence.

   Nora ha comprato *quella casa*. → ***Quella casa*...**

2. Put **essere** into the same tense and mood as the original verb, changing the original verb into a past participle. Do not forget the agreement pattern between past participle and subject that applies to verbs conjugated with **essere**.

   Nora *ha comprato* quella casa. → **Quella casa *è stata comprata*...**

3. Insert **da** before the agent (the original subject).

Nora **ha comprato quella casa.** → **Quella casa è stata comprata *da Nora*.**

Here are a few examples of how passive sentences are formed:

ATTIVO	PASSIVO
Nora scrive quella lettera. *Nora is writing that letter.*	**Quella lettera è scritta da Nora.** *That letter is written by Nora.*
I miei genitori hanno comprato quella casa. *My parents bought that house.*	**Quella casa è stata comprata dai miei genitori.** *That house was bought by my parents.*
Credevo che il mio collega avesse affittato quell' appartamento. *I thought my colleague had rented that apartment.*	**Credevo che quell' appartamento fosse stato affittato dal mio collega.** *I thought that apartment had been rented by my colleague.*

PASSIVI GENERALI

A passive sentence often does not have an agent. This type of sentence expresses generalities.

ATTIVO	PASSIVO
Ho finito la lezione. *I finished the lesson.*	**La lezione è finita.** *The lesson is finished.*
Hanno chiuso l'agenzia. *They closed the agency.*	**L'agenzia è chiusa.** *The agency is closed.*

APPLICAZIONE

H. Chi ha scritto la lettera? Svolgi i seguenti esercizi nel modo indicato, seguendo i modelli.

> **MODELLO 1:** Chi ha scritto la lettera? / Giorgio
> *La lettera è stata scritta da Giorgio.*

1. Chi ha scritto la lettera? / la mia collega
2. Chi comprerà i dischi? / io
3. Chi usava quel computer (prima di me)? / i tuoi colleghi
4. Chi ha comprato quella macchina? / lui

> **MODELLO 2:** Nora ha spedito quella lettera ieri.
> *Quella lettera è stata spedita da Nora ieri.*

5. Io avevo già comprato quel computer.
6. Dubito che lui faccia quel progetto.
7. Non è vero che Nora abbia scritto quel messaggio.
8. Pensavo che il capoufficio *(office manager)* comprasse quella fotocopiatrice *(photocopier)*.

I. Verbi mancanti! Inserisci negli spazi le forme di **essere** adatte.

1. Oggi l'ufficio _____ chiuso.
2. Le lezioni _____ finite.
3. Quel progetto non_____ ancora finito.
4. Quella partita _____ cancellata *(cancelled)*.
5. I voli dall'Italia oggi _____ stati cancellati.
6. Il programma _____ terminato.

J. È stato finito da Marco! Rispondi alle seguenti domande con frasi passive, seguendo il modello.

> **MODELLO:** Chi ha finito il compito? / Marco
> *Il compito è stato finito da Marco.*

1. Chi leggerà la *Divina Commedia*? / gli studenti
2. Chi ha mangiato quelle paste? / mio fratello
3. Chi ha comprato quella macchina? / i miei genitori
4. Chi guarderà quel programma? / tutti noi
5. Chi leggeva i giornalini a fumetti? / i miei amici

APPUNTI DI GRAMMATICA 6

PRONOMI FORMALI

There are two third-person singular subject pronouns—**egli** *(he)* and **ella** *(she)*—that are used only in formal speaking and writing contexts, especially in reference to historical personages.

LUI / LEI	EGLI / ELLA
Gianni è un bravo musicista.	**Dante era un grande poeta.**
Lui è un bravo musicista.	**Egli era un grande poeta.**
Claudia è una brava scrittrice.	**Lina Wertmüller è una grande regista.**
Lei è una brava scrittrice.	**Ella è una grande regista.**

APPLICAZIONE

K. Egli, ella, lui o lei? Completa le seguenti frasi con la forma adatta del pronome.

1. Mio fratello vive in Italia. _____ è simpatico.
2. Gioacchino Rossini era un grande compositore. _____ compose tante opere liriche.
3. Mia sorella è una brava musicista. _____ suona la chitarra *(guitar)* molto bene.
4. Natalia Ginzburg era una grande scrittrice. _____ scrisse molti bei romanzi.
5. La nostra professoressa è molto intelligente. _____ è di origine italiana.

APPUNTI DI GRAMMATICA 7

IL TRAPASSATO CONGIUNTVO

The pluperfect subjunctive, **il trapassato congiuntivo**, corresponds to the **trapassato indicativo**.

IL TRAPASSATO INDICATIVO

La mia amica aveva già visto quel film.
My friend had already seen that movie.

Tu eri già andato al cinema quando ti ho chiamato.

You had already gone to the movies when I called.

IL TRAPASSATO CONGIUNTIVO

Pensavo che la mia amica avesse già visto quel film.
I thought that my friend had already seen that movie.

Era probabile che tu fossi già andato al cinema quando ti ho chiamato.
It was probable that you had already gone to the movies when I called.

In other words, the **trapassato congiuntivo** is used in a subordinate clause requiring the subjunctive to convey an action that *had occurred* previously.

MAIN CLAUSE	SUBORDINATE CLAUSE
Dubito	**che Maria fosse andata al concerto.**
I doubt	*that Maria had gone to the concert.*
Pensavo	**che Claudia avesse già comprato i biglietti.**
I thought	*that Claudia had already bought the tickets.*

The pluperfect subjunctive is a compound tense made up of two separate parts: (1) the imperfect subjunctive of the auxiliary verb **avere** or **essere**, and (2) the past participle.

Auxiliary Verb	Past Participle
↓	↓
avesse	finito
fosse	andato/a

So you have already learned everything you need to know in order to conjugate verbs in this tense. You know: (1) how to form past participles, (2) which verbs are conjugated with **avere** or **essere**, and (3) how to conjugate **avere** and **essere** in the imperfect subjunctive.

Here are three verbs fully conjugated for you: (1) a verb conjugated with **avere**, (2) a verb conjugated with **essere**, and (3) a reflexive verb.

	(1) COMPRARE		(2) ANDARE		(3) DIVERTIRSI	
io	avessi	comprato	fossi	andato/a	mi fossi	divertito/a
tu	avessi	comprato	fossi	andato/a	ti fossi	divertito/a
lui / lei / Lei	avesse	comprato	fosse	andato/a	si fosse	divertito/a
noi	avessimo	comprato	fossimo	andati/e	ci fossimo	divertiti/e
voi	aveste	comprato	foste	andati/e	vi foste	divertiti/e
loro	avessero	comprato	fossero	andati/e	si fossero	divertiti/e

APPLICAZIONE

L. Il trapassato prossimo! Svolgi i seguenti esercizi, seguendo il modello.

MODELLO: Mia madre avrebbe preferito che io…
non andare / al concerto
Mia madre avrebbe preferito che io non fossi andato/a al concerto.

Mia madre avrebbe preferito che io…
  1. non comprare / i biglietti per il concerto
  2. andare / al balletto *(ballet)*
  3. prendere / un tassì *(taxi)*

Quando avevo chiamato, io pensavo che tu…già…
  4. alzarsi
  5. fare / i compiti
  6. uscire

Sarebbe stato un vero peccato se tuo fratello…
  7. dovere / rimanere in casa
  8. non completare / il suo progetto
  9. non comprare / i biglietti

Loro credevano che noi…
  10. uscire / lo stesso
  11. lasciare / il concerto presto
  12. non divertirsi / al concerto

E io pensavo invece che voi…
  13. prendere / un posto in platea *(ground-level seat)*
  14. lasciare / il concerto presto
  15. non divertirsi / al concerto

Sarebbe stato meglio se loro…
  16. venire / con noi
  17. andare / al balletto
  18. potere / comprare biglietti migliori

APPUNTI DI GRAMMATICA 8

CONGIUNZIONI CHE REGGONO IL CONGIUNTIVO

The subjunctive is used after conjunctions that introduce actions which may or may not happen or have happened. Here is a list of the most common ones:

a meno che...non	*unless*
affinché	*so that*
perché	*so that*
benché	*although, even though*
come se	*as if*
sebbene	*although, even though*
prima che	*before*
purché	*provided that*
nel caso che	*in the event that*

Lo dico affinché tu possa capire. — *I'm saying it so that you can understand.*

Siamo usciti ieri benché piovesse. — *We went out yesterday even though it was raining.*

Siamo andati a rivedere quel film sebbene non ci fosse piaciuto. — *We went to see that movie again even though we didn't like it.*

Loro si parlano come se niente fosse successo. — *They're talking to each other as if nothing had happened.*

Nel caso dovesse piovere, guarderemo la TV. — *In the event it should rain, we'll watch TV.*

Prima che arrivassero, avevamo già guardato il film. — *Before they arrived, we had already watched the movie.*

Uscirò con lui, purché voglia andare al concerto domani. — *I'll go out with him, provided that he wants to go to the concert tomorrow.*

Note that **a meno che** is followed by **non**:

Uscirò stasera, a meno che non piova. — *I'm going out tonight, unless it rains.*

APPLICAZIONE

M. Esco lo stesso! Crea frasi liberamente, seguendo i modelli.

> **MODELLO 1:** benché / piovere / oggi…
> *Benché piova oggi, esco lo stesso.*

1. sebbene / piovere / ieri…
2. a meno che / nevicare / domani…
3. come se / niente / succedere / la settimana scorsa…
4. affinché / io / potere conoscere i tuoi amici / domani …
5. purché / venire anche tu / alla festa / domani…

6. Io vorrei andare a vedere un'opera lirica, affinché…
7. Vorrei studiare l'italiano l'anno prossimo, a meno che non…
8. Preferisco studiare l'italiano, benché…

APPUNTI DI GRAMMATICA 9

LA COSTRUZIONE CAUSATIVA

The causative construction is made up of **fare + l'infinito**. It indicates a situation in which *someone has something done, has/makes someone else do something*, etc.

Io farei proibire il fast food.	*I would have fast food prohibited.*
Mi hanno fatto ascoltare quella musica orrịbile!	*They made me listen to that horrible music!*

Essentially it corresponds to the English construction *to have someone…* For example: **far(e) chiamare**: *to have someone called;* **far(e) aspettare**: *to have someone wait.*

Ho fatto chiamare Marco.	*I had Mark called.*
L'ho fatto chiamare.	*I had him called.*
Domani faremo aspettare Gina.	*Tomorrow we'll have Gina wait.*
Domani la faremo aspettare.	*Tomorrow we'll have her wait.*

• This construction can have objects and object pronouns:

Ho fatto scrivere *quella lettera a Marco*.	*I had Marco write that letter.*
***Gliela* ho fatta scrivere.**	*I had him write it.*
Mi* hanno fatto studiare *quelle poesie.	*They had me study those poems.*
***Me le* hanno fatte studiare.**	*They had me study them.*

• Note that **a Marco**, in the preceding example, is an indirect object because such sentences have both a direct (**quella lettera**) and an indirect object (**a Marco**).

APPLICAZIONE

N. Come si dice…? Di' le seguenti cose, seguendo il modello..

> **MODELLO:** Di' che tu hai fatto lavare *i piatti a tuo fratello.*
> *Glieli ho fatti lavare.*

Di' che tu…
1. farai venire *Marco al concerto. (Be careful with the word you choose for **al concerto!)**
2. faresti eliminare *la TV.*
3. farai ascoltare *il jazz a tua sorella.*
4. hai fatto leggere *quelle riviste a tuo fratello.*
5. hai fatto studiare <u>*La Divina Commedia*</u> *a noi.*

O. Quello che faccio e che mi fanno fare! Indica tre cose che…

1. tu fai fare ad altri.
2. altri (i tuoi genitori, i tuoi amici, ecc.) fanno fare a te.

APPUNTI DI GRAMMATICA 10

IL PERIODO IPOTETICO

The imperfect and pluperfect tenses of the subjunctive are used after **se** in hypothetical clauses when the main verb is in the conditional. This construction, known as the **periodo ipotetico**, allows you to express something hypothetical:

WITH PRESENT CONDITIONAL	WITH PAST CONDITIONAL
Se potessi, lo farei.	**Se avessi potuto, lo avrei fatto.**
If I could, I would do it.	*If I had been able, I would have done it.*
Se tu avessi studiato ieri, oggi potresti uscire.	**Se tu avessi studiato ieri, oggi saresti potuto uscire.**
If you had studied yesterday, today you could go out.	*If you had studied yesterday, today you could have gone out.*

Ordinarily, the present conditional in the main clause calls for the imperfect subjunctive in the *if* clause, and the past conditional in the main clause calls for the pluperfect subjunctive in the *if* clause.

If the statement is not contrary to fact, the verb in the main clause is not in the conditional and thus the *if* clause verb willl not be in the subjunctive.

Se posso, lo faccio.	*If I can, I'll do it.*
Se studierai, potrai uscire.	*If you study, you'll be able to go out.*

APPLICAZIONE

P. Verrebbe, se...! Svolgi i seguenti esercizi, seguendo i modelli.

MODELLO 1: Lei verrebbe al concerto, se...
venire / anch'io
Lei verrebbe al concerto, se venissi anch'io.
Lei sarebbe venuta al concerto, se ...
venire / anch'io
Lei sarebbe venuta al concerto, se fossi venuto/a anch'io.

Lei verrebbe al concerto, se...
1. venire / mia sorella
2. cantare / la sua cantante preferita
3. avere / biglietti migliori
4. non dovere / studiare per un esame

Lei sarebbe venuta al concerto, se...
5. venire / mia sorella
6. cantare / la sua cantante preferita
7. avere / biglietti migliori
8. non dovere / studiare per un esame

MODELLO 2: Se potessi,...
uscire / stasera
Se potessi, uscirei stasera.

Se avessi potuto,...
uscire
Se avessi potuto, sarei uscito/a.

Se potessi,...
9. venire / alla festa
10. andare / in Italia
11. comprare / una casa in campagna
12. lavorare di più

Se avessi potuto,...
13. venire / alla festa
14. andare / in Italia
15. comprare / una casa in campagna
16. lavorare di più

Q. Se avessi soldi...! Completa ciascuna frase a piacere.

MODELLO: Andrei al concerto, se...
Andrei al concerto, se avessi soldi per comprare il biglietto.

1. Andrei a vedere un'opera, se...
2. Se sapessi suonare bene uno strumento musicale,...
3. Se potessi fare quello che voglio,...
4. Se sapessi parlare bene l'italiano,...

R. Ipotesi e condizioni! Svolgi i seguenti esercizi nel modo indicato, seguendo i modelli.

MODELLO 1: Si era divertita tua sorella? / Sì, sembra che…
Sì, sembra che si fosse divertita.

1. Si era divertita tua sorella? / Sì, credo che…
2. Aveva visto quello spettacolo? / No, sembra che non…
3. Era andata a quel locale *(club)*? / Sì, è probabile che…
4. Le era piaciuta quella festa? / Sì, penso che…
5. Aveva preso un posto in galleria *(balcony seat)*? / No, penso che non…

MODELLO 2: Se viene Marta, vieni anche tu alla paninoteca?
Sì, se venisse Marta, verrei anch'io alla paninoteca.

6. Se c'è un film di Antonioni, vieni anche tu al cinema?
7. Se viene Marta, vieni anche tu alla festa?
8. Se trovo un posto in galleria, vieni anche tu al concerto?
9. Se suona il tuo complesso preferito in quel locale, vieni anche tu a ballare?
10. Se andiamo al concerto di musica rap, vieni anche tu?

S. Cosa faresti se qualcuno…? Con un compagno / una compagna, svolgi i seguenti compiti, seguendo il modello.

MODELLO: Cosa faresti se qualcuno…?
invitarti / a cena
accettare *(to accept)*
TU: *Cosa faresti se qualcuno ti invitasse a cena?*
COMPAGNO/A: *Accetterei.*

Cosa faresti se qualcuno…?

1. chiamarti / per uscire
trovare una scusa per non uscire

2. telefonare / per andare al cinema
accettare

3. darti un biglietto / per uno spettacolo
andare allo spettacolo volentieri

4. comprarti una nuova macchina
non sapere / quello che / fare

EXPLORE!
For this chapter's activity, go
to http://adesso.heinle.com

POLITICA ALL'ITALIANA!

promulgated, decreed

country

declares

the nation belongs to the people

parties

elects / In comparison with

complex

Second World War / used to dominate

alliances

L'Italia è una nazione democratica. La Costituzione Italiana, promulgata° il 22 dicembre del 1947, forma la base del sistema politico del paese°. Il primo Articolo di questa Costituzione dichiara° che l'Italia è una Repubblica democratica fondata sul lavoro e che la sovranità della nazione è del popolo°.

Come in qualsiasi sistema politico democratico, ci sono diversi partiti° politici ed il popolo italiano elegge° il Parlamento. In confronto agli° Stati Uniti, il sistema dei partiti è molto più complesso°. Dalla fine della Seconda Guerra Mondiale° fino a alcuni anni fa, la *Democrazia Cristiana* dominava° la scena. Ma la situazione è oggi cambiata molto. Infatti, sta emergendo un sistema politico con nuovi partiti e alleanze°.

La Piazza della Civita de Lavoro, Roma

Giorno dei lavoratori a Bologna

Il Parlamento italiano è diviso in due c<u>a</u>mere°: la Camera dei Deputati° e la Camera dei Senatori. I Deputati e i Senatori el<u>e</u>ggono° il Presidente della Repubblica. Il Presidente sceglie° fra i Deputati il Capo° del Governo, il quale sceglie, a sua volta°, i Ministri e forma il Governo. Il Presidente rimane in c<u>a</u>rica° sette anni. Quindi, l'Italia non è una repubblica presidenziale, perché il Presidente non è Capo del Governo. Perciò, è differente dagli Stati Uniti, poiché in America il Presidente è anche il Capo del Governo.

chambers / Delegates
elect
chooses / head
in turn
in office

A. Comprensione!   Rispondi alle seguenti domande.

1. Che tipo di nazione è l'Italia?
2. Quando è stata promulgata la sua Costituzione?
3. Quale partito ha dominato la scena politica del paese fino a pochi anni fa?
4. Com'è diviso il Parlamento?
5. Chi elegge il Presidente della Repubblica?
6. Chi sceglie il Capo del Governo?
7. Chi forma il Governo?
8. Per quanti anni rimane in carica il Presidente?

Donne in protesta, Roma

B. Discussione in classe!   Com'è differente o simile il sistema politico americano in confronto a quello italiano?

C. Momento creativo!   Lavorando in gruppi di tre, mettete in scena un dibattito politico in televisione. Uno/Una appartiene *(belongs)* a un partito di sinistra e l'altro/a a un partito di destra. La terza persona farà domande a questi due studenti/studentesse su argomenti *(topics)* che riguardano *(which pertain to)* l'economia, l'inquinamento, ecc.

APPENDICES

IRREGULAR VERBS

Sequence of forms in each conjugation: first-person singular **(io)**, second-person singular **(tu)**, third-person singular **(lui / lei / Lei)**, first-person plural **(noi)**, second-person plural **(voi)**, third-person plural **(loro)**.

andare *to go*	**PRESENT INDICATIVE:** vado, vai, va, andiamo, andate, vanno **FUTURE:** andrò, andrai, andrà, andremo, andrete, andranno **IMPERATIVE:** va', vada, andiamo, andate, vadano **CONDITIONAL:** andrei, andresti, andrebbe, andremmo, andreste, andrebbero **PRESENT SUBJUNCTIVE:** vada, vada, vada, andiamo, andiate, vadano
aprire *to open*	**PAST PARTICIPLE:** aperto
assumere *to hire*	**PAST PARTICIPLE:** assunto **PAST ABSOLUTE:** assunsi, assumesti, assunse, assumemmo, assumeste, assunsero
avere *to have*	**PRESENT INDICATIVE:** ho, hai, ha, abbiamo, avete, hanno **FUTURE:** avrò, avrai, avrà, avremo, avrete, avranno **IMPERATIVE:** abbi, abbia, abbiamo, abbiate, abbiano **PAST ABSOLUTE:** ebbi, avesti, ebbe, avemmo, aveste, ebbero **CONDITIONAL:** avrei, avresti, avrebbe, avremmo, avreste, avrebbero **PRESENT SUBJUNCTIVE:** abbia, abbia, abbia, abbiamo, abbiate, abbiano
bere *to drink*	**PRESENT INDICATIVE:** bevo, bevi, beve, beviamo, bevete, bevono **PAST PARTICIPLE:** bevuto **GERUND:** bevendo **IMPERFECT:** bevevo, bevevi, beveva, bevevamo, bevevate, bevevano **FUTURE:** berrò, berrai, berrà, berremo, berrete, berranno **IMPERATIVE:** bevi, beva, beviamo, bevete, bevano **PAST ABSOLUTE:** bevvi, bevesti, bevve, bevemmo, beveste, bevvero **CONDITIONAL:** berrei, berresti, berrebbe, berremmo, berreste, berrebbero **PRESENT SUBJUNCTIVE:** beva, beva, beva, beviamo, beviate, bevano **IMPERFECT SUBJUNCTIVE:** bevessi, bevessi, bevesse, bevessimo, beveste, bevessero
chiedere *to ask*	**PAST PARTICIPLE:** chiesto **PAST ABSOLUTE:** chiesi, chiedesti, chiese, chiedemmo, chiedeste, chiesero
chiudere *to close*	**PAST PARTICIPLE:** chiuso **PAST ABSOLUTE:** chiusi, chiudesti, chiuse, chiudemmo, chiudeste, chiusero
correre *to run*	**PAST PARTICIPLE:** corso **PAST ABSOLUTE:** corsi, corresti, corse, corremmo, correste, corsero

dare	**PRESENT INDICATIVE:** do, dai, dà, diamo, date, danno
to give	**PAST PARTICIPLE:** dato
	GERUND: dando
	IMPERFECT: davo, davi, dava, davamo, davate, davano
	FUTURE: darò, darai, darà, daremo, darete, daranno
	IMPERATIVE: da', dia, diamo, date, diano
	PAST ABSOLUTE: diedi, desti, diede, demmo, deste, diedero
	PRESENT SUBJUNCTIVE: dia, dia, dia, diamo, diate, diano
	IMPERFECT SUBJUNCTIVE: dessi, dessi, desse, dessimo, deste, dessero

decidere	**PAST PARTICIPLE:** deciso
to decide	**PAST ABSOLUTE:** decisi, decidesti, decise, decidemmo, decideste, decisero

dire	**PRESENT INDICATIVE:** dico, dici, dice, diciamo, dite, dicono
to say, tell	**PAST PARTICIPLE:** detto
	GERUND: dicendo
	IMPERFECT: dicevo, dicevi, diceva, dicevamo, dicevate, dicevano
	FUTURE: dirò, dirai, dirà, diremo, direte, diranno
	IMPERATIVE: di', dica, diciamo, dite, dicano
	PAST ABSOLUTE: dissi, dicesti, disse, dicemmo, diceste, dissero
	CONDITIONAL: direi, diresti, direbbe, diremmo, direste, direbbero
	PRESENT SUBJUNCTIVE: dica, dica, dica, diciamo, diciate, dicano
	IMPERFECT SUBJUNCTIVE: dicessi, dicessi, dicesse, dicessimo, diceste, dicessero

dovere	**PRESENT INDICATIVE:** devo, devi, deve, dobbiamo, dovete, devono
to have to	**FUTURE:** dovrò, dovrai, dovrà, dovremo, dovrete, dovranno
	CONDITIONAL: dovrei, dovresti, dovrebbe, dovremmo, dovreste, dovrebbero
	PRESENT SUBJUNCTIVE: deva/debba, deva/debba, deva/debba, dobbiamo, dobbiate, devano/debbano

essere	**PRESENT INDICATIVE:** sono, sei, è, siamo, siete, sono
to be	**PAST PARTICIPLE:** stato
(esserci)	**IMPERFECT:** ero, eri, era, eravamo, eravate, erano
	FUTURE: sarò, sarai, sarà, saremo, sarete, saranno
	IMPERATIVE: sii, sia, siamo, siate, siano
	PAST ABSOLUTE: fui, fosti, fu, fummo, foste, furono
	CONDITIONAL: sarei, saresti, sarebbe, saremmo, sareste, sarebbero
	PRESENT SUBJUNCTIVE: sia, sia, sia, siamo, siate, siano
	IMPERFECT SUBJUNCTIVE: fossi, fossi, fosse, fossimo, foste, fossero

fare	**PRESENT INDICATIVE:** faccio, fai, fa, facciamo, fate, fanno
to do, make	**PAST PARTICIPLE:** fatto
	GERUND: facendo
	IMPERFECT: facevo, facevi, faceva, facevamo, facevate, facevano
	FUTURE: farò, farai, farà, faremo, farete, faranno
	IMPERATIVE: fa', faccia, facciamo, fate, facciano
	CONDITIONAL: farei, faresti, farebbe, faremmo, fareste, farebbero
	PRESENT SUBJUNCTIVE: faccia, faccia, faccia, facciamo, facciate, facciano
	IMPERFECT SUBJUNCTIVE: facessi, facessi, facesse, facessimo, faceste, facessero

intendere *to intend*	**PAST PARTICIPLE:** inteso **PAST ABSOLUTE:** intesi, intendesti, intese, intendemmo, intendeste, intesero
leggere *to read*	**PAST PARTICIPLE:** letto **PAST ABSOLUTE:** lessi, leggesti, lesse, leggemmo, leggeste, lessero
mettere *to put* **(mettersi, promettere)**	**PAST PARTICIPLE:** messo **PAST ABSOLUTE:** misi, mettesti, mise, mettemmo, metteste, misero
nascere *to be born*	**PAST PARTICIPLE:** nato **PAST ABSOLUTE:** nacqui, nascesti, nacque, nascemmo, nasceste, nacquero
offrire *to offer*	**PAST PARTICIPLE:** offerto
perdere *to lose*	**PAST PARTICIPLE:** perso/perduto **PAST ABSOLUTE:** persi, perdesti, perse, perdemmo, perdeste, persero
piacere *to like*	**PRESENT INDICATIVE:** piaccio, piaci, piace, piacciamo, piacete, piacciono **PAST PARTICIPLE:** piaciuto **PAST ABSOLUTE:** piacqui, piacesti, piacque, piacemmo, piaceste, piacquero **PRESENT SUBJUNCTIVE:** piaccia, piaccia, piaccia, piacciamo, piacciate, piacciano
piangere *to cry*	**PAST PARTICIPLE:** pianto **PAST ABSOLUTE:** piansi, piangesti, pianse, piangemmo, piangeste, piansero
piovere *to rain*	**PAST ABSOLUTE:** piovve
potere *to be able to*	**PRESENT INDICATIVE:** posso, puoi, può, possiamo, potete, possono **FUTURE:** potrò, potrai, potrà, potremo, potrete, potranno **CONDITIONAL:** potrei, potresti, potrebbe, potremmo, potreste, potrebbero **PRESENT SUBJUNCTIVE:** possa, possa, possa, possiamo, possiate, possano
prendere *to take, have*	**PAST PARTICIPLE:** preso **PAST ABSOLUTE:** presi, prendesti, prese, prendemmo, prendeste, presero
rimanere *to remain*	**PRESENT INDICATIVE:** rimango, rimani, rimane, rimaniamo, rimanete, rimangono **PAST PARTICIPLE:** rimasto **FUTURE:** rimarrò, rimarrai, rimarrà, rimarremo, rimarrete, rimarranno **IMPERATIVE:** rimani, rimanga, rimaniamo, rimanete, rimangano **PAST ABSOLUTE:** rimasi, rimanesti, rimase, rimanemmo, rimaneste, rimasero **CONDITIONAL:** rimarrei, rimarresti, rimarrebbe, rimarremmo, rimarreste, rimarrebbero **PRESENT SUBJUNCTIVE:** rimanga, rimanga, rimanga, rimaniamo, rimaniate, rimangano
riscuotere *to receive, cash*	**PAST PARTICIPLE:** riscosso **PAST ABSOLUTE:** riscossi, riscuotesti, riscosse, riscuotemmo, riscuoteste, riscossero

| **risolvere** | **PAST PARTICIPLE:** risolto |
| *to resolve, solve* | **PAST ABSOLUTE:** risolsi, risolvesti, risolse, risolvemmo, risolveste, risolsero |

| **rispondere** | **PAST PARTICIPLE:** risposto |
| *to answer* | **PAST ABSOLUTE:** risposi, rispondesti, rispose, rispondemmo, rispondeste, risposero |

sapere	**PRESENT INDICATIVE:** so, sai, sa, sappiamo, sapete, sanno
to know	**FUTURE:** saprò, saprai, saprà, sapremo, saprete, sapranno
	IMPERATIVE: sappi, sappia, sappiamo, sappiate, sappiano
	PAST ABSOLUTE: seppi, sapesti, seppe, sapemmo, sapeste, seppero
	CONDITIONAL: saprei, sapresti, saprebbe, sapremmo, sapreste, saprebbero
	PRESENT SUBJUNCTIVE: sappia, sappia, sappia, sappiamo, sappiate, sappiano

scrivere	**PAST PARTICIPLE:** scritto
to write	**PAST ABSOLUTE:** scrissi, scrivesti, scrisse, scrivemmo, scriveste, scrissero
(prescrivere)	

sedersi	**PRESENT INDICATIVE:** mi siedo, ti siedi, si siede, ci sediamo, vi sedete, si siedono
to sit down	**IMPERATIVE:** siediti, si sieda, sediamoci, sedetevi, si siedano
	PRESENT SUBJUNCTIVE: mi sieda, ti sieda, si sieda, ci sediamo, vi sediate, si siedano

| **soffrire** | **PAST PARTICIPLE:** sofferto |
| *to suffer* | |

| **spendere** | **PAST PARTICIPLE:** speso |
| *to spend* | **PAST ABSOLUTE:** spesi, spendesti, spese, spendemmo, spendeste, spesero |

stare	**PRESENT INDICATIVE:** sto, stai, sta, stiamo, state, stanno
to stay, be	**PAST PARTICIPLE:** stato
	GERUND: stando
	IMPERFECT: stavo, stavi, stava, stavamo, stavate, stavano
	FUTURE: starò, starai, starà, staremo, starete, staranno
	IMPERATIVE: sta', stia, stiamo, state, stiano
	PAST ABSOLUTE: stetti, stesti, stette, stemmo, steste, stettero
	CONDITIONAL: starei, staresti, starebbe, staremmo, stareste, starebbero
	PRESENT SUBJUNCTIVE: stia, stia, stia, stiamo, stiate, stiano
	IMPERFECT SUBJUNCTIVE: stessi, stessi, stesse, stessimo, steste, stessero

| **succedere** | **PAST PARTICIPLE:** successo |
| *to happen* | **PAST ABSOLUTE:** successe |

| **svolgere** | **PAST PARTICIPLE:** svolto |
| *to carry out* | **PAST ABSOLUTE:** svolsi, svolgesti, svolse, svolgemmo, svolgeste, svolsero |

tenere *to hold, keep* **(mantenere,** **ottenere)**	**PRESENT INDICATIVE:** tengo, tieni, tiene, teniamo, tenete, tengono **PAST PARTICIPLE:** tenuto **IMPERFECT:** tenevo, tenevi, teneva, tenevamo, tenevate, tenevano **FUTURE:** terrò, terrai, terrà, terremo, terrete, terranno **IMPERATIVE:** tieni, tenga, teniamo, tenete, tengano **PAST ABSOLUTE:** tenni, tenesti, tenne, tenemmo, teneste, tennero **CONDITIONAL:** terrei, terresti, terrebbe, terremmo, terreste, terrebbero **PRESENT SUBJUNCTIVE:** tenga, tenga, tenga, teniamo, teniate, tengano
uscire *to go out* **(riuscire)**	**PRESENT INDICATIVE:** esco, esci, esce, usciamo, uscite, escono **IMPERATIVE:** esci, esca, usciamo, uscite, escano **PRESENT SUBJUNCTIVE:** esca, esca, esca, usciamo, usciate, escano
valere *to be worth*	**PRESENT INDICATIVE:** vale **PAST PARTICIPLE:** valso **FUTURE:** varrà **CONDITIONAL:** varrebbe **PRESENT SUBJUNCTIVE:** valga
vedere *to see*	**PAST PARTICIPLE:** visto/veduto **FUTURE:** vedrò, vedrai, vedrà, vedremo, vedrete, vedranno **PAST ABSOLUTE:** vidi, vedesti, vide, vedemmo, vedeste, videro **CONDITIONAL:** vedrei, vedresti, vedrebbe, vedremmo, vedreste, vedrebbero
venire *to come* **(convenire)**	**PRESENT INDICATIVE:** vengo, vieni, viene, veniamo, venite, vengono **PAST PARTICIPLE:** venuto **GERUND:** venendo **FUTURE:** verrò, verrai, verrà, verremo, verrete, verranno **IMPERATIVE:** vieni, venga, veniamo, venite, vengano **PAST ABSOLUTE:** venni, venisti, venne, venimmo, veniste, vennero **CONDITIONAL:** verrei, verresti, verrebbe, verremmo, verreste, verrebbero **PRESENT SUBJUNCTIVE:** venga, venga, venga, veniamo, veniate, vengano
vincere *to win*	**PAST PARTICIPLE:** vinto **PAST ABSOLUTE:** vinsi, vincesti, vinse, vincemmo, vinceste, vinsero
vivere *to live*	**PAST PARTICIPLE:** vissuto **FUTURE:** vivrò, vivrai, vivrà, vivremo, vivrete, vivranno **PAST ABSOLUTE:** vissi, vivesti, visse, vivemmo, viveste, vissero **CONDITIONAL:** vivrei, vivresti, vivrebbe, vivremmo, vivreste, vivrebbero
volere *to want* **(volerci)**	**PRESENT INDICATIVE:** voglio, vuoi, vuole, vogliamo, volete, vogliono **FUTURE:** vorrò, vorrai, vorrà, vorremo, vorrete, vorranno **PAST ABSOLUTE:** volli, volesti, volle, volemmo, voleste, vollero **CONDITIONAL:** vorrei, vorresti, vorrebbe, vorremmo, vorreste, vorrebbero **PRESENT SUBJUNCTIVE:** voglia, voglia, voglia, vogliamo, vogliate, vogliano

VERBS WITH *-ISC*

capire	*to understand*
finire	*to finish*
preferire	*to prefer*
pulire	*to clean*
spedire	*to send (on)*

NON-REFLEXIVE VERBS CONJUGATED WITH *ESSERE* IN COMPOUND TENSES

andare	*to go*
arrivare	*to arrive*
bastare	*to be enough*
cadere	*to fall*
costare	*to cost*
crescere	*to grow*
diventare	*to become*
durare	*to last*
entrare	*to enter*
esserci	*to be there*
essere	*to be*
mancare	*to lack, miss*
nascere	*to be born*
partire	*to leave, depart*
piacere	*to like*
rientrare	*to get in / back (home)*
rimanere	*to remain*
riuscire a	*to be able to*
sembrare	*to seem*
stare	*to stay; to be*
succedere	*to happen*
tornare	*to return*
uscire	*to go out*
valere	*to be worthwhile*
venire (convenire)	*to come*
volerci	*to be needed*

VERBS WITH SPELLING PECULIARITIES

Verbs ending in *-care* or *-gare*

allegare
to enclose

PRESENT INDICATIVE: allego, alleghi, allega, alleghiamo, allegate, allegano
PAST PARTICIPLE: allegato
GERUND: allegando
IMPERFECT: allegavo, allegavi, allegava, allegavamo, allegavate, allegavano
FUTURE: allegherò, allegherai, allegherà, allegheremo, allegherete, allegheranno
IMPERATIVE: allega, alleghi, alleghiamo, allegate, alleghino
PAST ABSOLUTE: allegai, allegasti, allegò, allegammo, allegaste, allegarono
CONDITIONAL: allegherei, allegheresti, allegherebbe, allegheremmo, alleghereste, allegherebbero
PRESENT SUBJUNCTIVE: alleghi, alleghi, alleghi, alleghiamo, alleghiate, alleghino
IMPERFECT SUBJUNCTIVE: allegassi, allegassi, allegasse, allegassimo, allegaste, allegassero

cercare
to search, look for

PRESENT INDICATIVE: cerco, cerchi, cerca, cerchiamo, cercate, cercano
PAST PARTICIPLE: cercato
GERUND: cercando
IMPERFECT: cercavo, cercavi, cercava, cercavamo, cercavate, cercavano
FUTURE: cercherò, cercherai, cercherà, cercheremo, cercherete, cercheranno
IMPERATIVE: , cerca, cerchi, cerchiamo, cercate, cerchino
PAST ABSOLUTE: cercai, cercasti, cercò, cercammo, cercaste, cercarono
CONDITIONAL: cercherei, cercheresti, cercherebbe, cercheremmo, cerchereste, cercherebbero
PRESENT SUBJUNCTIVE: cerchi, cerchi, cerchi, cerchiamo, cerchiate, cerchino
IMPERFECT SUBJUNCTIVE: cercassi, cercassi, cercasse, cercassimo, cercaste, cercassero

giocare
to play

PRESENT INDICATIVE: gioco, giochi, gioca, giochiamo, giocate, giocano
PAST PARTICIPLE: giocato
GERUND: giocando
IMPERFECT: giocavo, giocavi, giocava, giocavamo, giocavate, giocavano
FUTURE: giocherò, giocherai, giocherà, giocheremo, giocherete, giocheranno
IMPERATIVE: gioca, giochi, giochiamo, giocate, giochino
PAST ABSOLUTE: giocai, giocasti, giocò, giocammo, giocaste, giocarono
CONDITIONAL: giocherei, giocheresti, giocherebbe, giocheremmo, giochereste, giocherebbero
PRESENT SUBJUNCTIVE: giochi, giochi, giochi, giochiamo, giochiate, giochino
IMPERFECT SUBJUNCTIVE: giocassi, giocassi, giocasse, giocassimo, giocaste, giocassero

mancare
to miss, lack

PRESENT INDICATIVE: manco, manchi, manca, manchiamo, mancate, mancano
PAST PARTICIPLE: mancato
GERUND: mancando
IMPERFECT: mancavo, mancavi, mancava, mancavamo, mancavate, mancavano
FUTURE: mancherò, mancherai, mancherà, mancheremo, mancherete, mancheranno
IMPERATIVE: manca, manchi, manchiamo, mancate, manchino
PAST ABSOLUTE: mancai, mancasti, mancò, mancammo, mancaste, mancarono
CONDITIONAL: mancherei, mancheresti, mancherebbe, mancheremmo, manchereste, mancherebbero

PRESENT SUBJUNCTIVE: manchi, manchi, manchi, manchiamo, manchiate, manchino
IMPERFECT SUBJUNCTIVE: mancassi, mancassi, mancasse, mancassimo, mancaste, mancassero

---

nevicare
to snow

PRESENT INDICATIVE: nevica
PAST PARTICIPLE: nevicato
GERUND: nevicando
IMPERFECT: nevicava
FUTURE: nevicherà
PAST ABSOLUTE: nevicò
CONDITIONAL: nevicherebbe
PRESENT SUBJUNCTIVE: nevichi
IMPERFECT SUBJUNCTIVE: nevicasse

---

pagare
to pay

PRESENT INDICATIVE: pago, paghi, paga, paghiamo, pagate, pagano
PAST PARTICIPLE: pagato
GERUND: pagando
IMPERFECT: pagavo, pagavi, pagava, pagavamo, pagavate, pagavano
FUTURE: pagherò, pagherai, pagherà, pagheremo, pagherete, pagheranno
IMPERATIVE: paga, paghi, paghiamo, pagate, paghino
PAST ABSOLUTE: pagai, pagasti, pagò, pagammo, pagaste, pagarono
CONDITIONAL: pagherei, pagheresti, pagherebbe, pagheremmo, paghereste, pagherebbero
PRESENT SUBJUNCTIVE: paghi, paghi, paghi, paghiamo, paghiate, paghino
IMPERFECT SUBJUNCTIVE: pagassi, pagassi, pagasse, pagassimo, pagaste, pagassero

---

praticare
to practice, play

PRESENT INDICATIVE: pratico, pratichi, pratica, pratichiamo, praticate, praticano
PAST PARTICIPLE: praticato
GERUND: praticando
IMPERFECT: praticavo, praticavi, praticava, praticavamo, praticavate, praticavano
FUTURE: praticherò, praticherai, praticherà, praticheremo, praticherete, praticheranno
IMPERATIVE: pratica, pratichi, pratichiamo, praticate, pratichino
PAST ABSOLUTE: praticai, praticasti, praticò, praticammo, praticaste, praticarono
CONDITIONAL: praticherei, praticheresti, praticherebbe, praticheremmo, pratichereste, praticherebbero
PRESENT SUBJUNCTIVE: pratichi, pratichi, pratichi, pratichiamo, pratichiate, pratichino
IMPERFECT SUBJUNCTIVE: praticassi, praticassi, praticasse, praticassimo, praticaste, praticassero

---

sprecare
to waste

PRESENT INDICATIVE: spreco, sprechi, spreca, sprechiamo, sprecate, sprecano
PAST PARTICIPLE: sprecato
GERUND: sprecando
IMPERFECT: sprecavo, sprecavi, sprecava, sprecavamo, sprecavate, sprecavano
FUTURE: sprecherò, sprecherai, sprecherà, sprecheremo, sprecherete, sprecheranno
IMPERATIVE: spreca, sprechi, sprechiamo, sprecate, sprechino
PAST ABSOLUTE: sprecai, sprecasti, sprecò, sprecammo, sprecaste, sprecarono
CONDITIONAL: sprecherei, sprecheresti, sprecherebbe, sprecheremmo, sprechereste, sprecherebbero
PRESENT SUBJUNCTIVE: sprechi, sprechi, sprechi, sprechiamo, sprechiate, sprechino
IMPERFECT SUBJUNCTIVE: sprecassi, sprecassi, sprecasse, sprecassimo, sprecaste, sprecassero

toccare
to touch

PRESENT INDICATIVE: tocco, tocchi, tocca, tocchiamo, toccate, toccano
PAST PARTICIPLE: toccato
GERUND: toccando
IMPERFECT: toccavo, toccavi, toccava, toccavamo, toccavate, toccavano
FUTURE: toccherò, toccherai, toccherà, toccheremo, toccherete, toccheranno
IMPERATIVE: tocca, tocchi, tocchiamo, toccate, tocchino
PAST ABSOLUTE: toccai, toccasti, toccò, toccammo, toccaste, toccarono
CONDITIONAL: toccherei, toccheresti, toccherebbe, toccheremmo, tocchereste, toccherebbero
PRESENT SUBJUNCTIVE: tocchi, tocchi, tocchi, tocchiamo, tocchiate, tocchino
IMPERFECT SUBJUNCTIVE: toccassi, toccassi, toccasse, toccassimo, toccaste, toccassero

Verbs ending in *-ciare* or *-giare*

allacciare
to fasten

PRESENT INDICATIVE: allaccio, allacci, allaccia, allacciamo, allacciate, allacciano
PAST PARTICIPLE: allacciato
GERUND: allacciando
IMPERFECT: allacciavo, allacciavi, allacciava, allacciavamo, allacciavate, allacciavano
FUTURE: allaccerò, allaccerai, allaccerà, allacceremo, allaccerete, allacceranno
IMPERATIVE: allaccia, allacci, allacciamo, allacciate, allaccino
PAST ABSOLUTE: allacciai, allacciasti, allacciò, allacciammo, allacciaste, allacciarono
CONDITIONAL: allaccerei, allacceresti, allaccerebbe, allacceremmo, allaccereste, allaccerebbero
PRESENT SUBJUNCTIVE: allacci, allacci, allacci, allacciamo, allacciate, allaccino
IMPERFECT SUBJUNCTIVE: allacciassi, allacciassi, allacciasse, allacciassimo, allacciaste, allacciassero

appoggiare
to support

PRESENT INDICATIVE: appoggio, appoggi, appoggia, appoggiamo, appoggiate, appoggiano
PAST PARTICIPLE: appoggiato
GERUND: appoggiando
IMPERFECT: appoggiavo, appoggiavi, appoggiava, appoggiavamo, appoggiavate, appoggiavano
FUTURE: appoggerò, appoggerai, appoggerà, appoggeremo, appoggerete, appoggeranno
IMPERATIVE: appoggia, appoggi, appoggiamo, appoggiate, appoggino
PAST ABSOLUTE: appoggiai, appoggiasti, appoggiò, appoggiammo, appoggiaste, appoggiarono
CONDITIONAL: appoggerei, appoggeresti, appoggerebbe, appoggeremmo, appoggereste, appoggerebbero
PRESENT SUBJUNCTIVE: appoggi, appoggi, appoggi, appoggiamo, appoggiate, appoggino
IMPERFECT SUBJUNCTIVE: appoggiassi, appoggiassi, appoggiasse, appoggiassimo, appoggiaste, appoggiassero

cominciare
to begin

PRESENT INDICATIVE: comincio, cominci, comincia, cominciamo, cominciate, cominciano
PAST PARTICIPLE: cominciato
GERUND: cominciando
IMPERFECT: cominciavo, cominciavi, cominciava, cominciavamo, cominciavate, cominciavano
FUTURE: comincerò, comincerai, comincerà, cominceremo, comincerete, cominceranno

IMPERATIVE: comincia, cominci, cominciamo, cominciate, comincino
PAST ABSOLUTE: cominciai, cominciasti, cominciò, cominciammo, cominciaste, cominciarono
CONDITIONAL: comincerei, cominceresti, comincerebbe, cominceremmo, comincereste, comincerebbero
PRESENT SUBJUNCTIVE: cominci, cominci, cominci, cominciamo, cominciate, comincino
IMPERFECT SUBJUNCTIVE: cominciassi, cominciassi, cominciasse, cominciassimo, cominciaste, cominciassero

---

festeggiare
to celebrate

PRESENT INDICATIVE: festeggio, festeggi, festeggia, festeggiamo, festeggiate, festeggiano
PAST PARTICIPLE: festeggiato
GERUND: festeggiando
IMPERFECT: festeggiavo, festeggiavi, festeggiava, festeggiavamo, festeggiavate, festeggiavano
FUTURE: festeggerò, festeggerai, festeggerà, festeggeremo, festeggerete, festeggeranno
IMPERATIVE: festeggia, festeggi, festeggiamo, festeggiate, festeggino
PAST ABSOLUTE: festeggiai, festeggiasti, festeggiò, festeggiammo, festeggiaste, festeggiarono
CONDITIONAL: festeggerei, festeggeresti, festeggerebbe, festeggeremmo, festeggereste, festeggerebbero
PRESENT SUBJUNCTIVE: festeggi, festeggi, festeggi, festeggiamo, festeggiate, festeggino
IMPERFECT SUBJUNCTIVE: festeggiassi, festeggiassi, festeggiasse, festeggiassimo, festeggiaste, festeggiassero

---

lampeggiare
(to be) lightning

PRESENT INDICATIVE: lampeggia
PAST PARTICIPLE: lampeggiato
GERUND: lampeggiando
IMPERFECT: lampeggiava
FUTURE: lampeggerà
PAST ABSOLUTE: lampeggiò
CONDITIONAL: lampeggerebbe
PRESENT SUBJUNCTIVE: lampeggi
IMPERFECT SUBJUNCTIVE: lampeggiasse

---

lasciare
to leave

PRESENT INDICATIVE: lascio, lasci, lascia, lasciamo, lasciate, lasciano
PAST PARTICIPLE: lasciato
GERUND: lasciando
IMPERFECT: lasciavo, lasciavi, lasciava, lasciavamo, lasciavate, lasciavano
FUTURE: lascerò, lascerai, lascerà, lasceremo, lascerete, lasceranno
IMPERATIVE: lascia, lasci, lasciamo, lasciate, lascino
PAST ABSOLUTE: lasciai, lasciasti, lasciò, lasciammo, lasciaste, lasciarono
CONDITIONAL: lascerei, lasceresti, lascerebbe, lasceremmo, lascereste, lascerebbero
PRESENT SUBJUNCTIVE: lasci, lasci, lasci, lasciamo, lasciate, lascino
IMPERFECT SUBJUNCTIVE: lasciassi, lasciassi, lasciasse, lasciassimo, lasciaste, lasciassero

---

mangiare
to eat

PRESENT INDICATIVE: mangio, mangi, mangia, mangiamo, mangiate, mangiano
PAST PARTICIPLE: mangiato
GERUND: mangiando
IMPERFECT: mangiavo, mangiavi, mangiava, mangiavamo, mangiavate, mangiavano
FUTURE: mangerò, mangerai, mangerà, mangeremo, mangerete, mangeranno

IMPERATIVE: mangia, mangi, mangiamo, mangiate, mangino
PAST ABSOLUTE: mangiai, mangiasti, mangiò, mangiammo, mangiaste, mangiarono
CONDITIONAL: mangerei, mangeresti, mangerebbe, mangeremmo, mangereste, mangerebbero
PRESENT SUBJUNCTIVE: mangi, mangi, mangi, mangiamo, mangiate, mangino
IMPERFECT SUBJUNCTIVE: mangiassi, mangiassi, mangiasse, mangiassimo, mangiaste, mangiassero

---

parcheggiare
to park

PRESENT INDICATIVE: parcheggio, parcheggi, parcheggia, parcheggiamo, parcheggiate, parcheggiano
PAST PARTICIPLE: parcheggiato
GERUND: parcheggiando
IMPERFECT: parcheggiavo, parcheggiavi, parcheggiava, parcheggiavamo, parcheggiavate, parcheggiavano
FUTURE: parcheggerò, parcheggerai, parcheggerà, parcheggeremo, parcheggerete, parcheggeranno
IMPERATIVE: parcheggia, parcheggi, parcheggiamo, parcheggiate, parcheggino
PAST ABSOLUTE: parcheggiai, parcheggiasti, parcheggiò, parcheggiammo, parcheggiaste, parcheggiarono
CONDITIONAL: parcheggerei, parcheggeresti, parcheggerebbe, parcheggeremmo, parcheggereste, parcheggerebbero
PRESENT SUBJUNCTIVE: parcheggi, parcheggi, parcheggi, parcheggiamo, parcheggiate, parcheggino
IMPERFECT SUBJUNCTIVE: parcheggiassi, parcheggiassi, parcheggiasse, parcheggiassimo, parcheggiaste, parcheggiassero

---

pareggiare
to draw, tie

PRESENT INDICATIVE: pareggio, pareggi, pareggia, pareggiamo, pareggiate, pareggiano
PAST PARTICIPLE: pareggiato
GERUND: pareggiando
IMPERFECT: pareggiavo, pareggiavi, pareggiava, pareggiavamo, pareggiavate, pareggiavano
FUTURE: pareggerò, pareggerai, pareggerà, pareggeremo, pareggerete, pareggeranno
IMPERATIVE: pareggia, pareggi, pareggiamo, pareggiate, pareggino
PAST ABSOLUTE: pareggiai, pareggiasti, pareggiò, pareggiammo, pareggiaste, pareggiarono
CONDITIONAL: pareggerei, pareggeresti, pareggerebbe, pareggeremmo, pareggereste, pareggerebbero
PRESENT SUBJUNCTIVE: pareggi, pareggi, pareggi, pareggiamo, pareggiate, pareggino
IMPERFECT SUBJUNCTIVE: pareggiassi, pareggiassi, pareggiasse, pareggiassimo, pareggiaste, pareggiassero

---

viaggiare
to travel

PRESENT INDICATIVE: viaggio, viaggi, viaggia, viaggiamo, viaggiate, viaggiano
PAST PARTICIPLE: viaggiato
GERUND: viaggiando
IMPERFECT: viaggiavo, viaggiavi, viaggiava, viaggiavamo, viaggiavate, viaggiavano
FUTURE: viaggerò, viaggerai, viaggerà, viaggeremo, viaggerete, viaggeranno
IMPERATIVE: viaggia, viaggi, viaggiamo, viaggiate, viaggino
PAST ABSOLUTE: viaggiai, viaggiasti, viaggiò, viaggiammo, viaggiaste, viaggiarono
CONDITIONAL: viaggerei, viaggeresti, viaggerebbe, viaggeremmo, viaggereste, viaggerebbero

Present Subjunctive: viaggi, viaggi, viaggi, viaggiamo, viaggiate, viaggino
Imperfect Subjunctive: viaggiassi, viaggiassi, viaggiasse, viaggiassimo, viaggiaste, viaggiassero

Verbs ending in *-iare*

cambiare *to change*	**Present Indicative:** cambio, cambi, cambia, cambiamo, cambiate, cambiano **Past Participle:** cambiato **Gerund:** cambiando **Imperfect:** cambiavo, cambiavi, cambiava, cambiavamo, cambiavate, cambiavano **Future:** cambierò, cambierai, cambierà, cambieremo, cambierete, cambieranno **Imperative:** cambia, cambi, cambiamo, cambiate, cambino **Past Absolute:** cambiai, cambiasti, cambiò, cambiammo, cambiaste, cambiarono **Conditional:** cambierei, cambieresti, cambierebbe, cambieremmo, cambiereste, cambierebbero **Present Subjunctive:** cambi, cambi, cambi, cambiamo, cambiate, cambino **Imperfect Subjunctive:** cambiassi, cambiassi, cambiasse, cambiassimo, cambiaste, cambiassero
inviare *to send*	**Present Indicative:** invio, invii, invia, inviamo, inviate, inviano **Past Participle:** inviato **Gerund:** inviando **Imperfect:** inviavo, inviavi, inviava, inviavamo, inviavate, inviavano **Future:** invierò, invierai, invierà, invieremo, invierete, invieranno **Imperative:** invia, invii, inviamo, inviate, inviino **Past Absolute:** inviai, inviasti, inviò, inviammo, inviaste, inviarono **Conditional:** invierei, invieresti, invierebbe, invieremmo, inviereste, invierebbero **Present Subjunctive:** invii, invii, invii, inviamo, inviate, inviino **Imperfect Subjunctive:** inviassi, inviassi, inviasse, inviassimo, inviaste, inviassero
ringraziare *to thank*	**Present Indicative:** ringrazio, ringrazi, ringrazia, ringraziamo, ringraziate, ringraziano **Past Participle:** ringraziato **Gerund:** ringraziando **Imperfect:** ringraziavo, ringraziavi, ringraziava, ringraziavamo, ringraziavate, ringraziavano **Future:** ringrazierò, ringrazierai, ringrazierà, ringrazieremo, ringrazierete, ringrazieranno **Imperative:** ringrazia, ringrazi, ringraziamo, ringraziate, ringrazino **Past Absolute:** ringraziai, ringraziasti, ringraziò, ringraziammo, ringraziaste, ringraziarono **Conditional:** ringrazierei, ringrazieresti, ringrazierebbe, ringrazieremmo, ringraziereste, ringrazierebbero **Present Subjunctive:** ringrazi, ringrazi, ringrazi, ringraziamo, ringraziate, ringrazino **Imperfect Subjunctive:** ringraziassi, ringraziassi, ringraziasse, ringraziassimo, ringraziaste, ringraziassero
risparmiare *to save*	**Present Indicative:** risparmio, risparmi, risparmia, risparmiamo, risparmiate, risparmiano **Past Participle:** risparmiato **Gerund:** risparmiando

IMPERFECT: risparmiavo, risparmiavi, risparmiava, risparmiavamo, risparmiavate, risparmiavano

FUTURE: risparmierò, risparmierai, risparmierà, risparmieremo, risparmierete, risparmieranno

IMPERATIVE: risparmia, risparmi, risparmiamo, risparmiate, risparmino

PAST ABSOLUTE: risparmiai, risparmiasti, risparmiò, risparmiammo, risparmiaste, risparmiarono

CONDITIONAL: risparmierei, risparmieresti, risparmierebbe, risparmieremmo, risparmiereste, risparmierebbero

PRESENT SUBJUNCTIVE: risparmi, risparmi, risparmi, risparmiamo, risparmiate, risparmino

IMPERFECT SUBJUNCTIVE: risparmiassi, risparmiassi, risparmiasse, risparmiassimo, risparmiaste, risparmiassero

---

sbagliare
to make a mistake

PRESENT INDICATIVE: sbaglio, sbagli, sbaglia, sbagliamo, sbagliate, sbagliano

PAST PARTICIPLE: sbagliato

GERUND: sbagliando

IMPERFECT: sbagliavo, sbagliavi, sbagliava, sbagliavamo, sbagliavate, sbagliavano

FUTURE: sbaglierò, sbaglierai, sbaglierà, sbaglieremo, sbaglierete, sbaglieranno

IMPERATIVE: sbaglia, sbagli, sbagliamo, sbagliate, sbaglino

PAST ABSOLUTE: sbagliai, sbagliasti, sbagliò, sbagliammo, sbagliaste, sbagliarono

CONDITIONAL: sbaglierei, sbaglieresti, sbaglierebbe, sbaglieremmo, sbagliereste, sbaglierebbero

PRESENT SUBJUNCTIVE: sbagli, sbagli, sbagli, sbagliamo, sbagliate, sbaglino

IMPERFECT SUBJUNCTIVE: sbagliassi, sbagliassi, sbagliasse, sbagliassimo, sbagliaste, sbagliassero

---

sciare
to ski

PRESENT INDICATIVE: scio, scii, scia, sciamo, sciate, sciano

PAST PARTICIPLE: sciato

GERUND: sciando

IMPERFECT: sciavo, sciavi, sciava, sciavamo, sciavate, sciavano

FUTURE: scierò, scierai, scierà, scieremo, scierete, scieranno

IMPERATIVE: scia, scii, sciamo, sciate, sciino

PAST ABSOLUTE: sciai, sciasti, sciò, sciammo, sciaste, sciarono

CONDITIONAL: scierei, scieresti, scierebbe, scieremmo, sciereste, scierebbero

PRESENT SUBJUNCTIVE: scii, scii, scii, sciamo, sciate, sciino

IMPERFECT SUBJUNCTIVE: sciassi, sciassi, sciasse, sciassimo, sciaste, sciassero

---

studiare
to study

PRESENT INDICATIVE: studio, studi, studia, studiamo, studiate, studiano

PAST PARTICIPLE: studiato

GERUND: studiando

IMPERFECT: studiavo, studiavi, studiava, studiavamo, studiavate, studiavano

FUTURE: studierò, studierai, studierà, studieremo, studierete, studieranno

IMPERATIVE: studia, studi, studiamo, studiate, studino

PAST ABSOLUTE: studiai, studiasti, studiò, studiammo, studiaste, studiarono

CONDITIONAL: studierei, studieresti, studierebbe, studieremmo, studiereste, studierebbero

PRESENT SUBJUNCTIVE: studi, studi, studi, studiamo, studiate, studino

IMPERFECT SUBJUNCTIVE: studiassi, studiassi, studiasse, studiassimo, studiaste, studiassero

▶•ITALIAN-ENGLISH GLOSSARY

Abbreviations: ***ess.*** *(non-reflexive verb conjugated with* ***essere*** *in compound tenses);* ***fam.*** *(familiar);* ***inv.*** *(invariable);* ***pol.*** *(polite)*

 A

a at, to
a casa di at/to the home of
a domani see you tomorrow
a meno che unless
a mio avviso in my opinion
a mio parere in my view / opinion
a piedi on foot
a più tardi see you later
a presto see you soon
a proposito by the way
abbastanza enough; quite, rather
abbigliamento *(m.)* clothing
abbraccio *(m.)* hug
abile competent
abitare to live, dwell
accanto next to
accelerare to speed up
acceleratore *(m.)* gas pedal
accompagnare to accompany
acqua *(f.)* water
Acquario *(m.)* Aquarius
ad esempio for example
adesso now
adolescente *(m./f.)* adolescent
aereo *(m.)* airplane
aeroporto *(m.)* airport
afa *(f.)* mugginess
affascinante fascinating
affatto at all
affettivo emotional, affective
affettuosamente affectionately
affinché so that
affittare to rent
affrancatura *(f.)* postage
affresco fresco
africano African
agenda *(f.)* appointment book
agenzia *(f.)* agency
agosto August
aiuto *(m.)* help
alcuni/e several, a few, some
all'estero abroad
alla cassa at the cashier
allacciare to fasten
allegare to enclose
alloggio *(m.)* apartment, housing unit
allora so, therefore, thus

alpinismo *(m.)* mountain climbing, mountaineering
alto tall
altrimenti otherwise
altro other
alzarsi to get up
amare to love
amaro bitter
ambedue both
americano American
amico/a *(m./f.)* friend
anagramma *(m.)* anagram
analisi *(f.)* analysis
anche also, too
ancora still, yet; more; again
andare *(ess.)* to go; **andare via** to go away; **andarsene** to go away
anello *(m.)* ring
anno *(m.)* year
annoiarsi to become bored
annoiato bored
antibiotico *(m.)* antibiotic
antropologia *(f.)* anthropology
anzi as a matter of fact
anziché instead of
appartamento *(m.)* apartment
appena just, as soon as
appoggiare to support (intellectually)
appuntamento *(m.)* appointment; date
appunto *(m.)* note
aprile April
aprire to open
arancia *(f.)* orange
aranciata *(f.)* orange drink
arancione *(inv.)* orange (color)
arbitro *(m.)* referee
Ariete *(m.)* Aries
armadio *(m.)* cupboard, closet
arrivare *(ess.)* to arrive
arrivederci *(fam.)* / **arrivederLa** *(pol.)* good-bye
arrivo *(m.)* arrival
arrossato reddened
artista *(m./f.)* artist
ascensore *(m.)* elevator
asciugatrice *(f.)* clothes dryer
ascoltare to listen (to)
aspettare to wait for
assegno *(m.)* check; **assegno turistico** traveler's check
assieme a together with
assistente *(m./f.)* **di volo** flight attendant

assumere to hire
astrologia *(f.)* astrology
atleta *(m./f.)* athlete
atletica *(f.)* **leggera** track and field
atterraggio *(m.)* landing
attore *(m.)* / **attrice** *(f.)* actor / actress
attraversare to cross
attualmente currently, presently
augurio *(m.)* wish
aula *(f.)* classroom
auricolari *(m.)* headphones
australiano Australian
autobus *(m.)* bus
automobile *(f.)* automobile
automobilismo *(m.)* car racing
autunno *(m.)* fall, autumn
avanzato advanced
avaro greedy
avere to have; **avere bisogno di** to need; **avere fame** to be hungry; **avere fretta** to be in a hurry; **avere intenzione di** to have the intention of; **avere lezione** to have a class; **avere paura** to be afraid; **avere pazienza** to be patient; **avere ragione** to be right; **avere sete** to be thirsty; **avere sonno** to be sleepy; **avere torto** to be wrong; **avere voglia di** to feel like
avviso *(m.)* newspaper ad
avvocato *(m.)* / **avvocatessa** *(f.)* attorney, lawyer
azienda *(f.)* company
azzurro blue

B

bacio *(m.)* kiss
bagaglio *(m.)* baggage; **bagaglio a mano** hand luggage
bagno *(m.)* bathroom
ballare to dance
balletto *(m.)* ballet
ballo *(m.)* dance
bambino *(m.)* / **bambina** *(f.)* child
banca *(f.)* bank
banco *(m.)* counter; **banco d'accettazione** check-in counter
bar *(m.)* espresso bar, café
barista *(m./f.)* bar server
basso short
bello beautiful, handsome
benché although, even though

bene well
benzina *(f.)* gasoline
bere to drink
bianco white
biblioteca *(f.)* library
bicchiere *(m.)* drinking glass
bicicletta *(f.)* bicycle
biglietto *(m.)* bill (currency); ticket;
    biglietto di taglio grosso large
    bill; **biglietto di taglio piccolo**
    small bill
Bilancia *(f.)* Libra
biologia *(f.)* biology
bisognare to be necessary
bitter *(m.)* bitter soft drink
blu *(inv.)* dark blue
bocca *(f.)* mouth
bolletta *(f.)* phone bill
borsa *(f.)* purse
braccio *(m.; pl.* **le braccia***)* arm
bravo good (at something)
brioche *(f.)* type of pastry
brutto ugly
bugia *(f.)* lie
Buona giornata! Have a good day!
buonanotte good night
buonasera good afternoon, good
    evening
buongiorno hello, good day, good
    morning
buono good
busta *(f.)* envelope

● C ●

caffè *(m.)* coffee
caffellatte *(m.)* coffee with milk
calcio *(m.)* soccer
caldo warm, hot
calendario *(m.)* calendar
calmarsi to calm down
calza *(f.)* stocking
calzino *(m.)* sock
cambiare to change; to exchange
cambio *(m.)* exchange
camera *(f.)* bedroom
cameriere *(m.)* **/ cameriera** *(f.)*
    waiter / waitress
camicetta *(f.)* blouse
camicia *(f.; pl.* **le camicie***)* shirt
campagna *(f.)* country(side)
campeggio *(m.)* camping
campionato *(m.)* championship;
    playoffs
campo *(m.)* field
canadese Canadian
canale *(m.)* canal; channel
Cancro *(m.)* Cancer
cantante *(m./f.)* singer
cantare to sing

cantautore *(m.)* **/ cantautrice** *(f.)*
    songwriter
canzone *(f.)* song
capelli *(m. pl.)* hair
capire to understand
capoufficio *(m.)* office manager
cappello *(m.)* hat
cappotto *(m.)* coat
Capricorno *(m.)* Capricorn
carne *(f.)* meat
caro dear; expensive
carota *(f.)* carrot
carta *(f.)* paper; **carta d'imbarco**
    boarding pass; **carta di credito**
    credit card; **carta di
    riconoscimento** identification
    card
cartella *(f.)* school bag
cartolina *(f.)* postcard
casa *(f.)* house, home
cassetta *(f.)* cassette
cattivo bad
celeste sky blue
cena *(f.)* dinner
cenare to have dinner, dine
centigrado centigrade
centro *(m.)* downtown
cercare to search (for); to look (for)
certo certain; certainly
cestino *(m.)* wastebasket
che that, which; who; what
Che cosa? What?
Che fai di bello? What are you
    doing?; What's up?
Che giorno è? What's the date?
Che ora è? / Che ore sono? What
    time is it?
Che tempo fa? How's the weather?
chi who
chiacchierare to chat
chiamare to call; **chiamarsi** to be
    called, named
chiedere to ask
chilogrammo *(m.)* kilogram
chimica *(f.)* chemistry
chiromante *(m./f.)* fortune teller
chissà who knows
chiudere to close
Ciao! Hi! / Bye!
ciascuno someone, something
cibo *(m.)* food
ciclismo *(m.)* biking, cycling
cielo *(m.)* sky
ciliegia *(f.)* cherry
Cina *(f.)* China
cinema *(m.)* cinema, movies; movie
    theater
cinese Chinese
cintura *(f.)* belt; **cintura di sicurezza**
    seatbelt

cioccolata *(f.)* chocolate (drink)
cioè that is to say
circa around
città *(f.)* city
clacson *(m.)* car horn
classe *(f.)* class (of students); **classe
    turistica** economy class
classico classic, classical
codice *(m.)* **postale** postal code
cofano *(m.)* car hood
cognato *(m.)* **/ cognata** *(f.)* brother-
    in-law / sister-in-law
cognome *(m.)* surname, family name
coincidenza *(f.)* connection
colazione *(f.)* breakfast
collana *(f.)* necklace
collega *(m./f.)* colleague, work
    associate
collo *(m.)* neck
colore *(m.)* color
colpa *(f.)* blame, fault
coltello *(m.)* knife
comandante *(m.)* captain
come how, like, as; **come al solito**
    as usual; **come se** as if; **Come?**
    How come?; What?; **Come mai?**
    How come?; **Come va?** How's it
    going?
cominciare to begin, start
commento *(m.)* comment
commesso/a *(m./f.)* store clerk
comò *(m.)* dresser
comodo comfortable
compagno/a *(m./f.)* companion,
    chum
compatibile compatible
compiere to complete, finish
compilare to fill out
compito *(m.)* assignment
compleanno *(m.)* birthday
complesso *(m.)* musical group
completamente completely
completare to complete
compositore *(m.)* **/ compositrice** *(f.)*
    composer
comprare to buy
comunque however
con with
concerto *(m.)* concert
conoscere to know (someone); to
    meet
consegnare to hand in
conservatorio *(m.)* conservatory
consiglio *(m.)* advice
conto *(m.)* account
contro against
controllare to check; to control
controllo *(m.)* checkup; inspection
convenire a *(ess.)* to be worthwhile
coperto covered; cloudy

copia *(f.)* copy
coppia *(f.)* pair, couple
cornetto *(m.)* croissant
correre to run
corretto with a dash of an alcoholic beverage
corridoio *(m.)* aisle, corridor, hallway
corsa *(f.)* race
corso *(m.)* avenue, street; course
cosa *(f.)* thing; what
così so, such; **così così** so so
costare *(ess.)* to cost
cravatta *(f.)* tie
credere to believe
credito *(m.)* credit
crema *(f.)* cream; custard
crescere *(ess.)* to grow
crisi *(f.)* crisis
cucchiaio *(m.)* spoon
cucina *(f.)* kitchen
cucitrice *(f.)* stapler
cugino/a *(m./f.)* cousin
cui that, which, whom
culturismo *(m.)* bodybuilding
cuore *(m.)* heart

● **D** ●

D'accordo! Agreed!
da as; at/to; by; for; from; since
da quando ever since
da solo alone
da vicino up close
dal mio punto di vista from my point of view
dare to give; **dare un'occhiata** to take a look; **dare retta a** to heed, pay attention to; **dare su** to look out on; **darsi del tu** to be on familiar terms
davanti in front
davvero truly
debito *(m.)* debt, debit
debole weak
decaffeinato decaffeinated
decidere to decide
decollo *(m.)* takeoff
denaro *(m.)* money
dentista *(m./f.)* dentist
dentro inside
depositare to deposit
desiderare to want
destinatario *(m./f.)* addressee
destro right; **a destra** to the right
di of; **di andata e ritorno** round-trip; **di facile uso** user-friendly; **di nuovo** again; **di solito** usually
diagramma *(m.)* diagram
dialetto *(m.)* dialect
dicembre December

dichiarare to declare
dietro behind
differente different
difficile difficult
dimenticare to forget; **dimenticarsi** to forget
dipinto *(m.)* painting
diploma *(m.; pl.* **i diplomi**) diploma
dire to say, tell
direttore *(m.)* / **direttrice** *(f.)* manager; **direttore** *(m.)* / **direttrice** *(f.)* **d'orchestra** music director, conductor
diritto straight ahead
dischetto *(m.)* disk
disco *(m.)* record
discussione *(f.)* discussion; argument
dispettoso mischievous
dispiacere *(ess.)* to be sorry; to displease
dito *(m; pl.* **le dita**) finger
divano *(m.)* sofa
diventare *(ess.)* to become
diverso different, diverse
divertente fun, enjoyable
divertimento *(m.)* entertainment; enjoyment
divertirsi to enjoy oneself, have fun
divorzio *(m.)* divorce
documentario *(m.)* documentary
documento *(m.)* document
dogana *(f.)* customs
dolce sweet; *(m.)* dessert
dollaro *(m.)* dollar
dolore *(m.)* pain; **dolore al petto** chest pain
domandare to ask
domani tomorrow
domenica *(f.)* Sunday
donna *(f.)* woman
dopo after, later
doppio double
dormire to sleep
dottore *(m.)* / **dottoressa** *(f.)* doctor; Dr.
dove where
dovere to have to
dramma *(m.)* drama
drammatico dramatic
dubitare to doubt
dunque so, therefore, thus
durante during

● **E** ●

e and
eccellente excellent
eccezionale exceptional
ecco here is (are) / there is (are)
economia *(f.)* economics
economico economical, inexpensive

edicola *(f.)* newsstand
edificio *(m.)* building
Eh già! Yeah!
elegante elegant
elenco *(m.)* **telefonico** phone book
elettrodomestico *(m.)* appliance
energico energetic
entrare *(ess.)* to enter (in)
episodio *(m.)* episode
errore *(m.)* error
esame *(m.)* exam
esaustivo exhaustive
espresso *(m.)* espresso (coffee)
esserci to be there; **esserci l'afa** to be muggy; **esserci la nebbia** to be foggy; **esserci il sole** to be sunny; **esserci la tempesta** to be really stormy; **esserci il temporale** to be stormy; **esserci il vento** to be windy
essere *(ess.)* to be; **essere d'accordo** to agree; **essere in grado di** to be up to; **essere necessario** to be necessary; **essere ora** to be time (to); **essere peccato** to be too bad / a pity / a shame; **essere pregato di** to be kindly requested; **essere previsto** to be scheduled; **essere proibito** to be prohibited; **essere sereno** to be clear; **essere simpatico** to be pleasing, likeable; **essere utile** to be useful
est *(m.)* east
estate *(f.)* summer
ettogrammo *(m.)* hectogram

● **F** ●

fa ago
facile easy
fagiolino *(m.)* string bean
fagiolo *(m.)* bean
fame *(f.)* hunger
famiglia *(f.)* family
fantascienza *(f.)* science fiction
fare to do, to make; **fare bel tempo** to be beautiful weather; **fare bella figura** to cut a good figure; **fare brutto tempo** to be ugly weather; **fare caldo** to be hot; **fare cattivo tempo** to be bad weather; **fare colazione** to have breakfast; **fare conoscenza** to get acquainted; **fare delle spese** to shop; **fare dello sport** to do sports; **fare freddo** to be cold; **fare fresco** to be cool; **fare ginnastica** to work out; **fare gli starnuti** to sneeze; **fare il biglietto** to buy a travel ticket; **fare il footing / jogging** to jog; **fare il**

numero to dial; **fare la spesa** to shop for food; **fare marcia indietro** to back up; **fare schifo** to be disgusting, stink; **fare tempo variabile** to be variable (weather); **farsi vivo** to keep in touch

farmacia *(f.)* pharmacy
farmaco *(m.)* drug, medicine
faro *(m.)* headlight
febbraio February
febbre *(f.)* fever
felice happy
felicitazioni *(f. pl.)* congratulations, felicitations
femmina *(f.)* female; girl
femminile feminine; women's
fermarsi to stop
festa *(f.)* party; holiday
festeggiare to celebrate
fidanzato/a *(m./f.)* fiancé / fiancée
figlio/a *(m./f.)* son / daughter
film *(m.)* film, movie
filosofia *(f.)* philosophy
finalmente at last, finally
fine *(f.)* end *(m.)* goal, purpose
finestra *(f.)* window
finestrino *(m.)* vehicle window
finire to finish
fino a until
firma *(f.)* signature
fisica *(f.)* physics
foglio *(m.)* sheet (of paper)
football *(m.)* (American) football; soccer
forbici *(f.)* scissors
forchetta *(f.)* fork
formaggio *(m.)* cheese
forse maybe
forte strong
fortunatamente fortunately
fotocopia *(f.)* photocopy
fotocopiatrice *(f.)* photocopier
fotografia *(f.)* photograph
fra among, between
fra poco in a little while
fragola *(f.)* strawberry
francese French
Francia *(f.)* France
francobollo *(m.)* stamp
fratello *(m.)* brother
freddo cold
frenare to brake
fresco fresh
frigorifero *(m.)* refrigerator
frutta *(f.)* fruit
fumare to smoke
fumetti *(m.)* comics
funzionare to function, work
fuori outside
futuro *(m.)* future

● G ●

galleria *(f.)* balcony section
gamba *(f.)* leg
gara *(f.)* competition
garantito guaranteed
gelateria *(f.)* ice-cream parlor
gelato *(m.)* icecream
Gemelli *(m.)* Gemini
generalmente usually, generally
genere *(m.)* genre
genero *(m.)* son-in-law
generoso generous
genitore *(m.)* / **genitrice** *(f.)* parent
gennaio January
gentile kind
geografia *(f.)* geography
Germania *(f.)* Germany
già already
giacca *(f.)* jacket
giallo yellow; *(m.)* detective story, mystery
Giappone *(m.)* Japan
giapponese Japanese
giardino *(m.)* garden
ginocchio *(m.; pl.* **le ginocchia***)* knee
giocare to play (a sport, game, etc.)
giocatore *(m.)* / **giocatrice** *(f.)* player
gioco *(m.)* game; play
gioielleria *(f.)* jewelry store
giornale *(m.)* newspaper
giorno *(m.)* day
giovane *(m./f.)* young man / woman
giovedì *(m.)* Thursday
girare to turn
giro *(m.)* tour
giugno June
giurare to swear, pledge
gol *(m.)* goal
godersi to enjoy oneself
gola *(f.)* throat
gomito *(m.)* elbow
gomma *(f.)* eraser; tire
gonna *(f.)* skirt
grado *(m.)* degree
grammo *(m.)* gram
grande big, large
granita *(f.)* ice dessert
grasso fat
grave serious
grazie thank you; **Grazie mille!** Many thanks!
Grecia *(f.)* Greece
greco Greek
grigio gray
guadagnare to earn
guanto *(m.)* glove
guardare to watch, look at
guasto *(m.)* malfunction
guidare to drive

● I ●

idea *(f.)* idea
ieri yesterday
immaginare to imagine
impegnato busy, occupied
impegno *(m.)* something to do
impermeabile *(m.)* raincoat, overcoat
impiegato *(m.)* / **impiegata** *(f.)* office worker
importante important
impossibile impossible
impostare to mail
in in, at; **in anticipo** early; **in aumento** on the rise; **in campagna** in/to the country; **in contanti** in cash; **in diminuzione** on the decline; **in forma** in shape, at the top of his/her game; **in giro** around; **in montagna** in/to the mountains; **in orario** on time; **in punto** on the dot; **in ritardo** late; **in saldo** on sale
inchiesta *(f.)* survey, study
inchiostro *(m.)* ink
incontrare to meet, encounter; **incontrarsi** to meet
incrocio *(m.)* intersection
indirizzo *(m.)* address
indubbiamente undoubtedly
infatti in fact
infezione *(f.)* infection
infine finally
influenza *(f.)* flu
informare to inform
informatica *(f.)* computer science
ingegnere *(m.)* engineer
Inghilterra *(f.)* England
inglese English
ingresso *(m.)* entrance
iniezione *(f.)* injection
insieme together
intanto che while
intelligente intelligent
intendere to intend
intenzione *(f.)* intention
interessante interesting
interurbana *(f.)* long-distance call
intervista *(f.)* interview
intorno a around
invece instead
inventore *(m.)* inventor
inverno *(m.)* winter
inviare to send
invitare to invite
io I
ipotesi *(f.)* hypothesis
ironicamente ironically
Italia *(f.)* Italy
italiano Italian

• L •

là there
lampada *(f.)* lamp
lampeggiare (to be) lightning
lasciare to leave (behind)
latte *(m.)* milk
lavagna *(f.)* blackboard
lavare to wash; **lavarsi** to wash oneself, bathe
lavastoviglie *(f.)* dishwasher
lavatrice *(f.)* clothes washer
lavorare to work
lavoro *(m.)* work
leggere to read
lei she
Lei you *(pol.)*
Leone *(m.)* Leo
lettera *(f.)* letter
letterario literary
letto *(m.)* bed
lezione *(f.)* class, lesson
lì there
libero free
libreria *(f.)* bookstore
libretto *(m.)* bankbook, opera libretto; **libretto di risparmi** savings account
libro *(m.)* book
limonata *(f.)* lemonade
limone *(m.)* lemon
linea *(f.)* line; **linea aerea** airline
lingua *(f.)* language
liquido *(m.)* liquid
litro *(m.)* liter
locale *(m.)* **notturno** night spot, club
lontano far (away)
loro they; their
lotta *(f.)* wrestling
luce *(f.)* light
luglio July
lui he
lunedì *(m.)* Monday
lungo long; less concentrated (coffee)

• M •

ma but; **Ma come?** How can that be?; **Ma va!** No way!; Come on!
Macché No way!; I wish!
macchiato (coffee) with a drop of milk
macchina *(f.)* car
madre *(f.)* mother
magari I wish, if only
maggio May
maggiore bigger, larger
maglia *(f.)* sweater
magnifico magnificent
magro skinny
mai ever

mal *(m.)* **di gola** sore throat; **mal di stomaco** stomachache; **mal di testa** headache
male bad; not well
mamma *(f.)* mom; **Mamma mia!** My heavens!
mancare *(ess.)* to miss; to lack
mandare to send
mangiare to eat
mano *(f.; pl.* **le mani***)* hand
mantenere to support (materially)
marca *(f.)* brand name
mare *(m.)* sea
marito *(m.)* husband
marmellata *(f.)* marmalade
marrone brown
martedì *(m.)* Tuesday
marzo March
maschile masculine; men's
maschio *(m.)* male; boy
matematica *(f.)* mathematics
matita *(f.)* pencil
matrimonio *(m.)* marriage
mattina *(f.)* morning
meccanico *(m.)* mechanic
medicina *(f.)* medicine
medico *(m.)* doctor
meglio better
mela *(f.)* apple
memoria *(f.)* memory
meno less; **Meno male!** Thank goodness!
mensa *(f.)* school or business cafeteria
mentre while
menù *(m.)* menu
mercato *(m.)* outdoor market
mercoledì *(m.)* Wednesday
meridionale southern
mese *(m.)* month
messicano Mexican
Messico *(m.)* Mexico
mestiere *(m.)* job, occupation
mettere to put, place; **mettere in moto** to start (a car); **mettersi** to put on; **mettersi a** to start
mezzanotte *(f.)* midnight
mezzo *(m.)* half
mezzogiorno *(m.)* noon
migliore better
miliardo *(m.)* billion
milione *(m.)* million
mille *(m.; pl.* **mila***)*
minerale mineral
minore littler, smaller
mio my
mittente *(m./f.)* sender
mobilia *(f.)* furniture
modello *(m.)* model
modulo *(m.)* form (to fill out), slip
moglie *(f.)* wife

molto much (many), a lot; very; **Molto lieto/a!** Delighted (to meet you)!
momento *(m.)* moment
moneta *(f.)* money (in general)
montagna *(f.)* mountain
motocicletta *(f.)* motorcycle
motore *(m.)* motor
musica *(f.)* music; **musica classica** classical music; **musica folcloristica** folk music; **musica rock** rock music
musicista *(m./f.)* musician

• N •

narrativa *(f.)* fiction, prose
nascere *(ess.)* to be born
naso *(m.)* nose
Natale *(m.)* Christmas
né nor
neanche neither
nebbia *(f.)* fog
negozio *(m.)* store; **negozio di generi alimentari** foodstore
nemmeno neither
nero black
nervoso nervous
nessuno no one
neve *(f.)* snow
nevicare to snow
niente nothing; **niente da dichiarare** nothing to declare
nipote *(m./f.)* nephew / niece; grandson / granddaughter
no no
noi we
noioso boring
nome *(m.)* name, first name
non not; **Non c'è di che!** Don't mention it!; **non c'è dubbio che** there's no doubt that; **non c'è male** not bad; **non è vero?** right?; **Non importa!** It doesn't matter!
non...più no more, no longer
nonna *(f.)* grandmother
nonno *(m.)* grandfather
nord *(m.)* north
normale regular, normal
nostro our
notizia *(f.)* piece of news
notte *(f.)* night
novembre November
nulla nothing
numero *(m.)* number; **numero di telefono** phone number; **numero telefonico** phone number
nuora *(f.)* daughter-in-law
nuotare to swim
nuoto *(m.)* swimming
nuovo new

o or
occhio *(m.)* eye
occidentale western
occupato busy
offrire to offer
oggi today
ogni each, every
ognuno each, each one
olio *(m.)* oil; **olio d'oliva** olive oil
opera *(f.)* opera; work
operaio/a *(m./f.)* factory worker
ora *(f.)* hour, time (clock time)
ora now
orchestra *(f.)* orchestra; **orchestra sinfonica** symphony orchestra
orecchino *(m.)* earring
orientale eastern
ormai by now
orologio *(m.)* watch, clock
oroscopo *(m.)* horoscope
orto *(m.)* vegetable garden
ottenere un prestito to get a loan
ottimo great, wonderful; the best
ottobre October
ovest *(m.)* west

padre *(m.)* father
pagamento *(m.)* payment
pagare to pay
pagina *(f.)* page
paio *(m.; pl.* **le paia)** pair
palestra *(f.)* gymnasium
palla *(f.)* ball
pallacanestro *(f.)* basketball
pallavolo *(f.)* volleyball
pallone *(m.)* soccer ball
pane *(m.)* bread
panino *(m.)* bun; sandwich
paninoteca *(f.)* sandwich shop
panna cream
pantaloni *(m.)* pants
pantofola *(f.)* slipper
papà *(m.)* dad
parabrezza *(m.; pl.* **i parabrezza)** windshield
paraurti *(m.; pl.* **i paraurti)** bumper
parcheggiare to park
parcheggio *(m.)* parking
parecchio quite (a bit of)
pareggiare to draw, tie
pareggio *(m.)* draw, tie
parente *(m./f.)* relative
parlare to speak
partenza *(f.)* departure
partire *(ess.)* to leave, depart
partita *(f.)* game, match

partito *(m.)* (political) party
Pasqua *(f.)* Easter
passaporto *(m.)* passport
passare to pass; to go through; to spend (time); **passare a prendere** to pick up (someone)
passeggero/a *(m./f.)* passenger
pasta *(f.)* pasta; pastry
pasto *(m.)* meal
patata *(f.)* potato
patente *(f.)* **(di guida)** driver's license
pattinaggio *(m.)* skating
pattinare to skate
pavimento *(m.)* floor
pazienza *(f.)* patience
Peccato! Too bad!
pedaggio *(m.)* toll
peggio worse
peggiore worse; worst
penna *(f.)* pen
pensare to think; **pensarci / pensarne** to think about doing something / to think about something
pensione *(f.)* hotel; bed-and-breakfast
pepe *(m.)* pepper
per for; **per di più** what's more, moreover; **per esempio** for example; **per favore / piacere / cortesia** please; **per fortuna** luckily, fortunately; **per sbaglio** by mistake; **per via aerea** airmail
pera *(f.)* pear
perché because; why
perdere to lose
perdita *(f.)* loss
pericoloso dangerous
periferia *(f.)* suburbs
periodo *(m.)* period (of time)
Permesso! Excuse me! (getting attention)
però however
persona *(f.)* person
pesare to weigh
pesca *(f.)* peach
pesce *(m.)* fish
Pesci *(m., pl.)* Pisces
petto *(m.)* chest
pezzo *(m.)* piece
piacere *(ess.)* to like; to be pleasing to; **Piacere!** A pleasure!
piacevole pleasant, pleasing
piangere to cry
pianoforte *(m.)* piano
piatto *(m.)* plate
piazza *(f.)* square
piccolo small
piede *(m.)* foot
pieno full
pigro lazy

pioggia *(f.)* rain
piovere to rain
pisello *(m.)* pea
pittore *(m.)* **/ pittrice** *(f.)* painter
più more
pizzeria *(f.)* pizza parlor
pizzetta *(f.)* small pizza
platea *(f.)* orchestra section
poco little, few
poesia *(f.)* poetry, poem
poi then; after
polacco Polish
poltrona *(f.)* armchair
pomeriggio *(m.)* afternoon
pomodoro *(m.)* tomato
popolare popular
porta *(f.)* door
portabagagli *(m.; pl.* **i portabagagli)** trunk (car)
portare to bring; to carry; to wear
portiera *(f.)* car door
portiere *(m.)* goalkeeper
Portogallo *(m.)* Portugal
portoghese Portuguese
possibile possible
posta *(f.)* mail; **posta elettronica** e-mail
posto *(m.)* place; job; seat
potere to be able
povero poor; unfortunate
pranzare to have lunch
pranzo *(m.)* lunch
praticare to practice, engage in
pratiche *(f. pl.)* paperwork; things to do
preciso precise, exact
preferire to prefer
preferito favorite
prefisso *(m.)* area code
prego you're welcome; **prego?** may I help you?; yes?
prelevare to withdraw (money)
prelievo *(m.)* withdrawal (money)
prendere to take
prenotazione *(f.)* reservation
preoccuparsi to worry
prescrivere to prescribe
presentare to introduce
presentazione *(f.)* introduction
presso at
prestito *(m.)* loan
presto early
previsioni *(f.)* **del tempo** weather forecast
prezzo *(m.)* price
prima before; **prima che / di** before
primavera *(f.)* spring
probabile probable
problema *(m.)* problem
professione *(f.)* profession

professore *(m.)* / **professoressa** *(f.)* professor
programma *(m.)* program
proiettore *(m.)* headlight
promettere to promise
Pronto! Hello! (on the phone)
proprio own; really; this very; very
prosciutto *(m.)* (cured) ham
prossimo next
prova *(f.)* test
provarsi to try on
proverbio *(m.)* proverb
psicanalista *(m. /f.)* psychoanalyst
psicologia *(f.)* psychology
pubblicità *(f.)* advertising
pugilato *(m.)* boxing
pulire to clean
pullman *(m.)* bus
punteggio *(m.)* number of points, score
punto *(m.)* **di vista** point of view
puntuale punctual
purché provided that
purtroppo unfortunately

● Q ●

quaderno *(m.)* workbook
quadro *(m.)* painting
qualcosa something
qualcuno somebody, someone
quale which
qualsiasi any, whatever
quando when
quanto how much; **Quanti anni hai?** *(fam.)* / **ha?** *(pol.)* How old are you?; **Quanti ne abbiamo?** What's the date?
quarto *(m.)* quarter
quasi almost, nearly
quello that (one)
questo this (one)
qui here
quindi so, therefore, thus
quotidiano *(m.)* daily newspaper

● R ●

raffreddore *(m.)* common cold
ragazzo/a *(m. /f.)* boy / girl
ragionevole reasonable
ragioniere *(m.)* accountant, clerk
rallentare to slow down
rappresentare to represent
recentemente recently
recitare to act, play, recite
regalo *(m.)* gift
regolare regular
respirare to breathe
resto *(m.)* remainder, rest

rete *(f.)* goal, net
riattaccare to hang up (telephone)
ricevere to receive
ricevuta *(f.)* receipt
ricordarsi to remember
rientrare *(ess.)* to get in / back (home)
riga *(f.)* ruler
rimanere *(ess.)* to remain
ringraziare to thank
riparazione *(f.)* repair
ripetere to repeat
riposo *(m.)* rest
riscuotere to cash
risolvere to solve, resolve
risparmiare to save
rispondere to answer
ristorante *(m.)* restaurant
ristretto strong (coffee)
riuscire a *(ess.)* to be able to
rivista *(f.)* magazine
romantico romantic
romanzo *(m.)* novel; **romanzo rosa** love story, romance novel
rosa *(inv.)* pink
rosso red
rumore *(m.)* noise
ruota *(f.)* wheel
russo Russian

● S ●

sabato *(m.)* Saturday
saggio *(m.)* essay
saggistica *(f.)* nonfiction; essays
Sagittario *(m.)* Sagittarius
sala *(f.)* room; **sala d'aspetto** departure lounge; waiting room; **sala da pranzo** dining room
saldare to pay off
sale *(m.)* salt
salotto *(m.)* living room
Salve! Greetings!
sapere to know
sbadato absent-minded
sbagliare to be mistaken; to make a mistake
sbaglio *(m.)* mistake
scala *(f.)* stairs, stairway
scarpa *(f.)* shoe
schermo *(m.)* screen
sci *(m.)* skiing
sciare to ski
sciarpa *(f.)* scarf
scienza *(f.)* science
scienziato/a *(m. /f.)* scientist
sciocchezza *(f.)* silliness, triviality
sconfitta *(f.)* defeat
scontrino *(m.)* receipt
Scorpione *(m.)* Scorpio

scorso last
scrittore *(m.)* / **scrittrice** *(f.)* writer
scrivania *(f.)* desk
scrivere to write
scultore *(m.)* / **scultrice** *(f.)* sculptor / sculptress
scultura *(f.)* sculpture
scuola *(f.)* school
scusarsi to apologize; to excuse oneself; **Scusa** *(fam.)* / **Scusi** *(pol.)* Excuse me; **Scusami!** *(fam.)* / **Mi scusi!** *(pol.)* Excuse me!
se if
sebbene although, even though
secondo me in my opinion; **secondo te** *(fam.)* / **Lei** *(pol.)* in your opinion
sedersi to sit; to be seated
sedia *(f.)* chair
sedile *(m.)* car seat
segnare to score
segno *(m.)* sign
segreteria *(f.)* **telefonica** answering machine
seguente following, next
self-service *(m.)* cafeteria
semaforo *(m.)* traffic light
sembrare *(ess.)* to seem
sempre always
sentire to feel; to hear; **Senti!** *(fam.)* Listen!; **sentire la mancanza** to miss someone; **sentirsi** to feel
senza without; **senz'altro** surely
sera *(f.)* evening;
servire to serve; **servire a** to need
seta *(f.)* silk
sete *(f.)* thirst
settembre September
settentrionale northern
settimana *(f.)* week
sfera *(f.)* **di cristallo** crystal ball
sfortunato unfortunate
sì yes
si accomodi *(pol.)* be seated
sia...che both...and
sicuro sure
signora *(f.)* lady; Mrs., Ms.
signore *(m.)* gentleman; Mr.
signorina *(f.)* young lady; Ms., Miss
simile similar
simpatico nice, likeable
sinistro left; **a sinistra** to the left
situazione *(f.)* situation
sociologia *(f.)* sociology
soffrire to suffer
soggiorno *(m.)* living room; visit
soldi *(m. pl.)* money
sole *(m.)* sun
solito usual
solo only
sopportare to bear, stand

sopra above
sorella (f.) sister
sorpassare to pass
sorpresa (f.) surprise
sotto under
sottoscritto/a (m./f.) undersigned
sottotitolo (m.) subtitle
Spagna (f.) Spain
spagnolo Spanish
spazioso spacious
specchio (m.) mirror
specialmente especially
spedire to send (on)
spendere to spend
sperare to hope
spesso often
spettacolo (m.) variety show, spectacle
spiaggia (f.) beach
spiccioli (m. pl.) loose change
spinaci (m. pl.) spinach
spionaggio (m.) espionage
spiritoso vivacious; witty
sport (m.) sport
sportello (m.) car door
sposare to marry; **sposarsi** to get married
sprecare to waste
squadra (f.) team
squillare to ring
squisito delicious, exquisite
stadio (m.) stadium
stagione (f.) season
stampante (f.) printer
stanco tired
stanza (f.) room
stare to be; to stay; **stare bene a...** to look good on...; **stare per** to be about to; **stare zitto/a** to keep quiet
starnuto (m.) sneeze
stasera this evening
Stati Uniti (m. f. pl.) United States
stazione (f.) **di servizio** gas station
sterzo (m.) steering wheel
(lo) stesso (the) same
stile (m.) style
stipendio (m.) salary
stivale (m.) boot
stomaco (m.) stomach
storia (f.) history
strada (f.) road
strano strange
stretta (f.) **di mano** handshake
studente (m.) / **studentessa** (f.) student
studiare to study
studio (m.) professional office
stufo annoyed, tired
su on
subito right away
succo (m.) juice

sud (m.) south
sugo (m.) sauce
suo his/her; **Suo** your (pol.)
suocera (f.) mother-in-law
suocero (m.) father-in-law
suonare to play an instrument; to ring
supermercato (m.) supermarket
svago (m.) pastime, entertainment
sviluppo (m.) development
svolgere to carry out
svoltare to turn

● T ●

taccuino (m.) notebook, pad
taglia (f.) size
tanto much (many); quite, very
tappeto (m.) carpet, rug
tardi late
targa (f.) license plate
tassì (m.) **(taxi)** taxi
tasso (m.) **di interesse** interest rate
tastiera (f.) keyboard
tattica (f.) tactic
tavolo (m.) / **tavola** (f.) table; **al tavolo** (m.) at the table; **tavola** (f.) **calda** informal restaurant
teatro (m.) plays, theater
tedesco German
telecomando (m.) remote control
teledramma (m.) TV drama, docudrama
telefilm (m.) TV movie
telefonare to phone
telefonata (f.) phone call
telefonino (m.) cellular phone
telefono (m.) phone
telegiornale (m.) TV newscast
telegramma (m.) telegram
telequiz (m.) TV game show
televisione (f.) television
televisore (m.) TV set
tema (m.; pl. **i temi**) composition; theme
temperatura (f.) temperature
tempesta (f.) bad storm
tempo (m.) time (in general); weather
temporale (m.) storm
tendere to tend
tenere to keep, hold
tensione (f.) tension
tergicristallo (m.) windshield wiper
terminare to end
termometro (m.) thermometer
terrazza (f.) terrace; balcony
tesi (f.) thesis
tesoro (m.) treasure
tessera (f.) card
testa (f.) head
tetto (m.) roof

tifoso/a (m./f.) sports fan
timido shy
tipico typical
tipo (m.) type
tirare to throw; **tirare vento** to be windy
toccare to touch
toletta (f.) toilet
tornare (ess.) to return
Toro (m.) Taurus
torta (f.) cake
tosse (f.) cough
tra among, between; **tra poco** in a little while
traffico (m.) traffic
tramezzino (m.) sandwich on thin bread
tranquillo tranquil, calm
trasferirsi to move
trattarsi to be about
trattoria (f.) restaurant
treno (m.) train
triste sad
troppo too (much)
trovare to find
tu you (fam.)
tuo your (fam.)
tuonare to be thundering
turista (m./f.) tourist
turistico tourist
tuttavia however
tutti everybody, everyone
tutto all, every; the whole

● U ●

ufficio (m.) office
ultimo last
un po' a little
università (f.) university
universitario (of the) university
uomo (m., pl. **uomini**) man
uscire (ess.) to go out
uscita (f.) exit; airport gate
uva (f.) grapes

● V ●

va bene OK
vacanza (f.) vacation
vaglia (m.; pl. **i vaglia**) money order
vale a dire that is to say
valere (ess.) **la pena** to be worthwhile
valigia (f.) suitcase
valuta (f.) **straniera** foreign currency
variabile variable
vecchio old
vedere to see
veloce fast

velocemente quickly
vendere to sell
venerdì *(m.)* Friday
venire *(ess.)* to come
vento *(m.)* wind
veramente really
verde green
verdura *(f.)* vegetables
Vergine *(f.)* Virgo
vero true
versamento *(m.)* deposit (money)
versare to deposit (money)
vestirsi to get dressed
vestito *(m.)* dress; suit
vetrina *(f.)* store window
via *(f.)* street, road
viaggiare to travel

viaggiatore *(m.)* **/ viaggiatrice** *(f.)* traveler
viaggio *(m.)* trip
vicino near
videoregistratore *(m.)* VCR
vietato fumare no smoking
vincere to win
vincita *(f.)* victory
vincitore *(m.)* **/ vincitrice** *(f.)* winner
viola *(inv.)* purple
visitare to visit
vita *(f.)* life
vivere to live
voce *(f.)* voice
voi you *(pl.)*
volante *(m.)* steering wheel
volare to fly

volentieri gladly
volere to want; **voler bene a** to like; to love; **volerci** to be needed, required
volo *(m.)* flight
volta *(f.)* time, occurrence
volume *(m.)* volume, book
vostro your *(pl.)*

• Z •

zabaione *(m.)* eggnog dessert
zia *(f.)* aunt
zio *(m.)* uncle
zitto quiet
zodiaco *(m.)* zodiac
zucchero *(m.)* sugar

▶•• INDEX

▶•TEXT PERMISSIONS

We wish to thank the authors, publishers, and holders of copyright for their permission to reprint the following:

p. 27 advertisement for mineral water, Terme e Acque di Uliveto; **p. 84** *Letizia*, n. 498, ottobre 1987, p. 75, published by Lancio, S.p.A.; **p. 100** advertisement for sleeping cars, Wagon-Lits & Ferrovie dello Stato; **p. 170** "Il tempo" by Guido Caroselli, *Il Messagero*, mercoledí, 29 maggio, 1996; **p. 299** TV guide for RAIUNO, *Il Messagero*, mercoledí, 29 maggio, 1996; **p. 330** reprinted from *Visto*, 22 February 1990; **p. 378** boarding pass, courtesy of ALITALIA; **p. 401** *PEANUTS* © United Features Syndicate, reprinted by permission.

▶•PHOTO CREDITS

Unless specified below, all photos in this text were selected from the Heinle & Heinle Image Resource Bank. The Image Resource Bank is Heinle & Heinle's proprietary collection of tens of thousands of photographs related to the study of foreign language and culture.

p. 16 Prisma/Photoreporters; **p. 17** David Simson/Stock Boston; **p. 30** Julia Houck/Stock Boston; **p. 39** Granata Pess Service/Photoreporters; **p. 81** (middle) Mike Malyszko/Stock Boston, (bottom) Hazil Hankin/Stock Boston; **p. 111** Patrick Ward/Stock Boston; **p. 117** Mike Mazzuschi/Stock Boston; **p. 178** Gianni Foggia/AP/Wide World Photos; **p. 180** Mark C. Burnett/Stock Boston; **p. 195** Granata Press Service/Photoreporters; **p. 218** Bruno Mosconi/AP/Wide World Photos; **pp. 282, 291, 293** courtesy of Radio Televisione Italiana; **p. 374** Ken Straiton/Stock Market; **p. 399** Greg Meadors/Stock Boston; **p. 407** (right) David Simson/Stock Boston; **p. 408** Torreggiani/Prisma/Photoreporters; **p. 409** Super Stock; **p. 433** Granata Press Service/Photoreporters; **p. 434** courtesy of Radio Televisione Italiana; **p. 453** Larry Mangino/Image Works; **p. 478** Super Stock; **p. 479** Peter Menzel/Stock Boston; **p. 480** Chris Brown/Stock Boston.